우주에 도착한
투자자들

SPACE IS OPEN FOR BUSINESS

우주에 도착한

부와 기회를 확장하는 8가지 우주 비즈니스

투자자들

로버트 제이콥슨 지음 · **손용수** 옮김

유노
북스

추천사

"이 책은 우주 분야에 대한 민간과 공공 부문의 지속적인 투자가 인류와 지구에 도움이 되는 흥미로운 사례를 제시하여 우주 산업에 관심이 있는 사람이라면 누구나 읽어야 할 필독서이다. 이 책은 우주에서 파생된 가능성과 잠재적인 해결책에 대한 우리의 눈과 마음과 사고를 열어 줄 것이다."

로리 가버 어스라이즈 얼라이언스 CEO & 전 나사 부국장

"우주 운행의 원리처럼 우주 상업은 확장 일로에 있으며 도전과 기회로 가득 차 있다. 이 책은 투자자, 기업가, 비즈니스 리더들이 우주 영역을 최대한 활용하는 방안을 분명하게 밝혀 준 특출한 안내서이다."

셸리 브런즈윅 우주 재단 최고 운영 책임자

"로버트는 뉴 스페이스가 떠오르기 전부터 뉴 스페이스 혁명을 알리고 투자해 왔다. 수익성도 있는 뉴 스페이스 산업에 관한 소중한 자료를 소

004 우주에 도착한 투자자들 ⋯⋯⋯◆

개하는 이 책은 인류의 모험으로 열릴 수 있는 지구 저궤도 너머에서 가능한 다양한 투자 방법을 상상하는 투자자들에게 큰 도움이 될 것이다."

리치 스미스 〈모틀리 풀〉 기고 작가

"내가 읽은 책 중 급변하는 우주 산업의 개요를 가장 잘 요약해서 설명한 책이다. 나는 가장 빠르게 성장하는 우주 스타트업 중 하나인 위성 이미징 회사 플래닛 Planet 에서 300개가 넘는 위성을 만들어 발사했다. 민첩하게 우주에 다가가는 실리콘 밸리의 접근법이 우주의 가능성을 모색하는 방법을 어떻게 완전히 바꾸고 있는지 미묘한 부분까지 세밀하게 다룬 책은 거의 없었다. 로버트는 빠르게 움직이는 혁신적인 스타트업, 공공 우주 프로그램, 우주에 대한 억만장자들의 관심사가 얽힌 역학 관계를 잘 포착했다. 나는 이 책을 읽고 우주 산업 전반에 대해 새로운 영감을 얻고 더 큰 그림을 그릴 수 있었다. 우주 산업은 빠르게 변하고 성장하고 있으며, 이제 더 흥미진진해질 것이다."

벤 홀드만 라이프십 설립자 & CEO

"우주는 이제 억만장자들만을 위한 것이 아니다. 다음 유망 투자 분야를 찾는 투자자들이라면 이 책을 읽어야 한다. 우주가 궁극적인 투자 시장이 되는 이유를 공정하고 철저하게 설명해 주기 때문이다."

브라이언 디건 〈인베스터스 비즈니스 데일리〉 기술 저널리스트

"이 책은 기업가들이 우주를 개척하는 방법을 알려 준다. 우주와 비즈니스의 교차점에 대한 비전은 투자자들에게 실용적이고 유망해 보인다.

일론 머스크, 제프 베이조스, 리처드 브랜슨과 같은 선각자들이 이유 없이 우주에 관심을 두지는 않는다는 것을 알게 될 것이다."

해리 S. 덴트 주니어 《불황기 투자 대예측》 저자

"지구상에서 가장 스마트한 사람들과 정통한 투자자들이 뉴 스페이스를 열렬히 받아들이는 이유를 알고 싶은 사람이면 이 책을 읽어야 한다."

밥 워브 스페이스 프런티어 재단 공동 설립자

"이 책은 우주에 영감을 받아 더 나은 세상을 만드는 선견지명이 있는 사람들과 꿈꾸는 사람들에 관한 훌륭한 연구이다. 우주가 인류에 얼마나 큰 영향을 끼쳤는지, 왜 우주가 우리 미래의 중요한 부분인지 알고 싶은 사람이라면 누구나 읽어야 한다."

닉 할릭 우주 비행사

"이 책은 민간 부문이 개척한 우주 분야의 새로운 영역을 명확하게 그려 내고, 방대한 기회를 알려 주는 것과 더불어 복잡한 도전 과제도 소개하면서 우주 산업의 미묘한 부분을 훌륭하게 표현하고 소개한다. 이 책은 안전하고 번영하는 미래를 위해 우리가 세계적으로 즉시 해야 할 행동에 대한 중요한 영감을 준다. 우주 사업의 새로운 개척지에 관심이 있는 사람들을 위한 필독서이다."

J. 패트릭 마이클스 커뮤니케이션즈 에쿼티 어소시에이츠 설립자 & CEO

"이 책은 우주를 탐사하고 상업화하려는 세계의 갈망과 필요성에서 비

롯된 시너지 효과를 상세히 다룬 역작이다. 오늘날 최첨단 우주 시스템, 산업 관계자, 경제를 두루 섭렵한 놀라운 책이며, 이 모든 분야의 가능성 모색 방법에 관한 논의를 훌륭하게 담아낸 책이다. 또한 우주 탐사에 대한 비즈니스를 이해하는 접근 방식은 신선하고 다면적이다. 우주 관련 산업 투자를 고려하는 사람들이 반드시 읽어야 한다."

조지프 디투리 국제해저의학위원회 이사

"이 책은 인류의 미래를 위한 우주 산업 전반을 아우르는 본질을 분명하게 알려 준다. 계속 성장하는 민간과 상업 우주 산업에 대한 로버트의 기여에 감사한다. 우리 모두 별을 향해 손을 뻗자."

타렉 웨이크드 타입 원 벤처스 제너럴 파트너

"우주와 우주 경제, 그리고 우주에서 우리의 역할을 폭넓게 생각하도록 영감을 주는 포괄적인 안내서이다."

매슈 C. 바인치를 하버드 경영대학원 경영학 교수

"이 책에는 우주 분야와 우주 투자를 위해 탐험해야 할 세계 전반에 관해 배울 것이 매우 많다. 만약 수조 달러 규모의 경제가 형성되고 있는 뉴스페이스에 참여하고 싶다면 읽어 보기를 권한다. 이 책은 놀라운 우주 산업을 이해하기 쉽게 소개했다. 우주는 바야흐로 인터넷 2.0이며 지금 일어나고 있다. 새로운 스타트업들과 우주 기회가 멘토십과 파트너십, 투자자를 찾고 있다. 이 기회를 놓치지 않기를 바란다."

리사 리치 헤미스피어 벤처스 설립자 & 엑스플로어 설립자 & CEO

"로버트는 10년 동안 축적된 지식과 경험을 지적이고 매력적이면서도 재미있는 읽을거리로 만들었다. 이 책은 떠오르는 우주 경제에 관심이 있는 사람이라면 누구나 읽어야 할 책이다."

에드원 사하키안 아드원 CEO

"달에 두 번째로 발을 디딘 아폴로 11호 우주인 버즈 올드린은 '탐사는 우리 뇌와 연결되어 있다'라고 말했다. 우리는 지평선 너머에 무엇이 있는지 알고 싶어 했다. 하지만 사람들은 오랫동안 해안선 너머가 있다는 사실을 인정하지 못했고 새로운 땅을 발견하지 못했다. 공상 과학 소설은 우리가 이런 대담한 미래를 꿈꿀 수 있게 해 주고, 이 책은 우리가 그런 미래를 만들 수 있게 해 준다."

J.P. 랜도 《Oceanworlds》 저자

"우주 분야에 관심이 있는 투자자와 기업가를 위한 통찰력 있는 책이다. 이 책은 우주에 대한 투자가 중요한 이유를 설득력 있게 설명한다."

개리 허드슨 우주 연구소 소장

"우주는 전대미문의 규모로 변모할 것이며, 이제 이런 잠재력을 활용할 때이다. 이 책에서는 우주 산업의 큰 그림을 그리고, 우주와 관계를 맺는 것이 어떻게 더 나은 세상을 만드는지 보여 준다."

딜런 테일러 보이저 스페이스 홀딩스 CEO & 회장

"로버트는 모든 이의 이익을 위해 우주 산업의 기업가적 발전을 추진하

는 데 도움을 줄 방법을 생각해 온 혁신적인 사상가 중 한 명이다. 이 책이 더 많은 투자와 혁신을 불러일으키는 데 도움이 되기를 바란다."

토머스 D. 태버니 미 공군 퇴역 소장

"우주는 벤처 캐피탈 투자의 최종 영역이 아닌 다음 영역이다. 이 책은 최고의 전문가들이 우주 투자를 어떻게 생각하는지 보여 준다. 우주 산업의 로켓에 어서 올라타라. 우주는 꽤 흥미진진한 놀이 기구다."

티머시 드레이퍼 드레이퍼 피셔 저비슨 설립자

"인류의 혁신은 우주여행과 외계 정착, 달 채굴의 시대를 여는 티핑 포인트에 도달하고 있다. 이 책을 통해 앞으로 벌어질 일을 엿볼 수 있다."

스콧 아믹스 아믹스 벤처스 회장 & 경영 파트너

"로버트는 스마트하고 미래 지향적인 투자자라면 우주 분야를 추적해야 하는 이유를 유창하게 설명한다. 새로운 기회의 문이 빠르게 열리고 있다. 지금 행동하는 사람들이 미래를 건설하게 된다. 나머지는 우주의 먼지 속에 남게 될 것이다."

아딜 자프리 찬다 스페이스 테크놀로지스 CEO

"우주의 진공 상태에서 운영되는 상업 비즈니스 모델 창출은 이 마지막 영역에 대한 인간의 탐사를 가속하는 데 필수적인 요소이다. 이 책은 상업 우주 산업의 역사를 잘 그려 내고, 기업가들과 인류를 위한 우주의 잠재력을 깊이 있게 보여 준다. 투자 수익과 인류를 위한 거대한 가능성을

열어 주고, 기업가와 투자자들이 우주에서 지속 가능한 사업을 만드는 데 노력하도록 영감을 주는 기본 지침서이다."

콜린 에이크 조지아 공대 벤처랩 대표

"이 책은 실현 가능성이 없어 보이는 열정이 성공 스토리가 될 수 있다는 반증이다. 뉴 스페이스는 지금이 우리의 꿈에 과감하게 도전할 적기라는 사실을 거듭 증명하고 있다. 큰 꿈을 꾸며 전력을 다하는 기업가들이나 영감을 찾는 사람이라면 누구나 꼭 읽어야 할 책이다."

앨런 클래리 탬파베이 웨이브 공동 설립자 & 시그널 포인트 벤처스 상무 이사

"베테랑 우주 투자가가 이 책에서 3,000억 달러 남짓한 우주 산업을 10년 이내에 1조 달러 산업으로 성장시키는 방법을 보여 준다."

하워드 블룸 우주 개발 운영 위원회 설립자

"나는 우주 스타트업의 설립자로서 이 책에서 이야기하는 뉴 스페이스 시장의 현주소와 우주 상업화를 향해 나아가면서 마주할 도전과 기회, 특히 과거의 실패에 대한 통찰력과 실패에서 배우는 방법에 대한 독특한 관점을 높이 평가한다."

카르틱 쿠마르 샛서치 공동 설립자

"이 책은 우리가 어떻게 여기까지 왔는지 이해하게 해 줄 뿐만 아니라 우주가 지닌 현재와 미래의 놀라운 비즈니스 잠재력을 알려 준다. 우주 골드러시는 이미 시작됐다. 이 책은 그 목적을 위한 신호탄이다. 제이콥슨

은 우주가 민간 부문에서 새로운 개척지이자 차세대 유망 비즈니스인 이유를 아주 분명하게 보여 준다. 뉴 스페이스 경쟁이 시작되었다."

알룽 로젠 박사 프랑스 에콜 데 퐁 경영대학원 학장 & 혁신 경영학 교수

"이 책은 정말 훌륭하다. 로버트의 독특한 접근과 관점은 내게 감명 깊은 통찰력을 준다."

숀 아로라 밀라 캐피탈 상무 이사

"우주는 비즈니스에 열려 있다. 지금 이 순간 기업가적 에너지와 재개된 정부의 공약, 그리고 투자자들의 관심이 모두 우주를 필수적인 곳으로 만들고 있다. 제이콥슨의 필독서는 수익성이 좋은 이 새로운 영역을 정복하는 데 필요한 혁신, 영감, 투자의 합일점을 탐구한다."

그렉 오트리 서던캘리포니아대 마셜경영대학원 상업 우주 비행 계획 이사

"우주는 이제 단순한 방문지나 탐험지가 아니다. 우리의 삶을 개선하고 지속해서 하늘을 탐험할 수 있게 할 새로운 상업 서비스가 창조되는 곳이다. 이 책은 우리가 우주에서 지속적인 혜택을 얻고 주도적인 역할을 하려면 공공과 민간 부문 투자를 지속해야 한다고 효과적이고 설득력 있게 주장한다. 또한 민관 협력 담론에 새로운 에너지를 주입한다. 나는 특히 이 책에 매우 많은 산업에 대한 관점을 담았다는 점이 마음에 든다. 이 책은 미래에 우주 활동의 핵심 역할에 관심 있는 리더, 투자자, 기업인들에게 유익하고 중요한 안내서이다."

케빈 M. 오코넬 미국 상무부 우주상업국 국장

"뉴 스페이스는 새로운 데이터와 커뮤니케이션, 심층적인 분석과 통찰력에 대한 수요에 힘입어 비약적으로 성장해 왔다. 엄청나게 저렴한 인공위성과 더 많은 발사 옵션 덕분에 이 분야는 빠르게 성장해서 이런 수요에 부응하고 있다. 로버트는 뉴 스페이스가 21세기 가장 중요한 산업이 될 이유를 명확하게 설명하면서, 나를 기업가로 끌어들인 이 분야의 숨겨진 이야기와 여러 학문 분야에 걸친 종합적인 측면을 훌륭하게 묘사했다. 이 책에 담긴 그의 예리한 통찰력은 내가 우주 산업에서 스스로 배우는 데 거의 8년이 걸렸던 것을 요약하고 있다."

마셜 컬페퍼 쿠보스 공동 설립자 & CEO

"패서디나에 있는 한 예술가의 작업실에서 우주 회사를 설립한 내 관점으로 이 책은 다음 거대한 도약에 참여하고 싶은 모든 사람에게 기회를 열어 준다. 우주 생태계에서 중요한 일을 하기 위해 이제 정부나 글로벌 기업, 억만장자여야 할 필요가 없다."

사이먼 R. 핼펀 아에더 인더스리 설립자 & 쿠보스 전략 부사장 & 페이즈 포 설립자

"화성 경제에는 주식 시장이 생길까? 혹은 전용 통화가 생길까? 로버트는 우주가 지구상의 규칙을 근본적으로 바꿀 것이라는 매우 설득력 있는 주장을 펼친다. 이는 지구의 미래에 엄청난 영향을 미칠 것이다."

브렛 킹 베스트셀러 작가 & 라디오 호스트 설립자

"공상 과학 소설은 오랫동안 행동가들의 꿈에 영감을 주었고, 나아가 오늘날 우리가 인식하는 현실을 형성해 왔다. 지금 우리가 당연하게 여

기는 기술은 공상 과학에서 영감을 받은 것이며, 이미 유진 로든베리의 《스타트렉》, 아시모프의 《파운데이션》 등의 공상 과학 소설을 훨씬 넘어섰다. 오늘날 《익스팬스》와 같은 공상 과학은 내일 현실이 될 아이디어를 담고 있다. 이 책에는 우주 탐험의 청사진과 오늘날의 우주 기업가에 대한 통찰력이 재미있고 교육적으로 담겼다. 로버트는 우리가 얼마나 멀리 왔는지, 얼마나 빨리 움직이고 있는지, 그리고 우주가 인류에게 얼마나 좋은 기회인지를 보여 준다."

래리 오코너 **아더 월드 컴퓨팅 설립자**

"우주 산업에 대한 환상적이고 포괄적인 역사서이다. 이 책은 흥미로우면서 독자들이 쉽게 이해할 수 있다."

조시 에넌스타인 **천체 물리학자 지망생**

우주 비즈니스의 모든 것을
단 한 권으로 정리한 경제 교양서

데이비드 S. 로즈
뉴욕 에인절스 설립자 & 싱귤러리티대 공동 설립자

애플워치가 출시되기 30년 전, 나는 맥 컴퓨터와 데이터를 주고받을 수 있는 디지털시계인 리스트맥WristMac용 소프트웨어와 패키지를 개발하는 기술 스타트업을 운영하고 있었다. 상당히 많은 언론이 이 제품에 주목했지만, 나는 소수의 괴짜 팬만이 관심을 가질 것이라고 확신했다. 그런데 어느 날 나사NASA에서 한 통의 전화를 받았다. 이 시계가 다음 우주 왕복 임무에서 우주 비행사들의 일정 관리에 도움이 될 수 있겠다며 개선 조정 작업을 같이 해 보자는 제안이었다. 내가 얼마나 놀랐을지 상상이 가는가? 나는 즉시 승낙했다. 이 시계는 1991년 8월 2일, 임무 번호 STS-43인 우주 왕복선 아틀란티스호를 타고 우주로 날아갔다. 그때 처음으로 우주가 공상 과학 소설에 나오는 신비로운 곳이나 정부와 로켓 과학자들만의 세계가 아니라 실존하는 시장이라는 사실을 깨달았다.

밝혀진 바와 같이 당시에도 나사 강령의 핵심은 '미국의 미래에 투자하고, 국가 경제 성장과 안보에 기여하며, 최첨단 기술을 개발하고 이전하는 것'이었다. 나는 우주 왕복선 아틀란티스호 임무 이후 수십 년 동안 엔젤 투자자로서 여러 우주 관련 벤처 기업에 자금을 지원했다.

당시에 우주 관련 스타트업이 있었던 것은 2010년부터 시작해서 2017년까지 가속화된 나사의 주요 정책 전환의 결과다. 1958년 설립 이후 반세기 동안 나사의 우주 계획은 인류의 삶과 경제에 많은 통제력을 행사하는 큰 정부 프로젝트의 전형이었다. 달에 인간을 보내든, 지구 저궤도에 연구소를 짓든, 우주 분야에서는 정부만이 설계, 건설, 운용할 수 있다는 전제가 깔려 있었다. 따라서 나사는 민간 계약자들을 고용해 나사 사양에 맞는 물건들을 만들게 했다.

하지만 2010년 '상업 우주', '뉴 스페이스', '스페이스 2.0' 등으로 다양하게 알려진 극적인 변화가 이런 패러다임을 뒤집어 놓았다. 민간 기업들은 계약자가 아닌 파트너가 되었고, 나사는 하드웨어 대신 서비스와 결과물을 구매하기 시작했다. 1억 5,000만 달러 미만의 저예산 프로젝트를 둘러싼 경쟁 입찰, 연구 파트너십, 빠른 프로세스의 확대 적용 등을 통해 민간 부문에 혁신적이고 새로운 기회의 문이 열렸다.

2010년 즈음 나는 기예르모 쉰라인의 초청을 받아 세계 최초 우주 산업 중심 엔젤 투자 그룹인 스페이스 에인절스 네트워크의 창립 멤버가 되었다. 내가 다른 창업자들과 기업 기술 인프라와 투자 지원 시스템을 만들기 위해 노력할 때 로버트 제이콥슨은 경영 분야에서 활동하고 있었다. 우주 기업 투자와 사모 펀드에서 일한 경험이 있는 로버트는 내가 기존 우주 업계 네트워크에서 인맥을 형성하는 데 도움을 주었다. 로버트와 스페이스 에인절스 네트워크의 초기 멤버들이 보여 준 열정과 헌신은 나에게 영감 그 이상을 주었다. 나는 이들을 통해 우주 생태계의 진화에 이바지하기로 한 투자자와 기업가들의 공동체가 얼마나 확장되고 있는지 엿볼 수 있었다. 오늘날 우주 관련 기업들은 미국 전역과 전 세계에 퍼져 있다. 동료 우주 투자자인 에스더 다이슨, 하워드 모건과 함께 패널로 참석했던 최근 모임에는 24개 이상의 우주 관련 기업이 참여했다.

이 책은 최초로 뉴 스페이스를 전반적으로, 대중이 이해할 수 있게 소개한 책이다. 그리고 뉴 스페이스 운동을 역사적, 비즈니스적 맥락에 편입하는 동시에 기업가나 투자자, 또는 단지 관심 있는 대중에게 실질적인 지침을 제공하는 탁월한 입문서이다. 로버트는 자신이 이 세 가지 역할을 모두 경험했기에 이 분야의 복잡한 내용을 이해하기 쉽게 풀어냈다.

독자들이 이 책을 읽으면서 마음에 새겨야 할 기본 개념이 하나 있다. 바로 기술이 기하급수적으로 속도로 변화한다는 것이다. 이를 이해하지 못하면 뉴 스페이스의 중요성과 이 책을 이해하는 데 어려움을 겪을 것이다. 간단히 설명해 보겠다. 선형 성장에서는 시간과 기술의 성장 속도가 비례하지만, 기하급수적인 성장에서는 단계마다 기술력이 배가 된다. 결과적으로 기술이 20단계의 선형 성장을 거친다면 20배의 속도로 발전하지만, 기하급수적 성장을 거친다면 100만 배 이상 진보한다. 지금까지 우리는 모두 기술과 같은 진화 시스템이 선형적으로 성장하기를 기대하도록 교육받았다. 하지만 실제로 우리 세계에서 일어나고 있는 일은 기하급수적인 성장이다.

이런 사실을 이해한다면 우리 주머니 속 아이폰이 닐 암스트롱과 버즈 올드린을 달에 발 딛게 한 아폴로 가이드 컴퓨터Apollo Guidance Computer보다 10만 배 높은 컴퓨팅 능력과 700만 배 큰 메모리를 가지고 있음을 깨닫게 될 것이다. 기술력이 12~18개월마다 두 배씩 증가한다고 생각하면 광활한 우주는 더 이상 신비롭고 도달할 수 없는 곳이 아니며, 우주 탐사 계획이 명백하게 가능한 꿈이 된다. 이제 우주는 인류의 지식과 성취, 상업의 진보 단계에서 우리가 나아갈 다음 단계이다. 우주는 정말로 비즈니스에 활짝 열려 있다.

•

지구상의 모든 기준이
우주적으로 확장된 시대를 맞이하며

2살 때쯤 처음으로 〈스타워즈〉 오리지널을 봤다. 우주선, 이국적인 사막, 외계 생명체 등이 나를 사로잡았다. 몇 년 후 나는 〈스타트렉〉을 발견했다. 인류의 진화에 초점을 맞춘 이 영화는 전 세계에 기술적으로나 사회적으로나 큰 영향을 미쳤다. 이후 내게 인류의 우주여행은 언젠가 실현될 자명하고 자연스러운 길이 되었다. 당시 나는 왜 우리가 우주를 탐험하고 이해하려는 노력을 더 하지 않는지 궁금했다. 우주로 가지 않을 것이라면 우리는 왜 1960년대와 1970년대에 달에 가는 데 그렇게 많은 시간과 에너지를 소비했을까?

나는 우주 산업에 깊이 파고들기로 마음먹었다. 중학생 때 나는 앨라배마주 헌츠빌에 있는 우주 캠프에서 두 가지 프로그램에 참여한 적이 있다. 그때 나사 우주 비행사가 되는 것이 오히려 우주에 접근이 제한되는 경로임을 깨달았다. 나사에는 내가 우주에 흥미를 갖게 해 주던 활기찬 비전이 남아 있지 않았다. 그런데도 나는 얼마 동안은 단지 구경꾼으로서라도 우주에 관심을 두고 있었다.

오늘날의 우주 분야는 공상 과학에서 묘사했던 많은 아이디어가 열매를 맺을 정도로 극적인 상황으로 변화했다. 〈스타트렉〉 첫 번째 시리즈에서 23세기를 배경으로 묘사했던 공상 과학 기술은 이미 여러 형태로 존재한다. 휴대폰과 태블릿, 블루투스 이어폰, 스마트 워치, 가상 비서, 화상 통화 등이다.

3D 프린팅 기술은 무엇이든 만들고 인쇄할 수 있는 24세기의 기계인 리플리케이터를 따라잡을 만큼 발전하고 있으며, 많은 사람이 〈스타트렉〉에서 영감을 받아 의료용 트라이코더를 개발하고 있다.

실시간에 가까운 번역도 이루어진다. 구글 번역은 즉시 한 언어에서 다른 언어로 텍스트를 변환하며, 스카이프 같은 그룹에서는 실시간 음성 번역을 실험하고 있다. 모토로라에서 세계 최초의 휴대폰을 개발한 마틴 쿠퍼는 〈스타트렉〉의 통신 장치에서 직접적인 영감을 받았다고 말했다. 1973년 당시 쿠퍼와 그의 팀은 겨우 90일 만에 최초의 휴대 전화를 만들었다. 너무나 놀라워서 숨이 턱 막힐 정도다. 우리는 여러모로 현실이 공상 과학 소설보다 더 매력적으로 발전해 가는 시대에 살고 있다. 우주 분야의 기술 발전 속도는 전문 분석가와 SF 작가들도 따라잡기가 어렵다. 그 결과 나는 우주의 열정적인 팬에서 발전하는 우주 산업의 지지자가 되었다.

지난 2007년 나와 내 사업 파트너는 '62마일클럽62MileClub'을 설립했다. 이 회사는 진화하는 상업용 우주 비행 산업을 대중에게 알리기 위해 만든 회사였다. 당시 우주 산업은 독점적인 틈새시장이었다. 우리는 이를 "벨벳 밧줄로 차단되어 있다"라고 묘사했다. 일부 특권층에만 개방되어 있다는 의미이다. 우리는 이런 주류 계층만이 아니라 일반 대중도 우주에 더 많이 접근하기를 옹호하고 촉진하는 것을 목표로 했다. 하지만 이런 노력은 시기상조였다. 그래서 결국 뉴 스페이스의 다른 분야로 눈을 돌리게 되었다. 이후 스페이스 에인절스 네트워크의 대표를 역임했고, 항공 우주 및 방위 포럼Aerospace & Defense Forum 을 공동 창립했으며, 국제우주대학에 다녔고, 아치 미션 재단Arch Mission Foundation 에 가입했다.

우주를 방문한 사람은 600명이 채 안 된다. 이는 우리가 우주의 잠재력과 우리 행성의 아름다움을 전 세계의 더 폭넓은 공동체와 공유하기에는 너무 적은 표본이다. 동시에 기술 발전 속도는 전문 분석가와 SF 작가들도 따라잡기가 어렵다. 그 결과 초기 우주 분야에서의 내 역할은 열광적인 팬에서 옹호자로 발전했다. 오늘날 나는 뉴 스페이스 산업의 조언자, 사고 리더, 투자자, 기업가로서 내 입지를 계속 넓혀 가고 있다.

몇 년 동안 우주 분야의 몇몇 동료를 알게 되면서 나는 대부분의 산업이 사람들이 비범한 지성과 마음을 합치는 더 큰 공동선을 위한 통로라는 사실을 깨닫게 되었다. 우주를 향한 이들의 열정은 인류를 더 나아지게, 더 강하게, 더 회복력 있게 만들려는 열망과 밀접하게 얽혀 있다. 이들은 우주 분야의 초기 투자자이자 창조자, 개척자, 혁신자들이다. 누군가는 이들을 로켓 과학자, 괴짜, 또는 우주 애호가라고 부를지도 모르지만, 이런 꼬리표는 이 사람들의 위대함을 전부 담아내지 못한다. 이 책을 쓴 목적 중 하나는 이런 개척자, 심오한 사상가들, 그리고 천문학자, 즉 우리 문명을 발전시키는 기술과 결단력을 가진 사람의 이야기와 지식을 일부나마 강조하는 것이다.

하지만 이 책의 목적은 업계의 승자를 가리는 데 있지 않다. 이 책을 쓴 진정한 이유는 우주 산업 바깥의 사람들이 우주 산업의 중요성과 잠재력을 이해할 수 있는 틀을 만들고 싶었기 때문이다. 이 책이 미래의 우주 개발자들을 위한 지침과 영감을 주는 도구가 되었으면 한다. 나는 더 많은 사람이 우주 생태계에 기여하거나 적극적인 편이 되도록 격려하고 싶다. 또한 이 책을 통해 정책 입안자, 투자자, 대담한 리더들에게 우주 산업의 성장을 가속하는 조처와 방향을 제시하고자 한다.

시작은 내가 책을 써 주길 원하는 친구의 권유 때문이었다. 2016년 여름 이스라엘 하이파의 테크니온대 전문 개발 프로그램의 일환으로 이스라엘에 방문해 있는 동안, 나는 프로그램에 있는 몇몇 동료들을 인터뷰하고 일지를 쓰기 시작했다. 이 일지의 일부 내용이 책의 지침이 되는 핵심적인 생각으로 발전했다.

원래 목적은 아직 이 부문에 투자하지 않은 사람들에게 시간이나 자금, 에너지, 아이디어 등 자신의 투자 전략에 통합하는 틀을 만드는 것이었다. 우주 분야에는 노련한 기관 투자가이든 예리한 초기 단계 투자가이든 많은 사람이 처음 상상하는 것보다 많은 것이 숨어 있다. 물론 우주 산업에는 로켓 과학도 있지만, 규제와 학제 간 융합이 심하다. 상대적으로 초기 단계이고 아직 검증되지 않은 모델이 많다. 이런 리스크 때문에 일반적인 투자자들은 단념할 수도 있지만, 특정 선각자들에게는 투자 분위기가 무르익은 놀라운 분야다.

2016년 이 책을 쓰기 시작했을 때 나는 내 독자적인 아이디어와 다른 전문가들의 통찰력과 의견의 균형을 맞추려고 노력했다. 원래 생각했던 범위는 몇 년 동안 크게 확장되었다. 이는 진화하는 우주 산업에 대한 고무적인 전망을 들려준 사람들과 나눈 흥미로운 대화의 결과였다. 100명이 넘는 사람이 자신들의 지식을 기고해 주었다. 독자들은 여기에 공학자나 금융 전문가들뿐만 아니라 정책·법률·예술 분야의 전문가들도 포함되어 있다는 사실에 놀랄지도 모른다.

상업 우주 분야로 이어지는 중요한 맥락, 새로운 기회와 새로운 패러다임, 투자 가능성, 예술과 문화가 우주 분야에 미치는 영향 등을 독자들이 이해하기 쉽게 적으려 노력했다. 이 책의 다양한 부분이 언뜻 보기에는 이질적으로 보일 수 있지만, 각각 우주에서 무엇이 가능할 수 있는지를 이해하는 데 중요한 실마리를 제공한다. 우주에서 생겨날 산업 분야는 다양하며, 이는 결코 과장된 표현이 아니다. 나는 특히 태양계와 그 너머 우주에서 이용할 수 있는 자원의 크기와 규모, 가용성을 고려한다면 언젠가 인류가 집중해야 할 가장 큰 영역이 될 것이라고 주장한다.

이 책에는 내가 깊은 관심을 둔 분야를 10년 넘게 탐험하면서 얻은 지혜가 담겨 있다. 이 책을 읽는 짧은 시간 동안 독자들이 믿을 수 없을 정도로 가치 있는 우주에 대한 시야를 넓혔으면 한다. 현재 있는 그대로를 정리한 이 책은 우주 분야를 더 잘 이해하고자 하는 모든 사람을 위한 것이며, 내 소망은 많은 사람이 우주를 이해하는 것이다. 이 책에서 다루는 경제와 투자 활동, 정책에 관한 이야기는 모든 사람에게 영감과 통찰력을 제공하기 위해 전문적으로 다루지는 않았다. 뛰어난 전문가들의 개인적인 관찰과 경험을 제공함으로써 우주 분야를 도전과 잠재력 면에서 그렇게 극적으로 만드는 미묘한 차이와 세세한 요소들에 대한 통찰력을 제공한다.

이 책은 현재 우리가 어디에 있는지 이해를 돕는 스냅 사진이면서 영원히 남았으면 하는 아이디어들이 포함된 기록이다. 우주 분야가 정확히 어떤 방향으로 흘러갈지 예측하기는 어렵다. 이 궤적의 향방은 오늘날 관여하는 사람들과 미래에 관여할 사람들에게 달려 있다. 나는 이 책에 나와 전문가들이 관찰과 경험에서 얻은 정보를 제공함으로써 우주 분야를 그 도전과 잠재력 면에서 그렇게 극적으로 만드는 미묘한 차이와 세세한 요소들이 밝혀지기를 바란다.

다른 모든 산업과 마찬가지로 우주 분야도 코로나19 팬데믹의 영향을 받았다. 현재 이 전염병이 전체 산업과 여러 개별 기업에 미치는 영향이 어느 정도인지는 확실히 알 수 없다. 하지만 적어도 여기서 언급한 일부 기업이 향후 1년 이내에 사라질 수도 있고, 업계의 전망이 바뀔 가능성이 있음을 의미한다. 독자들이 이 책을 읽으면서 미래의 지구 대재앙에 어떻게 대응할지, 그리고 활기찬 우주 경제가 우리가 일하는 방식을 어떻게 바꿀지에 관해 생각해 보기 바란다.

나는 우주가 더 많은 관심과 투자를 받을 가치가 있고 계획에 속도를 붙일 필요가 있는, 서로 연결된 복잡한 분야라고 진심으로 믿는다. 이 책을 다 읽고 난 후 독자들도 나와 같은 생각이기를 바란다.

•

인류는 우주를 알수록
더 큰 기회와 부를 얻는다

캘리포니아 마운트 샤스타로 겨울 자동차 여행을 떠났을 때 일이다. 저녁 무렵 아내와 눈길을 산책했는데, 고즈넉한 밤하늘 아래에 있으니 근처의 하얀 눈꽃 핀 나무들이 반짝이는 케이크 장식처럼 보였다. 길가에 가로등이 없어서인지 별들은 끝없이 펼쳐진 우주에 보석 전시회가 열린 것처럼 반짝거렸다. 나는 자연이 만들어 낸 웅장한 풍경을 감상하고 다시 눈 쌓인 숲길을 걸으며, 문득 '우주가 우리의 기원이자 목적지이며, 어쩌면 미래의 집이지 않을까?'라는 생각을 했다.

우주에서 지구를 바라본 대부분의 사람은 '조망 효과'로 알려진 초월적인 경험을 한다. 먼 우주에서 바라본 지구는 푸른 옥구슬같이 아름답다. 그 모습을 보면 복잡한 인간사는 단순해지고 우리가 이 위대한 생명체에 속해 있다는 보편적인 깨달음을 얻는다. 우리가 이 넓은 우주 속에 존재하는, 훨씬 큰 세계의 아주 미미한 일부일 뿐임을 이해하면 깊은 연민의 감정이 차오른다. 지구가 중요하다거나, 지구를 보살피거나 보존해야 한다거나, 지구에 사는 모든 인간에게 관심을 가져야 한다는 생각이 일상의 문제들을 사소하게 만든다.

우리는 종종 인간이 무한한 우주의 모래알에 불과하다는 사실을 잊어버린다. 우주는 우리 세계 바깥에 있거나 분리된 존재가 아니다. 인간은 우주의 일부이고, 우주는 인간에게 영향을 미친다. 우리가 인식하지 못하는 동안에도 늘 그래 왔다. 달과 지구 사이의 인력 작용으로 일어나는 조석 현상으로 해수면이 오르락내리락 움직이고, 유성 충돌로 한 시대가 붕괴되기도 했다. 태양의 진화로 생겨난 수소와 헬륨은 어떠한가? 수십억 년 동안 진화해 지능과 의식을 가진 인간이 되었다.

우주 산업은 인류에게 우주를 열어 줄 수 있으며, 변혁의 촉매제이자 부를 창출하는 도구이다. 인간은 우주에 대해 더 많이 배우고 이해할수록 더 큰 이익을 얻는다. 우리 삶의 방식을 바꾼 솔루션과 기술, 응용 프로그램이 지구 대기권 바깥 영역을 탐구하고 연구하면서 생겨났기 때문이다. 한때 인간은 바닷속에 무엇이 있는지 알지 못했다. 하지만 사람들이 거대한 바다를 끈질기게 탐험하고, 항해술을 터득하고, 지구에서 자신들의 역할을 이해했다. 우주도 마찬가지다. 용기를 내어 외부 세계를 탐험하면 믿을 수 없는 결과가 눈앞에 펼쳐질 것이다.

수십만 년 동안 인류는 우주를 꿈을 주는 영감의 장소로 바라봤다. 인간은 상상 속 신화와 얽혀 있는 별들에 비밀을 숨기곤 했다. 우주의 영향은 보편적이다. 우주를 올려다보며 자기 성찰을 할 때 느껴지는 심오한 에너지는 우리가 세상과 자신에 대해 생각하고 느끼는 방식을 바꿀 수 있다. 우주는 단순한 목적지가 아니다. 우주는 영역이자 생태계이자 조력자이다.

지구에서의 삶을 개선하고 싶을 때 우리는 머리 위, 우주가 품고 있는 거대한 미스터리 속에서 해답을 찾는다. 밤에 우리는 별을 올려다보면서 경이로움과 가능성, 호기심, 생명력을 얻는다. 인류는 GPS나 공상 과학 영화에 이르기까지 우리 일상에 우주를 접목하는 방법을 끝없이 찾는다. 인류가 우주와의 상호 작용이 왜 그렇게 오랜 인상을 남기는지 이유를 찾고 싶어 하는 것은 당연하다. 우리는 탐험하고 알고 믿고 싶어 한다.

차례

1장 왜 그들은 로켓을 쏘아 올렸을까?
: 나사부터 스페이스X까지 우주 시대를 연 투자자들

4장 더 큰 우주 비즈니스를 위한 인프라가 필요하다
: 우주 인프라 현황과 차세대 시스템

5장 지금이 바로 우주 비즈니스에 투자해야 할 때다
: 우주 투자자에게 필요한 관점

1장

왜 그들은 로켓을 쏘아 올렸을까?

: 나사부터 스페이스X까지 우주 시대를 연 투자자들

SPACE IS OPEN FOR BUSINESS
The Industry That Can Transform Humanity

1

세계 패권을 지배하기 위해 로켓을 개발하다

"천문대의 존재 이유는 분명하다. 새로운 우주 지식을 발견하고 확산하기 위해서이다. (…) 달과 태양계의 이웃 행성들, 그리고 푸른 공간에 흩어져 있는, 인간의 계산 능력으로는 상상할 수조차 없이 멀고 무수한 항성. 이 모든 것이 우리가 사는 지구와 지구의 모든 생물, 무생물의 상태에 미치는 영향은 엄청나며 불가사의하다. (…) 하지만 잠잘 시간을 줄여가며 우주를 관측하는 사람들의 한결같은 열정과 인간의 생각하고 종합하고 분석하는 힘에 힘입어 우주의 비밀이 잇따라 밝혀지고 있다. 이것들이 인류를 지상에서 무한한 우주의 문턱까지 끌어올리는 것 같다."

존 퀸시 애덤스, 1840년 3월 5일 〈미 하원 스미스소니언유산특별위원회 보고서〉 중

미국과 러시아,
우주 시대의 서막을 알린 최초의 우주 경쟁

◆

미국이 공식적으로 처음 우주에 관심을 보인 시기는 제6대 대통령 존 퀸시 애덤스의 재임기인 1825년에서 1829년으로 거슬러 올라간다. 1800년대 애덤스는 미국 전역에 천문대를 건설해야 한다고 주장했는데, 하늘 위 광활한 미지의 세계가 인류에게 영감을 주고 과학 기술의 발전을 가져오리라 믿었기 때문이다. 예술과 과학 분야 발전 운동의 선구자였던 애덤스는 대통령으로서, 퇴임 후에는 하원 의원으로서 의회에 여러 번 천문대 설립을 건의했다. 또한 1844년 미국 해군관측소US Naval Observatory와 1846년 과학 연구 및 학습 시설인 스미스소니언협회Smithsonian Institution 설립을 위해 의회를 설득하는 데 앞장섰다. 하지만 미국이 우주 탐사와 개발 계획을 본격적으로 시작한 것은 이로부터 한 세기가 흐른 뒤였다.

우주 시대는 20세기 중반 미국과 소련이 제2차 세계 대전 후 경쟁적으로 우주 탐사 기술을 개발하면서 시작되었다. 1957년 소련은 최초의 인공위성 발사 성공과 1961년 첫 유인 우주선 발사 성공으로 인류가 닿을 수 있는 우주의 경계를 넓혔다. 미국과 소련은 이 최초의 우주 경쟁에서 서로에게 도전하며 불가능해 보였던 목표를 달성했다. 감시 위성을 설치하고, 발사한 로켓을 다시 안전하게 지구로 복귀시키고, 인간을 우주로 보내고, 종내에는 달에 깃발을 꽂았다. 두 강대국을 지켜보던 일부 국가들도 우주 산업에 뛰어들었다.

이렇듯 20세기 중반의 초기 우주 산업은 전략적으로 국가 안보를 강화하기 위한 경쟁 덕분에 발전했다. 흔히 이 시기를 '깃발과 발자국의 시기'라고 부르는데, 이때는 우주나 우주 자원을 어떻게 이용할 것인지 등 구체적인 우주 활용 방법을 탐구하기보다 말 그대로 우주의 특정 목적지를 방문해 직간접적인 흔적을 남기고 지구로 돌아오는 것이 목표였기 때문이다.

물론 곧 미국과 소련, 일부 야망 있는 국가들은 우주의 새로운 용도를 탐색했다. 덕분에 20세기 후반에는 로켓과 위성, 유인 탐사, 무인 탐사 등 여러 연구와 고무적인 성취가 이어졌다. 하지만 여전히 정부 기관과 소수의 관련자가 우주 개발의 핵심 역량을 독점한 채 현대 우주 산업 분야를 장악하고 있었다.

나사, 달 착륙으로 세계 초강대국이 되다

미국항공우주국NASA의 탄생과 발전에는 큰 의미가 있다. 본래 냉전 시대 방위 시설로 만들어진 이 기관에서는 소련을 견제하기 위한 미사일 정밀 유도 실험이 이루어졌다. 이러한 실험이 이루어진 배경에 대해서는 1998년부터 미국 연방항공청 상업우주운송사무국FAA/AST과 협력해 온 미국 우주 산업의 개척자인 제프 그리선의 말을 빌려 설명한다.

그리선에 의하면 당시 소련의 미사일 기술은 미국 영토의 어느 목표물이든 정확하게 조준할 수 있을 정도로 정교했다고 한다. 하지만 미국은 그만큼 미사일 기술이 발달하지 않아 소련에 미사일을 조준

하려면 목표물의 위치를 확인하기 위해 소련 상공에 몰래 정찰기를 띄워야만 했다. 결국 아이젠하워 대통령이 참모들과 해결 방법을 논의했는데, 이때 나온 타개책이 바로 '우주에서의 정찰'이었다. 즉 나사는 미국이 국가 안보에 취약했던 시기에 국민의 안전과 패권국으로서의 힘을 지키기 위해 설립된 기관이었다.

나사의 탄생에서 주목해야 할 점은 나사가 방위 시설이기는 했지만 군대와 분리된 기관이었다는 것이다. 덕분에 나사는 국방부에서 필요한 로켓과 미사일, 인공위성 등을 빨리 개발할 수 있었다. 그리선은 두 기관의 관계에 대해 "군대와 나사 중 누가 우위에 있는 기관인지보다 평화를 위한 비행 기술 개발이 훨씬 더 중요했다"라고 하면서 다음과 같이 말했다.

"미국에게 우주란 전략적으로 매우 중요한 공간이었고, 이를 위해 우주란 모든 것을 자유롭게 할 수 있는 영역이어야 했습니다. 따라서 소련이 스푸트니크호 발사에 성공했을 때 아이젠하워 대통령은 우주를 국유화하거나 우주에 군을 보내지 않고 나사를 설립했습니다. 그래야 언젠가 미국이 우주로 갈 때 민간 주도로 가는 것처럼 보일 테니까요."

나사는 장래를 고민하는 진보적인 생각과 현재의 추진력이 만나 설립된 기관으로, 현재 세대가 미래 세대에게 미칠 영향을 고민하고 이해했다는 증거이다. 나사의 혁신 고급 개념 NIAC (학생들의 아이디어를 이용해 장기 우주 개발 계획을 세우는 나사 프로그램)과 기술 이전 프로그램TTP, 상업 재보급 서비스CRS(상업용 우주선으로 국제 우주 정거장에 화물과 보급품을 운송하는 서비스), 상업용 유인 우주선 개발CCDev, 상업 달 페이로드 서비스CLPS 프로그램 등 수많은 프로그램은 민간 부문에 기술을 보급하고 지속적인 파트너십 기회를 창출한다. 이러한 활동은 로켓 산업 등 직접적인 우주 산업뿐 아니라 일반인의 삶에 영향을 미치는 여러 산업 분야의 발전을 촉진한다. 나사의 초기 연구 개발 투자는 특히 아이디어를 구현하는 데 너무 많은 자금이 들거나 투자를 받기에는 너무 초기 단계인 스타트업과 시장에 강력한 원동력이 되고 있다.

과거 나사와 백악관과학기술정책실OSTP 은 "우리에게는 인류를 위한 우주의 무한한 가능성에 관한 수십 년간의 사고적 리더십과 아이디어가 있다. 그리고 나사에는 눈부신 업적과 계획이 있다"라고 밝히며 지구의 경제 생태계를 우주까지 확장할 뜻을 내비쳤다.

나사의 전성기에는 많은 사람이 도전이고 위험하다는 것을 알면서도 테스트 파일럿과 우주 비행사, 그리고 다른 고위험 직종에 지원했다. 우주에 열정을 가졌거나 그 열기에 이끌린 미국 시민들이 우주 계획과 그 노력을 지지하고 응원했다. 반세기 전인 1969년, 나사의 달 착륙으로 기업가, 과학자, 그리고 문화계 셀러브리티 등 얼마나 많은 사람이 깊은 영향을 받았는지 생각해 보라.

하지만 최근 수십 년 동안 나사의 연구 개발 속도가 상당히 느려졌다. 혁신과 실험이 중요한 분야에서 침체와 위험 회피는 의외로 흔한 문제다. 행정부 교체, 공익 등 여러 원인이 있지만, 주요 원인은 역대 정부에서 예산을 다른 우선순위 항목에 할당했기 때문이다.

미국, 나사의 예산을 줄이고
러시아에 패권을 내어 주다

◆

닉슨은 1970년 3월에 발표한 성명에서 "우리는 우주 활동을 지속적인 과정의 일부로 생각해야 합니다. (…) 단계마다 엄청난 에너지를 집중해야 하는 개별적인 도약으로 생각해서는 안 됩니다. 우주 관련 지출은 엄격한 국유 재산 체계 안에서 적절한 위치를 차지해야 합니다. (…) 지금부터 우리가 우주에서 하는 일은 우리 국민의 정상적이고 정기적인 생활의 일부가 되어야 하며, 따라서 우리에게 중요한 다른 모든 사업과 함께 계획해야 합니다"라고 말하며 나사와 우주 왕복선 계획에 대한 야망을 피력했다.

아폴로 계획이 끝난 1972년, 닉슨 행정부는 프로젝트 성공과는 별개로 발생한 막대한 재정 손실을 나사의 우주 왕복선 계획으로 메우려 했다. 우주 왕복선은 세계 최초의 재사용 가능 로켓이었다. 한 번 발사에 엄청난 금액이 드는 발사체를 재사용한다는 데에서 우주 왕복선 계획은 발사 비용을 줄이기 위한 한 가지 방편이기도 했다. 이 계획에 따르면 우주 왕복선은 연간 50회 비행을 목표로 미국 국방부 임무를 비롯한 정보와 안보, 인공위성 활동, 탐사, 우주 연구 등의 임무를 수행하기로 되어 있었다.

하지만 우주 활동에 대한 닉슨의 약속은 지켜지지 않았다. 닉슨은 재임 기간 내내 나사 예산을 계속 삭감하면서 유일한 관심사였던 우주 왕복선을 제외한 우주 개발 계획을 전면 거부했다. 심지어 우주 왕복선 프로그램도 본래 목표를 달성하지 못했다. 매년 50회 비행이라는 매우 도전적인 목표는 1986년 챌린저호 폭발과 함께 산산조각났다. 이때부터 우주선 발사 위험과 해결되지 못한 난제들이 강조되며 우주가 인류에게 줄 수 있는 잠재적 편리함과 유익함을 무색하게만들었다. 반대로 군사 위성들의 성능은 더 향상되었고, 재사용 로켓보다 개발 비용이 저렴한 일회용 로켓으로 더 자주 발사되기 시작했다.

이는 냉전이 끝나자 나사의 목적도 흐려졌기 때문에 발생한 결과다. 우주 왕복선은 너무 느리고 비쌌다. 우주 왕복선 계획이 강력한 대안도, 방향도 없이 끝나면서 나사와 유인 우주 비행 계획은 확실한 침체기에 빠져들었다. 이것이 바로 1980년대와 1990년대에 우주 왕복선 계획이 진행되는 동안 많은 사람이 나사에 환멸을 느낀 이유다. 2004년 조지 W. 부시 대통령은 나사가 우주 왕복선 프로그램을 중단한다고 발표했다. 2011년 아틀란티스호가 케네디우주센터KSC에 착륙한 후 이 프로그램은 공식적으로 종료되었다.

조지워싱턴대 우주정책연구소Space Policy Institute 의 우주 역사학자 존 로그즈던이 저서 《After Apollo?》에서 언급했듯이, 닉슨의 보좌관이었던 톰 화이트헤드는 "나사나 그 누구도 백악관에 우주 계획을 밀어붙일 설득력 있는 이유를 제시하지 못했습니다"라고 말했다. 이는 로그즈던의 말을 빌리자면 "가장 바람직하지 못한 결과"로 이어졌다. 로그즈던은 "1960년대 우주 호황 이후 40년 이상 동안 야심 찬 우주 계획과 이를 달성하는 데 배정된 자원이 일치하지 않았습니다"

라고 덧붙였다.

나사의 시작은 숭고한 정신에서 비롯되었다. 하지만 강력한 정부 기관들은 우주에 가야 하는 이유에 대한 국가적 논의나 합의를 전혀 하지 않았고, 나사는 그 성과와 관계없이 목적이 불분명한 채로 남게 되었다. 한편 러시아는 구소련이 붕괴한 후에도 러시아연방우주국Roskosmos을 통해 우주 분야에서 계속 발전을 이어 갔다. 나사가 우주 왕복선 프로그램을 중단한 후 미국은 국제 우주 정거장ISS에 승무원을 보내기 위해 러시아에 돈을 지불해야 했다.

오늘날 나사에 배정되는 예산은 다른 정부 기관에 비하면 매우 적다. 가장 많았던 1966년(56억 달러, 연방 예산의 4.4%) 이후 매년 감소하고 있다. 나사의 2017 회계 연도 예산은 미국 전체 예산 4조 달러의 0.489%, 2019 회계 연도 예산은 0.4%에 불과했다. 2020 회계 연도에 230억 달러로 늘었지만(15억 달러의 달 임무 때문일 것으로 예상한다), 여전히 연방 예산의 0.4%밖에 안 되는 수준이다. 이에 비해 국방부는 연방 예산의 16%인 7,500억 달러를 배정받았다.

나사는 우주 탐험 시도나 기술 창출로 투입된 자원 이상의 성과를 낸다. 나사의 2005년 예산은 161억 달러였다. 우주 재단Space Foundation의 한 보고서는 같은 해 나사의 우주 관련 활동이 미국 경제에 1,800억 달러의 부가 가치를 더하는 결과를 가져왔다고 추정했다. 이는 나사가 투자액의 10배 수익을 냈다는 의미다. 다른 연구에서도 나사가 받는 예산의 달러당 8~10달러 경제 성장으로 보답한다는 데 동의한다. 투자 관점에서 볼 때 이는 상당히 남는 장사다.

나사에 더 많은 예산을 배정하는 것이 논리적으로 보이지만, 정부 재정 지원이 더딘 이유는 계급 조직에서 우주 분야의 우선순위가 낮기 때문이다. 우주 기술 스타트업 액셀러레이터인 신디케이트 708 Syndicate 708 의 고문직을 맡고 있는 마이클 캐리는 "예산 확보 경쟁은 항상 안보 분야에 유리한 기울어진 운동장"이라고 설명했다. 또한 캐리는 "전투에서 승리하기 위한 필수 요건은 우리의 커뮤니케이션 능력과 경고 능력을 유지하는 것입니다"라고 말하면서 현재 정부가 나사의 주요 목적인 새로운 노력과 탐사, 연구를 중요하게 생각하지 않는 현실을 지적했다.

나사 역시 그들이 존재하는 가장 중요한 가치를 우선시해야 예산 경쟁에서 우위를 점할 수 있을 것이다. 이제까지 정책 입안자들은 나사 연구자들에게 불신 문화를 조성하고, 프로젝트를 중단하면 처벌하면서 다른 이해관계가 우선한다는 사실을 되풀이해서 보여 주었다. 즉 나사가 목표를 달성하면 프로그램을 중단시켰고 예산을 삭감했다. 따라서 나사는 연구를 위해 더 많은 위험을 감수하기보다 생존을 위해 프로젝트를 철저히 수행하지 않고 남은 재정 지원을 확보하기 위해 방어적인 자세를 취하게 되었다.

대부분 드러나지 않지만, 나사는 인류 생존에 필수적인 기술과 발전을 가져다 주는 대단한 일을 계속하고 있다. 정부와 정책 입안자들이 나사와 그 성공이 중요한 이유를 이해하지 못하면 나사가 마주한 세부적인 문제들은 해결되지 못할 것이다. 더 나아가 나사의 활동에 계속해서 장애물이 생긴다면 미국 민간 우주 분야의 발전은 불확실해질 것이다.

위험을 감수하던 과거와 달리 현재 미국의 우주 접근 방식은 가능한 한 위험을 피하는 데 초점을 맞추고 있다. 우주 분야에서 선두를 달리는 챔피언이 동력을 잃어 가고 있다. 이것은 무엇을 의미할까?

2

우주에서 돈을 벌기 위해
로켓을 개발하다

"사람들이 준궤도 우주선을 만들고, 목숨을 걸고 이 우주선에
탑승하는 이 모든 일이 그 당시로서는 대단히 무모한 아이디어
였다."

존 스펜서(우주 건축가 & 우주관광협회 설립자)

어떤 면에서 우주 분야 개발은 너무 느린 경향이 있다. 미국은 우
주 계획을 시작한 지 10년도 안 되어 아무것도 없던 상태에서 달까
지 갔지만, 여기에는 수십억 달러와 수십만 명이 필요했다. 지금도
마찬가지다. 우주 기술을 개발하는 비용은 너무 비싸서 많은 국가가
그 금액을 감당하지 못하고 있다.

미국의 아폴로 계획 종료 이후 수십 년 동안 전 세계의 우주 프로

젝트들이 투자자들의 부족한 관심과 자금난으로 어려움을 겪었다. 하지만 일부 열정적인 개인과 기업들이 여전히 우주가 지닌 잠재력에 대한 믿음을 잃지 않았고, 이들의 노력으로 우주와 이를 응용할수 있는 새로운 시대의 문이 열렸다.

나사의 빈자리를 채우기 시작한 민간 투자자들
: 우주 르네상스가 도래하다

◆

21세기에 들어선 지도 약 20년이 지난 지금, 우주 분야는 마침내 새로운 추진력을 얻어 나아가고 있다. 지금은 전 세계적으로 역사상 그 어느 때보다 많은 우주 참여가 이루어지고 있다. 민간이 우주 활동을 주도하는 이 새로운 시대를 흔히 '뉴 스페이스NewSpace'라고 부른다. 이는 우주를 먼 공간이나 은유의 대상이 아니라 자원과 기회, 아직 풀리지 않은 수수께끼의 우물로 보는 운동이다.

특정 선두 주자들이 우주 산업을 지배했던 과거와 달리 오늘날에는 50개국 이상이 국가 우주 계획을 가지고 있다. 현재 12개 이상의 새로운 회사가 발사체 제조와 발사에서 중요한 역할을 하고 있으며, 수천 개의 회사가 부품, 엔지니어링, 물류 및 기타 우주 관련 제품과 서비스를 제공하고 있다. 미국 상업 회사들은 현재 텍사스 오스틴, 워싱턴 켄트, 캘리포니아 호손 등에서 우주선을 개발한다. 이들은 나사의 주요 발사 센터인 케네디우주센터와 국제 우주 정거장에 있는 기존 시설을 활용한다. 스페이스XSpaceX는 로스엔젤레스에서 궤도 발사체 조립 라인을 건설하고 있고, 플래닛Planet은 두 손으로 쥘 수 있을 만큼 작은 인공위성을 샌프란시스코 시내에서 만들고 있다.

우주 산업 환경은 분산 컴퓨팅, 크라우드 소싱, 적층 제조, 컴퓨팅과 로봇 공학 분야의 발전, 린 방법론 등으로 인해 극적으로 변했다. 동시에 일부 국가는 일반 확정 계약 입찰을 선호하는 새로운 계약 모델을 도입하고, 까다로운 서류 작업을 축소하고, 보안 규제를 수정하는 등 우주 분야에 대한 통제를 점차 완화했다. 이로 인해 스타트업 같은 작은 조직들도 정부와 함께 또는 정부를 위해 더 쉽게 일할 수 있게 되었다.

뉴 스페이스가 확장하면서 나타난 가장 희망적인 모습은 바로 전 세계 학생들의 참여이다. 이 청년들은 우주 탐험이 가져다줄 모든 미래를 믿는다. 놀라운 것은 이런 무모하고 위험한 도전을 끝까지 지켜보겠다는 유명하고 능력 있는 기업가들, 억만장자들의 기대에 찬 반응이다. 이 투자자들은 우주를 다시 일상 언어로 되돌리는 데 힘을 보탰다.

우리 인류에게 대체 행성이 필요하다는 일론 머스크의 제안이든, 수조 명의 인간이 태양계에서 살 것이라는 제프 베이조스의 상상이든, 수백만 명을 우주로 보내려는 리처드 브랜슨의 계획이든, 이런 야심 차고 혁신적인 계획을 실현하기 위해서는 착실하고 지속적인 노력이 필요하다. 현재 수많은 인재가 기술과 발견의 한계를 뛰어넘기 위해 끊임없이 일하고 있다. 아직 학교에 다니는 미래가 기대되는 청년들, 이들에게 많은 자금을 지원한 스타트업과 정부에 이르기까지 모두 로드 맵을 그리고 계획을 수립하고 있다.

사실 민간의 우주 개발 참여는 새로운 것이 아니다. 상업 우주 초기를 이끌었던 개인 혹은 단체, 조직들은 민간 참여를 수십 년 동안 촉구해 왔다. 대표적으로 '뉴 스페이스'라는 용어를 가장 먼저 적극적으로 사용하고 홍보한 스페이스 프런티어 재단 Space Frontier Foundation 이 있다. 뉴 스페이스가 지금에 이르기까지 많은 어려움이 있었다. 하지만 이 위기들이 기존 우주 분야의 세력 구조와 업계 표준을 타파하는 계기가 되었고, 민간 기업들은 이를 발판 삼아 빠르게 도약할 수 있었다.

지금까지 우주는 동경의 대상이 되는 장소와 개념이었을 뿐 우주를 전체로서 이해하려는 노력은 드물었다. 많은 사람이 우주 분야가 로켓 발사나 과학 탐사의 발전, 인공위성으로 날씨와 통신에 필요한 데이터를 가져다주는 것 이상의 무언가를 줄 수 있으리라고 상상하지 못한다. 하지만 현재 우주 분야의 경쟁은 치열하다. 기업 간 혹은 기업과 정부 기관 간 협력을 방해하는 정부 규제와 보안 통제 때문에 그 정도가 더욱 심해지고 있다. 예를 들면 우주 탐사 기술을 보완, 변경 혹은 다른 식으로 한 번만 바꾸려 해도 정부의 승인 절차와 요구에 맞춰 준비해야 하는 작업이 극단적으로 까다로워지기 때문이다.

이는 정부가 뉴 스페이스 이전에는 민간의 상업 우주 활동을 고려하지 않았기 때문이다. 1990년대에는 민간 우주 프로젝트에 대한 공공 계획이 없었다. 그때부터 상업 우주 비행을 염두에 두고 로켓을 제작했던 상업용우주비행연맹CSF 공동 설립자인 제프 그리선은 말한다.

"민간 주도의 우주 개발이라는 아이디어가 너무 터무니없어서 우리는 몇 년 동안 비밀스럽게 사업 계획을 짰습니다. 기사에 우리가 로켓을 만드는 이유를 설명하기도 했습니다."

이 문제는 2001년 데니스 티토가 민간인 처음으로 우주여행을 하면서 풀리기 시작했다. 터무니없다고 생각한 아이디어와 꿈이 그럴듯한 현실이 되었다. 물론 그전까지 상업 우주 비행을 시도한 사례는 있었다. 1970년대에는 미국의 물리학자이자 로켓 개발자인 로버트 트루악스가, 1993년에는 미국 발사 시스템 회사 키슬러 에어로스페이스Kistler Aerospace가, 1996년에는 세계 최대의 벤처 재단인 X프라이즈 재단XPRIZE Foundation이, 1997년에는 미국 발사체 개발 회사 빌 에어로스페이스Beal Aerospace가, 1999년에는 미르코프MirCorp와 블라스트오프 코퍼레이션Blastoff! Corporation 등이 도전했다. 이후에는 간간이 민간의 우주 분야 활동이 이어졌고, 최근에 와서야 본격적인 우주 생태계가 형성되었다. 그리선은 우주 분야에 뛰어든 이유를 다음과 같이 설명했다.

"1999년에 준궤도는 흔히 들을 수 없는 말이었습니다. 사람들은 에베레스트를 오르기 위해 돈을 내고, 남극에 가기 위해 돈을 냅니다. 그러므로 사람들이 우주에 가기 위해서도 돈을 쓸 것이 분명해 보였습니다. 그래서 우리는 준궤도 시장을 검토했습니다."

X프라이즈 재단,
우주 비즈니스를 이끌어 갈 인재들을 양성하다

◆

1996년, 미국의 유명 미래학자 피터 디아만디스가 X프라이즈 재단을 설립했다. 이 재단은 항공 우주를 비롯한 모든 분야의 과학 기술 개발에 도전해 성공한 과학자에게 연구 지원을 위한 상금을 수여하는 단체다. X프라이즈는 정부와 달리 우주의 상업적 이용을 염두에 두고 재사용이 가능한 무인 우주선을 개발하는 대회를 열어 초기 민간 우주 비행 분야의 초기에 발전을 이끌었다.

디아만디스는 무인 우주 비행선을 개발하는 데 필요한 1,000만 달러를 지원해 줄 후원자를 찾기 위해 수년 동안 전 세계에 이 대회를 알렸다. 오랜 기간 대회가 열렸고, 관심을 보이는 사람은 있었지만 선뜻 나서는 이는 없었다. 그럼에도 X프라이즈 재단은 꾸준히 대회를 개최해 투자자들의 관심을 끌었다. 그 결과 마침내 여러 단체가 투자 의사를 밝혔고, X프라이즈 재단은 안사리 그룹Ansari으로부터 자금을 받아 '홀인원 보험 상'을 만들 수 있었다.

X프라이즈 재단과 안사리 그룹은 대회 참가자들에게 승객 3명 무게를 싣고 2주 이내에 해발 100km까지 두 번 비행할 수 있는 우주선을 만들어 올 것을 요구했다. 최종적으로 버트 루탄의 스페이스십원만이 안정적인 결과를 보여 주었다. 버트 루탄은 1984년 세계 최초 무급유 세계 일주라는 기록을 세운 보이저 항공기를 만든 전설적인 항공기 설계자였다. 이에 가능성을 본 마이크로소프트의 공동 설립

자 폴 앨런이 루탄의 스페이스십원 개발에 엄청난 자금을 지원했다.

안사리 그룹이 X프라이즈에 투자한 것은 현명한 결정이었다. 루탄의 뛰어난 우주선 설계 실력에 엄청난 재정 지원이 더해지자 놀랍고 의미 있는 결과가 나타났다. 2004년 민간 유인 로켓 스페이스십은 우주 진입에 성공했고, 전 세계에 스페이스십원의 비행, 루탄의 노력과 최종 수상이 보도되었다.

2004년 6월 21일 스페이스십원의 첫 비행을 목격한 일은 내가 성인이 되고 겪은 우주 경험 중 가장 중요한 사건이다. 나는 1만 명의 군중 속에서 스페이스십원이 고도 100.124km에 도달하는 모습, '민간 자금과 기술로 개발된 최초의 우주선'으로 역사에 기록되는 모습을 지켜보았다. 이를 기점으로 내 가치관은 마치 DNA를 통째로 바꾼 것처럼 변했고, 내 인생을 우주 기업가 정신과 탐험에 바치기로 마음먹었다. 스페이스십원은 우주에서 개인과 집단이 할 역할이 있다는 것을 명백하게 보여 주었다. 그때의 나는 아직 무엇을 해야 할지 몰랐기 때문에 이를 찾고자 의식적으로 우주를 생각했다. 그 결과 우주가 우리 생각보다 더 가까이 있다는 사실을 깨달았다.

X프라이즈 재단은 현명하고 전략적인 후원이 미래 비즈니스와 이와 연관된 거래의 흐름을 창출하는 강력한 수단이 될 수 있음을 증명했다. 이 노력이 우주 르네상스를 불러왔고, 많은 사람이 뉴 스페이스에 빠져들도록 영감을 주었다. 그런데 X프라이즈 재단과 스페이스십원에게 영향을 받은 주목할 만한 인물이 한 명 더 있다. 바로 리처드 브랜슨이다.

브랜슨은 스페이스원십의 기술을 도입하고 활용하기 위해 버트 루탄이 설립한 우주 항공 회사 스케일드 컴포지트Scaled Composites 및 폴 앨런과 계약을 체결했다. 그리고 스페이스십원의 첫 번째 비행 후, 두 번째 비행 전에 버진 갤럭틱Virgin Galactic 이라는 우주 여행 회사를 설립했다. 이후 브랜슨과 루탄은 우주 관광용 우주선인 스페이스십투를 개발했다.

일단 아이디어가 증명되고 이를 실현할 기회가 주어지면 더 많은 활동이 구체화된다. X프라이즈 대회는 뉴 스페이스의 획기적인 사건이다. 알려지지 않은 산업을 조명하고, 민간 유인 우주 비행이 실현될 수 있다는 가능성을 보여 줘 사람들이 구체적인 행동에 나서도록 동기를 부여했기 때문이다. 큰 야망과 포부를 가진 인재들은 이런 활동에서 우주 분야의 고도성장 가능성, 즉 성장 잠재력을 보고 대담한 미래 비전에 도전하게 되었다.

스페이스X와 블루 오리진,
비즈니스 경쟁으로 우주를 상업 시장으로 만들다
◆

상업용우주비행연맹의 공동 설립자인 제프 그리선이 일론 머스크의 스페이스X가 뉴 스페이스에 남긴 업적에 대해 언급한 적 있다.

"일론 머스크의 스페이스X가 우주 발사체 시장에 기여한 가장 큰 한 가지는 발사에 가격을 매긴 것입니다. 이전에는 우주에 무언가를 발사하고 싶어도 사업 계획서조차 작성할 수 없었습니다. 자금을 마런하기 전에는 견적을 받을 수 없었고, 견적을 받기 전에는 자금을 마련할 수 없었기 때문입니다.

지금까지 답답했던 이 모든 것을 타파하고 자유롭게 일하려면 가격을 책정하면 됩니다. 얼마의 가격에 인간이 일을 하고 시장이 작동하는지, 실제 경제적 가치가 얼마나 되는지 알아내는 것입니다. 이를 알아낸다면 다음은 일이 물 흐르듯이 진행될 것입니다. 더 많은 일을 하는 사람들의 수요가 늘어날 것입니다. 그러면 물량이 늘어나므로 가격이 내려갈 것이고, 이는 궁극적으로 사람들이 우주에서 할 수 있는 일의 범위를 넓힐 것입니다."

이제 뉴 스페이스는 혁신의 원동력이 되었고, 변화는 빠르게 일어나고 있다. 민간의 상업적 이해관계가 '우주는 정부의 배타적인 영역'이라는 믿음에 계속 구멍을 내고 있다. 사실 창업가, 스타트업, 투자자 등 민간의 여러 조직이 이런 신화를 산산조각 냈다고 하는 편이 더 정확하다.

이전까지는 나사와 록히드 마틴Lockheed Martin, 보잉The Boeing Company, 유나이티드 론치 얼라이언스ULA 같은 항공 우주 단체들이 우주 분야를 지배했다. 이들은 의회의 지지를 받은 아이젠하워 대통령의 명령으로 제2차 세계 대전 이후 미국 정부와 협력해 우주 기술을 발전시키고 산업화하면서 기득권을 잡았다. 하지만 시간이 지나며 선두 주자였던 나사의 활동이 점점 위축되었다. 의회가 나사의 장기적인 비전보다 기존 기업들과 이해관계를 중시했기 때문에 나사는 엄청난 예산을 받으면서도 새로운 성과를 내기보다 '평소대로 하라'는 주의가 되었다.

뉴 스페이스가 열리면서 나사와 기존 사업체들은 더 이상 새로운 기술 개발에 드는 비용을 정부의 백지 수표에 기댈 수 없는 상황이 되었다. 오늘날 민간 기업들은 뉴 스페이스 활동으로 기술과 탐사 등 다양한 분야에서 발전을 이루었고, 정부 단체와 기득권 기업들을 모두 능가한다. 몇몇 유명한 뉴 스페이스 회사는 미국 정부에게 자신들의 방식을 이용하면 현재보다 더 효율적으로 작업할 수 있다는 강점을 내세워 제품과 서비스를 제공하고 있다. 어떤 새로운 스타트업은 우주 정거장을 연구와 비즈니스의 플랫폼으로 활용하는 나노랙스Nanoracks, 스페이스X, 블루 오리진Blue Origin 등 선두 주자 그룹을 발판 삼아 발전하기도 한다.

민간에서 몰려온 투자자들, 즉 스타트업이나 스타트업을 졸업하고 완연한 성장 기업이 된 스페이스X 같은 기업들, 이들을 지원하는 후원자들은 기존 우주 산업 분야의 질서를 무너뜨리고 자신들만의 시간 계획표를 만들었다. 이들은 기존 사업자들에게 로켓의 재사용 가능성을 고려하고, 개발 비용을 낮추고, 심지어 끊임없이 우주를 상업 시장으로 인식하도록 만들었다. 상업 무역 단체와 로비스트를 통해 정부와 협업했으며, 나노랙스 같은 민첩한 우주 스타트업이 있다면 서로 협력했다. 예를 들면 쾌속 생산 등 최신 기술을 활용하고, 빨리 실패하고 교훈을 얻어 다시 도전하는 '빠른 실패' 철학에 열려 있다.

우주 스타트업은 성과를 위해 경쟁사, 정부와 협력한다

2018년 10월 미국 공군은 러시아 로켓 엔진에 의존하는 상황을 끝내고자 유나이티드 론치 얼라이언스, 노스롭 그루만Northrop Grumman, 블루 오리진과 23억 달러의 우주 발사 용역 계약을 체결했다. 이 회사들은 각각 9억 6,700만 달러, 7억 9,100만 달러, 5억 달러를 받아 새로운 발사 시스템 개발에 착수했다.

주목할 만한 점은 유나이티드 론치 얼라이언스가 자사 벌컨 로켓에 주 엔진을 제공하는 업체로 블루 오리진을 선택했다는 것이다. 이 사례는 경쟁 관계를 무시하고 최고 기술과 혁신을 활용하는 편이 개별 기업과 우주 분야의 성공에 결정적이라는 폭넓은 이해를 보여준다. 비슷한 예는 더 찾아볼 수 있다.

2019년 2월 미 공군은 1회만 발사할 수 있는 소모성 우주 발사체EELV의 업그레이드 개발을 위해 스페이스X, 유나이티드 론치 얼라이언스와 각각 2억 9,700만 달러, 4억 4,176만 달러 규모의 발사 계약을 체결했다. 이는 국가 안보 우주 발사NSSF 계획의 일환으로, 미국 국방부와 다른 정부 기관들의 우주 접근성을 높이기 위한 프로젝트였다. 이외에 정부와 민간이 협력해 성과를 이룬 사례도 있다.

2019년 3월 나사와 스페이스X는 미래에 인류가 우주에서 살 것을 대비한 '유인 우주 프로젝트' 시험을 위해 국제 우주 정거장에 크루 드래건 우주선을 발사하기 위해 제휴했다. 크루 드래건은 데모 1로 알려진 이 탐사에서 우주 정거장으로 보급품만 운반했을 뿐이지만, 이것이 의미하는 바는 크다. 미국이 발사와 발사체, 엔진, 또는 기타 기술을 외국에 의존하지 않고 유인 우주 프로젝트를 수행할 수 있게 된 것이다. 나사는 보도 자료에서 "역사상 처음으로 상업 목적으로 제작되어 운용될 미국 유인 우주선과 로켓이 미국 땅에서 발사되어 국제 우주 정거장으로 향하고 있습니다"라고 언급하며 축하 메시지를 전했다.

사모 펀드 AIAC의 부사장인 이안 피히텐바움 역시 이 사건이 얼마나 중요한지 언급했다.

"다가오는 스페이스X 크루 드래건과 보잉 스타라이너의 비행은 우리가 모두 지켜봐야 할 우주 사업 역사의 중요한 사건입니다. 일단 로켓에 물건을 실어 보내거나 유료 고객으로 로켓을 채울 수 있는 능력이 생기면, 우주에 가기 위해 1,000만 달러 또는 5,000만 달러를 지불할 고객이 얼마나 되는지 현존하는 시장 수요를 파악할 수 있기 때문입니다. 따라서 이런 변화들은 중요합니다."

정부의 인프라와 민간의 효율적인 업무 시스템이 만날 때 혁신이 일어난다
◆

뉴 스페이스 시대가 열리며 정부와 민간이 논쟁을 벌이는 모습을 흔히 볼 수 있다. 하지만 이는 양자택일의 상황이 아니다. 정부는 채무 불이행의 가능성이 낮고 안정적인 미래 활동이 보장되는 조직이기 때문에 민간에게 훌륭한 고객이 될 수 있다. 또한 정부 기관인 나사는 첨단 기술 연구와 개발에 필요한 전문성과 우주 탐사에 필요한 접근성을 가지고 있다. 사실 이 두 분야에 대해 민간 기업들은 나사보다 부족하거나 불리한 입장이다. 하지만 정부에 기대어 우주 탐사와 기술 개발을 추진할 수는 없다. 우주의 가능성이 무한한 데 반해 정부는 느리고 비효율적이기 때문이다.

그렇다면 어떻게 해야 할까? 민간 기업들은 상업 우주 분야에서 새로운 시장에 대응하고 새로운 제품을 만들 수 있는 유연성을 가지고 있다. 하지만 경험해 보지 못한 고객과 시장은 잘 알지 못할 수 있다. 물론 정부 기관이 모든 기술을 상업적 이용이 가능한 수준으로 개발하지는 못할 것이다. 하지만 정부는 기존의 대규모 인프라와 자금 지원 정책을 활용해 민간에 잠재적으로 어떤 기술이 실행 가능한지 보여 줄 수 있다.

애틀러스 스페이스 오퍼레이션ATLAS Space Operations 의 설립자이자 최고 전략 책임자이기도 한 마이클 캐리는 특히 문화와 프로그래밍, 데이터 수집 시스템, 절차 등의 분야에서 민간이 할 수 있는 역할에 대해 설명했다.

"상업계는 부족한 능력을 완전히 보상하거나 보완할 수 있습니다. (…) 한 우주 스타트업의 상황이 어렵다고 해서 세상이 흔들리지 않습니다."

정부와 민간이 협업한다면, 뉴 스페이스 스타트업과 다른 조직들이 우주 탐사와 연구에 적극적으로 참여할 수 있는 실질적인 기회가 생길 것이다.

가장 성공한 민관 합작 프로젝트: 상업용 궤도 운송 서비스

나사와 민간의 합작 사업 중 가장 크게 성공한 사례는 상업용 궤도 운송 서비스COTS 사업이다. 이 프로젝트는 나사의 국제 우주 정거장 화물 왕복 운송을 도울 새 우주선 개발을 상업 우주 업계에 맡기는 것이었다. 나사는 처음에 로켓플레인키슬러RpK, 스페이스X와 계약을 맺었다. 하지만 로켓플레인키슬러가 민간에서 개발 자금을 확보하지 못해 오비털 ATK Orbital ATK 와 다시 계약했다. 결과적으로 상업용 궤도 운송 서비스 프로젝트로 인해 두 개의 새로운 우주선이 만들어졌다.

발사 기지인 케네디우주센터의 에드가 자파타가 작성한 보고서에 따르면 스페이스X와 오비털 ATK의 우주선으로 화물을 운반할 때 드는 비용은 화물 1kg당 각각 8만 9,000달러, 13만 5,000달러라고 한다. 이는 화물 1kg당 27만 2,000달러였던 나사 우주 왕복선 비용의 3분의 1과 2분의 1에 해당한다.

COTS 프로젝트는 나사에 비용 절감, 안정적인 국제 우주 정거장 화물 운송 수단, 기존과 다르게 민간 부문의 성장을 지원하는 향상된 유연성, 상업 우주 분야를 대하는 접근 방식의 다각화라는 이점을 제공했다. 예컨대 자파타의 보고서에는 "팰컨 9호에 대한 나사의 1억 4,000만 달러 투자로 스페이스X가 미국 내 20개 이상의 민간 부문 고객에게 발사 서비스를 제공할 수 있었다"고 적혀 있다. 보고서의 결론은 이렇다. "10억 달러가 넘는 순 차익은 대부분 해외로 나갔을 미국의 경제 활동이다. 이는 나사가 유일한 시스템 사용자일 때의 경제적 이익과는 확연히 다르다."

심지어 COTS 프로젝트는 나사가 다른 우주 프로젝트에도 이러한 방식을 적용할 수 있도록 바꾸었다. 2014년 나사에서 펴낸 간행물 〈상업용 궤도 운송 서비스: 우주 비행의 새로운 시대〉에는 다음과 같이 언급되어 있다.

"2005년 11월에 공식적으로 설립된 나사 상업 승무원 및 화물 프로그램 사무국C3PO은 미국 민간 우주 비행 부문의 성장을 촉진하기 위한 몇 년 혹은 수십 년간의 계획의 정점을 이루었다. C3PO에서 실행한 COTS 민관 파트너십은 유인 우주 비행 영역의 새로운 사업 수행 방식이지만, 미국 역사에 이런 공생 관계는 늘 존재했다. 20세기 전반인 1925년 흔히 '켈리법'으로 불리는 〈항공우편법〉은 미국 우정청이 민간 회사와 우편배달 서비스를 계약할 수 있게 함으로써 상업 항공을 장려했다. 이로 인해 항공 여행이 위험하고 무모한 취미 생활에서 일상적인 활동으로 바뀌었고, 상업용 항공기가 저렴한 여객 여행에 사용되기 시작했다."

현재 진행 중인 나사의 다른 프로젝트들은 과학과 우주 산업 내의 다양한 분야와 협업 관계를 맺고 있으며, 모두 혁신가들이 최고의 작품을 개발할 수 있는 기반 조성을 목표로 하고 있다.

나사 프로그램에서 사업 아이디어를 찾아라

COTS 사업 개발을 도운 우주 산업 전문가 브루스 피트먼은 인터뷰에서 뉴 스페이스에 진출하려는 기업인들에게 이렇게 조언했다.

"나사의 혁신 고급 개념 프로그램과 중소 기업 혁신 연구 지원SBIR 프로그램 관련 자료를 살펴볼 것을 권합니다. 여기서 개발되고 있는 것을 보고 흥미롭거나 실행할 수 있고 수익성이 있을 것 같은 기술이 있는지 보는 것이 좋습니다."

혁신 고급 개념 프로그램은 미래 나사 임무를 근본적으로 더 낫거나 완전히 새로운 항공 우주 개념의 창조로 변화시킬 수 있는 선진 아이디어들을 배양하고, 미국의 혁신가들과 기업인들을 파트너로 참여시키는 것을 목표로 한다. 또한 나사는 중소 기업 혁신 연구 지원 프로그램을 통해 매년 100개 이상의 제안서 중 나사의 요구에 맞는 프로젝트를 제안한 중소 기업을 선정해 자금을 지원한다. 각 단계에서 선정된 기업은 자금을 지원받아 혁신적이며 상업적 가치가 있는 기술 혹은 제품 생산을 목적으로 프로젝트를 진행하고 완성한다. 이 프로그램은 민관 협업의 생산성을 극대화하는 장치다.

나사에서 진행하는 민관 협업 프로젝트의 성과는 이미 증명된 바 있다. 1964년 나사는 '기술 이전 프로그램'으로 기술과 응용 프로그램을 외부와 공유했다. 이 프로젝트는 경제 성장에 박차를 가하는 혁신 기술 개발부터 여러 산업에 걸쳐 비용 절감 효율성을 불러오기까지 광범위한 경제적, 사회적 이익을 가져왔다.

나사가 1976년 발행한 무료 출간물인 〈스핀오프〉에는 환경과 농업, 교통, 컴퓨터 기술, 보건과 의료, 공공 안전 등을 포함한 다양한 산업에 걸친 '나사 기술에서 비롯되었거나 혜택을 받은 약 2,000개의 제품과 서비스'가 실려 있다. 대표적으로는 MRI와 CT 검사에 사용된 디지털 영상 처리 기술(1960년대), 무선 헤드셋(1960년대), 치료용 발광 다이오드 LED(1990년대), 적외선 귀 체온계(1991), 감도 조절이 가능한 연기 감지기(1970년대), 주로 신발에 삽입하는 오도 제어 단열재인 에어로겔(1993), 움직이는 의수와 의족(2004) 등이 있다.

이제 정부와 민간이 함께할 뉴 스페이스의 미래를 그려 볼 수 있다. 예컨대 스페이스X는 나사의 페놀 침전 탄소 융제제PICA 열 차폐 기술을 사용할 수 있는 비독점적 실시권을 가지고 있어서 자사의 드래건 우주선용 PICA-X 열 차폐 장치를 만들 때 위험을 줄일 수 있었다. PICA-X는 나사가 만든 것보다 제작비가 10배나 적게 들고, 드래건 우주선을 정부 임무용으로 계약해서 스페이스X의 향상된 기술에 힘입어 연방 예산을 상당히 절약했다. 나사의 제트추진연구소JPL와 함께 일하는 앤서니 프리먼은 뉴 스페이스의 미래에 대해 다음과 같이 말한다.

"우리는 항상 아무도 하지 않았던 일을 할 것입니다. 그 일이란 다른 별 주위의 행성을 찾는 것, 우리 태양계에서 생명체와 그 기원을 찾는 것입니다. 또한 우리는 여러 해양을 탐구해 임무를 수행할 것입니다. 즉 수 킬로미터 얼음 아래에 바다가 묻혀 있고, 그 바다에는 물과 각종 미네랄, 에너지, 그리고 미량의 방사성 원소 같은 성분들 혹은 생명이 있는 위성을 탐험할 것입니다. 하지만 저는 10년 이내에 우리가 이런 일을 수행하는 방식이 바뀔 것으로 생각합니다. 첨단 제조업이 등장해 장비의 소형화가 이루어지고 소프트웨어가 중요한 역할을 할 것으로 예상합니다. 상업 항공 우주 산업과 자동차 산업에서 당연시하는 소프트웨어 역량을 투입해야 할 때가 이미 오래전에 지났기 때문입니다."

뉴 스페이스는 로봇, 소프트웨어 등 다른 산업의 발전을 이용하고 발전된 기술을 양분 삼아 더욱 발전한다. 따라서 우주 연구 및 개발 비용이 절감되고 혁신이 일어날수록 다른 산업도 함께 발전하게 된다. 그리고 최종적으로 그 혜택은 우리에게 돌아올 것이다.

나사를 우주 분야의 모태로 생각한다면 뉴 스페이스 활동은 빠르게 성장하면서 자신의 권리를 확장할 준비가 되어 있는 아이라고 할 수 있다. 나사는 구체적인 목표와 명확한 시간표, 직접적인 기대치가 있는 선형적 사고의 구시대를 반영한다. 반대로 뉴 스페이스는 혁신을 위해 서로 다른 산업들이 결합해 예상치 못한 성과를 내는 현재 문화와 경제를 반영한다. 뉴 스페이스는 모호성을 포용하고, 리더들은 모두 진보라는 이름의 실험과 실패, 위험에 열려 있다.

우주를 더욱 개발할 우주 기업가들이 늘어나기를 기대할 때이다. 최선의 결과는 지원을 아끼지 않고, 정부와 민간 양측의 비효율성을 파악하고 민간 및 상업 부문과의 협력을 강화해서 산업 발전을 도모하는 데서 나올 것이다.

3.

우주 분야의 선두를 달리는 스타트업을 만나다

$

"근본적인 세대교체가 진행되고 있다. 단순히 우주에 접근하는 데 드는 비용과 시간이 변화했다는 말이 아니다. 사람들은 마치 뺨을 세게 맞은 듯 무엇을 할 수 있는지 깨달았다. 지금 무엇이 우리를 방해하겠는가? 아무것도 우리를 방해할 수 없다."

크리스토퍼 스톳(세계 최대 위성 주파수 기업 맨샛 설립자 & CEO)

뉴 스페이스는 비즈니스 세계에서 얻은 교훈을 바탕으로 이전에는 불가능하다고 생각했던 서비스를 구축한다. 최근 몇 년 동안 새로운 기업들은 우주에서 제조와 제품 수리를 지속하기 위한 방법을 연구해 왔다. 기업가들은 우주를 이용하거나 우주를 중심으로 하는 사업에서 성공하려면 엔지니어링 이상의 것이 필요하다는 것을 알고 관련 사업을 주도하고 있다. 정상급 벤처 캐피탈의 지원을 받는 우주 스타트업과 그들의 성장 과정을 살펴보자.

우주 탐사 분야
: 재사용 가능한 로켓으로 우주 개발 비용을 줄이다
◆

스페이스X, 도전하고 경쟁하며 유망 벤처로 거듭나다

스페이스X는 뉴 스페이스 회사들 중 가장 유명한 회사일 것이다. 2002년, 기술계의 거물이라 불리는 엔지니어 일론 머스크가 설립한 스페이스X는 새로운 궤도 우주선의 자금 조달, 제작 및 운용에 성공했기 때문이다.

우주 분야로 진출하기 전 일론 머스크는 인터넷 스타트업 페이팔PayPal의 공동 설립자로 많은 부를 축적했다. 오랫동안 우주의 열렬한 팬이었던 머스크는 스페이스X에 개인 자본의 상당 부분인 약 1억 달러를 투자했다. 그리고 이런 머스크의 끈기와 열정에 군사 기술을 개발하는 미 국방부 산하 방위고등연구계획국DARPA이 관심을 보였다. 방위고등연구계획국은 스페이스X의 첫 고객이 되었고, 2006년 스페이스X의 첫 로켓이 폭발한 후에도 보이지 않는 정치적인 지원을 해 주었다.

스페이스X의 성장에서 우리가 주목할 만한 점은 일론 머스크가 늘 억만장자는 아니었다는 사실이다. 머스크는 페이팔 배당금 전액을 스페이스X, 테슬라Tesla, 솔라시티SolarCity에 투자한 후 10년간 모든 수입을 자신이 투자한 여러 회사에 쏟아부었다. 머스크의 말에 따르면 2010년에는 "현금이 바닥나" 친구들에게 돈을 빌릴 정도였다고 한다. 다른 기업가들과 마찬가지로 스페이스X를 살리기 위해 이른바 서드 파티third party 투자자들에게 의존했다고도 했다.

스페이스X 초기, 머스크는 기존에 관계를 맺어 왔던 투자자나 기업에 우주 산업의 가능성을 보여 주고 자본금을 지원받았다. 이때 도움을 준 첫 번째 투자자는 바로 페이팔의 공동 창립자이자 파운더스 펀드Founders Fund 의 공동 창립자인 루크 노섹이다. 노섹은 2008년 파운더스 펀드를 통해 스페이스X에 무려 2,000만 달러를 제공했다. 그 외 자본금은 테슬라와 솔라시티 지원을 계기로 관계를 맺은 벤처 캐피탈 드레이퍼 피셔 저빗슨DFJ 으로부터 제공받았다. 다른 투자자들로는 프리츠커Pritzker, 피델리티Fidelity, 구글Google 등이 있다.

다른 문제도 있었다. 바로 당시 우주 산업의 환경이 열악했다는 점이다. 정부와 우주 산업 관련 계약을 맺는 것이 어려웠음은 물론, 우주 산업에서 우위를 점하고 있던 우주 기관이나 로켓 발사처 등 기존의 전문가들은 수년간 스페이스X의 노력을 무시했다. 하지만 성공은 하룻밤 사이에 이루어지지 않는다고 했던가. 스페이스X는 굴하지 않고 계속해서 발사체를 개발하고 발사했다. 심지어 미 공군을 설득해 2006년 이후 유나이티드 론치 얼라이언스의 독점 영역이었던 국방 화물 운송을 맡았다. 우주 산업에서 민간 기업이 사법 절차를 이용해 공정한 경쟁을 할 수 있는 장을 마련한 것이다.

기술적인 어려움도 있었다. 스페이스X 초기 비행 실험의 성공률은 100%가 아니었다. 하지만 개발팀은 실수를 분석하고 안정적인 비행 진로를 구축했다. 2016년 9월에는 플로리다 발사대 폭발 사고가 있었지만 스페이스X는 빠르게 상처를 극복했다. 마침내 2017년, 스페이스X는 미국 국가 안보 임무를 수행하기 위한 17개의 팰컨 9 로켓 발사에 성공했다. 2019년에는 대형 로켓인 팰컨 헤비가 스페이스X의 첫 번째 상업 통신 위성을 지구 정지 궤도로 발사했다. 더 나아가 3개의 추진 로켓을 지구에 안전하게 착륙시켜 재사용 가능한 발사체의 문을 열었다.

최근 스페이스X는 재사용이 가능한 우주여행용 우주선 스타십을 '협업 경쟁'으로 빠르게 개발하고 있다. 즉 스페이스X는 두 개 팀에게 각각 비행체 제작을 지시하고 내부 경쟁을 통해 속도, 테스트 및 개선 효과를 높이는 중이다. 2019년 8월 초 텍사스와 케이프 커내버럴에 있는 스타십 제작 현장을 방문한 머스크는 트위터에 "양 팀이 궤도를 향해 질주하고 있는데, 접전 끝에 두 팀 모두 성공한다면 놀라운 일일 것이며, 모두 승리로 간주할 것이다"라는 글을 남겼다.

협업 경쟁은 높은 성공률을 보이는 소프트웨어 개발 방법으로 알려져 있다. 만약 성공한다면, 이는 효율적인 방식으로 한계를 돌파한 스페이스X의 능력을 평가하는 또 다른 지표가 될 것이다.

스페이스X는 2002년 설립부터 2019년 10월 나사에서 300만 달러의 투자를 받을 때까지 총 25회에 걸쳐 27명의 투자자로부터 약 33억 달러의 자금을 지원받았다. 2017년 여름 루크 노섹은 새로운 투자 그룹 기가펀드Gigafund를 결성해 특별히 스페이스X의 자본 조달에 집중했다. 기가펀드 웹 사이트에는 "파운더스 펀드의 전 벤처 파트너였던 스티븐 오스쿠이와 파트너 관계를 맺은 후 스페이스X에 수억 달러를 투자했다"라고 언급되어 있다. 2019년 5월 시리즈 K 펀딩 라운드에서는 기가펀드, 퀀텀 글로벌 파트너스Quantum Global Partners, 파운더스X 벤처스FoundersX Ventures 등으로부터 5억 3,574만 달러를, 6월의 다른 펀딩 라운드에서는 온타리오 교원 연기금Ontario Teachers' Pension Plan 으로부터 약 3억 1,420만 달러를 조달했다. 스페이스X는 2019년 2분기 말까지 세 차례에 걸쳐 13억 2,000만 달러 상당의 자금 조달을 성공적으로 마쳤고, 그 가치는 계속 올라가고 있다.

2019년 5월 스페이스X의 인공위성군인 스타링크Starlink 의 시험 발사 이후, 미국 경제 뉴스 전문 방송 CNBC가 스페이스X의 가치 평가를 333억 달러로 지정했다. 세계에서 가장 큰 투자 은행인 모건 스탠리Morgan Stanley 는 2019년 9월 스타링크가 이 회사의 가치를 최저 520억 달러에서 1,200억 달러까지 훨씬 더 크게 올렸다는 내용의 보고서를 발표했다. 민간 우주 발사 분야의 선두 주자인 스페이스X는 새로운 스타링크 인공위성군과 재사용이 가능한 우주선 등으로 수익성 좋은 유망한 벤처로 우뚝 섰다.

인공위성 분야
: 빅 데이터로 기후, 재난, 비즈니스 솔루션을 제공하다
✦

뉴 스페이스에서 가장 큰 수익을 창출하는 분야는 인공위성 시장이다. 현재 국가 혹은 기업들이 다양한 목적을 위해 자신들만의 위성을 만들고 있기 때문이다.

플래닛, 스마트폰 위성 데이터로 재난 대비 솔루션을 만들다

2010년 전직 나사 과학자인 윌 마셜, 로비 싱글러, 크리스 보슈이젠은 캘리포니아 쿠퍼티노의 레인보우 맨션으로 알려진 공유 주택의 차고 공간에서 스타트업을 창설했다.

오늘날 많은 지구 관측 기업이 있지만, 플래닛의 시작은 독특했다. 이 회사 설립자들은 스몰샛이라고 하는 소형 위성을 지구 관측에 활용할 수 있을 것으로 생각했다. 보슈이젠은 2016년 나사의 간행물 〈스핀오프〉에서 그 일화를 언급했다.

"하루는 나사 에임즈연구센터의 기술 이사인 피트 클루파가 정부에서 지급한 블랙베리 스마트폰을 주머니에서 꺼내 들고 '이 스마트폰에 더 큰 컴퓨터와 센서가 있기 때문에 많은 위성보다 더 다양한 기능이 있다'며 장점을 설명했습니다. 클루파는 전화기를 집어넣고 그 공간에 있던 사람들에게 위성이 전화기보다 더 비싼 이유를 물었고, 그때 저와 마셜이 '피트, 전화기 주머니에 다시 넣지 마세요. 그걸로 인공위성을 만들 거니까요'라고 클루파에게 말했습니다."

두 사람은 곧 저렴한 스마트폰 부품으로 만든 초소형 위성으로 지구 궤도에서 지구 사진을 찍는 나사의 폰샛 PhoneSat 프로젝트를 주도하기 시작했다. 폰샛 제작 비용은 7,000달러도 되지 않는다. 참고로 나사가 지금까지 개발했던 인공위성 중 가장 저렴한 것이 1,000만 달러였다.

폰샛의 시험 성공 이후 마샬, 보슈이젠, 그리고 에임즈의 동료 연구원 로비 싱글러는 2010년 나사를 떠나 야심 찬 목표를 가지고 초소형 위성인 큐브샛 회사를 설립했다. 싱글러는 "매일 전 세계의 영상을 찍어 변화를 보고, 접근하고, 이에 대응하기 위해서"였다고 회사 설립 목적을 분명하게 밝혔다. 실제로 플래닛의 이미징과 데이터는 인권에서 농업, 환경, 해운 투자 등에 이르는 다양한 분야에 유용하게 쓰인다.

플래닛은 벤처 캐피탈 지원을 받는 최초의 소형 위성 플랫폼 기반 민간 지구 관측 스타트업 중 하나다. 스타트업 자금 조달은 친구나 가족 라운드, 엔젤 라운드, 벤처 캐피탈 라운드로 순으로 진행되는데, 플래닛은 초기 단계부터 벤처 캐피탈 그룹들과 어려 차례 자금 조달 라운드를 거쳤다.

이런 투자는 분석과 시스템 개발에 시간과 비용을 투입하기 전에 투자자들에게 최소 기능 제품MVP을 제공하는 기술 산업 접근 방식을 사용하기로 한 플래닛의 현명한 결정에서 비롯되었다. 플래닛 설립자는 이를 '민첩한 우주 항공 산업' 전략이라고 한다. 일단 플래닛이 자사 제품이 작동한다는 것을 증명하자 자금이 유입되기 시작했고, 플래닛은 엔지니어들을 고용해 빠른 지구 촬영이라는 목표를 향해 성큼 다가섰다.

마침내 2014년, 플래닛은 국제 우주 정거장에서 지구를 원격 탐사하는 28개의 큐브샛으로 구성된 첫 번째 상업 위성군인 플록-1을 지구 궤도에 배치하는 데 성공했다. 2020년에는 일명 '비둘기좌'로 불리는 이런 인공위성군을 200개 이상 궤도에 배치했다.

플래닛이 창업 초기에 계속해서 성공할 수 있었던 것은 여러 요인이 조합된 결과였다. 첫째, 플래닛의 설립자들은 신기술이 들어간 스마트폰 부품, 기성 부품을 활용해 저렴하면서도 강력한 처리 기능을 갖춘 혁신적인 제품을 개발했다. 이들의 '빨리, 자주 출시한다'라는 비즈니스 모델이 상당한 금액의 투자와 지원을 끌어모았다. 제품이 나올 때마다 기술은 지속적으로 향상되고 가격은 저렴해져서 이미 자리 잡은 거물급 위성 업체들과 경쟁할 수 있었고, 기존 시장과 신흥 시장의 구미에 모두 맞출 수 있었다.

둘째, 플래닛의 큐브샛은 가격이 저렴해서 손상되거나 파괴되더라도 회사나 이해관계자가 질 위험 부담이 적었다. 예컨대 2014년에 두 번의 로켓 고장으로 34개의 비둘기좌가 파괴된 적이 있다. 보통의 회사였다면 이런 손실이 재앙급 이슈였겠지만 플래닛은 전혀 신경 쓰지 않았다. 실제로 마셜은 플래닛의 초창기 급속한 성장에 대해 다음과 같이 말했다.

"우리는 인도주의에 도움을 주는 위성의 잠재력 때문에 플래닛을 시작했습니다. 그리고 플래닛이 영향력을 계속 발휘하는 가장 좋은 방법은 수익성 높은 비즈니스 모델을 개발하는 데 있다는 것을 깨달았습니다."

그렇게 플래닛은 창립 10년 만에 드레이퍼 피셔 저비슨DFJ, 펠리시스 벤처스Felicis Ventures, 캐프리콘 인베스트먼트 그룹Capricorn Investment Group, 데이터 콜렉티브Data Collective, AME 클라우드 벤처스AME Cloud Ventures 등으로부터 3억 달러 이상의 민간 투자를 받았다. 이후 플래닛은 구글로부터 위성 운영 업체 블랙 브릿지Black Bridge 와 테라 벨라Terra Bella 를 각각 2015년과 2017년에 인수했으며, 2018년에는 지리 공간 소프트웨어 업체인 바운드리스 스페이셜Boundless Spatial 을 인수했다.

2018년 자금 조달 라운드 후 플래닛의 기업 가치는 14억 달러가 넘는 것으로 추산되었다. 이 스타트업은 현재 40여 개국에 수백 명의 직원과 파트너를 두고 있으며, 농업, 정부, 국방 및 정보, 재난 관리, 에너지, 금융 등 다양한 시장에서 활약하고 있다.

예컨대 플래닛은 40일 동안 3개 대륙에서 위성을 발사할 계획을 세웠다. 그중 하나가 바로 스몰샛 익스프레스SmallSat Express로도 알려진 스페이스플라이트의 SSO-A 발사 프로젝트다. 이 발사는 스페이스X의 팰컨 9 로켓에 17개국 35개 기관의 64개 위성을 포함한 페이로드를 탑재해서 우주로 보내는 승차 공유 프로젝트였다. 플래닛은 2018년 12월 SSO-A 발사 프로젝트에서 주요 페이로드를 적재했다. 이런 일련의 우주선과 발사 일정은 불과 10년 전만 해도 있을 수 없는 일이었다. 이 프로젝트는 수백 개의 위성을 제작하고 배치할 수 있는 민첩한 개발 역량을 갖춘 플래닛과 재사용 로켓을 가진 스페이스X가 협력해서 달성한, 그야말로 새로운 우주 시대를 정의할 만한 사건이었다.

또 플래닛의 재난 대응 프로그램은 재난 발생 시 정부나 상업, 비영리 조직이 유용한 데이터를 얻을 수 있는 유연한 모니터링 옵션을 제공한다. 플래닛은 유일무이하게 주 정부나 지방 정부 규모 혹은 전국적, 국제적 규모의 모든 자연재해 대응을 지원할 수 있는 장비를 갖추고 있다. 플래닛의 플래닛스코프 PlanetScope 는 매일 전 세계를 모니터하기 때문에 어떤 사건이 발생하기 전 날까지 관심 지역을 모니터할 수 있다.

최근 이미지와 영상을 사용한다는 것은 업계 표준을 바꿀 수 있을 만큼 획기적인 일이다. 몇 달 또는 몇 년 전의 오래된 영상 정보는 비상 대응에 지장을 줄 수 있기 때문이다. 또한 매일 모니터링을 하기 때문에 재해 발생 시 거의 실시간으로 영상 정보를 확인할 수 있어 상황 전에 위성을 작동시키지 않아도 되고, 재해 후에도 특정 지역을 계속 관찰할 수 있어 장기적인 복구 활동을 지원하고 확인할 수 있다는 이점이 있다.

더 나아가 플래닛은 스카이샛 SkySat 위성의 고해상도 이미지로 플래닛스코프를 보완해 관계자들이 재해 피해나 영향을 더 자세히 살펴볼 수 있도록 한다. 상업적으로 이용해 이윤을 추구할 수도 있지만, 플래닛은 투명성을 높이고 지구상의 삶을 돕는 회사의 임무를 지원할 목적으로 재해 이미지와 데이터를 매우 저렴한 비용으로 제공하고 있다.

2018년 플래닛은 자연재해나 인위적 재해 발생 시 신속한 위성 데이터를 제공하는 국제 우주 기관들의 컨소시엄인 '우주와 주요 재난에 관한 국제 헌장 International Charter on Space and Major Disasters'에 데이터를 제공하는 최초의 민간 데이터 제공자가 되었다. 현재 이 헌장은 2000년 시작된 이래 2020년까지 126개국에서 624건의 재난 지원에 나섰다.

플래닛의 위성이 수행할 새로운 임무에는 광학 이미지, 다중 스펙트럼 이미지, 기상 예측, 선박 자동 식별 장치AIS 선박 추적 등이 포함되며, 더 많은 임무를 수행할 예정이다. 이런 '소형 위성 혁명'은 상업용 전자 공학의 발전, 저렴한 발사 비용과 빈번한 발사, 우주에서 생성되는 엄청난 테라바이트의 데이터를 저장, 처리, 전달하는 클라우드 기반 인프라 덕분에 가능했다.

소형 위성은 스푸트니크호 발사 이후부터, 큐브샛은 2000년대 초부터 우주를 비행하고 있다. 하지만 상업적으로 실행 가능한 비즈니스 모델을 보유한 기업들이 실제 사용 가능한 위성군을 설치하고 시장에 영향을 미치기 시작한 것은 고작 5년에서 7년 정도밖에 되지 않았다. 하지만 벌써 소형 위성 업계에는 또한 벤처 캐피탈 자금이 유입되어 가치 사슬 전반에 걸쳐 새로운 기업들이 탄생했으며, 랜드샛Landsat, 센티넬Sentinel 같은 정부 지원 지구 관측 임무와 결합해 지속 성장하는 강력한 상업 생태계를 형성했다.

스파이어 글로벌, 더 빠른 기상 데이터 수집으로 솔루션을 만들다

플래닛과 더불어 소형 위성 데이터 스타트업의 양대 산맥인 스파이어 글로벌은 2012년에 혜성 같이 등장해 자금을 지원받았으며, 현재는 위성의 다양한 용도를 탐구하기 위한 미니 생태계를 조성하고 있다.

플래처는 2012년 스페이스 프런티어 재단의 뉴 스페이스 사업 계획 경연New Space Business Plan Competition에서 나노새티스피NanoSatisfi로 알려진 회사의 사업 계획을 설명했다. 하지만 나노새티스피는 경연에서 우승하지 못했고, 플래처는 빠르게 방향을 바꿔 스파이어 글로벌로 선회해 수천만 달러를 모금했다. 스파이어 글로벌은 2020년까지 10여 차례에 걸쳐 1억 6,000만 달러 이상을 지원받았으며, 2019년 9월에 마지막 자금을 투자받았다. 투자자로는 룩셈부르크 정부, 룩셈부르크 미래 기금Luxembourg Future Fund, 일본 최대 종합 무역 상사인 이토추Itochu Corporation와 미쓰이Mitsui & Co., 런던에 본사를 둔 세라핌 캐피탈Seraphim Capital 등이 있다.

2015년 9월 스파이어 글로벌은 상업용 기상 위성 네트워크를 구축하기 위해 인도 로켓에 4개의 위성을 탑재해서 발사했다. 또한 전 세계의 기상 예보를 개선하는 기상 데이터를 수집하기 위해 미국 해양대기청NOAA, 유럽우주기구ESA와 협력했다. 2018년 플래처는 경제 뉴스 전문 방송사 CNBC에 이 자료의 가치가 향후 25년간 30억 달러에 육박할 것으로 추정한다고 밝혔다.

오비털 인사이트, 지리 공간 데이터로 비즈니스 솔루션을 만들다

인공위성은 스마트폰이나 컴퓨터에 사용되는 고성능의 혁신적인 소프트웨어와 결합할 때 훨씬 뛰어난 결과를 보여 준다. 일부 기업은 위성 데이터를 점점 더 능숙하게 활용하면서 이를 성공적인 비즈니스 모델에 적용해 상당한 성과를 내고 있다.

2013년 실리콘 밸리에서 창업한 오비털 인사이트Orbital Insight는 인공위성과 지구 관측 기술을 활용해 고객 맞춤형 데이터 세트를 만드는 지리 공간 빅 데이터 기업이다. 이 회사는 다양한 형태의 데이터를 활용해 인간 활동을 분석한 뒤 자사의 인공 지능 기반 소프트웨어에 입력한 뒤, 고객이 비즈니스 솔루션을 결정하는 데 도움이 되는 트렌드를 알려 준다. 예컨대 식료품점 체인이 새로운 점포를 개설할 위치(특정 지역의 도보 및 자동차 교통량에 기반을 둠)에서 주택 시장에 대한 정보 제공(여유 공간이 있는 기존 건물, 개발 중인 건물의 종류 등에 기반을 둠), 농업 활동 모니터링까지 스마트 데이터 분석의 가치를 증명하고 있다.

오비털 인사이트는 특정 기간과 지리적 위치를 기반으로 데이터 세트를 고객의 목표와 목표 시장에 맞춘다. 파트너로 플래닛과 에어버스Airbus 같은 위성 데이터 제공 업체들이 있다. 에어버스는 2018년에 오비털 인사이트와의 협업을 발표하고 에어버스의 원애틀러스 디지털 플랫폼OneAtlas Digital Platform을 구축했다. 이 플랫폼은 에어버스의 위성 사진과 오비털 인사이트의 분석 서비스를 사용해 전 세계에 프리미엄 데이터 서비스를 제공한다. 오비털 인사이트는 2018년 에너지 애스펙트Energy Aspects와 제휴해서 전 세계 석유 비축 수준을 추적 및 분석하는 서비스를 제공하기도 했다.

오비털 인사이트는 투자자들로부터 8,000만 달러에 가까운 자금을 지원받았다. 흥미로운 점은 그중 약 5,000만 달러를 2017년 세쿼

이아캐피탈Sequoia Capital로부터 투자받았다는 사실이다. 다른 투자자들로는 럭스캐피탈Lux Capital, 인텔렉투스 파트너스Intellectus Partners, 블룸버그 베타Bloomberg Beta 등이 있다.

미국 비즈니스 잡지 〈패스트 컴퍼니〉는 오비털 인사이트를 가장 혁신적인 기업 중 하나로 선정했는데, 그 이유로 오비털 인사이트의 데이터 분석 애플리케이션이 전 세계의 사회 경제 동향을 감지할 수 있고, 따라서 비영리 기업에서 대기업, 정부에 이르기까지 다양한 기업이 효과적으로 활용할 수 있는 지능형 정보를 얻을 수 있다는 점을 들었다.

승차 공유 분야
: 우주에 가는 가장 빠르고 저렴한 방법을 제공하다
◆

로켓에는 종종 추가로 무언가를 탑재할 수 있는 여유 공간이 있다. '승차 공유Rideshare' 회사들은 이 공간을 유용하고 저렴한 발사 대안으로 제공한다. 나노랙스Nanoracks, 로켓 랩Rocket Lab, 스페이스플라이트Spaceflight 등은 기업들의 발사체가 안정적으로 우주에 도착할 수 있도록 돕는 중개 기업이다. 소형 위성 개발자와 운영자가 비즈니스의 핵심 업무가 아닌 서류 작업이나 연락 업무 등에 드는 시간을 절약할 수 있는 서비스를 제공하는데, 이를 통해 기업들의 업무 효율성을 높이고 위험을 분산하며, 우주 기업가들이 전문 지식과 시장 제안에 에너지를 집중하도록 지원한다.

승차 공유 분야에서 흥미로운 점은 일론 머스크의 시장 진입이다. 2019년 8월 스페이스X는 새로운 스몰샛 승차 공유 프로그램을 발표했다. 이 프로그램은 위성 크기에 따라 225만 달러에서 600만 달러를 부과한다. 로켓 랩의 가격보다 훨씬 더 저렴하다. 이후 스페이스X는 200kg 위성당 100만 달러라는 수정 가격을 발표하고, 2020년 2월 승차 공유 일정을 잡기 위한 온라인 예약 방법을 공개했다. 이 새로운 프로그램은 스몰샛 역량을 활용하는 신생 기업들에 더 많은 기회의 문을 열어 줄 것이며, 승차 공유 시장의 다른 기업들에는 더 큰 비용 절감 솔루션을 내놓도록 압력을 가할 것이다.

나노랙스, 발사 절차를 줄여 민간의 우주 접근성을 높이다

2009년 창업한 나노랙스는 민간 및 공공 부문 고객이 국제 우주 정거장에 접근할 수 있도록 돕는 최초의 중개 기업이다. 나노랙스는 국제 우주 정거장에 독점적으로 접근할 권한은 없지만 나사와 유기적인 관계를 맺고 있어 학교에서 국가에 이르기까지 다양한 고객의 탑재물을 운송한다.

2017년 나노랙스의 CEO 제프리 맨버는 나노랙스 창립 7주년 기념 공식 발표에서 자신들이 스파이어 글로벌, 플래닛, 나노에이비오닉스NanoAvionics, 곰스페이스GomSpace 등 다른 상업 우주 스타트업의 성장을 돕는다는 목표를 어떤 방식으로 달성해 왔는지 언급했다.

다양한 영역에서 연속적인 이미지를 얻는 위성인 하이퍼 스펙트럼 위성 개발 스타트업인 오비털 사이드킥 Orbital Sidekick 의 CEO 대니얼 카츠는 국제 우주 정거장 국립연구소ISS National Lab에 접근하는 데 나노랙스가 어떻게 중요한 역할을 했는지에 관해 설명했다. 카츠는 국제 우주 정거장 국립연구소를 관리하는 기관인 우주과학진흥센터CASIS로부터 자금 지원을 받고 우주 정거장에 도착하기 위한 대기 기간이 무려 2년에 가까웠다고 말했다. 오비털 사이드킥은 12개월 내에 우주 정거장에 가기 위해 우주과학진흥센터의 승인을 조율해 주고 승차 공유 서비스를 제공하는 나노랙스와 협력하기로 했다. 결국 우주과학진흥센터는 이 새로운 일정에 맞춰서 승인을 내주었고, 오비털 사이트킥은 국제 우주 정거장에 탑재물을 실어 보낼 수 있었다. 이 결과에 대해 카츠는 말했다.

"우리는 실제로 나노랙스와 계약을 체결하고 있는 현실과 매우 공격적인 일정을 활용해서 우주과학진흥센터가 우리가 하는 일에 동참하도록 밀어붙일 수 있었습니다."

지금까지 1,000여 개의 탑재물을 발사한 나노랙스는 더 강력한 우주 기업 중 하나임이 증명되고 있다. 나노랙스가 거둔 주요한 성과를 정리해 보았다.

첫째, 나노랙스는 2009년부터 2019년까지 거의 1,000개의 탑재물을 발사했다. 대부분 우주 정거장 임무였지만, 일반인의 우주여행을 계획 중인 민간 우주 개발 업체 블루 오리진과 인도의 소모성 위성 발사체인 극지 위성 발사체PSLV 발사에 서비스를 제공하기도 했다.

둘째, 2020년 나노랙스의 익스터널 시그너스 디플로이어External Cygnus Deployer와 인도의 극지 위성 발사체를 포함한 250개 이상의 큐브샛을 발사했다.

셋째, 거의 100%의 성공률을 자랑한다. 단 두 번의 발사만 실패했으며, 나노랙스는 이때 보내지 못한 모든 고객 탑재물을 다시 발사해 운송에 성공했다.

넷째, 2020년부터 나노랙스는 자사의 '우주 거점 공간 만들기' 계획 시연 임무를 포함한 수많은 탈 우주 정거장 프로젝트에 착수할 예정이다. 나노랙스는 나사와 계약해 우주 실험 공간이 될 개조된 상단 로켓을 제공받았다. 이 프로젝트는 2016년 나사의 '차세대 우주 탐사 기술 파트너십NextSTEP' 프로그램에서 진화했으며, 지구 저궤도에서 상업용 우주 정거장 역할을 하게 될 것이다.

로켓 랩, 매주 더 많은 페이로드를 발사하다

로켓 랩Rocket Lab은 발사 비용을 절감하고 발사 빈도를 높이는 데 주력하는 또 다른 승차 공유 스타트업이다. 피터 벡이 2006년 뉴질랜드에서 설립했으며 현재 캘리포니아 롱비치에 본사를 두고 있다. 2020년 1분기 기준 스파이어 글로벌과 지오옵틱스GeoOptics 등 민간과 정부 고객사를 위한 48개의 위성을 지구 저궤도에 성공적으로 배치했다. 이 회사의 발사 예약은 매월 가득 차 있는데, 피터 벡은 "로켓 랩이 재사용 가능한 일렉트론 로켓을 주당 한 개씩 만들기 위해 제조 역량을 높이는 데 주력하고 있기 때문에 곧 매주 발사할 수 있을 것"으로 기대한다고 말했다.

로켓 랩은 2020년까지 총 2억 1,500만 달러의 자금을 지원받았는

데, 그중 1억 4,000만 달러를 퓨처 펀드Future Fund 의 시리즈 E 펀딩에서 투자받았다. 2018년 피터 벡은 '소형 위성을 위한 새롭고 저렴한 발사 역량을 창조한 뛰어난 업적'과 '뉴질랜드에서 궤도 발사를 가능하게 하는 국제 조약과 법률을 제정하는 데 중요한 역할을 한 공로'를 인정받아 왕립항공학회로부터 금메달을 받았다.

스페이스플라이트 인더스트리, 정부의 우주 접근성을 높이다

시애틀에 본사를 둔 스페이스플라이트 인더스트리스Spaceflight Indus-tries 는 위성 시장에서 서비스를 중개하고 자사 위성을 관리하면서 투자금을 유치하는 데 성공했다. 2016년 스페이스플라이트 인더스트리스는 시리즈 B 펀딩에서 미스릴Mithril 로부터 1,800만 달러, 시리즈 C 펀딩에서 일본 미쓰이 상사로부터 1억 5,000만 달러를 받았다. 다른 투자자로는 RRE 벤처캐피탈RRE Venture Capital , 벌컨캐피탈Vulcan Capital , 레이저스 엣지 벤처스Razor's Edge Ventures 등이 있으며, 스페이스플라이트 인더스트리가 받은 투자금은 2억 350만 달러에 이른다.

스페이스플라이트 인더스트리스에는 스페이스플라이트 주식회사Spaceflight Inc. 와 블랙스카이BlackSky 라는 두 자회사가 있다. 스페이스플라이트 주식회사는 글로벌 네트워크로 저렴한 요금제를 제공함으로써 승차 공유 서비스를 혁신하고, 블랙스카이는 소형 위성군으로 지리 공간 정보, 위성 영상, 글로벌 모니터링 서비스를 제공한다. 승차 공유의 경우, 스페이스플라이트는 적절한 발사 일정을 확인하고, 과정을 관리하며, 탑재 화물을 통합하는 일을 지원한다.

스페이스플라이트 인더스트리는 2013년부터 고객들을 위해 수백 개의 위성을 발사했다. 그리하여 2016년 2월 최초로 미연방 총무청GSA 위성 발사 서비스 전문 용역 계약을 따냈다. 이런 협력을 통해 관리 비용과 간접비를 줄이고 미국 정부 기관들이 우주에 접근하는 빈도를 늘릴 수 있을 것이다.

우리는 우주에 접근하는 가격이 계속 낮아지고, 승차 공유 업체와 서비스 선택권은 늘어나기를 기대한다. 뉴 스페이스 회사들의 개별적인 발전은 다른 회사들을 위한 길을 열어 주었으며, 이는 우주 산업 전체의 발전을 가져왔다. 뉴 스페이스의 개척자들은 비용과 빈도, 지상의 이익, 그리고 탐험에 대한 새로운 패러다임을 확립하고 있다. 민간 뉴 스페이스 활동 결과 우주 분야 진입 장벽이 날이 갈수록 낮아지는 파급 효과가 생겨나고 있으며, 더 큰 변화가 나타날 것이다.

2장

지금 투자자들은 어떤 우주 분야에 투자하고 있을까?

: 인류의 번영을 위한 우주 산업들

SPACE IS OPEN FOR BUSINESS
The Industry That Can Transform Humanity

1

인류의 생존을 책임지는
빅 데이터 산업에 투자하다

$

"인공위성을 통한 관측은 지구와 우주 문제 해결에 도움이 되는 강력한 도구이다. 물과 식량 부족, 화재나 자연재해로 인한 환경 파괴, 도시 개발, 오염, 산림과 야생 생물 관리, 에너지 및 자원 개발, 교통 등 모든 것이 매우 중요하다. 우리가 살아남기 위해서는 이런 문제들을 매우 빨리 능숙하게 해결해야 한다."

스튜어트 배인(노스스타 어스 & 스페이스 CEO)

안보부터 인터넷 보급, 질병 퇴치까지
모든 생산 활동의 기반이 되는 인공위성 산업

◆

일단 가치 있는 능력을 지니게 되면 그런 능력이 없는 삶을 생각할 수 없다. 매일 길을 찾을 때 GPS에 얼마나 의존하는지 잠시 생각해 보라. 오늘날 데이터의 양과 다양성, 그리고 데이터에 대한 수요가 꾸준히 증가하고 있다는 사실은 명백하다.

지구 궤도를 선회하는 무인 우주선인 인공위성은 인류에게 데이터를 공급해 주는 원천으로 오늘날 우리에게 특히 없어서는 안 될 존재가 되었다. 인공위성이 없다면 국방과 안보부터 통신과 연구에 이르기까지 우리가 직면하게 될 위험과 막지 못해 무력한 삶으로 전락할 것이다. 우주는 우리가 우리의 행성, 태양계, 그리고 그 너머에 대한 통찰력을 발휘할 수 있게 해 준다. 우리는 이런 환경을 활용함으로써 비로소 변화하는 세계와 진화하는 요구에 새로운 관점을 가지고 깊이 이해할 수 있다.

위성이 없는 하루를 생각해 보라. 우선 인터넷 연결이 안 된다. 날씨 정보도 알 수 없다. 휴대폰 서비스는 당연히 안 된다. 길 찾기도 종이 지도에 의존해야 한다. 모든 거래를 현금으로만 해야 한다. 비행기 여행은 꿈도 꿀 수 없다. 오늘날 위성에 의존하는 전 세계 기술과 인프라가 얼마나 많은가. 방금 전 예시들은 빙산의 일각에 불과하다. 산업계, 정부, 크고 작은 기업, 그리고 모든 민간인이 그 영향을 느낄 것이다. 위성이 없으면 세계의 대부분은 멈추고 말 것이다. 글로벌 사이버 보안 전문가인 클리프 빅은 우주가 지구에 미치는 영향에 대해 다음과 같이 말한다.

"저는 예컨대 GPS 기능이나 오염 지역을 식별하는 지구 관측 역량 등 우주 사업이 실제로 어떻게 지구의 삶의 질을 향상하는지 생각했습니다. 솔직히 지구에서의 삶의 질 향상은 우주에서 시작된다는 것을 느낍니다. 우주는 아주 흥미롭습니다. 제 영혼을 사로잡는 무언가가 있습니다."

인류와 지구가 직면한 많은 위험에 대응하고자 벤처 자금 지원을 받는 위성 산업체들이 기존의, 그리고 잠재적인 역량을 총동원해서 모든 것을 개혁하고 있다. 전 세계 기업들이 지구를 연결하고, 환경을 보존하고, 다양한 산업을 개선하기 위한 해결책을 찾고 있다.

국방 데이터를 보호해 안보에 도움을 주는 위성 보안 시스템

한 회사는 이미 데이터 보안 혁신에 위성을 사용하고 있다. 클라우드 콘스털레이션 코퍼레이션Cloud Constellation Corporation의 스페이스벨트 데이터 보안 서비스SpaceBelt Data Security as a Service는 지구 저궤도에 있는 10개의 인공위성으로 구성된 위성군의 우주 역량을 기반으로 전례 없는 사이버 보안 서비스를 제공한다. 클라우드 콘스털레이션 코퍼레이션의 사장이자 CEO인 클리프 빅이 말했다.

"우주에 있는 드롭 박스로 생각하면 됩니다."

스페이스벨트 서비스는 인터넷이나 임대 회선과는 독립적으로 운영되는 '우주 기반 클라우드 인프라의 격리성'을 활용한다. 지상 네트워크는 데이터 공격에 취약하기 때문이다. 빅은 "따라서 스페이스벨트는 금융 거래 데이터, 환경 문제, 국방부에 매우 민감한 데이터 등 전 세계적으로 중요하고 가치 있는 데이터를 전송해야 하는 기업과 정부에 이상적"이라고 덧붙였다.

"우리는 우주에서 데이터를 보관한 뒤 대상 회사나 장치, 또는 지구상의 위치로 직접 전달함으로써 전 세계를 돌아다니는 데이터를 보호할 수 있습니다. (…) 우리는 바레인에 있을 수도 있고, 사우디에 있을 수도 있고, 지구상의 어느 도시에나 있을 수 있고, 국제 네트워크를 통하지 않고도 데이터를 내릴 수 있습니다."

더 넓은 차원에서 보면 스페이스벨트는 우리가 가진 중요한 우주 자산 데이터를 보호하는 방향으로 가기 위한 첫 발걸음이다. 우주 자산은 우리 디지털 인프라의 핵심 부분이며, 따라서 사이버 공격에 취약하다. 날씨 예보에서 금융 거래, 국가 안보에 이르기까지 우리의 우주 의존도를 고려하면 특히 우주 분야의 성장과 함께 사이버 보안 능력도 필수적으로 강화되어야 한다.

빠른 재난 및 방위 대응 시스템을 만드는 실시간 위성 데이터

위성 분야는 내비게이션에서 기상 예보, 재난 구호까지 더 막대한 경제적, 사회적 혜택을 만들어낼 수 있는 잠재력을 가지고 있다. 예를 들면 농부들의 생산성을 높이고, 지구의 천연자원을 더 잘 관리하고, 철새 이동을 추적하는 등 훨씬 더 많은 일을 할 수 있다. 추가적인 위성 응용 분야에는 선박 교통량 분석, 태양 전지판 설치 위치 최적화, 도시 계획자를 위한 기본 지도 작성, 항공기 운항 일정 수립, 물 생산성(정해진 양의 물로 생산되는 농작물의 경제적 가치를 의미한다) 추적, 표층수 매장량 추정, 불법 벌목과 삼림 파괴 감시, 지하수와 광물 자원 탐지 등이 있다.

더 나아가 인공위성과 항공기를 이용한 관측 플랫폼에는 다양한 보조 센서가 있다. 이런 원격 탐사 기능은 공간 해상도, 스펙트럼 해상도, 방사선 해상도, 시간 해상도 등 다양하다. 광학 원격 탐사, 가시광선 스펙트럼, 다중 스펙트럼 이미징은 모두 가시광선 범위를 넘어 확장된다. 원격 이미징과 처리 및 탐사 센터CRIPS는 광학 원격 탐사의 원리에 설명을 덧붙였다.

"광학 원격 탐사는 가시광선, 근적외선, 단파 적외선 센서를 사용해서 지상의 목표물에서 반사되는 태양 복사를 감지함으로써 지표면의 이미지를 형성합니다. 다른 물질은 다른 파장에서 다르게 반사되거나 흡수됩니다."

항공기를 이용한 지구 관측 플랫폼 분야에서는 특히 고고도 유사 위성HAPS의 실행 가능성이 커지고 있다. 미국 민간 근우주 탐사 기술 회사인 월드 뷰 엔터프라이즈World View Enterprises는 2017년 성층권 탐사 프로젝트를 위해 고고도 열기구를 쏘아 올렸다. '스트래틀라이트Stratollite'라고 불리는 이 무인 원격 조종 열기구는 미국남부사령부USSOUTHCOM의 통신 탑재물을 운반할 수 있었다. 미국남부사령부는 이 열기구를 사용해 인신 및 마약 밀매와 해적을 퇴치할 수 있을 것으로 믿는다.

스트래틀라이트 같은 열기구의 용도는 통신, 날씨 예보, 재난 대응, 방위 분야 등 포괄적이다. 가장 중요한 기능은 높은 고도에서 고대역폭의 데이터를 전송하는 것으로, 월드 뷰 엔터프라이즈에서는 이것이 "미래의 상업 고객에게 실시간 데이터를 제공하는 데 중요한 역할을 할 것"이라고 말한다. 2017년 월드 뷰 엔터프라이즈 공동 설립자이자 전 나사 우주 비행사 마크 켈리는 우주 잡지 〈스페이스〉 인터뷰에서 스트래틀라이트 관측 투자가 미미한 것에 대한 아쉬움을 토로했다.

"대기권 내에는 수조 달러가 지출되고, 지구 궤도에는 수천억 달러가 지출됩니다. 하지만 성층권에서는 기본적으로 아무것도 없습니다."

다행히 앞으로 이런 상황이 바뀔 희망이 보인다. 영국에 본사를 둔 투자 회사인 아빌토Avealto의 사업 개발 담당 이사인 탐 올슨은 고고도 유사 위성이 400억 달러 규모의 미개발 시장이라며 현재 전 세계 많은 사람이 그렇게 보고 있다고 주장한다.

"여러 기업이 솔루션을 개발하고 있으며, 이 중 일부는 유럽연합과 영국, 유럽우주기구로부터 자금을 지원받았습니다."

아빌토는 현재 인터넷과 모바일 서비스 제공에 중점을 둔 고고도 플랫폼을 개발하고 있다. 현재 이 시장은 미개발 상태이지만, 성공적인 계획이 계속되면서 변화가 나타날 것으로 예상된다.

소외 지역에 인터넷을 공급해 삶의 질을 높이는 위성 인터넷

인터넷 없는 세상은 상상하기 어렵다. 하지만 실제로는 지구 인구의 거의 50%가 인터넷 없이 살고 있고, 위성 서비스 비용을 감당하지 못한다. 이제 위성 애플리케이션을 통해 이런 상황을 바꾸려는 움직임이 늘어나고 있다. 많은 뉴 스페이스 회사가 위성군을 사용해 규칙적이고 신뢰할 수 있는 인터넷을 사람들에게 보급하려 한다.

O3b 네트웍스O3b Networks의 위성군은 2013년부터 지구 중궤도에서 운영되고 있으며, 마지막 위성이 2019년 4월에 궤도에 진입해 현재 20개의 위성으로 구성되어 있다. O3b는 '추가 30억other three billion'이라는 뜻인데, 인터넷에 접속하지 못하는 세계 인구수를 나타낸다. O3b 네트웍스는 2016년에 유럽 최초의 민간 위성 사업자인 룩셈부르크의 상업 위성 선도 기업 SES에게 자회사로 인수되었다.

원웹OneWeb은 650개의 위성군 발사 계획 중 첫 6개를 2019년 2월에 발사했다. 스페이스X는 2019년 5월 스타링크 위성 60기를 발사했으며, 2020년 3월 발사 이후 위성군에 계획된 위성 1,584개 중 300개가 넘는 위성을 궤도에 진입시켰다. 2022년 1월까지 스페이스X가 쏘아 올린 위성은 2,000개를 넘어섰다.

하지만 이는 시작에 불과하다. 미국 연방통신위원회FCC는 스페이스X가 이 프로젝트를 위해 총 1만 2,000개에 가까운 위성을 발사하는 것을 승인했고, 스페이스X는 2019년 10월 30만 개의 스타링크 위성 추가 발사 허가를 요청했다고 확인했다. 스페이스X가 스타링크 위성을 발사할 수 있는 속도보다 더 빠르게 위성을 제조하고 있다고 일론 머스크가 언급했기 때문이다.

이런 활동에 참여하는 다른 스타트업들로는 플리트 스페이스 테크놀로지스Fleet Space Technologies, 스카이 & 스페이스 글로벌Sky & Space Global, 케플러Kepler 등이 있다. 이들은 각자 전 세계 장치들을 연결하는 소형 위성들을 개발할 계획을 가지고 있다. 여기에 아마존도

2019년 4월 '전 세계의 인터넷 서비스를 받지 못하거나 서비스 환경이 열악한 소외 지역'에 인터넷을 제공하기 위해 3,000개가 넘는 인공위성을 발사할 계획이라고 발표했다. 아마존은 프로젝트 카이퍼Project Kuiiper라 불리는 이 계획으로 2026년까지 인공위성 1,600기를 배치할 수 있을 것으로 보고 있다.

재난 대비 및 복구 시스템을 구축하는 위성 이미지 데이터

허리케인, 지진, 쓰나미, 산불 등 자연재해가 가족을 위협하고, 수십억 달러의 피해를 주고, 어떤 나라에서 도시 전체에 이르는 지역을 파괴했다는 뉴스가 매년 헤드라인을 장식한다. 이런 사건들은 예방이나 대비가 불가능해 보인다. 하지만 우주를 활용한 기술은 자연재해가 인류에 미치는 영향과 이를 알고 대응할 수 있는 중요한 통찰력을 제공한다.

앞서 소개한 적 있는 소형 위성 기업 플래닛은 이 기술의 선두 주자다. 플래닛은 자신들이 지구 관측 데이터를 저렴하게 제공하는 이유를 다음과 같이 설명한다.

"세계는 매 분마다 축구장 48개 정도의 숲을 잃고 있습니다. 삼림 파괴 위치와 인간의 삼림 침해에 대한 더 나은 데이터는 정부와 지역 이해관계자들이 더 빠르고 효과적으로 대응할 수 있게 할 수 게 도와줍니다. 플래닛은 대기 상태와 도로, 광산, 농업, 인간 거주지, 강 등의 존재에 대한 정보가 표시된 수천 개의 아마존 유역 이미지를 공개하고 있습니다."

2018년 8월 플래닛은 세계 재난 구호 활동을 지원하기 위한 '우주와 주요 재난에 관한 국제 헌장'에 데이터를 제공하는 최초의 민간 위성 업체 되었다. 플래닛은 이날 보도 자료를 통해 "허리케인 마리아에서 인도의 대규모 홍수까지 전 세계적으로 자연재해 발생 빈도와 강도가 증가함에 따라 재난 대비와 비상 관리 태세 개선을 위해 민간과 공공 부문 간 더 밀접한 협력이 필요하게 됐다"라고 밝혔다.

이런 파트너십을 통해 재해 구호 처리 능력을 획기적으로 개선할 수 있다. 이어서 플래닛 관계자는 덧붙였다.

"매일 고해상도 플래닛스코프 이미지를 때맞춰 이용하면 자연재해와 인위적 재해 모두에 더 효율적으로, 정확하게 대응할 수 있습니다. 최근 더 많은 사람이 특정 지역 또는 여러 현장에서 사건 전후의 플래닛스코프 이미지를 기반으로 더 확실하게 피해를 확인하고 자원을 할당하는 등 더 효과적인 지원을 하고 있습니다."

또한 플래닛은 아마존 유역의 정확한 위성 데이터 레이블링(인공지능을 만드는 데 필요한 학습 데이터를 입력하는 작업)을 촉진하기 위해 2017년에 캐글 대회를 시작했다. 플래닛은 이 계획이 높은 공간 해상도와 시간 해상도로 딥 러닝과 산림 연구의 새로운 발전을 위한 토대가 될 것으로 믿는다. 이 대회는 기존 위성 데이터를 우리가 원하는 대로 개선하는 것은 물론 과학자, 기업, 정부 등이 아마존 유역 전체를 감시할 수 있도록 돕는 것을 목표로 한다. 플래닛의 계획이 지구의 취약한 환경에 대한 해결책을 만드는 민간 프로젝트의 시작이 되기를 바란다.

질병과 바이러스 퇴치에 도움이 되는 위성 데이터 추적 기술

또 다른 기업들은 질병과 바이러스 발생을 관리하고 근절하는 데 위성 데이터를 추적하고 사용한다. 막스 플랑크 조류학 연구소Max Planck Institute for Ornithology 상무 이사인 마르틴 비켈스키는 지구상의 야생동물을 정확히 추적하기 위해 이카로스 계획ICARUS Initiative, 즉 우주를 이용한 '동물 연구를 위한 국제 협력 계획International Cooperation for Animal Research Using Space'을 고안했다. 비켈스키는 에볼라 바이러스를 예로 들어 설명했다.

"혈액 샘플을 채취해 동물들이 에볼라에 감염됐는지 확인하고 태그를 부착한 뒤 놓아 주고 다시 샘플을 채취합니다. (…) 그러면 콩고의 이 지역을 거친 박쥐들이 에볼라 바이러스에 감염되었는지 확인할 수 있습니다."

이카로스 추적 기술은 정확하며 혁신적이다. GPS와 정보 전송 능력이 있는 이카로스는 특정 지역의 온도, 광량, 그리고 동물이 움직이는 속도 등을 측정할 수 있다. 전 세계 연구자들은 방대한 분야에 접목할 수 있는 이카로스 기술에 주목하고 있다.

최적의 날씨 정보로 농·어업 생산량을 높이는 위상 기상 데이터

이렇듯 민간에서 우주 활용 기술을 통해 세계적인 문제에 어떻게 이바지할지 보는 것은 매우 기대되는 일이다. 딥테크 소프트웨어 및 하드웨어 스타트업에 투자하는 벤처 캐피탈 프로머스 벤처스Promus Ventures의 파트너 개러스 킨은 말한다.

"날씨의 경제적 가치를 따지면 꽤 큽니다. 식량 생산부터 자원 추출에 이르기까지 모든 것에서 최적의 결과를 얻기 위해 최적의 날씨 조건에 의존하기 때문입니다. 우리는 얼마 지나지 않아 날씨가 어떤 영향을 미칠 수 있는지 고려하는 많은 기업과 이들의 비즈니스 프로세스가 경쟁 우위에 있을 것으로 믿습니다."

위성 날씨 부문은 민간과 공공이 협력하기 적합한 또 다른 분야다. 날씨는 인류에게 매일 영향을 미친다. 텔레비전에서 신문, 모바일 앱, 라디오까지 위성이 보내 온 기상 데이터는 빠지지 않는다. 지금까지 정부는 소프트 파워를 이용한 외교와 공익적 차원에서 무료로 날씨 서비스를 제공했다. 이제 여기에 뉴 스페이스 산업에 새로이 진입한 상업적 진입자들이 기상 예보 능력을 보완해 서비스를 확장하고 있다.

분석가와 농부, 기업, 여러 기상 기술이 미국 정부 위성을 늘리고 잠재적으로 고해상도 데이터를 제공하는 데 도움이 될 수 있다. 고해상도 데이터는 해운, 농업, 환경 문제 및 일기 예보에 매우 중요하다. 플래닛아이큐PlanetIQ, 스파이어 글로벌, 지오옵틱스GeoOptics, 쿠록Koolock 등 스타트업의 개발과 운영 수준은 다양하다. 시간이 지나면 이들이 지속 가능한 방법으로 기존 정부 기상 자산을 성공적으로 보완해 낼지 알 수 있을 것이다.

2016년 미국 해양대기청은 기상 정보 업체로부터 기상 데이터를 구매하는 시범 사업의 일환으로 스파이어 글로벌과 지오옵틱스 등 기상 스타트업 두 곳과 계약을 체결했다. 민간 부문을 통한 데이터 구매는 미국 해양대기청에서 설명한 것처럼 '효율성과 저렴한 비용, 사용 편의성, 운영에 필요한 데이터의 연속성'이라는 여러 가지 이점이 있다. 미래를 내다본 미국 해양대기청은 "이는 미국 정부와 국제 파트너, 상업적 데이터 소스가 혼합되어 미국이 의존하는 미국 해양대기청의 제품과 서비스에 기여하는 우주 기반 관측 시스템으로서 궁극적으로 성공할 것으로 본다"라고 밝혔다.

이 두 계약의 핵심은 'GPS 라디오 차폐'로 알려진 측정 데이터이다. 예컨대 스파이어 글로벌은 소형 위성을 사용해 지구 기상 예측을 위한 데이터를 수집하면, 한 위성에서 지구 반대편에 있는 위성으로 보내는 전파가 지구 대기권을 통과하면서 굴절된 정도를 위성 센서로 감지한다. 미국 해양대기청은 "스파이어 글로벌은 주파수가 굴절된 정도를 비교해서 대기 온도, 기압, 습도 등을 알 수 있고 이를 날씨 예보 모델에 제공할 수 있습니다"라고 설명했다.

이어서 미국 해양대기청은 "앞으로 GPS 라디오 차폐뿐만 아니라 다양한 기상 모델링과 예보를 지원하는 폭넓은 데이터 유형에 집중할 계획"이라면서 다음과 같은 입장을 밝혔다.

"향후 시범 사업의 성공 여부는 미국 해양대기청이 자체 데이터 요구 사항을 충족하는지 평가할 수 있는 추가 데이터가 상업적으로 가능하냐와 더 짧은 개발 일정에 저렴한 데이터를 제공하는 방법을 어떻게 증명하느냐에 달려 있습니다."

스파이어 글로벌은 2019년 9월 뉴욕의 글로벌 퍼블릭 오퍼링 GPO 펀드와 일본 이토추 코퍼레이션, 미쓰이 그룹의 투자를 포함한 4,000만 달러 규모의 자금을 지원받았다. 피터 플래처 스파이어 글로벌 CEO는 CNBC와의 인터뷰에서 "이번 새로운 자금 지원이 스파이어 글로벌이 데이터와 분석을 개발해서 기상 이변 예보의 정확성을 계속 높여 나가고, 특히 소외된 아시아 태평양 지역에 위성 서비스를 도입하는 데 도움이 될 것"이라고 말했다. 상업적으로 개발된 인공위성이 특히 폭풍우가 잦은 지역에서 날씨에 대한 더 깊은 통찰력을 제공할 수 있다면 더 정확한 예보를 통해 더 많은 생명과 구조물을 구할 수 있을 것이다.

최적의 성장 환경을 조성해 식량 문제를 해결하는 위성 원격 탐사

농업은 식량을 만들어 내는 산업이기 때문에 영원히 존재하는 산업 분야일 것이다. 이제 농업에서도 식량의 질과 작물 수확량, 토지 관리, 물 관리 등을 개선하기 위한 강력한 기술을 찾아야 한다. 자원이 제한된 지구에서 인구가 더 증가하고 있기 때문이다. 대안은 있다. 위성 플랫폼 발전으로 점점 실시간 지구 관측이 가능해져 위성 애플리케이션을 활용한 기업식 농업이 주목받고 있다.

농업 분야는 인공위성뿐만 아니라 무인 항공기 같은 다른 항공 플랫폼 등을 이용해 발전할 수 있게 되었다. 물론 이러한 위성 활용 방법이 갑자기 나타난 것은 아니다. 농업에서는 1996년 존 디어의 '초록 달걀과 햄'으로 알려진 트랙터 지붕용 GPS 수신기를 시작으로 수십 년 동안 GPS와 지구 관측을 이용해 왔다. 과거와 다른 점은 이제 공공 우주 자산뿐만이 아니라 민간 자산도 이용할 수 있다는 것이다. 이와 더불어 더 많은 제품과 서비스가 농업 시장 수요에 맞추고 있다.

위성군, 분산 컴퓨팅, 머신 러닝, 인공 지능은 우주 기업가 혹은 사람들이 아이디어를 합칠 수 있도록 충분한 데이터를 제공해 식량 분야가 직면한 과제 해결을 돕는다. 원격 탐사 기능은 어떤 식물이 자라고 있는지, 그 식물의 건강 상태와 활력, 심지어 환경 조건까지 감지할 수 있다. 농업 응용 분야와 혜택으로는 토양 수분 감지와 측정, 더 정확한 일기 예보, 농작물 생산 수준 증가, 목초지 지도를 통한 더 효율적인 소 방목, 농작물 수명 주기를 위한 날씨 동기화, 농작물 해충과 질병에 대한 조기 경보, 환경 상태 모니터링 등이 있다.

2015년 국제 경영 컨설팅 회사인 맥킨지 앤드 컴퍼니McKinsey & Company는 "식량과 기업식 농업의 경제적, 사회적, 환경적 족적은 막대하다. 5조 달러 규모인 이 산업은 전 세계 소비 지출의 10%, 고용의 40%, 온실가스 배출의 30%를 차지한다"라고 보고했다. 시장 조사 기관 그랜드 뷰 리서치Grand View Research는 2018년 세계 정밀 농업(정보 통신 기술을 활용해 비료, 물, 노동력 등 투입 자원을 최소화하면서 생산량을 최대화하는 생산 방식) 시장을 40억 7,000만 달러로 평가한 보고서를 발표했다. 이 회사는 또한 해당 산업의 예측 기간 연평균 성장률이 14.2%로, 2025년에 이 산업 규모가 102억 3,000만 달러에 이를 것으로 예상했다. 이 보고서에는 "이 같은 고성장은 사물 인터넷 확산과 농가의 첨단 분석 활용 증가 덕분이다"라고 적혀 있었다.

이미 상업 분야에서는 농업을 활성화하기 위한 움직임이 일어나고 있다. 기업들은 이런 노력을 극대화하기 위해 혁신적인 기술을 개발하고 협력하고 있다. 바이엘Bayer, 다국적 농업 기업 몬산토Monsanto, 디지털 농업 회사 클라이미트 코퍼레이션Climate Corporation, 폴라인 캐피탈Fall Line Capital은 민간 부문에서 지구의 개선된 농업을 위해 우주를 활용하는 의미 있는 진전을 이루고 있는 회사들이다.

2016년 바이엘은 우주 탐사 회사 플래니터리 리소시스Planetary Resources, Inc.와 파트너십을 맺고, 농부들을 위한 글로벌 데이터 기반의 혜택을 개선 및 창출하기 위해 자사의 디지털 농업 계획Digital Farming Initiative에 플래니터리의 데이터를 활용했다. 이에 대해 우주 산업 전문 매체인 〈패러볼릭 아크〉는 "바이엘은 날씨 데이터나 지형도 등 다양한 데이터를 정밀하게 평가하고 조합해서 전 세계 농민들에게 실질적인 의사 결정 지원 도구를 제공하겠다는 입장이다. 이런 맞춤형 권고를 사용해서 농부들은 비즈니스 관리를 최적화하고 비용을 절감할 수 있다"라고 보도했다. 이 계획의 구체적인 적용 사례로는 일정 시간 경과 후 작동하도록 한 관개 시스템으로 물 절약하기, 재배 날짜 권고 사항에 따라 더 나은 농작물 수확하기, 토양의 보수력water-holding capacity 조사 등이 있다.

2006년 실리콘 밸리에서 창업한 클라이미트 코퍼레이션은 2015년 플래닛이 인수한 블랙브리지BlackBridge의 위성 사진을 자사의 제품과 서비스에 활용한다. 특히 '특정 지역 기상 관측, 농경법 데이터 모델링 및 고해상도 날씨 시뮬레이션을 결합해서 완벽한 사계절 관찰, 분석 및 리스크 관리 솔루션을 제공하는 기술 플랫폼'으로 현재와 과

거의 현장 정보를 얻어 내 농부들이 농작물의 건전성을 평가하고, 문제를 파악해 수확물에 미치는 피해를 최소화할 수 있도록 한다고 밝혔다. 클라이미트 코퍼레이션은 2013년 가을 9억 3,000만 달러에 몬산토로 인수되었다. 2017년에는 바이엘과 몬산토가 합병했는데, 이로써 농업 개선에 클라이미트 코퍼레이션의 농업 데이터를 활용하는 '농업의 글로벌 강자'가 탄생했다.

농업에 위성 데이터와 이미지를 접목하는 변화에 대해 폴 라인 캐피탈Fall Line Capital의 공동 설립자이자 상무 이사인 클레이 미첼은 "수익성이 좋고 도움이 된다"라고 말했다. 미첼은 자신도 주식형 펀드를 위해 사들일 토지를 탐사하면서 위성 기반 정보를 사용해 과거 정보를 조사한다면서, 이 정보는 그가 고려하는 농장의 잠재적인 손익과 성장 여지를 보여 준다고 설명했다. 이어서 미첼은 위성을 이용한 농업에 대해 "위성 사진을 활용한 정밀 농업은 황폐해진 농지를 생산적으로 사용할 수 있게 되돌릴 수 있습니다. 잘 관리된 농경지는 마르지 않는 유정과 같습니다"라고 말했다.

농업과 관련해 또 하나 발전 가능성을 품은 새로운 분야가 있다. 농업에서 수집된 데이터를 종합적으로 분석해 농부들과 이해관계자들에게 의미 있고 실행 가능한 정보를 제공하는 것은 매우 중요하다. 다중 스펙트럼 이미징보다 더 정밀한 하이퍼 스펙트럼 이미징이 등장한 것도 이런 이유에서다.

하이퍼 스펙트럼 모니터링 기업 오비털 사이드킥은 상업과 민간 부문에 초점을 맞추고 있다. 농업부터 국방, 첩보에 이르는 시장에

서비스하고 있는 오비털 사이드킥은 2021년까지 5개의 나노 위성군을 구축할 계획을 가지고 있다.

2018년 오비털 사이드킥은 국제 우주 정거장의 하이퍼 스펙트럼 이미징을 활용하기 위해 코닝 광 통신Corning Optical Communications과 제휴를 맺었다. 오비털 사이드킥의 주요 고객은 석유와 가스 업계지만, 오비털 사이드킥 CEO 대니얼 카츠는 자사 기술이 다양한 다른 비즈니스 사례에 적용될 수 있을 것으로 기대한다.

카츠는 보도 자료를 통해 "코닝과의 협력을 통해 우리는 재난 모니터링, 국방, 농업, 인프라 분야에서 이 기술이 상당한 잠재력을 지니고 있음을 알게 됐습니다"라고 밝혔다. 코닝 광 통신의 수석 부사장인 커트 와인스타인은 다음과 같이 설명을 덧붙였다.

"이제 산업계는 그 어느 때보다도 천연자원을 보존하고 인간이 환경에 미치는 영향을 줄이기 위해 노력하고 있습니다. 코닝은 우리 고객이 삶을 바꾸는 차세대 서비스를 제공할 수 있도록 지속해서 혁신하고 하이퍼 스펙트럼 이미징 같은 기능에 투자하고 있습니다."

또 다른 스타트업 하이퍼큐브스Hypercubes는 인공 지능의 도움을 받아 나노 위성에 하이퍼 스펙트럼 이미징 센서를 사용해 정밀 농업에서 환경 모니터링에 이르는 산업에 하이퍼 스펙트럼 데이터를 제공한다. 하이퍼큐브스의 공동 설립자인 파비우 테이셰이라는 인터뷰에서 수십 년 앞으로 닥칠 세계적인 과제를 해결하는 데 초점을 맞추고 있다고 설명했다.

"하이퍼큐브스는 이전에는 볼 수 없었던 것을 보여 주는 위성 이미징 기술의 발전을 활용해 지구의 전례 없는 세부 사항을 밝혀 줄 기술을 우주 산업에 도입하고 있습니다. (…) 우리의 센서 네트워크가 매일 지구 전체를 진단해서 진정으로 지속 가능한 미래에 근본적인 요소인 정보를 제공할 겁니다."

하이퍼큐브스의 기술은 정밀도가 높은 것으로 평가되는데, 이는 농업이 하나의 시장이지만, 각 작물을 고유한 부문으로 취급해야 한다는 이해에서 비롯한다. 테이셰이라 역시 "각 작물의 요구 조건이 완전히 다르기 때문입니다"라고 설명했다. 이런 이유로 하이퍼큐브스의 하이퍼 스펙트럼 데이터는 매일의 변화를 감지한다. 이는 2주마다 갱신 정보를 제공할 수 있었던 이전 기술보다 크게 발전한 것이다. 그런 다음 하이퍼큐브스는 모든 데이터를 엮어 패턴을 탐지하고 맞춤 농업과 농작물 지도를 만드는 데 사용할 수 있다. 테이셰이라는 하이퍼큐브스의 비전에 대해 다음과 같이 말했다.

"유엔은 2050년 지구 인구가 96억 명으로 늘어나리라 예측합니다. 우리 세대는 지구상의 모든 사람에게 충분한 식량과 물, 에너지가 돌아갈 수 있도록 도전해야 합니다. 하이퍼큐브스는 이런 도전을 시도하고, 성공하기 위해 존재합니다. 위성 데이터를 사용하는 농부 대부분은 통계 모델을 사용해서 매우 기본적인 현상을 정량화합니다. 하지만 효과적인 농작을 위해서는 특정 생체 지표에 반응하는 새로운 모델이 필요합니다. 예컨대 감귤류 과일과 콩류, 사탕수수는 서로 아주 다릅니다. 그래서 우리는 장비에 인공 지능을 사용하고 있습니다. 우리 목표는 센서 네트워크를 통해 중요한 것과 중요하지 않은 것을 분류하는 방법과 특정 생체 지표를 찾는 방법을 알려 주는 것이기 때문이다."

또한 인공위성은 농부들뿐만 아니라 보험 회사들에도 유용하다. 도시 농업, 글로벌 무역, 하이퍼로컬 이니셔티브hyper-local initiatives (동네 같은 아주 좁은 지역 사회에 초점을 맞춘 계획)에 대한 관심이 높아지면서 세계 농업 시장을 지속해서 확대하고 개선할 기회는 늘어 가고 있다.

스마트 데이터와 애플리케이션으로 편리함을 제공하는 사물 인터넷 산업

✦

현장에서 사용할 목적으로 생성한 모든 데이터에 통찰력과 분석, 지능을 추가하면 더욱 가치가 커진다. 위성이나 원격 탐사에 의존하지 않는 데이터 제공자로는 사물 인터넷 센서, 사회·경제적 지표, 고객 관계 관리CRM 데이터, 상품 데이터, 정부 및 공공 데이터 세트가 있다. 데이터 부문에서 우주 활용 기술은 갈수록 방대한 정보를 수집·전송·이해하는 방식을 개선시킨다.

사물 인터넷과 그 전신인 사물 통신M2M 은 이 분야에 없어서는 안 될 중요한 존재다. 이 기술은 위성을 사용해서 지상의 물리적 장치와 통신할 수 있게 만들어 준다. 사물 통신과 사물 인터넷은 최근 몇 년 동안 유력 산업으로 급부상했다. 예를 들어 아마존 알렉사Alexa 와 네스트Nest 가정용 온도 조절기 같은 장치를 통해 우리의 삶을 편리하게 하는 것으로 가장 널리 알려져 있지만, 정밀 농업 같은 산업에도 도움을 주고 있다. 산업용 사물 인터넷과 M2M 통신 솔루션 공급자인 오브컴ORBCOMM은 1993년부터 '하드웨어 장치, 모뎀, 웹 애플리케이션, 그리고 다수의 위성과 셀룰러 네트워크를 통한 데이터 서비스'를 제공하기 위해 이 기술을 사용해 왔다.

사물 통신은 두 대의 기계가 내장형 하드웨어를 사용해서 상호 작용할 수 하지만(블루투스 스피커를 전화기와 페어링하거나, 인증을 받아 현금을 내주는 ATM을 생각해 보라), 사물 인터넷은 인터넷으로 무한정한 사물을 연결함으로써 사물을 다음 단계로 발전시킨다. 이런 '사물'은 데이터를 수집해서 전송하거나(예를 들면 식물에 물 줄 때를 사용자에게 알리는 수분 감지기), 데이터를 수신한 후 적절한 조처를 하거나(예를 들면 명령에 따라 식물에 물을 주는 앱 제어 장치), 두 가지 작업을 모두 수행한다(예를 들면 식물에 물 줄 때를 감지해 자동으로 물을 주는 장치).

GPS에 주소를 입력하고 교통 상황을 반영한 추천 경로를 받는 것이 사물 통신의 전형적인 예이다. 네비게이션 앱인 웨이즈Waze는 M 사물 통신 기능 위에 구축된 잘 알려진 성공적인 GPS 버전으로 사물 인터넷을 사용해 더 정확한 정보를 실시간에 가깝게 제공한다. 이 모바일 애플리케이션은 경로, 방향, 교통 정보를 제공할 뿐만 아니라, 앱 사용자들이 특정 장소에서 발생한 사고나 도로의 움푹 패인 곳을 신고할 수 있는 서비스를 제공해 다른 웨이즈 사용자들이 보고 피하도록 표시한다.

이런 데이터 기능은 실용적인 비즈니스 모델일 뿐만 아니라 우리 생활을 더욱 편리하게 만들고, 안전도를 높이며, 시간과 에너지를 절약하고, 엄청나게 수익성이 좋고 지속 성장하는 산업에 이바지한다. 또한 이는 빅 데이터 운동의 연장선으로 위성 산업의 새로운 한 부문으로 이어졌다.

스마트 데이터 애플리케이션과 기타 지리 공간 개발자들은 이제 머신 러닝, 인공 지능 및 기타 분석 정보를 사용해서 빅 데이터에서 더 심오한 통찰력을 끌어낸다. 예컨대 투자 운용사 블랙록BlackRock은 컴퓨터로 중국 내 건설 현장을 감시하는 위성 사진을 샅샅이 조사해 중국 건설 관련 증권 매각 여부를 결정하는 데 도움을 준다.

호주의 플리트 스페이스 테크놀로지스Fleet Space Technologies는 저가 위성으로 연결하는 사물 인터넷을 활용해 합리적인 가격의 산업 솔루션을 만들고 있다. 예컨대 기후 변화는 최근 몇 년간 사우스오스트레일리아주 농업에 가뭄, 화재 증가, 가축 생산량 감소 등 심각한 영향을 끼쳤다. 이는 물가 상승으로 이어졌고, 과일과 채소 가격이 2007년부터 2018년까지 각각 43%와 33%씩 인상되었다.

플리트 스페이스 테크놀로지스의 사물 인터넷 센서는 저비용, 저전력으로 평범한 농부들이 이 솔루션을 저렴하게 이용할 수 있게 해준다. 이 센서들은 스마트 관개를 사용해서 토양이 각 작물을 생산하는데 필요한 적절한 수분 수준을 유지하게 하고, 이 시스템은 필요한 시간에 필요한 곳에 물을 줌으로써 낭비를 막는다. 또한 농부들이 씨앗을 심고 농작물을 적절히 관리할 수 있도록 돕는다. 더 나아가 최근의 생태학적 변화로 최적의 재배 시기를 결정에 어려움을 겪고 있는 농부들의 문제를 해결한다. 플리트 스페이스 테크놀로지스는 저가 위성 시스템의 효용성에 대해 다음과 같이 말한다.

"저가 위성 시스템은 또한 사물 인터넷 센서와 기계가 연동하는 데 필요한 인터넷 연결도 제공합니다. 따라서 전통적인, 그리고 값비싼 지상파 인터넷 제공 업체의 인터넷 커버리지 부족이라는 대규모 농장의 또 다른 이전 과제를 해결합니다. 근본적인 메시지는 간단명료합니다. 기후 변화는 이미 농업과 관개에 거의 재앙에 가까운 규모로 영향을 미쳤습니다. 지구 온난화와 간헐적인 강우로부터 농부들이 직면하는 문제들을 도울 수 있는 길은 기술이 기후 변화로 인해 일어나는 문제들을 극복하는 강력한 방법임을 증명하는 것입니다."

플리트 스페이스 테크놀로지스의 공동 설립자이자 CEO인 플라비아 타타 나르디니는 사물 인터넷 채택 증가와 향후 적용에 관해 길게 말했다.

"사물 인터넷 혁명이 세계에 어떤 의미가 있는지 깊이 들여다보기 시작했습니다. 사람들을 연결하는 것에서 사물을 연결하는 것으로 전환하고 있으며, 놀라운 효율성을 만들어 내고 있습니다. 산업 혁명이 일어난 것은 산업의 효율성을 높이기 위해서였습니다. 3차 산업 혁명이 사람을 위한 인터넷이었다면 이번 4차 산업 혁명은 사물을 위한 인터넷이고 일어나야 하기 때문에 일어나는 겁니다."

나르디니는 또한 사물 인터넷 애플리케이션이 식량, 물, 에너지, 시간 등 귀중한 자원을 절약하는 등 산업 운영 방식을 개선하는 데 도움이 될 것이라면서 지구 인구 증가와 자원 유지 필요성의 문제를 지적했다.

사물 인터넷, 머신 러닝, 양자 컴퓨팅 등이 결합한 스마트 데이터 비즈니스가 탄생한다

◆

지구 관측 데이터 회사 아이스아이ICEYE의 공동 설립자이자 CEO인 라팔 모드르제프스키는 스마트 데이터와 비즈니스 접목 방법에 대해 다음과 같이 말한다.

"먼저 고객에게 다가가 고객이 원하는 가치를 이해하고 지리 공간 데이터가 고객에게 유용한지 알아야 합니다. 만약 유용하다면 다음에 할 일은 지리 공간 데이터 속에 유용한 특별한 집합이 있는지 알아내는 것입니다. 그런 집합이 있다면, 우리는 그것을 제공할 수 있느냐는 질문에 답하려고 노력합니다. 현재 고객을 만나는 순간부터 고객이 운영을 시작하기까지 걸리는 전체 과정은 3년입니다."

빅 데이터와 스마트 데이터 보급이 확산되면서 새로 이용할 수 있는 데이터 세트의 생성과 유통에 위성이 핵심적인 역할을 하게 될 것이다. 2017년 경제 잡지 〈포브스〉는 데이터 수익화가 숨은 잠재력을 더욱더 발휘하고 있다고 언급하면서 빅 데이터 비즈니스와 분석 시장이 2016년 전 세계 매출 1,300억 달러에서 2020년 2,000억 달러로 껑충 뛸 가능성이 크다고 전망했다. 미국 IT 및 통신, 소비재 기술 관련 시장 조사 및 컨설팅 기관인 인터내셔널 데이터 코퍼레이션International Data Corporation은 2019년 기준 전 세계 빅 데이터 매출이 1,890억 달러를 기록할 것이라고 발표했으며, 현재 분석가들은 2022년 빅 데이터 시장 매출 규모가 2,740억 달러에 이를 것으로 예상한다.

지구로의 데이터 스트림 증가는 데이터 비용을 줄일 수 있지만, 아주 흥미로운 새로운 가치는 미래의 애플리케이션에서 탄생할 것이다. 우리는 이미 자신들이 속한 시장에서 가능한 분야를 개척하는 몇몇 소형 위성 제조업체들에서 이를 엿볼 수 있다. 이 회사들은 새로운 위성 제작을 반복하면서 빠르게 혁신한다. 즉 소형 위성 투자에 기존보다 더 적은 자본 비용을 들여 더 많은 위성을 만들고 있다.

앞서 타타 나르디니가 언급한 '사물 인터넷 혁명'도 탄력이 붙고 있는 또 다른 매력적인 주제다. 우리가 지금까지 겪은 각각의 산업 혁명은 우리의 산업과 경제 운영 방식을 극적으로 변화시키고 형성해 왔다. 1차 산업 혁명은 물과 증기로 움직이는 기계 공장 시스템과 제조를 우리에게 가져다주었다. 기술 혁명으로 알려진 2차 산업 혁명은 전기를 동력으로 하는 대량 생산을 출현시켰고, 우리의 여행, 통신, 그리고 정보 공유 능력을 변화시킨 통신 시스템(전신, 라디오, 전화 등)과 교통 인프라(철도와 자동차 산업의 성장)를 낳았다. 아직도 진행 중인 3차 산업 혁명 혹은 디지털 혁명은 아날로그에서 디지털 인터페이스로의 전환, 컴퓨팅 기술, 로봇 공학, 그리고 우리의 공존 방식에 더욱 영향을 미친 자동화라는 변혁을 가져왔다. 당연히 이런 각각의 혁명은 예측할 수 없는 새로운 시장과 경제 성장, 무수한 다른 혁신으로 이어졌다.

이제 많은 사람이 우리가 '데이터 혁명'으로 이해하는 4차 산업 혁명의 벼랑 끝에 서 있다고 믿는다. 지금 이 기간은 데이터 중심 솔루션의 자동화와 최적화의 시기로 분류될 것이다. 사물 인터넷, 산업 사물 인터넷, 인공 지능, 머신 러닝, 양자 컴퓨팅, 생명 공학, 나노 기술과 스마트 디지털 애플리케이션이 함께 돌아가면서 새로운 솔루션을 만들고, 효율을 높이고, 우리 삶과 일하는 방식을 바꾸는 새로운 비즈니스 모델을 개발할 것이다.

우리는 행운아다. 지구에 관한 데이터가 더 널리 보급되고 있으며, 그 뒤에서 늘어나는 지능이 우리가 각자 분야에서 더 많은 정보를 알고 현명한 결정을 내리도록 도와주는 시대에 살고 있기 때문이다. 비정부 기구, 민간 과학자, 기업가 같은 더 많은 사람과 조직이 우주 데이터의 이점을 인식하게 되면서 우주에서 파생되거나 활성화된 응용 분야가 빠르게 늘고 성장할 것이며, 궁극적으로 지구에 사는 우리가 이런 응용 프로그램의 수혜자가 될 것으로 예측한다.

2
인류의 지속 가능한 삶을 위해
우주 탐사에 투자하다

"세계 경제는 물질 기반 경제에서 지식 기반 경제로 변화했다.
이전에는 금광, 밀밭, 유정 같은 물질 자산이 부의 주요한 원천
이었다. 하지만 오늘날 부의 주요한 원천은 지식이다."

유발 하라리, 《호모 데우스》 중

지금 우주 탐사가 시급한 이유
: 무분별한 개발과 낭비로 지구 자원에 한계가 드러나다
◆

지구 자원은 수십억 년에 걸쳐 만들어졌고, 인류는 더 나은 삶을
위해 다양한 방법으로 자원을 이용해 왔다. 인간은 더 좋은 환경을
조성하고 새롭게 변화하기 위해 새로운 땅과 자원을 찾아 동굴과 깊

은 골짜기, 해저, 산꼭대기를 탐험했다.

우리는 채굴한 자원으로 자동차에 동력을 공급하고, 의약품을 제조하고, 농업을 산업화하고, 경제에 활력을 불어넣었다. 광범위하고 복잡한 기술이 석탄과 석유를 양분 삼아 현대 경제 안에 깊고 폭넓게 뿌리내리리라 상상할 수 있었겠는가? 하지만 지구 자원은 한정되어 있고 현재 우리는 지구 생태 시계와 경주를 벌이고 있다. 유발 하라리는 자신의 명저 《호모 데우스》에서 인류가 지금의 경제적·기술적 성장 형태를 지속하고 자연환경을 보존하지 않으면 결국 우리 생태계와 생활 수준이 모두 무력해지리라 말한다.

사실 '더 효율적'은 단지 '지구 자원을 더 많이 남용하는 것'을 의미할 뿐이다. 스카이코프Skycorp 설립자 데니스 윙고는 "재생 에너지는 경솔하게 사용되는 용어이며, 종종 사람들이 사용하는 에너지 자원을 더 좋게 느끼게 하는 편리한 방법으로 사용된다"라고 설명한다. 하지만 우리가 지속 가능성과 재생 에너지로 광고하는 것들은 대부분 개발 도상국에 진실을 감춘 거짓된 약속이다. 유발 하라리 역시 《호모데우스》에서 이러한 모순을 언급했다.

"우리는 20년 미래를 내다보면서 2036년에는 현재보다 더 많이 생산하고 소비하리라 자신 있게 기대한다. (…) 현대 경제의 진정한 인과응보는 생태계의 붕괴이다. 과학적 진보와 경제 성장은 불안정한 생물권 안에서 일어나며 가속화되면 충격파가 생태계를 불안정하게 만든다."

대부분의 사람은 우리가 지구와 지구 물질에 제약을 받는다고 인정한다. 그리고 우주에는 인류가 오늘날보다 훨씬 높은 생활 수준에 도달할 수 있도록 만드는 실체적 자원과 보이지 않는 자원이 있다. 블루 오리진과 아마존의 CEO 제프 베이조스는 우주 진출이 인류가 생존하기 위한 중요한 다음 단계이며, 인류 생존의 많은 부분에 자원이 필요하다고 말한다.

사실 이는 매일 모든 사람이 지구에서 추출되는 16kg의 물질을 사용하기 때문이다. 지구상의 모든 사람이 지구에서 채굴되거나 추출되는 금속, 화석 에너지, 바이오매스(특정 시점에 특정 공간 안에 존재하는 생물의 양), 광물 등의 자원을 매일 평균 16kg 사용한다. 특히 서구인들은 매일 57kg의 자원을 사용한다. 2019년 한 해에만 총 550억 톤이 넘는 지구 자원이 채굴됐다고 한다.

베이조스는 2016년 시애틀항공박물관에서 열린 패스파인더 상 시상식에서 이렇게 말했다.

"지구의 기준 에너지 사용량의 500년 동안 연평균 증가율을 3%로만 계산해도 이를 충족하기 위해서는 지구 표면을 전부 태양 전지로 뒤덮어야 합니다. 하지만 그런 일은 절대로 일어나지 않을 겁니다."

물리학자이자 천문학자인 애덤 프랭크 역시 2016년에 미국의 공영 라디오 방송 NPR에서 '인간은 우주를 탐험하고 우주로 진출하도록 진화했는가? Are Humans Evolved to Explore and Expand into Space?'라는 주제로 우주 자원을 언급한 적 있다.

"우리는 오직 지구에서 우리 행동을 정화해야만 합니다. 즉 지구에서 지속 가능한 삶을 배워야 합니다. 우주 탐사를 통해 행성들의 운행 원리를 발견했기 때문이다. 이 모든 우주 과학은 우리에게 더 절실한 완전한 행성으로서 기능하는 지구를 이해할 수 있게 해 주었습니다. 그렇습니다. 우리는 마치 외계를 탐험하기 위해 태어난 것 같습니다. 진화와 문화가 결합해 우리를 탐험가이자 방랑자로 만들었습니다. 이제 우리는 얻을 것이 너무나 많습니다. 이 점을 분명히 인식하고 다음 개척지가 어딘지 정확히 파악해야 합니다. 우리 발아래와 하늘 저 멀리에서 말입니다."

모든 사람이 깨끗하고 저렴한 에너지를 바로 사용할 수 있는 세상을 상상해 보라. 모두가 음성이나 영상, 문자 등으로 의사소통할 수 있는 세상을 상상해 보라. 어디에 살든 무료로 인터넷에 접속할 수 있는 세상을 상상해 보라.

이런 세상이 우리 꿈속에서만 존재하는 것이 아니라 실제로 존재할 수 있다. 심지어 이미 지금쯤이라면 부유한 선진국인 제1 세계 국가에 사는 우리 생활 수준도 더 나아져야 한다는 설득력 있는 주장도 있다. 많은 지구 중심의 경제학자와 금융 분석가는 말하지 않지만, 인류의 지속적인 성장을 위한 유일한 방법은 우주를 지구의 경제 영향권 일부로 보고 경제 활동 영역으로 통합하는 것이다. 지금 우리는 인간 삶의 질을 뛰어나게 향상시킬 자원, 그리고 이를 개발할 수 있는 도구를 가진 시대에 살고 있다.

우주에 간 최초의 흑인 여성 우주 비행사이자 미국 국방고등연구계획국과 나사의 공동 프로젝트인 '100년 스타십' 프로그램을 진행했던 메이 제미선은 2016년 포브스 여성 정상 회담에서 "초부유층을 제외한 사람들은 여전히 우주 탐사에서 얻을 것이 많다"라고 말했다. 100년 스타십 프로젝트는 100년 이내에 인간이 태양계 너머로 여행할 수 있게 하는 것을 목표로, 행성 간 여행에 필요한 연구와 기술을 육성하기 위한 사업이었다.

"우주 기술은 제가 본 것 중 많은 부분에 긍정적인 영향을 미칠 수 있습니다. (…) 현실은 우리 대다수가 지구를 떠나지 않으리라는 겁니다. (…) 따라서 장기적으로 볼 때 지구상의 우리에게 도움이 되는 우주 탐사도 있어야 합니다."

제미선이 말한 긍정적인 영향은 지구상 모든 인류가 그 혜택을 누릴 수 있는 GPS, 정수기, 휴대폰에 영향을 미칠 수 있다. 이미 존재하지만 인식하지 못하고 있는 잠재적인 응용 분야가 많다.

예컨대 지질학자이자 레이더 테크놀로지스 인터내셔널Radar Technologies International의 설립자인 알랭 가세는 2000년대 초에 원격 탐사 위성 데이터로 식수원을 찾아내는 방법을 개발했다. 그가 만든 와텍스WATEX 시스템은 나사의 우주 왕복선 레이더 지형 임무Shuttle Radar Topography Mission(최초의 고해상도 글로벌 지형 데이터 세트)와 나사의 지구 궤도를 도는 이미징 레이더, 랜드샛 지구 탐사 위성(나사와 미국 지질조사국의 공동 프로그램)을 활용한다. 이 기술로 수단의 다르푸르, 앙골라, 케냐, 이라크 같은 지역의 수백만 명이 혜택을 받았다. 특히 수단은 2004년 가뭄과 사막화 때문에 일어난 분쟁인 다르푸르 사태 때 깨끗한 물을 찾을 수 있었고, 케냐는 극심한 가뭄 속에서 249조 리터의 물을 발견했다.

또 다른 예는 미국 캘리포니아공대와 미국 항공 우주 방산 기업 노스롭 그루만이 합작한 '우주 태양광 발전 구상SSPI'이다. 이 계획은 태양광 발전을 활용해 청정 에너지를 지구로 보내는 비용 효율적인 우주 솔루션이다. 노스롭 그루만은 SSPI를 다음과 같이 설명한다.

"이 시스템의 장점은 지구에 값비싼 에너지 인프라를 구축할 필요가 없다는 것입니다. 에너지 전송 기반이 부족한 외딴 빈곤 지역들도 이 우주 기반의 태양 에너지를 쉽게 공급받을 수 있습니다. 간단한 안테나와 수신국만 있으면 됩니다."

이 프로그램은 2015년에 시작되었으며 계속 초경량 에너지 변환기를 설계하고 최소 기능 제품을 제작하고 있다. 이와 같은 혁신은 이들이 만들어 내는 에너지뿐만 아니라 전 세계 권력을 분산시키고 지구 전체의 삶을 더 낫게 하는 데에도 지대한 영향을 미친다. 노스롭 그루만 관계자는 덧붙였다.

"저는 효율성을 높이고 우리 지구의 지킴이가 되어야 한다는 생각을 지지합니다. 또한 저와 많은 사람이 현재 누리고 있는 생활 수준과 비슷한 수준으로 생활하기 원하는 다른 사람들의 접근을 거부할 권리가 없다고 생각합니다. 이를 위해서 우리는 훨씬 더 멀리 나아가야 하며, 우리가 아직 능력이 있을 때 그래야 합니다."

흔히 지구상의 프로젝트에는 천문학적인 비용이 들고 건설에도 수년이 걸린다. 대서양과 태평양을 연결하는 파나마 운하는 전 세계 여행과 무역을 능률적으로 만든, 세상을 변화시킨 인프라의 한 예이다. 많은 사람이 이 운하를 경이로운 현대 산업의 산물 중 하나로 여긴다. 1948년 리 머서는 '사람, 계획, 운하 — 파나마! A man, a plan, a canal—Panama!'라는 유명한 회문(예컨대 'madam'이나 'nurses run'처럼 앞에서부터 읽으나 뒤에서부터 읽으나 같은 단어나 구)을 만들 정도였다. 파나마 운하 건설은 경이로운 인간의 업적과 공학의 결과다. 하지만 운하 건설은 부담스럽고 위험한 과정이었다. 프랑스는 1881년에 이 공사를 시작했으나 1894년에 계획을 포기했고, 10년 후 미국이 다시 착수해 1914년에 운하를 완공했다.

적절한 인프라 개발은 절대 쉽지 않으며 하룻밤 사이에 이루어지지 않는다. 실행에 성공하기 위해서는 오랜 계획과 협업이 필요하다. 오늘날 새로운 투자와 활동으로 우주 인프라 구축 속도가 빨라지고 있다. 비즈니스 모델과 활용 사례들이 점차 테스트와 검토를 거쳐 다듬어지면서 상업 우주 분야에서 가능한 일이 많아지고, 더 많은 민간 참여가 이루어지고 있다. 지금 우주에서의 작은 발걸음들이 훨씬 더 장기적이고 집약적인 여정에 매우 중요하다.

인류의 우주 정착을 위해 꼭 발전해야 하는 달 탐사 분야

◆

1972년 12월 7일 인류는 나사의 아폴로 17호를 타고 달을 마지막으로 방문했다. 그로부터 약 50년이 지난 지금, 정부와 민간 부문의 노력으로 달에 새로이 세계적인 관심이 일고 있다. 오늘날 그 어느 때보다 더 많은 계획이 구체화되고 있다.

우주 탐사 비용을 줄이기 위해 전 세계가 달 착륙을 시도하다

중국은 2019년 1월 창어 우주선의 달 뒷면 착륙, 위투 2호 탐사선의 이 지역을 탐사로 새로운 역사를 썼다. 짐 브라이든스타인 전 나사 국장은 2017년 취임 후 달에 주목해 정부 기금을 달 임무와 탐사에 꾸준히 할당해 왔다.

이스라엘의 비영리 우주 발사체 회사 스페이스일SpaceIL 은 2019년 2월 스페이스X의 팰컨 9 로켓을 통해 무인 달 착륙선 베레시트를 달에 보냈다. 이는 민간 부문의 첫 번째 달 임무이자 이스라엘의 첫 번째 달 임무였으며, 스페이스일은 발사에 성공한 첫 번째 구글 루나 X프라이즈 참가 단체가 되었다. 비록 2019년 4월 베레시트가 달에 경착륙하면서 '최초의 민간(이 투자한) 달 착륙'이라는 타이틀은 얻지 못했지만, 이 임무를 시작으로 민간의 달 착륙과 탐사 시도는 늘어날 것으로 보인다.

또한 주목할 만한 점은 이 임무에 든 비용이 1억 달러가 조금 안된다는 사실이다. 이는 역사상 가장 저렴한 달 착륙 시도이다. 스페이스일의 설립자인 요나탄 위네트로브는 우주 탐사에의 비용 감축 필요성에 대해 다음과 같이 말했다.

"우리가 미래에 우주 탐사를 하고 싶다면 비용을 낮춰야 합니다. 그러기 위해서는 패러다임을 전환해야 합니다. 스페이스일은 전통적이지 않은 몇 가지 영리한 방식을 시도했습니다. 그중 일부는 이전에 받아들여지지 못했던 방법이지만, 지금은 비용을 크게 낮추고 있습니다."

달에 숨겨진 경제적 기회: 대체 자원과 발사 실험장

왜 갑자기 달이 다시 주목을 받는 걸까? 인류가 제한된 지구 자원을 뛰어넘는 성장을 하면서 새롭게 경제 성장을 추구하려면 우주에서 새로운 기회를 찾아야 하기 때문이다. 예컨대 달의 극지방 중 하나에는 약 6억 톤의 얼음이 있으며, 이를 중심 원소로 분해하면 달은 40%의 산소로 구성되어 있다는 결과가 나온다.

블루 오리진의 설립자 제프 베이조스는 지난 수십 년간 달에 대한 열망을 이어 왔다. 달은 1조 명의 인간이 '우주에서 살고 일하는', 그가 생각하는 비전의 첫걸음이다. 베이조스는 달에 가야 하는 이유를 다음과 같이 설명했다.

"달은 지구의 자원이 풍부한 이웃으로 밝혀졌습니다. 우리는 심지어 아폴로 계획 기간 혹은 20~30년 전까지만 해도 몰랐던 달을 이제 너무 많이 알게 되었습니다. 달은 지구보다 중력이 6배 약하고, 달에서 1kg을 들어 올리는 데 드는 에너지는 지구보다 24배 적습니다. 거리도 지구와 3일 정도밖에 안 떨어져 있고, 무한한 발사 기회를 가질 수 있기 때문에 교통 면에서도 가기 좋은 곳입니다."

2017년 블루 오리진이 정부와 나사에 비밀리에 전달한 백서에는 '민간 부문의 상업적 달 화물 운송 서비스 시연 유인책' 개발을 촉구하는 내용이 담겨 있다. 블루 오리진은 이 백서에서 "지구 저궤도 너머 목적지에 도달하려면 수일, 수개월, 심지어 수년이 걸리며 생명 유지에 필요한 자원과 물류 문제로 유인 탐사가 제한됩니다. 다행히 달은 화성 같은 심우주(지구 중력이나 자기장의 영향이 미치지 않는 우주 공간) 목적지에 대한 유인 탐사가 가능하도록 자원을 제공하고 가까우므로, 이상적인 미래 탐사의 검증장이자 휴식처가 될 것입니다"라고 강조했다.

블루 오리진이 이렇게 제안한 이유는 자사의 블루문을 선보이기 위함이었다. 블루문은 약 4.5t 화물을 달에 운송할 수 있는 재사용 가능한 무인 로봇 달 착륙선이다. 브레턴 알렉산더 블루 오리진 사업 개발 전략 담당 이사는 미국 하원 우주 소위원회에서 열린 '민간 부문 달 탐사에 대한 청문회'에서 다음과 같이 증언했다.

"블루문은 나사에 상업 달 화물 운송 솔루션을 제공하는 반복 가능한 운송 서비스로 설계했습니다. (…) 이런 반복성은 나사뿐만 아니라 비정부 활동에도 저비용과 신뢰성 있는 달 표면 접근성을 보장합니다. 이런 장점과 상당한 탑재 능력을 갖춘 블루문은 시간이 지나면서 지구 귀환에 필요한 종합적인 인프라를 사전에 전개 배치하는 등 점점 더 유능한 임무를 수행할 수 있습니다. 이런 반복 가능한 임무는 달 경제의 구성 요소가 될 것이며 우주에서 살고 일하는 수백만 명을 위한 여정의 핵심 단계가 될 것입니다."

나사는 이에 귀 기울이고 2018년 블루 오리진에 달 착륙선 작업을 위한 자금 1,300만 달러를 지원했다. 2019년 5월 베이조스는 단독 기자 회견을 열어 3년간의 설계와 개발에 이은 블루문 실물 모형을 공개했다.

블루 오리진은 달 남극에 있는 섀클턴 분화구를 탐사하는 데 이 착륙선을 사용할 계획이다. 섀클턴 분화구에는 얼음이 풍부할 것으로 예상되는데, 이 얼음을 수소와 산소 성분으로 분해한다면 물과 산소, 로켓 연료를 공급할 수 있다. 달의 대부분 지역에서는 칠흑같이 깜깜하고 섭씨 영하 180도 이하로 극히 추운 이른바 '달의 밤'이 2주 동안 지속되지만, 독특하게도 섀클턴 분화구는 태양 전지판이 전력을 생산하고 로봇이 제대로 작동하기 훨씬 쉬운 이상적인 환경이다.

블루 오리진은 또한 섀클턴 분화구가 새로운 구조물을 개발하는 데 활용할 수 있는 광물 화합물을 보유하고 있으며, 이 모든 요소가 지속 가능한 달의 존재를 확고히 하는 데 이바지할 것으로 주장한다. 베이조스는 블루문 공개와 함께 이 달 착륙선이 사용할 블루 오리진의 신형 BE-7 엔진도 발표했다. 첫 번째 엔진 테스트는 2019년 여름에 실시되었다.

블루 오리진의 선의의 경쟁 상대인 스페이스X 역시 같은 입장이다. 일론 머스크는 말한다.

"지구 밖으로 삶을 연장하려는 지금의 시도는 중요합니다. 40억 년 지구 역사상 처음 찾아온 이 기회의 창문이 오랫동안 열려 있기를 바라지만, 잠깐 열려 있을 수도 있습니다. 우리는 지나치다 싶을 정도로 주의를 기울여서 지금 뭔가 행동을 해야 합니다."

아이스페이스, 달 자원 채굴을 위한 로봇을 개발하다

스페이스일의 달 착륙 시도에서, 그리고 역사를 통해 보아 왔듯이 달 탐사 활동은 어렵다. 하지만 이런 도전이 야심 있는 단체들이 잠재적인 상업적 기회를 발견하고 창출하는 데 걸림돌이 되지는 못한다. 아이스페이스ipsace는 애스트로보틱, 마스튼 스페이스 시스템Masten Space Systems, 문 익스프레스Moon Express와 마찬가지로 달에 주목하는 스타트업이다.

2014년 모하비 사막에서 열린 스페이스십원의 X프라이즈 승리 10주년 기념 행사에서 스타워즈 팬에서 항공 우주 기술자가 되었다는 구글 루나 X프라이즈 하쿠토 팀의 리더인 하카마다 타케시를 만났다. 하카마다는 리모컨으로 작은 탐사선을 원격 조종하고 있었고, 탐사선은 원격 조종 모형 자동차와 비슷하게 작동했다. 그 후 몇 년 동안 나는 하카마다의 진행 상황을 추적했고 그의 팀 동료들을 알게 되었다. 마침내 이들은 달 활동을 상업화할 목적으로 영리 벤처 기업인 아이스페이스를 결성했다.

하카마다는 인터뷰에서 고빈도 달 운송 서비스와 달 탐사 시스템을 제공하는 임무를 위해 9,230만 달러를 모금하는 데 성공할 수 있었던 중요한 비결을 전했다. 아이스페이스는 초기 자금을 투자받기 위해 광고 기회를 활용했다. 이를 위해 하카마다와 팀은 회사의 미션과 스폰서들 간의 연관성, 투자자들이 어떤 것을 중요하게 생각하는지 알기 위해 부지런히 노력했다고 말했다. 하카마다는 로봇 공학이 "모든 우주 활동에서 핵심적 요소였고 앞으로도 계속 그럴 것"으로 믿으며, "로봇 기술은 이런 새로운 세계를 여는 핵심 요소"이며 "아이스페이스의 초점은 궁극적으로 달에 사용하는 로봇 시스템을 소형화하는 것"이라고 설명했다.

"우리 회사의 구호는 '우리 지구를 확장하고, 우리 미래를 확장한다'입니다. 당연히 지구는 물리적으로 팽창하지 않습니다. 이는 우리가 인간의 존재를 바깥 우주로 확장하고자 하는 소망을 담은 비유적 표현입니다. 지구는 우리 삶의 영역을 말합니다. 우주가 인간 삶의 영역인 지구가 되기 위해서는 우주 경제를 창조하는 것이 극히 중요하다고 생각합니다. 우주 채굴이 우주 경제를 창조하는 그 첫걸음이 될 것입니다."

2019년 8월 100년 전통을 자랑하는 일본 무역 상사 스미토모Sum-itomo Corp는 상업 우주 분야에 진출하면서 아이스페이스 최초 달 탐사 프로그램인 하쿠토-R의 기업 스폰서 역할을 할 것이라고 발표했다. 하쿠토-R의 목표는 자원 추출로 강력한 달 경제를 창출해 궁극적으로 인간이 달에서 일하고 살 수 있는 인프라와 역량을 개발하는 것이다. 〈포춘〉 선정 500대 기업이기도 한 스미토모 같은 글로벌 비즈니스 리더의 후원은 상업 우주 벤처에 대한 지원이 늘어나고 있다는 것을 의미한다. 하카마다는 주장했다.

"우주 산업의 급속한 성장을 제한하는 진정한 장벽이나 제약은 사람들의 사고방식입니다. 대부분의 사람이 우주가 여전히 꿈이며 실제가 아니라고 생각합니다. 이런 사고방식을 바꿔야 합니다. (…) 예컨대 많은 사람이 우주에서 요리하는 방법, 또는 요리하는 데 필요한 것에 대해 생각하기 시작한다면, 이는 그곳에 많은 비즈니스 기회가 있다는 의미입니다. 지금 가장 중요한 걸림돌은 우리의 사고방식이라고 생각합니다. 저는 이런 사고방식을 바꾸고 싶습니다."

달 기지 개발을 위한 민간 부문의 움직임

투자 부문은 달을 둘러싼 비슷한 프로젝트들을 탐색하고 있고, 벤처 기업들은 이런 옵션들이 충분히 실행 가능한 것으로 보고 있다. 우주 생태계 발전을 위해 민간 투자자가 달과 관련해서 지원할 수 있는 활동으로는 자원 탐사, 인간을 위한 피난처 개발, 달 왕복 자재 이동, 물과 전력 공급, 달과 지구를 연결하는 통신 시스템 구축 등이 있다.

지난 2014년 스티브 저비슨은 벤처 캐피탈 드레이퍼 피셔 저비슨에서 '달 기지 알파 — 저비용 달 정착을 위한 전략 워크숍Moon Base Alpha—Strategies for Low Cost Lunar Settlement Workshop'을 조직했다. 이 모임에는 우주 전문가, 기업가, 벤처 투자가들이 '15년 내 100명 규모 달 정착지 건설을 목표로, 경제적으로 실행 가능한 전략을 수립하기 위해' 모였다. 여기서는 50억 달러 미만의 비용으로 5년 이내에 달 거주인 10명을 지원하는 핵심 역량 구축 방법과 달 기지에 가장 적합한 위치 결정 안건 등을 논의했다. 2016년 린 D. 하퍼, 클라이브 R. 닐, 제인 포인터, 제임스 D. 샬크웍과 데니스 윙고 등 나사 연구원과 민간 부문 연구원, 주제별 전문가들을 포함한 연구에서는 유인 달 정착지 구축에 특별히 걸림돌이 될 만한 것은 없으며, 사실상 총 개발 비용 50억 달러로 완성될 수 있다는 결론을 내렸다.

이로부터 5년이 지난 후 한 비영리 단체가 모습을 드러냈다. 샌프란시스코의 오픈 루나 재단Open Lunar Foundation 은 기술 발전으로 아이디어 실현 비용이 감소하기를 수년 동안 지켜보고 있었다. 오픈 루나 재단은 현재 20억에서 30억 달러로 달 기지를 건설할 수 있다고 믿으며, 지속 가능한 달 기지 개발을 위한 시민 협력을 촉구한다. 이 재단은 우주 산업계 거물들로 구성되어 있는데, 초기 자금을 제공한 프로젝트 촉진자 스티브 저비슨, 재단 이사직을 맡은 전 우주 비행사 크리스 해드필드, 전 나사 에임즈 국장이자 현재 브레이크스루상 재단Breakthrough Prize Foundation 이사장 사이먼 피트 워든, 플래닛 공동 설립자 윌 마셜과 로비 싱글러, 항공 우주 소프트웨어 엔지니어 제시 케이트 싱글러, 오픈 루나 재단의 사무총장을 맡은 비영리 전문가 첼시 로빈슨 등이 있다.

현재 500만 달러의 자금을 보유하고 있는 오픈 루나 재단은 우선 추가 투자자를 찾으면서 로봇 임무 활동을 시작하고, 정책을 추진하면서 장기적인 달 거주 계획으로 이어질 하드웨어를 개발할 계획이다. 첼시 로빈슨 사무총장은 자신들의 비전을 분명하게 말했다.

"우리의 야망은 평화적으로 협력해 달 정착을 촉진하고 이루는 것입니다. 달 관련 활동을 추진하는 민간 분야와 정부 주체들이 매우 많은 지금, 우리는 민간의 접근법을 보여 줄 수 있어 즐겁습니다."

화성 이주를 위한 아르테미스 계획과 아바타X 계획

미국 정부도 달을 약속의 신호로 보고 있다. 2019년 5월 나사는 새로운 아르테미스 계획을 발표했다. 달에 지속 가능한 유인 기지를 건설을 목표로 하는 이 계획을 위해 정부는 총 4,550만 달러를 13개의 미국 상업 기업에 제공할 예정이다. 대상 기업들은 에어로젯 로켓다인Aerojet Rocketdyne, 블루 오리진, 보잉, 다이네틱스Dynetics, 록히드 마틴, 마스튼 스페이스 시스템, 노스롭 그루만, 이노베이션 시스템Innovation Systems, 오빗비욘드OrbitBeyond, 시에라네바다Sierra Nevada Corp., 스페이스X, SSL 등이다. 이 자금은 향후 5년 이내에 미국 우주 비행사들을 달에 데려다주고, 유인 화성 임무로 나아가기 전 달에 인간이 거주할 우주선과 달 착륙선을 개발하는 데 쓰일 것이다.

'아르테미스 상업 달 페이로드 서비스 계약'에 따른 총 2억 5,350만 달러 규모의 민관 파트너십은 세 뉴 스페이스 유망주인 애스트로보틱 테크놀로지Astrobotic Technology, 인튜이티브 머신Intuitive Machines, 오빗비욘드에 수여된다. 이들 기업은 달 착륙선 개발과 달 페이로드 운송에 주력할 예정이다. 애스트로보틱은 2021년 최대 14개의 나사 페이로드를 달에 운송하기 위해 7,950만 달러를 받았고, 2019년 8월 유나이티드 론치 얼라이언스의 벌컨 센토 로켓을 사용해서 애스트로보틱 테크놀로지의 페레그린 달 착륙선을 발사할 것이라고 발표했다. 존 손턴 애스토로보틱 테크놀로지 CEO는 이 협력에 대해 다음과 같은 입장을 밝혔다.

"우리는 유나이티드 론치 얼라이언스와 계약하고 달 착륙선 페레그린을 벌컨 센토 로켓에 실어 발사하게 되어 매우 기쁩니다. 이번 계약은 경쟁이 매우 치열한 매우 치열한 상업적 경쟁을 거친 결과이며, 저가 달 운송이 가능하도록 도움을 준 모든 관계자에게 감사를 표합니다. 미국 땅에서 아폴로 이후 처음 달에 가는 착륙선을 벌컨 센토 로켓에 실어 발사하는 이날은 미국과 상업 기업에 모두 역사적인 날이 될 것입니다."

　2019년 6월 새로운 상업 달 페이로드 서비스 계약을 요청하는 발표에서 나사는 2019년부터 2028년까지 이 프로그램의 총 계약 금액이 최대 26억 달러에 이를 것이라고 밝혔다. 상업 달 페이로드 서비스 프로그램은 다른 나사 프로그램과 다른 방식으로 진행되었다. 일반적으로 수백 페이지에 달하는 다른 협력 프로그램의 계약 요건과 달리, 상업 달 페이로드 서비스 제안서는 12페이지로 크게 간소화되었다. 이는 나사와는 어울리지 않지만 나쁘지 않은 일이며, 나사가 내부적으로 통상 발생하는 지연을 최소화하고 속도를 강조하기 시작했다는 것을 나타낸다.

　마지막으로 나사는 2018년 아르테미스 협력 기회 발표ACO에서 달 프로그램을 위한 19개의 기술 프로젝트에 13개의 회사를 참여시키기로 결정했다. 그리고 2019년 7월 30일 "나사 센터는 직원 수 12인 미만인 중소 기업에서 대형 항공 우주 기업까지 다양한 기업과 파트너 관계를 맺고 전문 지식과 시설, 하드웨어, 소프트웨어를 무료로 제공한다"라고 발표했다. 참여 우주 기업들은 각각 미국 전역의 여러 나사 센터에서 하나 이상의 기술을 개발하게 된다.

　참여한 우주 기업은 어드밴스드 스페이스Advanced Space, 에어로겔 테크놀로지스Aerogel Technologies, 에어로젯 로켓다인, 아나스피어Anasphere, 발리 리본 밀스Bally Ribbon Mills, 블루 오리진, 콜로라도 파워 일렉트로닉스Colorado Power Electronics, 록히드 마틴, 막서 테크놀로지스Maxar Technologies, 시에라네바다 코퍼레이션, 스페이스X, 스피릿 에어로시스템Spirit AeroSystems, 벌컨 와이어리스Vulcan Wireless 등이다.

참여 기술 범주는 첨단 통신과 내비게이션, 항공 전자 기기, 첨단 재료, 진입과 하강 및 착륙, 우주 내 제조 및 조립, 동력, 추진체, 기타 탐사 기술 등이다. 나사는 협력 기회 발표에 따른 작업이 "기술 개발 비용을 줄이고 우주 임무에 새로운 상업적 역량 투입을 가속하는 데 도움이 될 것"이라고 밝혔다.

전 나사 국장 짐 브리든스타인은 아르테미스 프로그램 비용을 1969년 아폴로 달 착륙 당시보다 80% 적은 200억에서 300억 달러로 예상한다. 미국 투자 정보 전문 매체 〈더 모틀리 풀〉의 우주 저널리스트 리치 스미스는 나사가 이 임무를 위한 충분한 자금을 확보할 수 있다면 이 투자 수익으로 아르테미스 프로그램이 활성화된 우주 분야에 연간 2억 7,200만 달러에서 6억 3,000만 달러 사이의 이익을 추가하리라 예측한다. 브라이든스타인은 말한다.

"우주는 미국의 특출함을 나타냅니다. 우리 미국의 특징은 모험 정신, 위험 감수, 기업가 정신입니다. (…) 이것이 우리의 정체성입니다. 이 특출함은 유전적인 것이 아닙니다. 이는 경쟁적이고 자유로운 기업, 능력 중심 문화에서 탄생했습니다. 오늘날 미국 기업가들은 우주에 대한 접근과 운영 방식에 혁명을 일으켰다. 사실 우리 삶의 방식은 이제 우주에 달렸다. 이미 우주는 의사소통, 길 찾기, 식량과 에너지 생산, 은행 업무 보기, 날씨 예측, 재난 구호, 보안 제공 등의 방법을 변화시켰습니다. 미국은 자유 세계와 책임 있는 주체들을 위해 우주를 지키고, 대대손손 우주를 보존할 수 있는 유일한 국가입니다. 지금은 우리의 스푸트니크 순간(1957년 구소련이 세계 최초로 인공위성 스푸트니크 1호를 쏘아 올리면서 미국과 서방 국가에 충격을 안겼던 때)입니다. 미국은 영원히 탁월한 우주여행 국가일 것임에 틀림없고, 달은 이를 위한 길입니다."

2019년 9월 25일 일본우주항공연구개발기구JAXA와 나사는 두 기관이 미래의 달 임무에 협력하기로 합의했음을 확인하는 성명을 발표했다. 이 파트너십은 두 나라에 중요한 의미가 있다.

현재 일본의 우주 산업은 우주 개발에 초점을 맞춘 다양한 컨소시엄이 특색이다. 2018년부터 일본우주항공연구개발기구는 일본 최대 항공사인 ANA All Nippon Airways와 제휴해서 아바타X 프로젝트에 착수했다. 아바타X는 아바타 기술을 활용한 우주 개발과 탐사에 중점을 둔 컨소시엄이다. 이름에서 알 수 있듯이, 이 프로젝트는 지상의 인간 조종사들을 우주에 있는 로봇 아바타와 동기화해 건설, 탐사, 기타 필요한 일들을 수행하려는 목적에서 계획되었다. 현재 지구에서 시험하고 있는 이 협력 프로젝트는 앞으로 지구 저궤도에 있는 국제 우주 정거장에서 테스트를 시작한 후 달과 화성, 심우주로 나아갈 계획이다.

2019년 일본우주항공연구개발기구와 벤처 캐피탈 회사인 리얼텍펀드RealTech Fund, 경영 컨설팅 회사 시그마XYZSigmaXYZ는 우리가 우주에 사는 인간을 생각할 때 항상 제기되는 질문, 즉 우리가 스스로 어떻게 먹고 살 것인가에 초점을 맞춘 30개 기업으로 구성된 컨소시엄 구성을 위해 모였다. 스페이스 푸드XSpace Food X로 알려진 이 단체는 우주 내 식량 생산 솔루션을 만드는 기술을 개발한다. 카나토자카 신야 ANA 홀딩스 CEO는 "아바타X는 달 표면에서 아바타 로봇을 원격 작동하고 지구 저궤도 우주 정거장에서 환자들을 치료하는 일을 실현함으로써 공상 과학 소설을 실화로 만들 것입니다"라며 포부를 밝혔다.

같은 실수를 반복하지 않기 위한 달 자원 이용 계획이 필요하다

미국 센트럴플로리다대 행성 물리학 교수이자 전 케네디우주센터 연구 물리학자 필립 메츠거는 태양계 '자립 갱생bootstrapping'의 미래에 대한 글을 썼다. 이 글에서 메츠거는 "우리는 자신의 힘으로 스스로 일어서야 한다는 옛 속담 때문에 이 접근법을 '자립 갱생'이라고 부른다. (…) 우주 신업은 소규모로 시작한 다음 자체 생산성을 통해 더 선진 수준으로 발전할 수 있으며, 한편으로는 지구에서 물체를 발사하는 비용을 최소화할 수 있다"라고 적었다.

또한 메츠거는 2012년 〈항공우주시스템공학회지〉에 나사와 공동으로 발표한 논문 〈우주 산업의 감당할 수 있으면서 빠른 자립 갱생과 태양계 문명Affordable, Rapid Bootstrapping of the Space Industry and Solar System Civilization〉에서 "만약 우리가 달에서 효과적으로 자립 갱생에 성공한다면 우리는 달에서 지구로 자원을 공급하고, 지구를 청정하게 하고, 화성을 지구처럼 사람이 살 수 있게 만들 수 있다. (…) 우주에 있는 잘 갖춰진 연구소에서 과학과 인문학을 지원하고, 로봇 산업의 복제품을 다른 태양계에 보내서 우리가 도착하기 전에 이 모든 일을 하게 만들 수 있다"라고 주장한다.

간단히 말해서 우주에서 자립 갱생하는 로봇 산업에 투자하면 삶을 변화시키는 자원을 생산할 수 있다는 뜻이다. 메츠거는 이 논문에서 "우리가 오늘 이 연구를 시작한다면 활기찬 태양계 경제가 우리 아이들 세대 내에 또는 어쩌면 우리 세대 내에 일어날 것이다. (…) 우리는 아직 상세한 미래 우주 산업 모델을 만들 수는 없다. 하지만 이 같은 간단한 모델링에서 우주 산업의 주요 특징 일부를 살펴볼 수 있다. 우리가 모델링의 매개 변수 간 관계를 연구하기 위해 매개 변수들에 약간 변화를 준 결과 이 모델링은 매우 낙관적이었다. 이는 우주를 기반으로 하는 로봇화된 자급자족 산업의 자립 갱생이 실현 가능성이 매우 크다는 것을 나타낸다"라고 덧붙였다.

메츠거는 이러한 입장을 2014년 미국 오바마 행정부 백악관과학기술정책실과의 인터뷰에서 "우리가 해야 할 일은 우주의 에너지와 자원을 활용해서 우주에서 완전한 공급망을 발전시켜 나가는 것"이라고 명확히 했다.

지구 자원이 급속히 고갈되고 지구 밖에 풍부한 기회가 있는 상황에서 우리는 궁극적으로 우주 환경을 어떻게 다룰지 숙고해야 한다. 하버드 스미스소니언 천체물리학센터 Harvard Smithsonian CFA 천체물리학자 마틴 엘비스와 스코틀랜드 철학자 토니 밀리건이 2019년 논문 〈태양계의 얼마를 황무지로 남겨야 하는가? How Much of the Solar System Should We Leave as Wilderness?〉에서 밝혔듯이 장기적인 안목에서 자원에 접근하는 것이 현명하다.

이 논문에서는 "우주에서 진정한 경제가 나타난다면 인류는 달과 화성, 그리고 소행성 같은 작은 태양계 천체들의 거대하지만 유한한 자원을 이용하기 시작할 것"이라고 언급했다. 하지만 태양계는 매우 커서 "인간이 자원을 완전히 착취하고 고갈시킬 수 있고, 기하급수적인 성장은 미래에 파괴적인 결과를 가져올 수 있다"라는 생각은 터무니없어 보인다. 이에 대해 논문은 이런 과정이 진행되기 전에 앞을 내다보기 힘든 우리의 제한된 능력에 안전장치 역할을 하는 확고한 정책을 수립해야 한다고 촉구한다. 나중에 기회가 줄어드는 상황에서 기득권과 경쟁적 이익이 존재하게 될 때보다 초기에 원칙에 따른 규제를 하는 편이 훨씬 더 쉬울 수 있다는 이유에서다.

이런 이유로 엘비스와 밀리건은 "우주 개발은 우리 태양계에서 이용할 수 있는 자원의 8분의 1로 제한해야 하며, 나머지 8분의 7은 황무지 그대로 남겨 두어야 한다"라고 주장한다. 이것이 미미한 양으로 들릴지 모르지만, 이 논문에서는 "소행성대(화성과 목성 사이 공간에 존재하는 소행성들)에 존재하는 철의 8분의 1에 해당하는 양은 현재 지구상의 추정된 모든 철광석 매장량보다 100만 배 이상 크고, 수세기 동안 충분히 사용할 수 있는 양이다"라고 분명히 밝히고 있다.

비록 우리가 400년 동안 8분의 1을 모두 사용하는 수준에 이르지 못할지라도 지금까지 우리 인류가 운영해 온 방식과는 다르게 새로운 자원을 남용하지 않도록 주의해야 한다. 본격적인 우주 경제가 존재하기도 전에 왜 이런 정책을 오늘날 반드시 고려해야 하는지를 보여주기 위해 엘비스와 밀리건은 지구를 반면교사의 사례로 든다.

"인구 증가와 기후 변화는 억제되지 않은 기하급수적인 성장의 사례입니다. 이로 인해 우리가 사용할 수 있는 자원의 한계가 빠르게 드러나고 있습니다. 통제하려는 시도는 있었지만, 이미 늦은 시기에 이루어졌기에 효과적이기 않았습니다."

우주는 인류에게 지속 가능한 미래 건설을 위한 새로운 기회를 제공한다. 우리가 그런 미래를 만들고자 한다면 우주 자원을 쉽게 공유할 수 있을 것이다.

달 탐사, 화성 이주를 위한 첫 번째 걸음

주목할 점은 달은 장, 단기적으로 유망한 기회가 있지만, 화성 이주에는 훨씬 더 많은 노력이 필요하리라는 점이다. 화성은 지구보다 대기층이 훨씬 얇고 기압도 낮으며 더 춥기까지 하다. 여기에 거주 환경을 조성하려면 건물과 전기뿐 아니라 훨씬 더 많은 것이 필요할 것이다. 이 붉은 행성을 적절히 지구처럼 만들기 위해서는 이산화탄소와 산소 등 기체를 화성 대기층에 끌어들여 숨 쉴 수 있는 공기를 만들고, 행성 표면 온도를 올리거나 물을 흐르게 하고, 기압을 높여야 한다. 게다가 화성의 중력은 지구보다 훨씬 낮은데, 낮은 중력은 인간의 뇌와 생리 기능을 저하시킨다. 하지만 그 정도가 얼마나 심각한지에 대한 연구가 부족한 실정이다.

무엇보다 가장 위협적인 것은 화성의 자기권(행성의 자기장이 지배하는 공간) 부족이다. 태양 복사를 막아 주는 자연 보호막이 없는 행성은 인간, 식물, 동물들에게 매우 위험하다. 화성 큐리오시티 탐사선은 매일 300mSv(밀리시버트)의 방사능 수치를 보고했다. 참고로 지구에서 우리는 매년 1.5~3.5mSv의 방사능을 경험한다. 이 정도 방사선은 시간이 지나면 흩어지기 때문에 노출되어도 부작용이 일어나지 않는다. 하지만 100mSv 이상의 수치에 노출되면 인체에 큰 피해가 발생하기 시작해 암을 포함한 질병에 걸리고 최악의 경우 사망에 이른다. 예컨대 후쿠시마 원전 사고에서 보고된 최고 방사선량은 180mSv였고, 체르노빌 원전 사고에서는 700mSv에서 1만 3,400mSv 사이의 최고 수준이 보고되었다. 이때 방사선에 노출된 사람들 중 상당수가 암에 걸려 사망했다.

따라서 치명적인 방사선량으로부터 인간을 보호하기 위해 완전히 차단된 실내 또는 지하 공간 등의 기반 시설이 필요할 것이다. 또한 방사능은 토양에도 영향을 미친다. 방사선이 토양의 염소 화합물을 활성화해 유독성 과염소산염을 만드므로, 다른 무엇보다도 유전자 조작 식물과 수경 재배 시스템이 필요하다.

많은 사람이 다른 행성에 인간이 살 수 있는 세상을 만들고 싶다는 꿈을 꾼다. 지금 화성과 그 너머로 안전하게 이주하는 것은 불가능하지만, 달은 제조, 자원 개발과 관리, 수출입, 물류, 우주 통신, 뉴스페이스 비즈니스 모델을 시험하고, 다른 행성에서 경제를 창출할 수 있다는 이점을 알려 주는 훌륭한 훈련장이다. 그리고 만약 인류가 지구에 남을 운명이라면 우주에서 지구를 보존하고 개선할 새로운 방법을 찾아야 할 이유가 훨씬 더 많다.

혁신 에너지 사업의 동력이 될
소행성 탐사

◆

자원이 풍부한 곳은 달뿐만이 아니다. 태양계의 분화구와 소행성, 기타 천체에는 숨은 보물이 있다. 오늘날 전 세계 정부와 민간 단체들이 현재 다양한 우주 자원을 활용하기 위해 앞장서고 있다.

현대 필수 자원인 희토류를 품을 소행성

나사에 따르면 지구 근처에 10만 개의 잠재적인 지구 근접 천체가 있다고 한다. 전문가들은 이미 지구 근접 천체가 물에서 백금, 니켈, 코발트, 철 같은 광물, 전자 제품과 보안 기술에 사용되는 희토류 원소에 이르기까지 다양하고 가치 있는 자원을 포함하고 있다고 결론 짓고, 지구 근접 소행성과 혜성을 그 구성 성분에 따라 분류했다.

희토류 물질은 지난 20년 동안 사용이 급증했다. 컴퓨터, 휴대폰, 통신 시스템 같은 현대 기술의 필수적인 구성 요소이기 때문이다. 또한 야간 투시경과 장갑차 등 국방 분야에서도 널리 중요하게 쓰이고 있다. 오늘날 전기 자동차와 풍력 터빈 같은 친환경 에너지 제품에도 필요하다. 이들의 작동에 필요한 자석에 네오디뮴과 프라세오디뮴이라는 두 희토류가 사용되기 때문이다. 전 세계에서 매년 청정, 재생 에너지 해결책을 내놓고 있어 향후 20년 동안 희토류 물질에 대한 수요는 계속 증가할 전망이다. 희토류기술연합RETA는 미래 희토류의 효용성에 대해 다음과 같이 말했다.

"희토류는 가전제품, 컴퓨터와 네트워크, 통신, 청정 에너지, 첨단 교통, 보건, 환경 문제 완화, 국방 등 여러 현대 기술 분야에 꼭 필요한 일련의 화학 원소로 지구 지각에서 발견됩니다. (…) 희토류는 많은 기술이 무게와 탄소 배출량, 에너지 소비량을 줄이면서 성능을 발휘할 수 있도록 도와주거나, 뛰어난 효율성과 성능, 소형화, 속도, 내구성, 열 안정성 등을 제공합니다. (…) 희토류를 이용한 제품과 기술은 세계 경제 성장을 촉진하고 높은 생활 수준을 유지하는 데, 심지어 생명을 살리는 데 도움이 됩니다."

그런데 메사추세츠공대MIT의 여러 연구에서는 희토류 채굴이 더 어려워지고 있으며, 이에 따라 빠르게 고갈될 것으로 예측한다. 채굴 자체가 환경에 좋지 않기 때문에 규제가 늘어나고 있기 때문이다. 또 중국이 희토류 시장을 독점하고 있다는 점도 한몫을 차지한다. 따라서 전 세계 많은 국가가 방안을 찾기 위해 노력하고 있다.

MIT 과학자 랜돌프 키르하인은 청정 에너지 발전에 필요한 자원을 조사하는 연구를 했다. 키르하인은 이 연구의 목적과 방향성을 "우리가 집중해야 할 문제의 핵심은 자원이 고갈되리라는 것이 아니라, 공급 기반을 구축하고 이런 물질을 사용하고 재사용하는 기술을 개선하는 것입니다. 이것이 연구 개발의 초점이 되어야 합니다"라고 설명했다. 하지만 이 연구에는 규제와 시간 부족 등의 어려움이 있다. 키르하인은 "새로운 광산을 개발하기 위한 탐사, 부지 선정, 허가 취득, 건설 등에 10년 이상이 걸릴 수 있습니다"라고 언급했다.

바버라 레크 예일대 수석 연구 과학자는 MIT 연구가 "재료 과학자들에게 대체물을 찾는 연구를 계속하라는 것과 수명이 다했을 때 희토류를 재활용하지 않는 현재의 관행은 지속 불가능하며 되돌릴 필요가 있다"라는 사실을 상기시켜 준다고 설명했다.

우주 자원 채굴을 위한 전 세계의 노력

장단기적으로 우주 자원은 우리의 생존을 위해 필요할 것이다. 과학자들과 학생들이 자신들의 재능을 소행성 자원 채굴에 쏟도록 장려하는 다양한 활동이 있다. 미국 콜로라도 골든에 있는 콜로라도광산학교에서 한 예를 찾을 수 있다. 2018년 8월 이 학교 우주자원센터 Center for Space Resources 는 우주 자원과 관련해 학제 간 대학원 연구 과정을 시작했다. 이 과정의 목표는 해당 분야의 핵심 지식을 가르치고 배우는 것, 태양계에서 이용 가능한 자원을 식별, 추출, 처리하는 방법과 책임감 있는 우주 자원 사용법에 관한 관행을 개발하는 것이다. 에인절 아부드-마드리드 콜로라도광산학교 우주자원센터 소장은 우주 밖 자원에 대해 "우주에서 몇 달, 심지어 몇 년을 보내야 하므로 지구 의존성을 줄일 방법을 모색해야 합니다"라고 덧붙였다.

세계 10대 우주 여행국 진입을 목표로 하는 룩셈부르크는 이미 우주 채굴에 투자하고 우주 자원의 상업적 탐사를 중심으로 정책을 추진하고 있다. 룩셈부르크는 인구수가 60만 명도 안 되는 작은 나라지만, 전 세계에서 1인당 소득 수준이 가장 높고 혁신 의지와 기업가 정신을 가지고 있어 우주에 대한 관심이 확고하다. 또한 미국에 이어 세계에서 두 번째로 큰 투자 펀드 센터이기도 하다. 룩셈부르크는 우주 분야를 육성하는 데 상당한 투자를 하고 있다. 에티엔 슈나이더 전 룩셈부르크 부총리는 다음과 같이 말했다.

"룩셈부르크는 우주 자원 활용 관련 활동의 틀을 제공할 것입니다. (…) 우리는 우주 자원 탐사와 이용에서 유럽의 중심이 되고자 합니다. 따라서 관련 기술 연구 개발에 자금을 지원할 것입니다. 룩셈부르크는 상업 위성 서비스 산업 분야에서 성공했고, 증명된 전문 지식을 가지고 있습니다. 우리는 이를 바탕으로 다시 한 번 우주 공간을 룩셈부르크의 핵심 첨단 기술 분야로 선택합니다."

2016년 룩셈부르크는 우주 자원 계획을 시작하고, 자원 채굴에 초점을 맞춘 기업들을 지원하기 위한 예산으로 2억 2,300만 달러를 할당했다. 슈나이더는 "우리 목표는 자연 서식지를 훼손하지 않고 우주를 배회하는 생명체 없는 암석 위, 아무도 탐사한 적이 없는 풍부한 광물 자원들에 접근하는 길을 여는 겁니다"라고 말했다.

그해 룩셈부르크 정부는 미국 워싱턴주에 있는 플래니터리 리소시스Planetary Resources에 2,800만 달러를 투자했으며, 탐사 임무를 위해 캘리포니아에 있는 딥 스페이스 인더스트리DSI에 자금을 지원했다. 결과적으로 룩셈부르크는 기대한 성과를 거두지 못했다. 2018년 블록체인 기업 컨센시스ConsenSys가 플래니터리 리소시스를 인수하면서 1,370만 달러의 손실을 보았고, 딥 스페이스 인더스트리는 2019년 초 브래드퍼드 스페이스Bradford Space에 인수되었기 때문이다. 이후 추진 사업에 집중하고 있지만, 룩셈부르크와 많은 다른 나라가 광산 개발 노력을 확대할 것으로 기대한다.

3장

앞으로 어떤 우주 비즈니스에 투자해야 할까?

: 핵심 우주 기술과 산업 8가지

SPACE IS OPEN FOR BUSINESS
The Industry That Can Transform Humanity

1

경제 패러다임을 뒤엎을
우주 비즈니스

$

"이제 인간이 태양계를 경제적으로 이용하기 위해 개발하는 데 기술적인 한계는 없습니다. 조직이나 관리, 자금 지원의 제한은 있어도 기술적인 한계는 없습니다."

데니스 웡고(스카이코프 CEO)

현재 우리는 우주 르네상스의 초기 단계에 있다. 이제 정부 기관과 민간 기업이 협업을 하거나 파트너로 함께하고, 한쪽이 고객이 되는 등 다양한 역할과 지위로 참여한다. 우주는 우주에 관심이 있는 누구에게나 열려 있다. 우주 분야는 다른 주제들과 얽혀서 발전해 왔기 때문이다. 금융·과학·의학·예술·건설 산업은 물론 어떤 분야에서 일해도 우주를 접할 수 있다. 우주 공간 모델링 기술을 사용하는 것부터 나사나 다른 연구 기관에서 라이선스를 발급받는 것, 마케팅에서 우주를 홍보 주제로 활용하는 것까지 제한이 없다.

이제 우주 산업은 상업적 활용이 가능한 방향으로 폭 넓게 변화하고 있다. 지금 가장 필요한 것은 우리의 관심이다. 1990년대 인터넷이 막 생겨났을 때도 마찬가지였다. 대부분의 사람에게 인터넷은 개념일 뿐이었다. 인터넷의 거대한 가능성은 인터넷의 구상 단계, 혹은 심지어 많은 발전이 이루어지는 동안에도 예측할 수 없었다. 1900년대의 우리는 아마존과 이메일 등 눈앞의 애플리케이션을 볼 수는 있었지만, 우버 등 승차 공유 앱, 에어비앤비 등 숙박 공유 앱, 데이트 앱, 실시간 교통 정보를 얻을 수 있는 웨이즈나 구글 지도 같은 교통 정보 앱의 혁신적인 서비스를 상상하지 못했다.

마찬가지로 우주 분야도 바로 활용 가능하다. 하지만 로켓, 인공위성, 우주 정거장 등은 단순히 한 가지 목적을 실행하는 기계가 아닌 인프라로 봐야 한다. 각각 운송 정보나 데이터 등을 제공해 쉬운 연구와 다른 기회를 위한 플랫폼이 되기 때문이다. 이러한 모습은 인터넷 인프라 기업인 시스코Cisco와 매우 비슷한데, 시스코가 만든 인터넷 인프라 위에서 구글 같은 회사들이 애플리케이션을 만들고, 또 다른 기업들이 이런 애플리케이션을 활용하거나 그 위에 다른 것을 구축했기 때문이다. 여기서 우리는 한 가지 교훈을 얻을 수 있다. 우리가 가능성을 탐색하고 이해하는 데 더 많은 시간을 할애할 때 비로소 미래의 발전에서 진정한 성장을 할 수 있다는 것이다.

이미 시작된 경제 변혁
: 지구 궤도에 형성된 시장

✦

현재 잠재적 시장의 범위를 알 수는 없지만, 경제적 전환은 이미 진행되고 있다. 예를 들어 인공위성 사업의 세 가지 주요 궤도인 지구 저궤도(180~2,000km)와 중궤도(2,000~3만 5,780km), 정지궤도(3만 5,786km)의 문은 이미 열려 있다. 지구 동기 궤도와 극궤도, 태양 동기 궤도, 지구 고궤도, 반동기 궤도 등도 특정 위성과 지구 영상 분야에는 유용하지만, 현 단계에서는 덜 사용된다.

지구 저궤도는 많은 통신, 원격 탐사, 지구 촬영 위성이 차지한다. 이곳은 국제 우주 정거장을 비롯한 현재까지의 모든 우주 정거장이 있는 곳이다. 그리고 지금까지 모든 유인 우주 비행은 지구 저궤도에서 이루어졌다(1968~1972년 아폴로 계획은 별도다). 지구 중궤도에는 통신 위성군과 지구 전역의 위치 측정과 탐색 기능을 제공하는 GPS로도 불리는 범지구적 위성 항법 시스템 GNSS 이 있다.

지구 중궤도 바로 위, 지구 고궤도 바로 아래에는 지구 동기 궤도로 알려진 고도 3만 5,786km 지점의 스위트 스폿 sweet spot 이 있다. 지구 동기 궤도에서 위성은 지구의 자전 주기에 정확히 맞춰 궤도를 돈다. 지구 정지 궤도는 지구 정지 적도 궤도라고도 하는데, 지구 동기 궤도와 가장 큰 차이점은 적도에 고정되어 있다는 것이다. 지구 정지 궤도와 지구 동기 궤도에서 위성은 항상 특정 영역을 관찰한다. 따라서 시간 경과에 따른 해당 지역의 변화를 감지할 수 있으므로 군사 정보 파악, 농업, 위성 라디오, 통신에 유용하다.

지구 정지 궤도의 주된 가치는 궤도 경사각이 0이라 위성이 항상 지상의 수신국과 같은 위치에 있다는 데에서 나온다. 이 궤도에 있는 물체는 하늘에 정지해 있는 것처럼 보인다. 이렇게 고정된 위치에 있는 지구 정지 궤도 위성은 지구의 운영자가 수신기를 조정할 필요 없이 폭넓은 지역을 일관되게 관측한다. 또한 지구 정지 궤도 위성은 적도 위에 있기 때문에 가장 넓은 범위(지구 표면의 42%)를 관측한다. 따라서 지구 정지 궤도는 통신(그래서 많은 통신 위성이 모여 있다), 기상 관측, 태양 활동 관측에 특히 중요하다. 지구 정지 궤도 시장에서 찾을 수 있는 추가적인 비즈니스로는 민간 기상 위성, 위성 정비 사업, 우주 내 제조 등이 있다.

이외에 준궤도 시장이 있다. 준궤도 시장은 저궤도, 중궤도, 고궤도 등 궤도 시장보다 느린 속도로 움직이고 있지만, 많은 이가 확대될 것으로 예상한다. 블루 오리진 롭 메이어슨 사장은 〈스페이스〉 인터뷰에서 지구 저궤도를 미개발 시장이라고 말했다.

준궤도는 지구 대기권에 속하는 우주 공간을 말한다(해발 100km 상공의 카르만 선은 준궤도와 궤도 사이에 있는 대기권과 우주 공간의 경계를 나타낸다). 준궤도를 비행하는 물체나 우주선은 여전히 지구 중력의 영향을 받기 때문에 궤도에 남아 있지 않고 다시 지구로 당겨질 것이다. 따라서 많은 기업이 준궤도 비행을 발사 시험에 사용하며, 우주 관광에 신흥 상업 기업들도 우주여행 서비스를 준궤도 비행으로 제공할 것으로 보인다.

최첨단 기술이 늘어날수록
기하급수적 성장을 이루는 우주 산업

✦

우주에 관한 기회는 무궁무진하다. 예컨대 보험 부문이 우주에서 파생된 데이터를 더 잘 활용할 수 있는 방법은 무엇일까? 에너지 부문은 어떻게 모델링 소프트웨어를 빌려 와 더 나은 터빈을 설계하거나, 위성 데이터를 사용해 재생 에너지 활동의 목표 영역을 식별하거나, 기존 기능을 최적화할 수 있을까?

인프라 부문이 발전하면서 점점 더 작고 민첩한 기업들이 이런 새로운 우주 관련 인프라 활용 방법을 모색할 수 있게 되었다. 우리가 지금 지구 저궤도 경제의 출현을 목격하는 것처럼 앞으로 민간 기업들은 사회적·정치적·경제적으로 자신감을 가지고 민간의 상업적 우주 사업을 넓힐 새로운 방법들을 찾아낼 것이다.

1980년대 후반 우주 대기업 로크웰 인터내셔널Rockwell International은 주요 우주 인프라 요소들이 어떻게 조화를 이루는지를 시각적으로 나타내기 위해 '통합 우주 계획Integrated Space Plan'을 세웠다. 하나의 하향식 우주 개발 계획에 불과했던 이 아이디어는 오늘날 각자의 활동 분야에서 독자적 업무 방식으로 성공한 수백 또는 수천 개의 단체가 참여하는 유기적인 다중 경로 프로그램으로 바뀌었다. 이제 우주는 프로젝트가 아니다. 산업 또는 생태계이다.

우리는 지금 우주를 말 그대로, 그리고 은유적인 의미에서 높은 곳으로 이해한다. 우주에는 발사체와 위성, 우주 정거장보다 훨씬 더 많은 것이 관련되어 있다. 새로운 시스템과 제품, 물류, 애플리케이션, 직무 역할, 기술 등이 동시에 개발되면서 우주 산업은 매일 매일 성장, 발전하고 있다. 국제 우주 안전 재단ISSF에서 발행하는 매거진 〈우주 안전〉에 따르면 우주 가치 사슬이란 "최종 고객을 지원하는 설계, 생산, 마케팅, 물류, 유통을 포함한 기업들이 시장에 제품을 내놓기 위해 개념 설정부터 최종 사용까지 참여하는 모든 활동으로, 각 단계에서 어떤 형태로든 가치가 부가된다"라고 적혀 있다.

이런 개별적인 활동들은 모두 전체 우주 네트워크 발전에 이바지한다. 하지만 오늘날 대부분의 우주 관련 경제 활동과 언론의 관심은 사람과 화물, 우주선을 A 지점에서 B 지점으로 운송하는 발사 활동에 집중되는 경향이 있다. 모든 점을 연결하는 중요 인프라에 대한 관심은 적다.

우주는 많은 학문 분야의 정점이고, 여러 산업과의 협업으로 이루어진다. 우주 분야의 성장은 다양한 분야를 최첨단 기술과 환상적인 아이디어, 적절한 응용과 결합하는 데 달려 있다. 할리우드에서 내비게이션, 통신 기기, 스트리밍 서비스, 의학적 발견, 로봇 공학, 농업, 에너지에 이르기까지 이 모든 산업은 우주에 영향을 미치고 우주의 영향을 받는다. 이는 마치 벌들이 꽃을 수분시키는 것과 같다.

우주는 진보와 협업 가능성이 가장 무한한 분야이기도 하다. 우주 산업이 발전하면 다른 산업도 혜택을 받는다. 다른 산업이 발전하면 우주 산업의 혜택도 증대되고 혁신과 성장이 큰 폭으로 증가한다.

인공위성과 우주를 활용한 애플리케이션으로 세계 소외된 지역에 인터넷 제공을 위해 활동하는 '국경 없는 괴짜들 Geeks Without Frontiers' 재단의 설립자 마이클 포터는 현재 급속하게 성장 중인 소형 위성 시장에 대해 다음과 같이 말한다.

"저는 이 모든 소형화 추세가 주로 전자 제품과 인공위성에 엄청난 영향을 미칠 것으로 생각합니다. 지구 관측과 통신용으로 큐브샛 또는 다중 큐브샛 케이블의 조합을 궤도로 올려 보낼 수 있으며, 이는 매우 쓸모가 있을 수 있습니다. 어쨌든 앞으로 5년 내지 10년 동안 훨씬 더 많은 연결이 이루어질 것입니다. 이전에도 이런 아이디어나 프로젝트가 있었지만, 지금보다 더 시의적절했던 적은 없습니다. 만약 누군가가 이런 개념을 7년 전, 혹은 심지어 5년 전에 시작했다면 시기상조였을 것입니다. 지금이야말로 모든 것이 준비된 때라고 생각합니다."

앞으로 인공 지능과 소프트웨어 지원 계약, 블록체인 기술, 양자 컴퓨팅 등의 동시 발전에 힘입어 고유한 특성이 매력적인 다양한 우주 경제 시장이 새롭게 열릴 가능성이 크다. 이런 성공의 상당 부분은 우주에 안정적이고 저렴한 방법으로 접근하는 것에 달려 있다. 전세계 스타트업들은 우주와 관련된 기존 비용을 보다 저렴하게 하는 비즈니스 모델, 소프트웨어, 새로운 우주선 제작 기술 등을 개발하고 있으며, 이들은 대단히 효율적인 작업 방식을 가지고 있다.

2.

소형 위성 기술과
데이터 산업

$

"취미 생활자의 운동으로 시작된 것이 전체 우주 인프라의 기존 질서를 파괴하는 토대가 되었다. 갑자기 무어의 법칙이 우주 산업에 밀려들어 우주 산업에 대한 사람들의 사고방식을 완전히 바꾸어 버렸다. 30년 동안 지속할 임무 수행을 위해 10억 달러를 들여 위성을 지구 정지 궤도로 보내지 않아도 된다. 12년을 들여 위성을 설계해서 만들거나 위성을 쏘아 올릴 수억 달러짜리 로켓을 사지 않아도 된다. 그 비용의 극히 일부만 들이면 스마트폰 부품으로 소형 큐브샛을 만들 수 있다. 그리고 지구 저궤도에 이런 위성을 10개, 100개, 1,000개를 올리고 다시 채우기만 하면 된다."

데이비드 코윈(투자자 & 기업가)

위성 산업이 바뀌고 있다. 2,800억 달러에 달하는 세계 위성 시장에서 소형 위성 분야의 활발한 움직임이 늘어나고 있기 때문이다. 전자 제품의 소형화가 이 분야에 다시 활력을 불어넣었고 기회 성장 영역이 되어 새로운 참가자들을 끌어들였다.

현재 날씨와 내비게이션 서비스를 제공하는 기존 대형 위성들은 보통 15년에서 20년 운영을 목표로 하므로 고성능과 높은 신뢰성을 보장하도록 설계하고 만들며, 대부분 일회 제작으로 끝나고 생산량도 적다. 이 위성들은 1대당 수억 달러의 제작비가 들며, 일반적으로 지구 상공 1,900~3만 6,000km 고도의 지구 중궤도와 지구 동기 궤도 사이의 궤도를 돈다.

반면에 스몰샛 혹은 소형 위성은 지구에 훨씬 가까운 지구 저궤도에서 활동한다. 크기도 매우 작고 제작비가 적게 드는 소형 위성은 개별적으로는 큰 위성보다 힘이 약하다. 하지만 더 많은 수를 운용하면 기존의 대형 위성과 경쟁할 수 있다.

소형 위성이 혁신적인 이유는 스몰샛 등 새로운 우주선을 만들고 발사하는 비용을 충분히 낮춰서 더 현대적이고 성능 좋은 모델로 대체할 수 있기 때문이다. 뉴 스페이스 패러다임 변화의 중점은 수명이 길고, 개발하는 데 많은 노력이 필요하고, 발전되지 못한 기술이 탑재된 소수의 대형 위성에서 개발 일정이 짧고, 더 나은 최신 기술을 가진, 훨씬 더 작고 빠른 다수의 소형 위성으로 이동하는 데 있다. 소형 위성은 스마트폰이 모바일 통신을 제패한 것과 마찬가지로 뉴 스페이스를 뒤흔들고 있으며, 스마트폰과 마찬가지로 처음 예상했던 것보다 훨씬 더 큰 영향을 미칠 것으로 보인다.

오늘날 소형 위성 분야에 대한 투자 활동 대부분은 이 분야의 기술을 상업화하는 데 초점을 맞추고 있다. 소형 위성 기술은 1950년대에 처음 등장했지만(세계 최초의 위성인 스푸트니크 1호도 소형 위성이었다), 대부분 학술용 또는 제한된 용도로 운영되었다. 그로부터 약 70년이 흐른 지금, 대부분의 투자 활동이 우주를 활용한 자산에서 미래의 애플리케이션을 촉진하는 인프라 개발에 초점을 맞추고 있다. 예컨대 도구와 센서, 그리고 다른 기구들을 더 작은 위성들에 적용하는 것은 유망한 또 다른 영역이다.

글로벌 시장 조사 기관인 리서치 앤드 마켓Research and Markets은 '2019년 소형 위성 시장 전망'이라는 보고서를 발표했다. 이 보고서는 "2018년부터 2027년까지 소형 위성 7,000대가 발사될 것"으로 예측했다. 특히 2019년 보고서에서 분석한 '향후 10년 스몰샛 시장 성장 전망치'는 2018년 보고서보다 13% 증가했다. 이는 여러 애플리케이션과 세계 여러 지역의 미개발 잠재력이 맞물려 1년 동안 소형 위성 부문이 빠르게 진화했음을 나타낸다.

보고서에서는 또한 "2022년에는 연간 580대의 소형 로켓이 발사되고 2027년에는 연간 820대로 증가할 것으로 예상한다"라고 적혀 있었다. 리서치 앤드 마켓은 "이런 증가의 주요 요인은 위성군이 될 것이며, 이 위성군이 소형 위성 예상 수량 7,000대의 82%를 차지할 것으로 예상한다"라고 밝혔다.

미국 항공 우주 엔지니어링 회사인 스페이스웍스SpaceWorks 역시 향후 5년간 군사, 상업, 민간 부문에서 2,000개에서 2,800개의 나노 위성 또는 마이크로 위성이 발사될 것으로 예측했다. 2017년부터 2018년까지 소형 위성 부문의 발사와 생산량은 이미 25%나 증가했는데, 특히 2018년에 계획된 262개의 나노 위성 중 253개가 실제로 발사되었다. 이는 소형 위성 운영자들의 발사 일관성과 실행력이 기존 대형 위성 운영자들보다 더 낫다는 사실을 반영한다. 이 시장을 견인하는 핵심 요소는 사물 인터넷, 통신 데이터 수요, 지구 관측 필요성 증가 등이다.

2019년 발사된 전체 위성의 45%가 소형 위성이었다. 분석과 엔지니어링을 전문으로 하는 브라이스 우주 기술Bryce Space and Technology 의 보고서 '2020년 수량으로 본 소형 위성'은 2012년부터 2019년까지의 소형 위성 부문 동향을 집중 조명했다. 이 기간에 발사된 1,700개 이상의 소형 위성 중 899개는 상업용이고, 1,126개는 큐브샛이었으며, 81%는 미국 기업이 제조했다. 주요 용도는 원격 탐사, 통신, 기술 개발, 과학 연구였다.

상업용 소형 위성은 2012년 6%에서 2019년 62%(2019년 소형 위성 발사 389건 중 243건이 상업용)로 대폭 증가했다. 상업용 소형 위성 운영자는 총 133개로 추산되었지만, 상업용 소형 위성의 70%가 플래닛, 스파이어 글로벌, 스페이스X 소유였다(플래닛은 원격 탐사용 소형 위성의 55%, 스페이스X는 통신 소형 위성의 거의 절반을 소유하고 있다). 2012년부터 2019년까지 비상업적 운영자는 정부(353개), 학술 단체(348개), 비영리 기구(111개)였다.

국가별 소형 위성 운영자 비중은 미국(60%)이 가장 높았고, 유럽 57개국 (14%), 중국(10%), 일본과 러시아(각 4%), 독일(3%), 호주·캐나다·인도·한국·영국(각 1%) 등이 뒤를 이었다. 브라이스 우주 기술은 소형 위성 부문은 '검증된 비즈니스 모델'과 '상당한 수익 창출 능력'을 바탕으로 이런 상승세가 지속할 것이라고 언급했다. 이 회사는 우주 산업 발전에서 소형 위성군과 소형 발사체 개발이 지켜볼 중요한 분야가 될 것으로 기대하고 있다.

이와 더불어 데이비드 반하트 서던캘리포니아대 우주공학과 연구교수는 현재 위성 제조업체들에게 주목할 만한 점이 있다고 말했다.

"흥미로운 사실은 우주 인프라가 급성장하는 소형 위성 산업과 연결되어 있다는 것, 그리고 소형 위성들을 조립해 온 업체가 대형 항공 우주 회사들이 아니라는 것이다. 정부의 지원이 있기는 하지만, 작은 위성군은 물론 규모가 큰 위성군도 모두 상업 부문에서 나온다. 이는 상업 부문에서 대량의 위성을 궤도에 올리는 엄청난 추진력이 있음을 나타낸다. (…) 다음 단계는 단순히 개별 위성들을 포함하는 위성군을 설치하는 것이 아니다. 어떻게 진정으로 우주를 기반으로 하는 태양 에너지를 만들 것인가, 또는 서비스를 제공하고자 하는 이 큰 항공 우주 회사들을 지원할 거대한 연료 저장소를 만들 것인가를 생각하기 시작했다. 이 일을 꼭 대형 항공 우주 회사와 함께해야 할까? 아니면 소형 위성 구축과 저비용 제조, 빠르고 효율적인 출시, 소형 발사체와 실제로 우주에서 조립한 다음 필요한 위치로 옮길 수 있는 기능과 결합할 수 있을까?"

다음은 우주 자료 검색 엔진 사이트 샛서치 satsearch.co. 가 2020년 2월 3일에 공개한 전 세계 소형 위성 제조업체 목록이다.

	피코 위성 (1Kg 미만)	큐브샛 (1~15Kg)	마이크로 위성 (15~150kg)
북미	니어스페이스 론치 (NearSpace Launch Inc.)	펌프킨 스페이스 시스템(Pumpkin Space Systems) 애드콜 매릴랜드 에어로스페이스(Adcole Marryland Aerospace) 타이백(Tyvak) 스텔라 엑스플로레이션(Stella Exploration) 제너럴 아토믹스(General Atomics) 노바웍스(NovaWurks) 에이에스티(AST) 에이큐에스티(AQST) 타이거 이노베이션(Tiger Innovations) 토론토대 항공우주학연구소 우주비행실험실(UTIAS SFL) 에어로스페이스(Aerospace) 해리스(Harris) 스페이스퀘스트(SpaceQuest) 애스트로 디지털(Astro Digital) 보잉(Boeing)	밀레니엄 스페이스 시스템스(Millenium Space Systems) MAXAR 테크놀로지스(MAXAR Technologies) 로프트 오비털(Loft Orbital) 레이시언(Raytheon) 레오 스텔라(LEO Stella) 요크 스페이스 시스템스(York Space Systems) 마젤란 에어로스페이스(Magellan Aerospace) 블루 캐니언 테크놀로지스(Blue Canyon Technologies)
유럽	포사(FOSSA) 알바 오비털 (Alba Orbital)	나노 에이비오닉스(Nano Avionics) 앨런 스페이스(Alen Space) 스페이스 인벤터(Space Inventor) 스페이스매닉(Spacemanic) 스마트 스몰 새틀라이트 시스템(Samart Small Satellite Systems GmbH) 헤메리아(Hemeria) 아이엠티(IMT) 샛레볼루션(Satrevolution) 스푸트닉스(Sputnix) 가우스(Gauss) 곰스페이스(GomSpace) 오픈 코스모스(Open Cosmos) 콤플렉스 시스템스 & 스몰 새틀라이트(Complex Systems & Small Satellite) 스카이폭스 랩스(Skyfox Labs) 하이페리온 테크놀로지스(Hyperion Technologies) 리액터 스페이스랩(Reaktor Space Lab)	AAC 클라이드 스페이스(AAC CLYDE SPACE) 베를린 스페이스 테크놀로지스(Berlin Space Technologies) 서리(Surrey) OHB 룩스스페이스(OHB Luxspace) OHB 스웨덴(OHB Sweden) 시타엘(SITAEL) 아스트로 운트 파인베르크테크니크 아들러쇼프(Astro- und Feinwerktechnik Adlershof GmbH) 에어버스(AIRBUS) 다우리아 에어로스페이스(DAURIA Aerospace) 키네틱(QINETIQ)

		아이시스(ISIS) 저먼 오비털 시스템스(German Orbital Systems) 스카이랩스(Skylabs) 인스페이스(INSPACE) 토리움 스페이스 테크놀로지(THORIUM Space Technology) 리브레 스페이스 재단(Libre Space Foundation) OHB 이탈리아(OHB Italia) 크레오테크 인스트루먼츠(creo TECH Instruments S.A.) 에어로스페이스랩(aerospacelab) 유-스페이스(U-SPACE) 아르고텍(argotech) 테크에버(tekever) 인듀로샛(EnduroSst)	다우리아 에어로스페이스(DAURIA Aerospace) 키네틱(QINETIQ)
아시아	오리온 스페이스 (Orion Space)	GUMUSH 에어로스페이스 & 디펜스(GUMUSH Aerospace & Defense) 마이크로스페이스(MicroSpace) 데이터 패턴스(Data Patterns) 샛별(SatByul) 애자일 심플 이코노믹 스페이스(ASES, Agile Simple Economic Space) 액셀스페이스(AXELSPACE) 소울탑(SOLETOP)	스마트 새틀라이트 테크놀로지스(Smart Satellite Technologies) 아이에이아이(IAI) 콤셋(COMSAT) 스페이스티(SPACETY) 시사트렉 이니셔티브(Sisatrec Initiative)
호주	피코샛 시스템스 (Picosat Systems)	INOVOR 테크놀로지스(INOVOR Technologies) 스카이크래프트(SKYKRAFT)	
아프리카		SCS 스페이스(SCS Space)	
남미		비지오나 테크놀로히아 에스파시알(VISIONA Tecnologia Espacial) 아스울트라(ArsUltr) 브이샛(Vsat)	

※ 이 목록에는 위성을 상업적으로 판매하는 회사만 포함되며, 최종 사용자에게 서비스를 판매하는 수단으로 위성을 제조하는 회사는 포함되지 않는다.

시장 조사 업체 유로컨설트Euroconsult의 2016년 조사 보고서는 소형 위성 시장이 얼마나 빠르게 성장하는지를 더 잘 보여 준다. 유로

컨설트는 2026년에 3,600개의 소형 위성이 발사되어 220억 달러 규모의 시장을 창출할 것으로 예측했다. 리서치 앤드 마켓은 여기서 더 나아가 2027년에는 소형 위성 제조만 220억 달러에 이르러 시장 전망치 380억 달러의 58%를 차지하고 발사 서비스가 나머지 42%를 차지할 것으로 전망했다. 영국의 성장 전략 및 시장 조사 업체인 프로스트 앤드 설리번Frost and Sullivan은 소형 위성 발사 시장이 2030년에 무려 690억 달러의 매출을 창출할 것이며, 신규 인공위성과 위성군, 교체 수요가 1만 2,000개에 육박할 것으로 전망한다.

이 보고서들은 모두 빨라지는 신규 위성군 계획, 소형 위성 시장 신규 참여자, 소형 위성 제조 및 발사 비용 절감을 소형 위성 부문 발전의 원동력으로 꼽는다.

소형 위성 발전은 과학 연구, 기존 기술에의 응용, 새로운 기술 개발, 통신, 지구 관측 및 원격 탐사 등 여러 분야에 영향을 미친다. 벤처 캐피탈 회사인 드레이퍼 피셔 저비슨과 퓨처 펀드의 공동 설립자인 스티브 저비슨은 소형 위성 부문이 부상하는 것을 지켜봤다. 저비슨은 소형 위성 붐이 "매우 매력적인 경제성을 지닌 정말로 큰 기회"라고 언급하며, "데이터 흐름에 기반을 두거나 이런 소형 위성 기업이 주도하는 완전히 다른 비즈니스 물결이 될 것"으로 예측했다. 드레이퍼 피셔 저비슨은 2016년 나노 위성 영상 스타트업인 플래닛에 투자했다.

2019년 미국 해양대기청의 닐 제이콥스는 "큐브샛 산업은 이제 막 도약하기 시작했고, 이들이 제공하는 데이터, 특히 GPS 라디오 차폐 데이터는 믿을 수 없을 정도로 가치가 있다"라고 말했다.

덴마크에 본사를 둔 나노 위성 스타트업 곰스페이스GomSpace의 공동 설립자이자 최고 비즈니스 책임자인 라스 크로그 알민데는 5년 안에 이 시장이 아주 빠르게 성장하고, 더 많은 안정된 업체가 생겨날 것이며, 더 큰 가치 창출을 할 것으로 믿는다. 알민데는 "과제는 더 성숙한 시장이 혜택을 볼 수 있는 금융 메커니즘을 확립하는 데 있다"고 말했다.

"은행들은 뉴 스페이스 기술과 관련된 거래에서 기꺼이 보증서를 발급해야 합니다. 재래식 대형 위성 시장을 보증하는 보험 회사들도 나노 위성 시장에 진출해야 합니다. 시장이 성장하고 고객에게 자금을 댈 방안을 수립하기 위해서는 이런 일들이 일어나야 합니다."

소형 위성 기술을 활용하는 많은 스타트업이 여전히 개발 단계에 있다. 하지만 이들은 우리의 미래를 위한 새로운 응용 프로그램들을 선보이기 위해 더 저명한 전통적인 위성 회사들과 함께 계속 일할 것이다.

3

3D 프린팅 기술과
제조·건설업

"3D 금속 인쇄는 스페이스X 같은 회사들이 훨씬 더 나은 로켓을 개발할 수 있게 해 주었고, 이전에 로켓을 개발했던 누구보다도 훨씬 더 빨리 할 수 있게 해 주었다. 더 많은 제작과 더 빠른 제작 기간이 성능과 효율성을 이전에는 볼 수 없었던 수준으로 끌어올렸다."

데이비드 코원

뉴 스페이스는 미래를 준비하고 있다. 미국과 구소련의 첫 번째 우주 경쟁이 우리에게 GPS와 위성 통신을 가져다준 것처럼, 뉴 스페이스 열풍은 초음속 우주 비행과 화성 탐사선, 그리고 더 많은 것을 가능하게 하는 최첨단 기술을 제공하고 있다. 기술 분야에서 적층 제조는 여러 애플리케이션과 유망한 기능, 기타 새로운 진보들과 협업하는 방법들이 폭발적으로 증가하는 분야다.

3D 프린팅 기술이라고도 하는 적층 제조 기술은 지난 몇 년 동안 더 비용 효율적이고 빠른 제작 방법으로 급부상했다. 우주에 발사하는 물체는 고강도, 저중량 소재에 의존해야 하기 때문이다. 따라서 스타트업과 기성 업체 모두 이제 다양한 목적으로 이 기술을 활용한다. 미국 정부도 미국 공군, 미국국립과학재단NSF, 그리고 물론 나사를 포함한 다양한 정부 기관을 돕기 위해 적층 제조에 투자한다. 리서치 & 마켓의 2017년 보고서는 2027년에 우주 산업에서 3D 프린팅 장비, 소프트웨어, 재료의 연간 판매액이 거의 10억 달러 가까이 되고, 적층 제조 부품의 연간 가치가 47억 달러에 달할 것으로 예측했다.

일부 상업 회사는 이미 적층 제조의 가치를 증명하고 있다. 로켓 크래프터스Rocket Crafters는 더 안전하고 더 나은 성능의 하이브리드 엔진 연구의 일환으로 3D 프린팅으로 제작된 연소실combustion chamber 사용에 앞장서고 있다. 스페이스X와 로켓 랩은 각각 드래건 로켓의 반동 추진 엔진과 일렉트로닉 로켓의 주 엔진 등 거의 모든 엔진 제작에 적층 제조법을 사용한다. 그리고 2019년 10월 시리즈 C 펀딩으로 1억 4,000만 달러를 확보한 렐러티비티 스페이스Relativity Space는 2021년에 세계 최초로 완전히 3D 프린팅으로 제작된 로켓을 공개했으며, 2024년 발사 예정이라고 밝혔다.

렐러티비티 스페이스의 야심 찬 행보는 상업 우주 업계에 훨씬 더 큰 영향을 미칠 것이다. 가장 혁신적이라는 회사들도 여전히 로켓을 개발하고 만드는 데 수년을 공들이는데, 기계 학습 및 로봇 공학을 통합한 렐러티비티 스페이스의 3D 프린팅 제조 과정은 발사 준비된 로켓을 만드는 데 두 달도 채 안 걸리기 때문이다.

2019년 2월 영국의 오벡스 스페이스Orbex Space는 세계에서 가장 큰 3D 프린팅 제작 엔진을 공개했다. 같은 달 말 뉴욕 브루클린의 스타트업 론처Launcher는 자사의 5명으로 구성된 팀에서 훨씬 더 큰 엔진을 3D 프린팅으로 제작했다고 주장했다. 론처를 창업한 맥스 하오는 CNBC에 이렇게 작은 팀으로도 이런 최첨단 성과를 낼 수 있는 능력은 혁신 기술 자체에서 비롯된다고 말했다. 하오는 "3D 프린팅으로 이제 우리 같은 스타트업도 진보된 액체 산소 추진 기술에 접근할 수 있는 세계에 있습니다"라고 설명했다.

3D 프린팅 애플리케이션은 지상 애플리케이션과 제조뿐만 아니라 우주 분야를 변화시키고 있다. 이 혁신적인 기능의 몇 가지 예를 살펴보자. 보잉은 스타라이너 우주 택시 부품을 만드는 데 3D 프린팅 기술을 사용한다. 이 부품들은 제작비가 저렴하고 전통적인 재료와 방법을 사용해서 만들 때보다 무게가 60%나 가벼운 구조다. 2018년 보잉은 전 세계적으로 혁명적인 개념을 개발하는 스타트업을 파악하는 데 주력하는 투자기업 호라이즌X 벤처스HorizonX Ventures를 통해 적층 제조 스타트업 모르프3D Morf3D에 투자했다.

2015년에 설립된 모르프3D는 항공 우주 분야를 위한 3D 프린팅 애플리케이션을 개발한다. 모르프3D의 보잉은 첫 순간부터 함께한 고객이었다. 모르프3D는 이 항공 우주 대기업의 인공위성과 헬리콥터에 3D 프린팅 부품을 공급하면서 기존 제조 재료보다 성능이 더 향상되고 비용 효율이 더 높은 티타늄과 알루미늄 재료를 사용했다.

해리스 코퍼레이션Harris Corporation은 3D 프린팅 기술을 사용해서 미래 우주선의 부품을 개발하는 방법을 연구하는데, '위성 한 대당 최대 40만 달러'를 절약할 수 있다. 해리스 코퍼레이션은 위성 개발 시간을 줄이기 위해 이스라엘의 나노 디멘션Nano Dimensions과 이 프로젝트를 공동 개발하고 있다.

한편 MIT 과학자들은 현존하는 가장 강하고 가벼운 물질이라고 보고된 그래핀graphene으로 새로운 물질을 설계했다. 이 물질은 철보다 10배 강하지만 밀도는 5%에 불과하다. 현재 이 물질은 제작 비용이 너무 비싸 대규모로 생산할 수는 없다. 하지만 이 물질의 탄생이 의미하는 바는 크다. 그래핀 강도의 중요한 특징은 이론적으로 다른 물질에도 적용할 수 있는 특이한 기하학적 구성이다. 생산 비용을 줄일 수만 있다면, 이런 기술 발전은 지상과 우주 모두에서 건설과 제작의 지형을 빠르게 변화시킬 수 있을 것이다.

아피스코Apis Cor는 3D 프린팅 기술에 혁명을 가져왔다. 이 회사는 러시아의 한 현장에서 24시간 만에 1만 달러가 조금 넘는 비용으로 집 한 채를 인쇄했다. 아피스코는 2018년 나사의 3단계 3D 프린팅 주거 경연 대회Phase 3 3D-Printed Habitat Competition 첫 번째 건설 라운드에서 우승했다. 이 대회는 심우주 탐사를 위한 혁신적인 3D 프린팅 주거를 중심으로 한 대회이다. 아피스코 설립자 니키타 첸윤타이는 아피스코 웹 사이트에서 "우리는 건설이 빠르고 친환경적이며 효율적인 동시에 신뢰성이 높기는 불가능하다는 대중의 생각을 바꾸고 싶다"라고 회사 설립 이유를 밝혔다.

레드웍스 건설 기술RedWorks Construction Technologies 은 3D 프린팅의 진수를 보여 준다. 레드웍스는 2015년 나사의 3D 프린팅 주거 경연대회 1단계와 3단계에 입상했으며, 현장의 소재, 즉 흙만 사용하는 3D 프린팅 솔루션을 찾는 데 주력한 유일한 팀이다.

레드웍스는 전 세계 거의 모든 흙이나 모래에서 단단한 암석을 3D 프린팅 하는 방법을 개발했다. 이 회사 설립자인 키건 커크패트릭은 건설 로봇 공학 포럼Construction Robotics Forum 출범식 연설에서 레드웍스의 목표는 "건축을 공급망으로부터 독립시키고, 궁극적으로 건설 현장에 자재나 사람을 보낼 필요 없이 집을 지을 수 있도록 하는 것"이라고 말했다. 레드웍스 같은 회사들이 성공한다면 이들은 시멘트 발명 이래 건설에 가장 큰 경제적 변화를 가져올 것이다.

우주에서 사용할 수 있는 재료의 개발, 엔지니어링, 제조는 많은 도전 과제를 안고 있는 거대한 시장이다. 그리고 만약 우주에서 제조할 수 있다면, 우주에서 작동하는 동안 장비의 수명 유지에 필요한 기계 무게는 기존의 어떤 발사 부하보다 훨씬 가벼워질 것이다. 적층 제조, 로봇 공학, 그리고 달과 소행성의 물질 사용으로 이제 우주 내 제조도 가능해졌다.

4
재사용 로켓 기술과
발사 산업

"우주 왕복선은 무언가를 재사용하는 일은 시도조차 하지 말아야 하는 이유를 뒷받침하는 예로 자주 사용되었다. 하지만 한 번 실험이 실패했다고 더 큰 목표가 무효가 되지는 않는다. 만약 그랬다면, 지금 우리에게는 전구도 없었을 것이다."

일론 머스크

로켓 재사용은 현재 뉴 스페이스 기업들의 주요 관심사이며, 많은 사람이 이를 우주 산업을 지속 가능하게 만드는 성공의 열쇠라고 믿는다. 블루 오리진, 스페이스X, 버진 갤럭틱 등은 로켓 재사용 가능성을 실용적인 비즈니스 모델로 바꾸기 위해 노력해 왔다.

2017년에 열린 초저비용 우주 접근ULCATS 심포지엄에서는 민간과 상업 분야가 모여 미래 우주 시스템 협력을 논의했다. 초저비용 우주 접근 심포지엄은 우주선의 재사용 가능성을 키우고, 특히 현재의 발사 비용을 10배 절감함으로써 우주 관련 활동 비용을 낮추는 데 힘썼다. 공군종합대학교는 '초저비용 우주 접근 심포지엄에 관한 보고서'에서 미국 정부가 더 저렴하게 우주에 접근하기 위해서는 전통적인 취득 방법 이외의 민관 협력이 필요하다고 제안했다. 우주 프로젝트 관리 전문가 존 파페트 역시 다음과 같이 말했다.

"발사 업체들이 저비용 발사나 소규모 발사 문제를 해결할 수 있고, 성능도 약간 더 좋은 위성 플랫폼의 가격을 낮출 수 있다면, 이런 새로운 비즈니스 모델과 서비스 중 많은 것이 열매를 맺을 수 있을 것입니다."

재사용은 발사체뿐만 아니라 인공위성 분야에도 중요하다. 투자 은행 모건 스탠리는 2018년 11월 재사용 덕분에 발사체와 인공위성 비용이 어떻게 극적으로 감소했는지 조명하는 기사를 발표했다. 이에 따르면 모건 스탠리는 위성 발사 비용이 2억 달러에서 6,000만 달러로 줄었고, 500만 달러까지 줄어들 수 있다고 전망하며, 위성 생산 비용이 현재 5억 달러에서 불과 50만 달러로 1,000배 감소할 것으로 예상한다. 만약 이대로 실현된다면 막대한 비용 절감으로 인해 위성 데이터가 더 저렴해지고 신기술 개발에 사용할 예산이 마련되어 여러 산업에 걸쳐 더 지속 가능한 비즈니스 모델이 탄생할 것이다.

또한 모건 스탠리는 2019년 7월 '우주: 마지막 분야에 대한 투자Space: Investing in the Final Frontier'라는 제목의 기사에서 "우리는 재사용 가능한 로켓을 지구 저궤도로 가는 엘리베이터로 생각한다. (…) 엘리베이터 건설 혁신으로 오늘날 마천루들이 스카이라인을 장식하게 된 것처럼, 우주에 대한 접근과 발사 비용 감소로 인해 우주에서의 기회도 무르익을 것이다"라고 재사용 로켓에 대한 견해를 분명히 밝혔다.

2019년 들어 재사용 가능한 로켓은 더욱 중요한 주제가 되었다. 엑소스 에어로스페이스Exos Aerospace 같은 스타트업들이 자사 로켓을 재사용하고, 블루 오리진이나 스페이스X 같은 기업들이 재사용 가능한 발사체를 개발하고, 장기적으로 지속할 수 있는 우주선 활동을 선호하는 쪽으로 산업과 정책 전환을 추진했기 때문이다.

제프 베이조스는 "블루 오리진이 발사 비용을 획기적으로 절감해 필수적인 인프라를 구축함으로써 다른 기업가들이 뉴 스페이스 시대를 촉진하는 자산과 애플리케이션을 개발할 수 있기를 바란다"면서, "우리가 해야 할 가장 중요한 일은 정말 효과 있고 재사용 가능한 발사체를 가지는 겁니다. 그리고 명목상으로만 재사용할 수 있는 것이 아니라, 처음부터 상업용 여객기처럼 재사용할 수 있도록 설계해야 합니다"라고 말했다.

블루 오리진의 재사용 로켓 뉴 셰퍼드는 2019년 5월 2일 지구 저궤도 우주로 발사되었다. 이 로켓은 미소 중력 환경에서 38가지 과학 실험을 하고 몇 분 후 지구로 안전하게 귀환함으로써 11번째 무인 시험 임무를 완료했다. 블루 오리진은 뉴 셰퍼드의 역량을 향상시키고 발사 비용 절감 노력을 계속할 것이므로 머지않아 유인 우주 비행도 할 수 있을 것으로 기대한다고 밝혔다.

베이조스는 우주 접근 비용을 충분히 저렴하게 하면 우리 모두에게 이득이 될 놀랍고 새로운 용도를 보게 될 것이라면서 다음과 같이 설명했다.

"인프라를 개발하는 목표에는 항상 많은 비용이 듭니다. 1994년, 아마존의 사업을 시작하는 일은 수월했습니다. 이미 운송 시스템과 결제 시스템, 통신망 등이 갖춰져 있어 인터넷이 그 위에 편승할 수 있었기 때문입니다. 그렇지 않았다면 이 모든 인프라를 구축하는 데 수십억 달러의 비용이 들었을 것입니다. 반면에 오늘날 기숙사 방에서는 흥미로운 우주 회사를 시작할 수 없습니다. 입장료가 너무 비싸고, 그 이유는 인프라가 없기 때문입니다. 따라서 블루 오리진을 통한 제 임무는 이런 힘든 기반 시설 구축을 돕는 것입니다. 제가 미국 우편 서비스나 기타 기반 위에 설 수 있었던 것처럼, 미래 세대가 그 위에 설 수 있도록 하는 것입니다. 이것이 바로 재사용 가능성의 가장 중요한 핵심입니다."

버진 갤럭틱 CEO 조지 화이트사이즈도 베이조스와 같은 입장을 밝혔다.

"747이나 787 여객기 티켓이 그렇게 싼 이유는 기본적으로 인건비와 연료비를 상각한 원가만 내기 때문입니다. 항공권에는 실제로 하드웨어 비용이 거의 들어 포함되어 있지 않습니다. 이유는 항공기를 1만 번 정도 운항하기 때문입니다. (…) 우리 발사체를 위한 기회는 항공기 기술과 로켓 기술을 접목하는 것입니다. 만약 우리가 유니티Unity를 1,000번, 2,000번, 3,000번 재사용할 수 있다면, 하드웨어 비용은 전체 티켓 비용 구성 요소의 극히 적은 부분이 될 것입니다. 이는 우주 운송의 큰 도약이고, 기저를 이루는 경제 차원에서 흥분되는 일입니다. 이는 인류가 상대적으로 믿을 수 없을 만큼 저렴한 비용으로 빈번하게 우주로 갈 수 있게 해 주는 플랫폼이 될 것입니다."

재사용 로켓은 발사 비용과 우주 접근 비용 등을 낮춘다. 미국의 상업 항공 산업은 전후 호황기에 폭발적으로 성장했다. 당시 금속 공학과 추진 기술로 마침내 저렴한 대량 항공 여행과 화물 운송이 가능해져서 예측된 산업 수요를 따라잡을 수 있게 되었다. 그 후 미국 정부는 상업 참여자들을 항공 분야에 통합하는 방향으로 전환했다. 우주 산업에서도 같은 추세를 기대할 수 있다. 발사 비용이 감소하고 발사 기회가 증가함에 따라 더 혁신적이고, 위험하고, 독특한 실험 방법에 대한 추가 기회가 열릴 것이다.

로켓 재사용 혹은 재사용 로켓은 현재 우주 발사 업계의 중요한 키워드다. 우리가 얻은 흥미로운 기회는 단지 발사를 두 번, 다섯 번, 열 번 재사용하는 것이 아니라, 수백 번 또는 잠재적으로 수천 번 재사용하는 것이다.

소프트웨어 엔지니어이자 비트 코인 개발자인 제프 가직은 우주 산업이 현재의 인터넷이 메인 프레임 컴퓨터를 넘어 진화했을 때와 비슷한 위치에 있다고 언급했다.

"산업 기술, 조립식 기술을 무중력과 지구 저궤도로 융합하는 사업 계획을 탐구하는 사람들이 있고, 예술과 우주를 융합하는 사람들, 우리처럼 소프트웨어와 돈과 금융 기술을 우주와 융합하려는 사람들이 있습니다. 우리는 곧 우주에서 이런 패턴을 반복하는 이른바 '웹의 롱 테일' 현상을 보게 될 것입니다. (…) 이베이에서 구할 수 있는 가장 저렴한 PC 100대를 하나로 묶는 것이 비슷한 용량의 메인 프레임 한 대보다 훨씬 비용 효율적이며, 더 강력한 컴퓨팅으로 이어졌습니다. 이런 새로운 클라우드 컴퓨터 비용은 말 그대로 구형 메인 프레임의 1,000분의 1 정도입니다. (…) 로켓 발사 비용이 절반으로 줄어드는 것이 아니라 이전 비용의 1,000분의 1 수준으로 낮아지고 있으며, 이는 이전에는 불가능했던 새로운 사업을 가능하게 만들고 있습니다. (…) 따라서 우주 분야의 개발 비용이 바닥에 떨어지면 전 세계 사람들은 새로운 방식으로 활성화되고 힘을 얻게 될 겁니다. 정말로 자신들의 틈새시장을 찾아내는 많은 중소 기업을 보게 될 겁니다. 좋은 소식은 이것이 5년에 한 번 무작위로 이루어지는 수십억 달러 계약이 아니라 저비용 대량 시장이 되리라는 겁니다."

또한 가직은 "자본 환경이 이 세상의 모든 것을 주도합니다"라고 말하면서 우주 산업 투자의 중요성을 강조했다. 일관된 투자와 지원이 없다면 우주의 혜택은 지속하지 않을 것이다. 우주 분야는 세계의 창의성과 관심, 그리고 투자가 필요하다. 이것이 현세대가 인류를 위해 할 수 있는 가장 영향력 있는 공헌이 될 수 있다고 믿는다.

5

로봇 공학 기술과 로봇 산업

"지금까지 상업용 우주 산업은 디지털 데이터를 주고받는 위성 통신에서 이익을 얻어 왔다. 메이드 인 스페이스(Made In Space)의 로봇 제조 활동은 상업 우주 영역을 우주 내에서 가치 있는 상품을 만드는 것으로 넓혀 준다. 우리는 우주에서 사람들에게 가치 있는 물품을 제조하는 활동이 우주에서 중요한 상업 활동을 촉진하고 언젠가 우주 기반의 경제 붐을 일으킬 것으로 믿는다."

앤드루 러시(메이드 인 스페이스 CEO)

로봇 공학과 자동화는 뉴 스페이스 분야가 빠르게 성장할 수 있도록 돕는 핵심 기술이다. 소형 우주선 업계에서 로봇 개발은 추진체와 컴퓨팅, 기계 시각(생산 환경을 제어하기 위해 획득한 영상을 처리하는 기술), 자동화, 조작 등을 포괄한다. 이런 기술들은 우주에서의 통신 시스템, 달의 전력 시스템, 그리고 심지어 우주 기지 같은 중요한 기반 시설들을 구축하는 데 유용할 것이다. 이런 기반 시설들이 구축되어 이미 가동되고 있다면 인간은 도착했을 때 다른 활동에 시간을 보낼 수 있다.

미국 항공 우주 스타트업 테더스 언리미티드TUI의 한 부서인 퍼머멘텀Firmamentum은 우주 내 제조용 하드웨어를 개발하고 있으며, 다양한 프로젝트에 나사 보조금을 받고 있다. 이 회사의 스파이더팹SpiderFab 기술의 일부인 트러셀레이터Trusselator 장치는 위성이 궤도에 다다른 후에 구조물들을 제작하는데, 이 장치가 만들 수 있는 부품의 크기는 이전에 부품을 로켓 보호판 안에 실어 날라야 했던 때보다 훨씬 더 크다. 이 우주 내 제조 기능은 전체를 지상에서 제조한 인공위성보다 더 많은 데이터를 처리할 수 있고, 해상도와 감도, 동력 면에서도 훨씬 뛰어나다. 규모 면에서도 스파이더팹은 구조물을 모두 우주 공간에 배치하므로 수백 킬로와트 규모의 태양 전지판과 대형 솔라 세일, 축구장 크기의 안테나를 제작할 수 있다.

테더스 언리미티드는 또한 초소형 우주선이 궤도 위에서 조립, 위성 정비와 검사, 잔해 포획 등 도전적인 임무를 수행하는 데 사용할 로봇 팔을 개발하고 있다. 이 회사의 연구자인 롭 호이트는 한 인터뷰에서 "현재 테더스 언리미티드가 진행하는 모듈식 선진 네트워크 원격 조종 로봇 인터페이스 시스템Modular Advanced Networked Telerobotic

Interface System, 줄여서 맨티스MANTIS로 부르는 프로젝트에서 크라켄이라는 로봇 팔을 사용해서 원격 조종으로 우주 정거장 실험을 하고 있습니다"고 설명했다. 호이트는 "현재 버전은 국제 우주 정거장 내부에서 가동하는 데 초점을 맞추고 있지만, 크라켄X로 부르는 다음 버전은 우주 공간에서 가동할 것입니다"라고 덧붙였다.

또한 테더스 언리미티드는 오브위버OrbWeaver라는 방위고등연구계획국 지원 프로젝트도 진행하고 있다. 이 프로젝트는 우주 잔해물을 크라켄이 조립하는 위성용 안테나로 변환하는 것을 목적으로 한다. 호아트 박사는 "최고의 가치 제안은 우주 내 제조의 장점을 살려 크기에 따라 성능이 확장되는 구성 요소를 만드는 데 있습니다. 즉 더 크게 만들 수 있으면 훨씬 더 좋은 성능을 얻을 수 있습니다"라면서, 모듈식 시스템을 우주 내에서 조립하는 것이 이 회사의 또 다른 목표 영역이며, 이 영역은 많은 작은 부품을 조립해서 크고 신뢰할 수 있는 고성능 우주 시스템으로 만드는 데 크라켄 로봇 팔 같은 기술을 활용할 것이라고 말했다. 그는 이어서 "소형 위성 기술의 저비용 이점을 활용하되 수십억 달러짜리 전통 위성 시스템의 성능을 달성하는 것이 목표입니다"라고 덧붙였다

2015년 테더스 언리미티드는 나사의 중소 기업 혁신 연구 지원금으로 우주 경제, 특히 국제 우주 정거장에 관한 나사의 숙제를 해결하기 위해 리패브리케이터Refabricator라는 장치를 개발하기 시작했다. 2019년 우주 정거장에 설치된 이 리패브리케이터는 플라스틱 재활용 시스템을 3D 프린터와 결합한 기기다. 리패브리케이터가 플라

스틱 쓰레기를 고품질 3D 프린터 필라멘트(얇은 실 같은 것)로 재가공하면, 우주 비행사들은 이 필라멘트로 우주선을 정비하고 임무를 수행하는 데 필요한 새로운 부품, 의료 기구, 조리 도구 및 기타 물품을 제작할 수 있다. 이 장치의 설명문에는 '지구 밖 제조를 위한 우주 내 재활용In-Space Recycling for Off-World Manufacturing'이라고 적혀 있으며, 여러 우주 내 요구를 충족하는 혁신적인 솔루션이다.

나사는 로봇 분야에서 독자적인 발전을 이룬 상태다. 예를 들면 우리 대부분에게 익숙한 화성 큐리오시티 탐사선이 있다. 나사의 다른 중점 개발 분야는 로봇 연료 재급유와 다른 우주선의 수명을 연장하는 정비 기능, 드래건플라이로 불리는 자체 조립 위성, 얼음과 중요한 자원을 얻기 위한 시추뿐만 아니라 다양한 채광 조건에서 달을 탐사할 수 있는 달 탐사 로봇 등이 있다.

나사가 개발한 애스트로비는 2019년 6월 우주에서 '자력으로' 자유 비행에 성공한 첫 번째 로봇이 되었다. 애스트로비 계획에는 미소 중력 상태에서 국제 우주 정거장 연구원들을 돕는 일, 우주 정거장의 정비 작업(즉, 그렇지 않으면 인간이 맡아야 하는 따분한 일), 달이나 심우주로의 향후 임무에서 다양한 우주선 시스템 지원 업무 등이 있다.

이미 국제 우주 정거장에서는 무거운 물체를 들어 올리거나 우주 정거장을 정비하고, 도킹하는 동안 다른 우주선을 돕는 로봇 기중기와 로봇 팔이 이미 사용되고 있다.

뉴 스페이스의 다른 발전은 메이드 인 스페이스에서 비롯된다. 메이드 인 스페이스는 자사 아키너트 우주선 개발을 위해 노스롭 그루만, 오셔니어링 스페이스 시스템 Oceaneering Space Systems과 도급 계약을 맺었다. 이 자유 비행 로봇 우주선은 우주의 혹독한 환경에서 모든 것을 할 수 있는 3D 프린팅, 제조, 조립 등 많은 기능을 가지고 있다. 이에 더해 방위와 보안 능력도 겸비한 아키너트는 궤도에 오른 뒤 지상에서 발사할 수 없는 구조물을 제작하고 조립할 수 있으며, 대형 안테나와 기지국 건설 같은 새로운 임무를 수행할 수 있다.

스페이스팹 SpaceFab 은 로봇 채굴과 금속 부품을 만들고, 형성하고, 용접하고, 조립해서 더 큰 구조물을 만드는 제조 위성 제품군을 구축하는 미션을 개발하고 있다. 이 미션은 우주 내 제조 비용을 줄여 지구에서 제조하는 것보다 더 접근하기 쉽고 더 저렴하게 할 것이다. 회사 웹 사이트에서는 "로봇 공학, 전기 추진, 3D 프린팅 분야의 최신 기술을 사용해서 모든 사람이 우주에서 물건을 만드는 능력을 갖추게 하는 인터넷 기반 서비스를 제공한다"라고 명시하고 있다.

우주의 무수한 도전에 초점을 맞춘 다기능 장치의 증가는 더디긴 하지만, 확실히 우주 내 기회를 이해하는 방식을 바꾸고 있다. 예컨대 언젠가 인간이 우주에서 살게 될 때를 생각해 보자. 이때 생물학은 유인 우주 비행, 의학 연구, 그리고 미래에 인간의 지구 밖 정착에 대한 연구에 필수적인 요소이다.

2016년 콜로라도대 볼더캠퍼스의 항공 우주 공학 대학원생 헤더 하바는 식량 기술에 초점을 맞춘 MIT의 '이딧 Eat It!' 대회에서 우승하기 위해 두 로봇을 개발했다. 스팟으로 불리는 첫 번째 로봇은 흙을 전혀 사용하지 않는 투명한 용기에 딸기, 토마토, 고추, 허브, 잎이 무성한 채소를 기른다. 이 로봇은 자동 주기로 뿌리에 물을 주고 믿을 수 없을 정도로 효율적으로 작동한다. 두 번째 로봇 에이지큐는 식물들과 우주 비행사들의 건강 상태를 측정하고 추적한다. 인간과 식물 모두에 서비스를 제공하는 이 기술은 지구에서도 원격으로 환자의 건강을 관찰할 수 있고, 이미 도시 환경에서 고려하고 있는 응용 분야인 로봇 농경에도 쓸 수 있다.

이렇듯 창의적인 기업들이 기존 문제를 해결하고 여러 분야에 응용이 가능한 새로운 기능을 제시하면서 우주 내 활동이 점점 빠르게 확장될 것으로 전망한다. 예를 들어 우주 내 제조 관점에서 생각한다면, 우리는 곧 로봇 우주 선단을 만들어 태양계와 그 너머에 대한 탐사를 빠르게 수행할 수 있을 것이다. 이에 대해 서던 론치Souther Launch 엔지니어링 책임자 앤드루 바턴은 "제가 야심 찬 우주 투자자라면 지구 궤도에 있는 자산의 수명을 연장하는 가치 사슬을 살펴보겠습니다. 분명히 로봇 공학이 그 핵심 부분이 될 것입니다"라고 언급한 적 있다.

물론 로봇 공학과 자동화가 인간의 일자리를 빼앗는다는 우려도 있다. 로봇 공학 기술이 몇몇 직업에 필요한 사람 수를 없애거나 줄이리라는 것은 사실이다. 하지만 로봇이 어려운 문제나 특정 문제를 해결하기 위해 특별히 고안되었다는 사실을 이해해야 한다.

우리가 달 너머의 목적지로 발사한 모든 우주선과 탐사선은 로봇이었다. 이들은 여전히 인간의 감시와 조작이 필요하다. 결과적으로는 우주에서 다른 로봇 우주선을 만들거나 관리할 수 있는 로봇들을 갖게 될 수 있고, 그것이 행성 간 임무를 위해 보내는 소형 로봇 성단에서부터 소행성을 채굴할 거대한 로봇 우주선에 이르기까지 무엇이든 될 수 있지만, 현재로서는 계속해서 로봇 우주선을 개발하고, 만들고, 유지하고, 개선하고, 발전시킬 사람들이 필요하다.

2004년에 개봉한 영화 〈아이, 로봇〉에서 집안일을 대신 해 인간의 삶을 편하게 해 주는 룸바 청소기 같은 로봇을 생각해 보라. 우주에 있는 로봇 대부분은 공상 과학 영화 속 지각 능력 있는 인공 지능 드로이드 로봇과는 달리 인간의 관리가 필요하다. 로봇 시스템은 우리가 우주에서 발전해 가는 데 필요한 중요 자산이다. 로봇은 쉬지 않고 일할 수 있고, 우리 대신 반복적인 업무를 수행해 우리가 다른 창조적인 관심사를 추구할 여유를 준다. 어떤 일들은 인간에게 너무 위험하다. 하지만 로봇은 그 일을 하기에 매우 적합하다. 일부 우주 환경은 사람에게 힘들고 가혹하다. 그런데 지구의 해저나 화산 근처 같은 지구의 일부 지역과 다르지 않다. 이 지역들은 언젠가 우주에서 비슷하게 사용할 로봇 도구와 운송 수단을 개발하고 시험하는 데 소중하다. 이에 대해 제프 그리슨 상업용우주비행연맹 공동 설립자는 말한다.

"경제학은 제한된 수단과 자원으로 무한한 욕망을 충족시키는 시스템입니다. 로봇 우주선은 욕망이 없습니다. 우리는 로봇 우주선을 원하는 만큼 보낼 수 있습니다. 로봇 우주선은 집으로 전화를 걸어 '태양 전지판을 더 보낼 때까지 더 이상 데이터를 얻을 수 없습니다'

라고 말하지 않을 것입니다. '사람'은 모든 경제 활동에서 극히 중요
한 부분입니다."

6

우주 내 제조 기술과
우주 중공업

$

"우주에서 큰일을 하기 위해 우리는 우주 자원을 사용할 필요가 있다. 내 생각에 우리가 우주에 가는 이유는 지구를 구하기 위해서이다. 중공업을 지구 밖으로 내보내야 한다. 어쨌든 우주에서는 훨씬 더 잘될 것이다. 우주에서는 전력에 대한 접근이 훨씬 더 쉽다."

제프 베이조스

우주 기술은 다른 분야의 발전을 많이 빌려 쓰기 때문에, 낮은 유지비에서 더 효율적인 공급망에 이르기까지 산업적 혜택이 다양하다. 예컨대 제조사가 미소 중력 시험이나 생산 공정을 활용하는 혁신적인 방법을 찾을 때 얼마든지 기회의 장이 태어난다. 이런 의미에서 우주 내 생산은 모든 제조의 성배와 같다. 이는 환경 친화적이지 않은 기업을 지구 밖으로 옮기거나 우주에 있는 재료로 새로운 구조물을 지을 수 있다. 낮은 중력은 우리가 새로운 한계를 극복할 수 있게 해 준다.

2019년 6월 아마존과 제프 베이조스가 주최하는 리마스re:MARS 콘퍼런스가 열렸다. 이 콘퍼런스 제목은 붉은 행성, 즉 화성을 뜻하는 동시에 중점 주제인 머신 러닝, 자동화, 로봇 공학, 우주Machine learning, Automation, Robotics, and Space를 뜻하기도 하는 중의적 의미다. 베이조스는 이런 기술이 모두 다양한 비즈니스와 전략적 이익의 발전에 필요하다고 분명히 믿고 있다.

수일간 열린 콘퍼런스에서는 기조연설과 기술 워크숍, 무역 박람회, 블루 오리진의 모의 준궤도 비행 등이 진행되었다. 이 콘퍼런스는 우주와 산업, 소비자 기술의 가까운 미래 가능성을 엿볼 수 있는 매혹적인 기회였다. 베이조스는 콘퍼런스가 열리는 동안 "우리는 현재 태양계의 모든 행성에 로봇 탐사선을 보냈습니다. 우리 지구는 좋은 행성입니다. 우리는 지구를 보호할 필요가 있으며, 그러기 위해서 우리는 우주로 가야 합니다"라며 열정적으로 말했다. 이어서 그는 "이를 위한 한 가지 방법은 모든 중공업을 태양 에너지가 풍부하고 꾸준한 지구 궤도로 옮기는 것입니다"라고 덧붙였다.

우주 내 제조, 특히 지구에서도 많은 비용이 들고 어려운 생산 활동이 가능해진다면 우주 중공업 시장의 잠재력은 커질 수밖에 없다. 우주에서 전력을 생산할 수 있을까? 많은 공장을 우주로 옮길 수 있을까? 많은 사람이 이런 우주에서의 활동을 벅차거나 불가능하다고 볼 수도 있지만, 베이조스는 "앞으로 수백 년 안에 모든 중공업 산업이 지구 밖으로 이전할 것으로 예상합니다. 자원에 접근하기 더 쉽고 연중 무휴 태양 에너지를 더 잘 이용할 수 있는 우주에서 하는 것이 훨씬 더 편리할 겁니다"라면서 우리 문명이 확장하고 탐험하는 능력을 낙관적으로 보았다.

일부에서는 '국제 우주 정거장에서 대규모 제조를 시험하고 보완한 후 수많은 상업 통신 회사에서 구현할 수 있다'라는 주장도 나온다. 첨단 우주 기술 분야에서 20년 이상의 전문 경력을 다진 리치 글로버는 우주의 상업화가 현재의 범위를 벗어나 우주 내 제조와 지구와 우주 간 무역의 영역으로 나아가야 한다고 믿는다. 그는 발사와 채굴 등이 포함될 원자재 운송이 우주 운송 산업을 지탱할 만큼 충분히 수익성이 있으리라고 주장한다. 글로버에게 문제는 적어도 아직까지는 아무도 이런 기회에 우선순위를 매기지 않는다는 것이다.

"우리 미소 중력 과정의 영향은 이미 여러 단계로 이루어진 일련의 과정에 추가되는 한 단계일 뿐입니다. 최종적인 결론은 소재가 대단히 우수하고 기기 성능이 향상되었다는 겁니다. (…) 이런 활동을 계속 추진해 나가면서 개념을 증명하는 데 필요한 자금은 한 항공 우주 회사의 여러 부서 중 한 부서의 IR&D(독자 연구 개발) 예산에 딱 들어맞을 겁니다. 스페이스X, 블루 오리진, 비글로 에어로스페이스도 소규모 투자로 같은 성과를 낼 수 있었습니다."

7. 생물학 기술과 우주 인프라 산업

"우리는 종종 젊은 시절에 나사에서 영감을 받아 현재 나사에서 일하고 있는 엔지니어 이야기를 듣는다. 하지만 이런 원대한 아이디어에 영감을 받은 생물학 분야 인재는 어떨까? 이들은 어떻게 이바지할 수 있을까? 지금이 이들의 생각을 우주로 전환할 기회이다. (…) 혁신할 기회가 매우 많다."

피터 카(링컨 연구소 생명 공학 시스템 및 기술 그룹 CEO)

나사와 여러 분야 기술자들은 이제 합성 생물학 분야의 진전을 우주에서 사용하는 문제를 고려하고 있다. 합성 생물학이란 자연계에 존재하지 않는 생명체의 구성 요소와 시스템을 설계 및 합성하여 인공적으로 만들어 내거나 구성 요소와 시스템을 설계 및 합성하여 더 좋게 만드는 분야이다. 이는 인류의 유용한 목적으로 쓰기 위해 연구 및 개발되고 있다. 합성 생물학을 이용하면 우주에서 얻을 수 있는 기본적이고 저렴한 자원으로 음식, 물, 의약품 등 구조 재료를 만들 수 있다.

지난 2015년 영국 왕립학회출판부는 자원 활용, 제조, 생명 유지, 우주 의학 및 인류 건강, 우주 사이버네틱스(자동 제어 시스템), 지구화terraforming 등 합성 생물학이 도움이 되는 주요 분야를 규명하는 보고서를 발표했다. 오늘날 나사, 미 국방부 방위고등연구계획국의 '인공 생체 재료ELM' 프로그램, 유럽연합의 '살아 있는 건축물Living Architecture' 프로그램 등이 모두 합성 생물학을 응용한 솔루션을 추구하면서 이 분야는 크게 성장했다. 게다가 마이크로소프트 창업자 빌 게이츠, 전 구글 CEO 에릭 슈미트, 페이팔 공동 창업자 피터 틸, 야후Yahoo 공동 창업자 제리 양 같은 세계 기술 리더들이 합성 생물학에 투자하고 있다. 2018년 합성 생물학 산업은 38억 달러의 투자를 받았다.

이미 합성 생물학을 이용해 획기적인 기술 발전을 이룬 기업들도 있다. 에코베이티티브 디자인Ecovative Design, 마이코웍스MycoWorks, 테라폼원Terraform ONE 같은 회사들은 다양한 형태의 합성 생물학을 사용해서 주거용 건축물을 말 그대로 '자라게' 하는 기술을 개발했다. 이런 건축물은 스스로 건설하고 스스로 파손 부위를 수리하는 능력을 갖추고 있으며, 엄밀히 말해서 '살아 있기' 때문에 온실가스를 흡수해서 지구 환경 보호에 도움을 준다. 합성 생물학을 이용한 이러한 기술은 인류가 화성으로 이주한다면 유용하게 쓰일 것이다. 화성의 방사선을 피해 인간과 동물, 식물이 살 수 있는 안전한 주거 공간을 제공할 수 있기 때문이다.

당장 지구에서도 기존 인프라 개선, 자원 보존, 주택 공급 위기 해결, 자연재해 피해 지역 복구, 열악한 환경 개선 등과 같이 기존 과제에 대응하는 용도로 다양하게 사용할 수 있다. 미 국방부 방위고등연구계획국은 이미 ELM 프로그램을 통해 에코베이티브 디자인과 '어떤 도전적인 환경에서도 주거를 빠르게 키울 수 있는 살아 있는 생체 적합 물질을 개발하는' 계약을 체결했다.

합성 생물학이 주는 이점은 더 있다. 합성 생물학은 우주 비행사에게 필요한 영양소와 건강 관련 물질을 생산할 수 있는 잠재력이 있으며, 플라스틱을 만들 수 있기 때문에 합성 생물학의 산출물은 현장에서 조달하는 3D 프린팅 재료가 된다. 나사가 밝힌 대로 화성 대기권과 표면에서 발견되는 몇 가지 원재료에 3D 프린팅 같은 고급 제조 기술을 이용하면 미생물 일꾼들이 주문에 따라 주거지, 도구, 예비 부품 등을 건설하고 만들 수 있다.

또한 이 진보된 과학은 태양 에너지로 인공 세포를 성장시킨다. 예컨대 달 표면 등의 한정된 자원을 사용하는 능력과 결합해 우주에서 인간의 안전과 인프라 문제에 매우 효율적이고 효과적인 해결책을 제공할 수 있을 것이다.

우주 분야와 이를 둘러싼 많은 분야, 예를 들면 기존의 우주선과 발사체, 데이터, 통신, 미소 중력 연구, 우주 채굴, 로봇 공학, 우주

에너지 연구, 이외 우주 기술 응용 분야가 발전함에 따라 우리에게 익숙한 구조를 넘어 실현 가능한 미래를 보는 더 선견지명 있는 사고가 필요하다. 투자자와 기업가 모두가 우주는 성장하는 경쟁력 있는 시장이라는 사실을 깨닫는 것이 극히 중요하다. 이제 우주가 어떻게 지구를 다르게 만들 수 있는지, 그리고 필연적으로 그렇게 되는지에 대해 생각해 볼 때이다.

8

국제 우주 정거장 플랫폼 산업

"우리가 중점을 두는 것은 지구 궤도에 있는 여섯 사람이 아니라, 지구의 70억 인구이다."

트와이먼 클레먼츠(스페이스탱고 CEO)

사업 기회는 국제 우주 정거장에서만 가능했던, 그리고 앞으로도 그럴 가능성이 상당히 높은 분야에서도 찾을 수 있다. 데이터부터 과학 연구, 기술 개발에 이르기까지 국제 우주 정거장은 혁신을 이루고 고유한 솔루션을 만들 풍부한 기회를 제공한다.

국제 우주 정거장은 우주 환경에서만 할 수 있는 최첨단 연구와 실험, 의학, 기술을 촉진한다. 전 나사 수석 과학자인 엘런 스토판은 "우리가 국제 우주 정거장에서 하는 연구는 지구를 위해 지구 밖에서 하는 일입니다"라고 말했다. 국제 우주 정거장의 국제 파트너 들(캐나다우주국, 유럽우주기구, 이탈리아우주국, 일본우주항공연구개발 기구, 나사, 러시아연방우주국 등)을 대표하는 고위 과학자 모임인 우 주 정거장 프로그램 과학 포럼ISSPSF은 《International Space Station Benefits for Humanity》라는 안내서도 발행한다. 최신판에는 우주 정거장에서 이루어지는 연구의 영향을 200페이지 넘게 상세히 다루 고 있다. 이 책은 "국제 우주 정거장 파트너들이 수행하는 연구에는 뚜렷한 목표가 있지만, 수집한 지식으로 모든 인류에 이익을 주고자 하는 통일된 목표도 있다"라고 기술한다. 또한 국제 우주 정거장을 "전 세계 연구자들이 다른 곳에서 할 수 없었던 혁신적인 실험에 재 능을 쏟을 수 있는 독특한 과학 플랫폼"으로 지칭하면서 "우주 정거 장에서 얻을 가장 중요한 발견이 무엇일지 아직 알 수 없다. 하지만 이미 몇 가지 놀라운 기술 혁신이 일어나고 있다"라고 적고 있다.

난치병을 치료하고 생명을 연장하는
의학 및 제약 산업
◆

그렇다면 국제 우주 정거장에서 발전시킬 수 있는 구체적인 산업 분야를 생각해 보자. 이때 먼저 알아야 하는 중요한 개념이 바로 미 소 중력이다. 미소 중력 환경 실험(지구의 중력이 거의 느껴지지 않는 환경에서의 실험)은 우리가 아는 삶을 바꿀 수 있다.

국제 우주 정거장에서 하는 연구는 물 여과 및 수질 정화 시스템,

향상된 백신 개발, 레이저 시력 교정 수술 기술 개선, 그리고 이전에 할 수 없었던 정밀한 종양 제거 수술을 하는 로봇 공학 등의 성과를 낳았고 이런 성과는 계속 이어지고 있다.

국제 우주 정거장에서 개발한 에어로사이드AiroCide 기술은 농산물을 보관하거나 운반할 때 신선도를 보존하고, 식품 제조 구역의 안전성을 높이고, 꽃의 세균 오염 물질인 곰팡이를 없애고, 부패와 오염 물질로부터 보호하기 위해 건조 담금dry immersion 공법을 사용한다. 이는 역사적으로 안전한 먹거리를 구하는 데 어려움을 겪은 국가나 지역을 위한 획기적인 발전이다.

그중에서도 우주 의학은 지구상에서도 응용할 수 있는 분야이다. 최근 연구 결과들은 과학자들이 연구하기 더 쉬운 우주의 미소 중력 환경에서 더 양질의 단백질 결정이 더 크게 생장할 수 있음을 보여준다. 국제 우주 정거장의 연구 그룹들은 이미 중요 의학 문제와 폭넓게 관련되는 단백질에 초점을 맞춘 미소 중력 환경 실험을 했다. 여기에는 '단백질을 약품에 사용하는 방법을 배우거나, 인간에게 질병을 일으키는 단백질을 찾아내고, 이를 퇴치하는 약을 만드는 것'이 포함된다.

또한 국제 우주 정거장에서의 연구는 이전에는 의학 접근성이 낮았던 지역에 CT 촬영, MRI, 엑스레이 같은 첨단 진단 서비스를 제공하는 결과를 낳았다. 나사는 2019년 보도 자료 '우주 정거장의 초음파를 지구 오지까지 가져온다Bringing Space Station Ultrasound to the Ends of the Earth'에서 윈포커스WINFOCUS를 언급하며 적용 사례를 설명했다.

윈포커스는 세계 초음파 중심 쌍방향 네트워크World Interactive Network Focused on Critical UltraSound의 약자를 딴 이름이다. 이들은 현장 진료 초음파 실습, 연구, 교육, 기술 및 네크워크를 개발해 소외된 환자, 기관, 지역에 의료 기술을 보급하는 과학 네크워크 조직이다. 윈포커스의 주요 목표는 세계의 열악한 지역에 거주하는 사람들이 의료 서비스를 더 받기 쉽도록 초음파를 현장 진료 장치point-of-care device에 사용해 현장 진료 프로그램을 만드는 것이다.

나사는 "윈포커스가 미소 중력 환경의 첨단 진단 초음파ADUM로 68개국 2만 명 이상의 의사와 의료인을 교육했고, 여기에는 두 가지 중요한 전체론적 의료 서비스 프로젝트, 즉 니카라과 오지 의료 프로젝트(2011년 이후)와 브라질 미나스 제라이스주 보건부와 제휴한 브라질 전국 의료 프로젝트(2012년 이후)가 포함된다"라고 적었다.

또한 국제 우주 정거장은 신약 개발을 위한 제약 실험실로 적합하다. 메이드 인 스페이스의 저스틴 쿠글러는 "지구에서 같은 실험을 하면 중력이 미세 결정화를 유도해 이 물질들의 유익한 성질을 파괴합니다. 하지만 미소 중력하에서는 그렇지 않습니다"라고 설명했다.

연구자들은 전염성 세균뿐만 아니라 뒤셴 근육 위축증, 유전성 중추신경 질환인 헌팅턴병 등의 치료법을 찾는 데도 미소 중력을 활용한다. 나사의 프로세스가 제약 연구를 뒷받침하기에는 너무 느리다는 불만이 있지만, 나사는 민간 부문, 대학이나 과학자, 기타 미소 중력 환경에서 삶을 바꾸는 실험을 하고자 하는 사람들에게 국제 우주 정거장을 개방하도록 힘쓰고 있다.

연구 및 제조 실험실을 공급하는
플랫폼 제공 산업

✦

스페이스 탱고는 국제 우주 정거장에 탱고랩TangoLabs으로 알려진 상업 실험을 위한 연구 및 제조 실험실을 제공하는 스타트업이다. 2014년에 설립된 이 회사는 '미소 중력 환경은 발견과 혁신을 위한 새로운 영역이다. 모든 산업에서 미소 중력 환경을 탐구함으로써 우리는 지구에서의 삶을 개선하고 다음 세대가 이 새로운 영역의 지평을 계속 확장하도록 영감을 줄 수 있다'는 신념에 따라 움직인다.

스페이스 탱고는 스페이스X, 노스롭 그루만, 오비털 ATK와 제휴해서 탱고랩의 미소 중력 환경에서 할 수 있는 다양한 제약 실험에 필요한 고객의 페이로드를 운반한다. 각 탱고랩에는 '다수의 생체의학 및 기술 애플리케이션을 동시에 독립적으로 궤도에서 실행할 수 있는' 페이로드 모듈인 큐브랩CubeLab을 여러 개 설치할 수 있다.

복잡한 인간 생명 작용을 모방한 살아 있는 플랫폼을 만드는 에뮬레이트 바이오Emulate Bio사는 우주여행이 인간의 뇌 기능에 미치는 영향을 알아 보는 실험을 하고 있다. 이 실험에서는 신체 부위의 염증이 뇌의 여러 부분에 어떤 영향을 미치는지 강조한다. 이 연구는 파킨슨 병이나 알츠하이머 같은 퇴행성 뇌 신경 질환에서 뇌염의 역할을 밝히는 데 도움이 될 수 있다.

국제 우주 정거장에서 미소 중력 실험을 하는 그룹인 마이크로지알엑스Micro-gRx는 임상 전 의약품 시험의 안전성과 정확성을 개선하는 연구를 한다. 현재 이 시험을 거치지 않으면 임상 약물 테스트에서 50% 이상의 실패율을 보인다.

MIT에서 분리된 유동 화학 도구 전문 회사인 자이풋 플로우 테크놀로지스Zaiput Flow Technologies는 의약품 개발에서 화학 합성의 핵심 요소인 액상 분리 연구를 하고 있다. 탱고랩 프로그램 매니저 젠트리 바넷은 "스페이스 탱고는 자이풋 플로우 테크놀로지스가 이전에 시험한 적 없는 표면 장력에 기초한 액상 분리 평가 연구를 할 수 있도록 우주선 하드웨어를 설계 제작했습니다"라고 말하면서 자이풋 플로우 테크놀로지스의 새로운 시스템이 의약품 개발과 생산을 상당히 개선할 것으로 전망했다.

2020년 초까지 스페이스 탱고는 국제 우주 정거장에서 135개의 실험을 할 수 있도록 서비스를 제공했다. 또한 이 회사는 '우주에서 대규모 제조가 가능하도록 특별히 설계된 완전 자율 로봇 궤도 플랫폼'을 개발 중이며 향후 5년 이내에 출시할 계획이다. 스페이스 탱고가 첫 번째 노력에서 성공을 거둔 것을 고려하면 지구 저궤도 상업화를 향한 이 회사의 민간 차원의 진지한 행보가 주목된다.

우주 정책 자문 회사인 폴리스페이스PoliSpace의 회장 제임스 먼시는 우주 공간의 활용이 가능하려면 투자가 필요하다면서 다음과 같이 말했다.

"이제 10만 달러만 들이면 실험실을 로켓에 실어 국제 우주 정거장으로 날려 보낼 수 있고, 훨씬 더 저렴한 비용으로 준궤도 우주선에 실험실을 실어 날려 보낼 수 있습니다. 우리는 독자적인 우주 프로그램이나 발사 회사를 가질 수 없을지도 모릅니다. 하지만 지구상의 거의 모든 대학에서 우주에 대해 배울 수 있고, 혁신적인 새로운 우주 기술을 연마할 수 있습니다. 이제 모든 곳의 학생들이 우주와 관련된 일을 시도할 수 있을 것입니다. 단지 스스로 마음먹고 자원을 마련해서 할 방법을 찾기만 하면 됩니다. 그리고 각국은 우주 비행에 관한 아이디어를 가진 젊은이들이 더 스마트해지고, 실험이나 연구를 할 수 있도록 자원을 할당해야 합니다.”

미소 중력 환경에서 약품을 개발하는 기업인 스페이스파마Space-Pharma의 CEO인 요시 야민은 우주에서 생명 과학과 제약 연구를 진행하는 방식을 바꾸고 싶어 했다. 스페이스파마의 솔루션은 기업들이 미소 중력 환경에서 실제로 실험할 수 있는 소형 자유 비행 실험실을 개발하는 것이었는데, 이 프로젝트가 성공하면서 미국 비즈니스 잡지 〈패스트 컴퍼니〉는 이 스타트업을 가장 혁신적인 회사 중 하나로 선정했다.

스페이스파마의 소형 위성들은 자유 비행 우주선이나 우주 정거장을 통해 우주에서 단백질 결정화, 유체 물리학, 미생물학, 그리고 예컨대 장기 칩organ-on-chips이나 줄기세포 배양 같은 3D 세포 배양에 초점을 맞춘 시험 등 다양한 시험을 할 수 있게 한다.

인터뷰에서 야민은 “대부분 제약 회사가 우주에서 하는 실험과 연구의 이점을 거의 알지 못하며, 최근 들어서야 점점 더 많은 유명 회사에서 우주에서 하는 실험에 관한 논의를 시작했고, 일부 실험을 미소 중력 환경에서 하는 실정”이라고 알려 주었다. 야민과 스페이스파마는 학교와 제약 회사들이 우주에서 실험을 쉽게 할 수 있도록 돕고자 한다.

세계 최대 위성 주파수 기업 맨샛의 CEO 크리스토퍼 스톳은 항공 우주 기업가들이 국제 우주 정거장이 창출하는 가능성을 고려할 것을 촉구하면서 이렇게 말한다.

"수많은 사람이 수십억 달러의 자금을 들여 우주에 수많은 장비를 투입하고, 지상에 놀라운 기회와 통신 대역폭을 제공합니다. 매시간 지구로 전송되는 진정한 의회 도서관을 어떻게 활용하시겠습니까?"

국제 우주 정거장은 새로운 가능성의 세계를 건설하고 있다. 그리고 우주 정거장에는 뉴 스페이스 기업들이 참여할 여지가 많다. 스톳은 이어서 말했다.

"저는 국제 우주 정거장을 인류가 가진 연구소와 시설 중 가장 중요한 곳이자 기업가적 실험과 성장을 위한 가장 훌륭한 플랫폼이라고 생각합니다. 재료 과학이나 생명 공학, 나노 기술, 우주에서의 제조, 큐브샛 설계 및 개발, 또는 지구 저궤도를 오가는 항구로 사용하는 것 등 우리가 원하는 것이 무엇이든 모든 게 바로 여기에 다 있습니다. 우리는 그저 사용하기만 하면 됩니다."

현재 국제 우주 정거장은 2030년까지만 사용이 가능하다. 국제 우주 정거장 운영에 매년 약 40억 달러(주로 나사가 32억 5,000만 달러를 기부)가 들고, 1994년 이후 총 1,000억 달러(미국 납세자가 이 비용의 절반을 부담)가 들었다. 이를 보고 많은 사람이 유지 비용이 이익을 초과하므로 유효 수명이 다하면 폐기해야 한다고 주장한다.

나노랙스 CEO 제프리 맨버는 더 나아가 "오늘날이라면 국제 우주 정거장 자체가 자금 지원을 받지 못할 것"이라고 주장했다. 국제 우주 정거장이 여러 나라와 이해관계자가 참여하는 훌륭한 엔지니어링 플랫폼이긴 하지만, 현재는 너무 많은 관심사가 얽혀 있다. 상업 분야의 시각에서 우주 정거장을 만든다면 모든 용도에 두루 적용되게 하지는 않을 것이다.

나사의 국제 우주 정거장 이용 계획
: 상업용 궤도 운송 서비스와 유인 우주선 개발 프로그램
✦

이미 국제 우주 정거장은 새로운 비즈니스 관계를 탐구하는 플랫폼으로써 우주 비즈니스에서 중요한 역할을 한다. 또한 우주 산업에 대한 인식 패러다임을 '정부가 계약자를 지원해 제공받는 상품과 서비스'에서 '민간이 고객인 정부에 제공하는 상업적 상품과 서비스' 형태로 바꾸는 데 도움이 될 중요한 공간이기도 하다. 이런 이유로 민간 부문에서는 2030년이 다가옴에 따라 우주 정거장의 일부를 인수할 수 있다는 설득력 있는 주장이 나오고 있다.

나사 역시 우주 정거장을 상업적으로 이용하려는 움직임을 보이고 있다. 나사는 2017년 〈우주의 경제 발전Economic Development of Space〉이라는 간행물에서 "국제 우주 정거장은 첫째로 과거에 달성할 수 없었던 완전히 새로운 시장을 활성화할 수 있다. 둘째로 우주 비행 분야에서 새로운 이해 당사자와 커다란 경제적 기회를 창출할 수 있다. 셋째로 미래의 우주 비행뿐만 아니라 많은 관련 산업에도 강력한 산업 역량을 보장한다. 마지막 가장 중요한 것으로 국제 우주 정거장은 아이디어와 프로세스, 모범 사례 등을 교류할 수 있게 해 준다"라며 국제 우주 정거장의 중요성을 언급했다.

나사는 특히 상업용 궤도 운송 서비스와 상업용 유인 우주선 개발 프로그램을 운영하는 상업 승무원 및 화물 프로그램 사무국을 통해 상업적 전환을 향해 나아가고 있다. 상업용 유인 우주선 개발 프로그램은 2010년에 민간 부문과 계약해 지구에서 국제 우주 정거장과 지구 저궤도로 승무원과 화물을 실어 나르기 시작했다. 나사는 시에라네바다, 스페이스X, 유나이티드 론치 얼라이언스, 보잉, 파라곤 우주 개발Paragon Space Development Corporation, 블루 오리진 등의 제안서를 채택하고 자금을 지원해서 이런 운송 및 재보급 역량을 개발하도록 했다.

2019년 6월 나사는 "2020년부터 매년 2명 이상의 민간 우주 비행사가 국제 우주 정거장에서 최대 30일간 체류하면서 승인된 상업과 마케팅 활동을 수행할 수 있도록 허가할 것"이라고 발표했다. 또한 BAA(미국 정부 기관에서 특정 연구나 개발을 위해 외부에 제안하는 방법)를 통해 '차세대 우주 탐사 기술 파트너십-2Next STEP-2'의 부록을 공개하면서 국제 우주 성거상의 유틸리티 허브인 하모니를 통해 국제 우주 정거장 활동에서 정부 기관과 협력할 민간 기업들의 참여를 요청하는 상업적 제안을 했다.

동시에 나사는 우주 정거장에서 나사의 요구에 부응하는 유효하고 장기적인 역량을 제공할 수 있는 민간 부문 기업들과 다양한 과업 지시 계약을 체결할 예정이다. 나사는 이러한 노력의 목표 중에는 "파트너십과 미션 역량을 제공하는 미래 계약을 통해 이와 같은 상업적 역량을 활용하면서 우주 산업을 활성화하는 것이 포함된다"라고 밝혔다.

또한 나사는 이 파트너십 모델의 결정적인 주안점이 "우주에서의 미래 기회 영역을 넓히기 위한 우주 산업 상업화 계획을 지원하면서, 더 폭넓은 유인 우주 비행 임무를 지원한다는 나사의 유인 우주 탐사 목표를 충족하는 역량을 개발하는 데 있다"라고 언급했다. 나사 유인 탐사 활동 임무 부문 상업 지구 저궤도 연락 담당관인 더그 콤스톡은 이렇게 말했다.

"나사가 현재 국제 우주 정거장에서 하는 것보다 민간 업계가 지구 저궤도에서 나사에 필요한 연구 개발 서비스와 기술 시연 서비스를 훨씬 더 비용 효율적으로 제공할 수 있을 것으로 기대합니다."

민간의 국제 우주 정거장 이용 계획
: 사람이 거주할 수 있는 주거 모듈 개발

✦

민간 기업들도 우주 정거장에 관한 계획을 세우기 시작했다. 호텔 부동산 개발업자인 로버트 비글로가 설립한 비글로 에어로스페이스는 2010년 나사로부터 공기를 주입해 부풀리는 구조물에 관한 지식 재산권의 기술 사용권을 받아 우주 내 주거를 제공하기 위해 노력해 왔다.

2016년 4월 스페이스X는 빔 BEAM 이라고 하는 '비글로우의 확장 가능한 활동 모듈 Bigelow Expandable Activity Module'을 궤도로 운반해서 국제 우주 정거장에 부착했다. 빔은 지구에서는 압축된 상태로 운반되지만, 우주에서 부풀리면 가압으로 인해 내부 용적이 상당히 커지는 원리이다. 나사는 "이런 확장 가능한 주거는 생활하고 일하는 추가 공간을 제공하면서 로켓 공간을 덜 차지하고, 덜 무겁기 때문에 미래의 우주 임무를 위한 수송량을 크게 줄여 준다"라고 설명했다.

원래 빔은 국제 우주 정거장에서 2년만 사용할 예정이었지만, 첫 해에 이 모듈의 성능과 능력이 기대치를 훨씬 뛰어넘어 계약이 5년 연장되었다. 빔은 빠르게 국제 우주 정거장의 핵심 시설이 되었고, 2019년 나사는 계약을 재차 연장해서 2028년까지 빔을 유지하기로 했다.

영국, 네덜란드, 호주, 싱가포르, 일본, 스웨덴 등 많은 국가가 빔 주거를 국제 우주 정거장의 궤도 시설로 활용하는 데 관심을 보였다. 모두 우주 정거장에 우주 비행사를 보내고 싶어하지만 충분한 교통 수단과 주거 수용력이 없기 때문이다. 빔과 같은 주거는 여러 국가와 산업의 수요를 채우는 데 도움이 될 수 있을 것이다.

나사는 빔의 다른 이점으로 태양과 우주에서 쏟아지는 방사선, 우주 파편, 기타 오염 물질로부터 내부의 사람을 보호하는 기능에 주목했다. 달이나 화성, 소행성 또는 다른 목적지로 여행하는 승무원들은 이를 주거로 사용할 수 있다. 나사는 또한 기반 시설 개선과 수

리부터 인간의 건강과 안전 보호에 이르기까지 이런 주거를 지상에서 응용할 수 있는 분야도 다루었다. 재난 지역의 긴급 주택, 폭풍 해일 방지 장치, 지하철 같은 시스템의 홍수 방지용 플러그 등이 그 예이다.

비글로 에어로스페이스도 2016년 유나이티드 론치 얼라이언스와 손잡고 연구나 탐사 임무, 그리고 심지어 관광에 사용할 수도 있는 우주 정거장 개발에 본격적으로 착수했다. 2018년 로버트 비글로는 우주 주거 사업에 집중하기 위해 비글로 에어로스페이스의 자매 회사인 비글로 스페이스 오퍼레이션스Bigelow Space Operations를 설립했다고 발표했다.

엑시엄 스페이스Axiom Space도 프로젝트를 진행 중이다. 이 계획은 2016년에 시작되었으며, 우주 정거장에서 10년을 일한 전 나사 국제 우주 정거장 프로그램 매니저 마이크 서프레디니가 주도한다.

2020년 1월 나사는 "엑시엄 스페이스가 최초로 넥스트스텝-2 과업 지시 계약을 수주했으며, 이 회사가 2024년 국제 우주 정거장에 사람이 거주할 수 있는 상업 모듈을 부착할 것"이라고 발표했다. 당시 나사 국장이었던 짐 브리든스타인은 나사 보도 자료에서 "우주에서 상업적 용도를 개발하는 엑시엄 스페이스의 작업은 나사가 우주 비행사 훈련, 과학 연구, 그리고 지구 저궤도에서의 기술 시연에 대한 장기적인 필요를 채우기 위한 중요한 단계이다"라고 언급했다.

엑시엄 스페이스의 전략 개발을 이끄는 아미르 블라흐만은 "상업적 노드(하모니를 지칭함)를 이용한 수익 영역에는 탐사 지원, 과학 연구, 후원이 포함될 수 있다"라고 말한다. 엑시엄 스페이스는 또한 우주 관광 서비스와 국제 우주 정거장 방문 서비스를 제공할 계획이라고 했는데, 그 첫 번째 서비스는 스페이스X 크루 드래건을 통해 2021년에 성공적으로 끝마쳤다.

궁극적으로 엑시엄 스페이스는 2028년 이후 국제 우주 정거장을 대체할 상업용 우주 정거장을 만들 계획이다. 서프레디니는 이것이 "국제 우주 정거장에서 이뤄지는 연구와 제조 그리고 다른 모든 것을 미래 플랫폼으로 전환하는 데 도움이 될 것"으로 믿고 있다.

엑시엄 스페이스의 추가 모듈은 2025년과 2026년에 국제 우주 정거장에 합류한다. 그런 다음 국제 우주 정거장이 은퇴하면 엑시엄 스페이스 구성 요소들은 분리되어 별도의 상업 우주 정거장을 형성하게 된다. 그때까지 메이드 인 스페이스의 적층 제조 기능을 활용해서 우주 내 구조물을 만들고 유지할 계획이다.

2019년 5월 엑시엄 스페이스는 휴스턴의 알파 스페이스Alpha Space 의 국제 우주 정거장 물질 실험MISSE 시설을 이용해 국제 우주 정거장에서 시험 중인 샘플 물질의 사진을 공개했다. 엑시엄 스페이스가 상업 모듈의 창문에 사용할 문제의 소재인 아크릴은 불과 6개월 만에 개념만 존재하던 단계에서 우주 내 시험 단계로 발전했다. 이는 상업 우주 분야의 민첩성과 엑시엄 스페이스의 야심 찬 계획이 제자리를 찾기 시작했음을 보여 주는 놀라운 시각표이다.

상업 우주 정거장 개발을 실현한 선례가 있다. 러시아 우주 계획에 참여했던 항공 우주 기업가들이 만든 민간 우주 기업 미르코프는

1999년 러시아 우주 정거장 미르를 인수해 상업 플랫폼으로 활용했다. 최초의 우주여행객인 미국 사업가 데니스 티토는 2001년 자비로 티켓을 사서 이 우주 정거장을 방문했다. 하지만 '러시아가 국제 우주 정거장에 온전히 전념해야 한다'라는 나사의 압력으로 인해 러시아는 미르코프를 2001년 궤도에서 이탈시켜 태평양에 떨어트렸다.

이전에 미르코프에서 미르 우주 정거장을 유흥지와 여행지로 만드는 비즈니스 모델을 개발하기 위해 일했던 제프리 맨버는 미르코프가 우리 역사의 중요한 순간으로 남아 있다고 증언한다. 미르코프 사례는 민간 사업가가 우주 정거장을 상업화하고 예상치 못한 시장을 개발할 수 있음을 보여 주었다.

나사는 엑시엄 스페이스 같은 회사들에 국제 우주 정거장을 개방함으로써 상업 회사들이 각자 자신들 고유의 우주 정거장을 만들기에 충분한 관심과 자금, 그리고 능력이 있는지 평가할 수 있을 것이다. 그렇다 하더라도 나사와 국제 우주 정거장이 민간과의 협력에 점점 더 문호를 개방하는 것과 더불어 전 세계가 뉴 스페이스 산업의 성장을 위해 노력해야 한다.

9

공상 과학
콘텐츠 산업

$

"탐사와 개발은 우리가 모두 보고 싶어 하는 밝은 미래, 우리 인류에 걸맞은 미래로 가는 길을 일관되게 추구하는 데 필수적인 구성 요소이다."

아르닌 엘리스(엔지니어 & 탐험가)

오랜 세월 두려워하고 회의적인 사람이 많았지만, 우주가 엄청난 잠재력을 지닌 것은 명백한 사실이다. 세계 각국이 우주에 가려 하고, 우주의 주도권을 쥐기 위해 노력하는 것도 당연하나. 우주는 어렵고 복잡하며 장엄하다. 우주를 활용할 수 있다면 우리는 지구상의 대부분 나라, 심지어 부유한 나라들이 얻고자 하는 권력과 지배력을 얻을 수 있다.

뉴 스페이스가 가진 큰 잠재력을 이해하기 위해 어떤 탐험가가 뛰어난 경제적·군사적 업적을 남겼는지 보자. 예를 들면 1300년대에 인도양 탐험을 시도한 명나라, 19세기 초 미국 북서부 지역을 탐험한 루이스와 클라크의 탐사 원정대, 또는 21세기 외행성 탐사를 위한 미국의 보이저 우주선 등이 있다. 이러한 활동에 대한 지원은 모두 정부에서 나왔다.

오늘날 우리는 정부의 지원을 받은 마르코 폴로, 11세기경 북아메리카를 최초로 발견한 아이슬란드 탐험가 레이프 에릭슨, 알렉산더 대왕, 또는 대항해 시대 동안 유럽 전체가 다양한 지역을 탐사해 알아낸 지식의 양을 모두 합친 것보다 우주와 화성에 대해 더 많은 것을 알고 있다.

떠오르는 우주 분야의 가능성을 이해하기 위해 19세기의 골드러시를 되돌아보자. 1799년 미국 노스캐롤라이나에서 시작해서 호주, 뉴질랜드, 브라질, 캐나다, 남아프리카, 미국에 이르기까지 전 세계 수백만 명이 골드러시의 기회와 잠재적 자원에 영감을 받았고, 종종 대박을 꿈꾸며 모든 것을 걸었다.

'스페이스 러시'와 '골드러시'의 차이점이 있다면 오늘날 우리는 그때보다 150년 이상 발전한 좋은 금융과 똑똑한 기술을 가지고 있다는 것이다. 우리는 19세기 금광 광부들이 상상할 수 있는 것보다 더 전문적인 지식과 도구를 가지고 있다. 골드러시 시대에서 지금을 본다면 지구 관측 위성이나 인터넷 등 최근의 많은 혁신이 마법처럼 보일 것이다. 다른 차이가 있다면 초기 우주는 막대한 자본 투자와 전문 지식, 더 큰 조직이 필요한, 누군가가 독점할 수밖에 없는 한정된 공간이었다는 점이다. 하지만 운동 초기에 어떤 특정 방법에 초점을 맞추는 것이 그 운동으로부터 가치를 얻거나 관여하는 방법이 한 가지밖에 없음을 뜻하지는 않는다.

탐사 연구소Exploration Institute를 설립한 아르닌 엘리스는 "탐험은 그 자체로 우리를 우리의 안전지대 가장자리로 밀어냅니다"라고 강조했다. 탐험은 개인, 사회, 문명의 성장으로 이어진다. 우주 탐험과 뉴 스페이스 혁명도 마찬가지다. 이것이 의미하는 바는 궁극적으로 우주를 이해해야 우리 자신과 주변을 더 잘 이해할 수 있다는 것이다. 우주는 우리 모두에게 충분히 크다. 하지만 우주 개발에 선도적인 위치를 차지하는 국가들은 경제적, 문화적, 정치적, 사회적으로 초기 이익을 얻을 수 있다. 이들은 미래를 형성하는 데 앞장서게 될 것이다.

거짓으로 증명되기는 했지만, 중국인들이 15세기에 지구를 일주하고 미국으로 항해했다고 말한 역사학자 개빈 멘지스의 이론을 생각해 보라. 만약 중국인들이 15세기부터 자신들의 국경을 넘어 자신들의 탐험을 계속했다면 오늘날은 매우 다른 세상이 되었을 것이다.

인류에게는 스스로를 계속 앞으로 나아가고 경계를 넘나들게 하는 도전적인 목표가 있어야 한다. 종종 스포츠 분야에서 그 이유를 볼 수 있다. 깨지지 않을 기록이라고 칭송 받던 기록을 어느 순간 더 뛰어난 운동선수가 나타나 깨트리고 만다. 우주도 마찬가지다. 사람들은 살아 있는 생명체를 우주로 보낸 다음 다시 지구로 안전하게 돌아오게 하는 일이 불가능하다고 했지만, 인류는 해냈다. 달에 가는 일, 화성에 가는 일, 또는 태양계를 떠나는 일에 대해서도 마찬가지였지만, 우리는 이 모든 일을 해냈다. 어쩌면 우리 마음 깊은 곳에는 "아니, 할 수 없어"라는 말을 들을 때 시도하고, 시험하고, 실험하고, 한계를 넘고자 하는 진화적 장치가 있을지도 모른다. 만약 아니라면 우리는 익숙한 것 이상으로 배울 것과 발견할 것, 창조할 것이 더 많다는 사실을 아는 것이다.

우주가 천체 물리학자나 로켓 과학자, 정부, 소수의 부유한 개인만이 다룰 수 있는 난해한 주제라는 신화를 불식할 때이다. 우주의 성공은 꿈과 끈기, 창조적인 마인드가 함께 어우러져야 이룰 수 있다. 우주는 겨우 해발 100km 상공에 있다. 이는 대부분의 미국 고속도로에서 제한 속도로 1시간 만에 갈 수 있는 매우 가까운 거리이다. 우주 공동체 내에서는 '일단 우주에 가면 어느 곳으로든 반쯤은 간 것'이라는 말을 자주 한다. 우리가 공원처럼 생긴 미래의 지구를 꿈꾸든, 달 스포츠와 휴양 시설을 상상하든, 우주에 관한 꿈은 모두 소중하다.

공상 과학에 투자해야 하는 이유 1
: 아이패드, 스마트폰 등 새로운 과학 창조의 촉매제이다
✦

아폴로 11호 달 착륙 5일 전, 영국의 가수 데이비드 보위는 우주에서 혼자 유영을 시작하기 전에 작고 파란 점으로 보이는 지구를 관찰하는 우주 비행사의 관점에서 노래한 싱글 앨범 〈스페이스 오디티〉를 발표해 호평을 받았다. 아폴로 프로그램은 1960년부터 1972년까지 진행되었으며 250억 달러(오늘날 기준으로 2,000억 달러)가 넘는 자본이 투입되었고, 가치를 따질 수 없는 수많은 혁신의 밑거름이 되었다. 하지만 보위는 아폴로 미션에서 영감을 받아 이 노래를 작곡한 것이 아니다. 보위는 스탠리 큐브릭 감독의 영화 〈2001: 스페이스 오디세이〉(1968)를 본 후 〈스페이스 오디티〉 가사를 썼다.

데이비드 보위를 잘 아는 사람들은 보위가 우주에 매료되어 있었고, 우주를 좋아했다는 사실을 안다. 그 흔적은 보위의 공연과 개인적인 취향, 앨범, 가사 전반에 묻어난다. 보위는 비할 바 없는 세기의 아이콘으로 여겨진다. 그의 행보는 음악과 대중문화, 시각적인 스타일, 패션, 사회적 이슈, 성, 개인적 정체성, 세상에 대한 전반적인 이해에 영향을 미쳤다.

보위의 경우는 우주가 개인에게 미친 영향이 예술과 문화로 옮겨간 예이다. 궁극적으로 이런 파급 효과는 중요하거나 어려운 순간에든, 작지만 소중한 일상 경험에서든 우리 모두에게 퍼진다. 〈스페이스 오디티〉가 발매된 지 44년 후인 2013년, 우주 비행사 크리스 해드필드가 국제 우주 정거장에서 이 노래를 연주했는데, 이에 대해 보위는 "아마도 이 노래가 지금까지 만들어진 것 중 가장 가슴 저미는 버전일 것입니다"라고 말했다.

예술과 문화를 통해 우주에 투자하는 것이 사람들의 마음과 정신을 사로잡는 데 가장 효과적인 방법이라는 것은 수 세기 동안 증명되었다. 우주는 예술과 디자인, 엔터테인먼트와 관련된 거의 모든 산업에 영향을 미치고 영감을 준다. 컴퓨터 화면 보호 프로그램부터 영화 산업에서까지 어디서나 우주를 볼 수 있다.

우리는 미래형 가전제품을 탐낸다. 만약 우리가 다른 행성이나 별에서 산다면 어떤 옷을 입을지 꿈꾸므로 매년 다른 버전의 우주 의상이 유행한다. 우리는 나는 자동차가 마침내 언제 나올지 궁금해한다. 건축, 자동차, 가구, 미술, 테마파크, 비디오 게임, 어린이 장난감, 그리고 오늘날 우리가 자유롭게 사용할 수 있는 방대한 기술에서 우주를 긍정적으로 바라보는 명시적인 혹은 미묘한 반응을 볼 수 있다. 전 세계 디자이너들은 우주에 대한 경이로움과 상상력을 바탕으로 지구 중심의 틀에 박힌 사고를 넘어 미래를 볼 수 있는 풍부한 아이디어를 구상한다. 우리는 이제까지 보지 못한 창조물들이 가진 흥미로운 잠재력에 온 마음을 다해 감사와 경외를 표한다.

그렇다면 과연 우주를 다룬 엔터테인먼트로 돈을 벌고, 이를 통해 우주에 대한 영감을 받아 아폴로 프로그램 정도의 이익을 창출하는 것이 가능할까? 엔터테인먼트와 인포테인먼트(텔레비전 등의 교양 오락 프로그램) 경험이 미래의 탐험가, 최신 과학 기술 분야 전문가, 발명가, 기타 개척자들에게 관문이 될 수 있을까? 언뜻 공상 과학 소설은 개인이나 개인이 속한 문화에 작은 영향을 끼치는 것으로 보인다. 하지만 공상 과학 소설의 영향력은 기술 발전에서 경제적 번영에 이르기까지 인류 전체에게 매우 크게 미친다. 〈스타트렉〉 제작자인 진 로든베리는 말한다.

"〈스타트렉〉은 인류가 단순히 생각과 생물의 생김새 차이를 받아들이자는 의미를 전달하는 데서 그치지 않습니다. 대중에게 '나와 다른 이들 속에서 특별한 기쁨을 누리기 시작할 때 성숙해지고 지혜에 도달하리라'고 말하려는 시도였습니다. (…) 우리가 이런 작은 차이를 실제로 즐기는 법을 배울 수 없다면, 우리들 사이의 작은 차이에서 긍정적인 기쁨을 얻는 법을 배울 수 없다면, 인간은 우주에 거의 확실히 존재하는 다양성을 마주할 자격이 없습니다."

세계적으로 유명한 드라마 〈스타트렉〉 시리즈는 수많은 기술 개발자와 리더를 탄생시켰다. 이 영화는 시청자들이 과학을 공부하고, 발명하고, 사랑하고, 우주와 관련된 일에 삶을 바치도록 영감을 주었다. 로든베리는 드라마의 특정 우주 기술을 잘 보여 주기 위해 싱크 탱크 기관인 랜드 코퍼레이션RAND Corporation 의 컨설턴트 하비린 주니어를 고용한 것으로 유명하다.

엔터프라이즈호 파이크 함장을 연기한 것으로 유명한 제프리 헌터는 〈스타트렉〉이 뜨기 전인 1965년 인터뷰에서 자신에게 이 드라마의 가장 흥미로운 측면은 "사실 랜드 코퍼레이션의 미래 예측에 기반을 둔 것"이라면서 "이런 예측 일부는 우리 생애에 반드시 실현될 것이기 때문에 이 드라마는 미래를 내다보는 것 같을 것"이라고 실명했다.

2002년 케이블 뉴스 채널 MSNBC의 한 기사는 "린은 엔터프라이즈호의 컴퓨터 목소리를 여성으로 설정할 것, 의무실 침대에 신체 상태를 추적 관찰하는 전기 장치를 설치할 것, 혹은 순간 이동 같은 아이디어를 만드는 데 중요한 통찰력을 제공했다"라고 분석했다. 비록 〈스타트렉〉에 나온 기술이 곧 나오리라 확실히 예측된 기술이었다 할지라도, 이 드라마는 다양한 산업에 수많은 혁신을 위한 청사진을 제공했다. 이때 공상 과학과 과학적 사실은 놀랄 만큼 특별한 혜택을 주고받는 관계였다.

드라마 〈웨스트월드〉 시리즈, 〈익스팬스〉 시리즈, 영화 〈콘택트 Arrival 〉(2016), 〈마션〉(2015), 〈인터스텔라〉(2014), 〈그래비티〉(2013) 같은 콘텐츠는 모두 과학과 우주, 할리우드, 그리고 현실이 만나는 지점에 대한 자신들의 고유한 버전을 묘사한다. 엔터테인먼트를 통한 시각 매체는 대중의 관심을 유도한다. 심지어 미래의 우주 프로그램과 임무에 대한 대중의 지지를 끌어내는 힘이 있다.

특히 〈마션〉은 스페이스X와 일론 머스크가 오래 열망한 화성 이주에 관심을 관객들에게도 불러일으키는 데 일조했다. 나사의 영화 및 텔레비전 미디어 담당자인 버트 울리히는 2011년 우주 왕복선 프로그램이 끝난 이후 나사가 다시 세간의 주목을 받는 데 화성 탐사선이 도움이 되었다고 했다. 영화에 등장하는 많은 기술이 오늘날 실제로 존재하고, 국제 우주 정거장에 사용되고, 나사가 이런 기술들을 개발했다는 사실은 사람들이 우주에 관심을 가지게 하는 데 유용하다.

백문이 불여일견이라 했다. 우주 비행사가 식량을 기르고, 산소를 만들어 화성의 혹독한 환경에서 살아남는 내용을 본 대중은 화성 거주가 정말 가능하다고 믿게 되었다. 그 결과 〈마션〉이 개봉한 지 1년

이 지난 2016년에는 나사에 1만 8,000명이라는 역사상 가장 많은 예비 우주 비행사 지원서가 접수되었다. 이때 선발된 12명의 우주 비행사가 수행할 임무의 하나가 바로 화성 여행이었기 때문이다.

인텔Intel, 구글 등 세계적인 기술 선도 기업은 내부 개발과 이를 통한 경쟁력 유지를 위해 공상 과학 소설에 투자한다. 인텔은 2009년부터 2016년까지 공상 과학 소설가이기도 한 미래학자 브라이언 데이비드 존슨을 고용했다. 구글의 오랜 CEO이자 현재 미 국방부 혁신자문위원회DoD/DIB 의장인 에릭 슈미트는 2012년 정보 통신 기술 전시회인 세빗CeBIT 개막식 연설에서 "공상 과학 소설은 '현재와 미래 기술'에 영향을 미칩니다"라고 말했다.

공상 과학에서 영감을 받은 최첨단 아이디어에 투자하는 기업도 있다. 벤처 캐피탈 회사 럭스캐피탈이 그 예이다. 이 회사의 직원들은 공상 과학 소설과 과학적 사실의 공생 관계를 믿고, 둘 사이의 격차가 점차 좁아진다고 여긴다. 럭스캐피탈의 과학자 새뮤얼 아브스만은 이 회사의 사명인 '미래 건설'이 실현된 사례들을 제시했다.

"〈스타트렉〉은 플립 폰과 아이패드를 예측했고, 소설가 닐 스티븐슨과 윌리엄 깁슨은 '세컨드 라이프Second Life' 같은 사이버 공간과 가상 온라인 세계를 상상했습니다. 아이작 아시모프는 빅 데이터 중심의 정량적 사회 과학도 예측했습니다."

이외에도 브레이크스루상이나 X프라이즈 대회 같은 경연은 사람들이 공상 과학 소설을 현실로 바꿀 수 있게 도와주었다. X프라이즈 재단의 설립자인 피터 디아만디스는 1990년대에 민간 우주 비행에 대한 관심을 다시 불러일으키는 데 중요한 역할을 했다. 디아만디스는 공상 과학 소설 아이디어와 역사를 모두 활용해 더 나은 미래를 창조한 우주 애호가와 지도자, 변화를 주도한 혁신가의 전형이다.

공상 과학이 과학 발전을 유도한다고 말하는 예는 어렵지 않게 찾아볼 수 있다. 미국 방위, 항공, 정보 기술 및 생체의학 연구 회사인 레이도스Leidos의 우주 시스템 개발 수석 부사장 토머스 D. 태버니는 다음과 같이 말했다.

"사람들은 항상 다음 언덕 너머에 무엇이 있는지 알고 싶어 했습니다. 우리는 현상에 만족한 적이 없습니다. 우리에게는 항상 일을 더 잘하려고 하는 욕구가 있었습니다. 어떤 사람들은 '도파민 수용체 D4 7회 반복 변이DRD4-7r'라는, 발음하기도 어려운 이름의 모험 유전자가 이런 충동을 일으킨다고 말합니다. 진짜 이유는 일개 유전자보다 더 복잡하겠지만, 우리 인류를 다른 휴머노이드 종들과 구분짓는 것은 현재의 조건에 만족하기를 거부하는 탐험에 대한 갈망입니다."

공상 과학 소설은 그 자체로 과학 창조의 촉매 역할을 한다. 이는 우리 뇌에 상상력의 씨앗을 심고, 소설에 나오는 아이디어를 생각하고, 꿈꾸고, 실제로 창조하게 한다. 산업 전문가들은 공상 과학 소설의 세계와 이상, 그것이 만들어 내는 현실을 실제로 구현해 냄으로써 상상력과 예술이 인류에 어느 정도 영향을 미쳤는지 알기 쉽게 보여 준다.

공상 과학에 투자해야 하는 이유 2
: 공상 과학 콘텐츠 발전 수준이 산업 발전 속도를 결정한다

◆

우주가 언제부터 문학, 예술, 영화, 텔레비전 콘텐츠의 주제로 쓰였는지 거슬러 올라가 보자. 만약 당신이 어려운 공상 과학 이야기를 찾거나 더 큰 우주에 관심이 생겨 더 탐구하기를 원한다면 흥미롭게 느낄 주제가 많을 것이다.

먼저 문학이다. 문학으로서 공상 과학의 기원은 2세기까지 거슬러 올라간다. 공상 과학 소설은 수많은 문명과 문화에 걸쳐 전 세계적으로 존재해 왔다. 예를 들면 9세기 이슬람 황금 시대의 설화집 《아라비안나이트》에 나오는 로봇이 등장하는 〈황동의 도시〉 설화, 메리 셸리의 소설 《프랑켄슈타인》(1818), 에드거 앨런 포의 단편 소설 《한스 팔의 전대미문의 모험》(1835), 에밀 앙투안 바야르와 알퐁스 드뇌빌의 아름다운 렌더링이 담긴 쥘 베른의 소설 《달나라 탐험》(1872) 등 셀 수 없이 많다.

다음으로 영화다. 공상 과학은 영화 산업 초기부터 큰 영향을 미쳤다. 공상 과학 영화의 창시자로 널리 알려진 프랑스의 오귀스트와 루이 뤼미에르 형제는 1895년에 최초의 공상 과학 영화 〈기계 정육점〉을 만들었다. 몇 년 후에는 프랑스의 마술사이자 영화 제작사 조르주 멜리에스가 쥘 베른의 소설에서 영감을 받아 흑백 무성 영화 〈달세계 여행〉(1902)과 〈불가능한 항해〉(1904)를 만들었다. 〈달세계 여행〉은 우주를 묘사한 최초의 공상 과학 영화로, 영화계에서 가장 영향력 있는 작품 중 하나다. 영화배우 데니스 피서는 자신의 저서 《Science Fiction Directors, 1895-1998》에서 조르주 멜리에스를 최초의 위대한 공상 과학 영화 제작자로 생각한다고 언급한다.

아직까지도 영화계에 지대한 예술적 영향을 발휘하는 조르주 멜리에스는 영화 촬영에 새로운 시각과 촬영 기법을 개발한 것으로 잘 알려져 있다. 멜리에스는 끊임없는 카메라 실험으로 물건의 크기를 바꾸거나 완전히 사라지게 하는 등 다양한 특수 효과를 발명해 자신의 많은 공상 과학 영화와 판타지 영화의 완성도를 높였다.

이외에도 공상 과학 소설이 감독들의 창조 욕구와 역량을 자극한 경우는 영화 역사 전반에서 찾아볼 수 있다. 조금 더 최근 작품을 살펴보도록 하자. 공상 과학은 1968년 개봉한 〈2001: 스페이스 오디세이〉를 시작으로 특수 효과 발전의 촉매제가 되었다. 1977년에 개봉한 〈스타워즈〉와 〈미지와의 조우〉는 영화 혁신의 또 다른 호황으로 이어졌고, 그 결과 오늘날 영화와 텔레비전에서 볼 수 있는 컴퓨터 생성 이미지CGI 같은 초현실적 효과가 등장하게 되었다. 이를 미루어 보면 공상 과학이 엔터테인먼트 분야에서 가장 수익성 있는 콘텐츠임은 의심할 여지가 없다.

2009년 개봉한 〈아바타〉는 27억 8,000만 달러를 벌어들여 2019년 〈어벤져스: 엔드게임〉이 나오기 전 10년 동안 전 세계에서 가장 많은 수익을 벌어들인 영화라는 타이틀을 유지했다. 시간 여행과 대체 현실, 첨단 기술, 다른 행성에서의 삶 등 공상 과학 요소를 채택한 〈어벤져스: 엔드게임〉은 28억 달러를 벌어들였다. 2015년 〈스타

워즈: 깨어난 포스〉는 개봉 기간에 7억 6,400만 달러 이상 벌어들이며 〈아바타〉의 박스 오피스 기록을 깨고 〈아바타〉와 함께 북미에서 7억 달러 이상 벌어들인 영화가 되었으며, 2015년 미국 영화 산업 경제를 110억 달러 규모로 끌어올렸다. 참고로 〈스타워즈〉 독점 판매권 자체는 430억 달러 이상(2020년 기준)으로 평가된다. 지난 10년간 〈그래비티〉, 〈인터스텔라〉, 〈마션〉 등의 공상 과학 영화들 또한 전 세계에서 각각 7억 2,300만 달러, 6억 7,700만 달러, 6억 3,000만 달러 이상을 벌어들이며 엄청난 수익을 기록했다.

공상 과학 소설은 우주 개척 가능성을 보여 주고, 그러한 생각들을 사회적으로 형성한다. 어느 비 내리는 2월 밤 아내와 함께 공상 과학 평론가인 아디 탄티메드의 추천으로 중국 영화 〈유랑지구〉(2019)를 보러 나선 적이 있다. 이 공상 과학 영화는 〈2001: 스페이스 오디세이〉, 〈아마겟돈〉(1998) 등 다른 유명한 영화의 요소들을 차용한, 전하고자 하는 바가 분명한 영화이다. 〈유랑지구〉는 미래에 태양이 초신성으로 소멸하게 되어 위기에 빠진 지구를 인류가 2,500년 걸리는 4.2광년 떨어진 곳으로 물리적으로 이동 시켜 구하려는 이야기다.

〈유랑지구〉에는 주목할 만한 몇 가지 중요한 사실이 있다. 첫째는 중국 정부가 이 영화에 제작 비용을 일부 지원하고 홍보도 해 주었다는 점이다. 여기서 중국의 의도를 엿볼 수 있다. 탄티메드가 논평한 대로, 중국이 〈유랑지구〉를 통해 자국의 활동과 힘을 우주로 넓히려는 뜻을 드러낸 것이다.

둘째는 중국이 이 영화로 지구와 우주에서 글로벌 리더가 되기 위한 토대를 마련했다는 것이다. 〈유랑지구〉 속 등장인물들이 마법이나 가상의 물질인 언옵태늄unobtanium 보다는 과학적 해결책을 지속해서 개발한다는 점이다. 물론 허구에 더 가까운 요소들이 많지만, 이 영화는 주로 '합리성'에 집중했다. 즉 영화에 등장하는 기술이나 개념을 현실에서 가능한 것에 기반을 두었다. 바로 여기서 이것이 영화가 중국인에게 특히 중요한 이유가 드러난다.

중국은 19세기 후반의 공상 과학 소설이 부족하다. 이 말은 기술 발전과 혁신에 많은 정보를 주고 지대한 영향을 미친 생각이 부족하다는 뜻이다. 중국에도 현대적인 공상 과학 문화가 있지만, 지난 40년 동안 중국은 주로 영화로 제작된 서양 공상 과학 소설의 영향을 많이 받았다.

미국, 유럽, 일본이 앞으로 기술적·경제적으로 얼마나 성장할지는 현재 각국의 공상 과학 콘텐츠 규모로 미루어 짐작할 수 있다. 이제 그 뒤를 이어 중국이 독자적인 미래 로드맵을 그리고, 설득력 있는 공상 과학 이야기와 미디어로 혁신적인 사회적 인식을 가질 것으로 예상한다.

중국에 거주하며 현재 〈솔라라〉라는 공상 과학 우주 모험 영화를 제작하고 있는 핀란드 감독 레니 할린은 2019년 3월 인터뷰에서 "중국에서 공상 과학 영화가 급증할 것으로 예상합니다"라고 말했다.

"전통적으로 중국 영화 제작자들과 관객들이 중국 배우들에게 우주복을 입히는 것이 어울리지 않을 것으로 느꼈다고 생각합니다. (…) 우리는 우주복을 입은 미국인들을 보는 것에 익숙했고, 우주복

이 중국인들에게 어울리지 않을 것으로 생각했습니다. 하지만 〈유랑지구〉는 이런 생각이 확실히 틀렸음을 보여 주었습니다."

더 나아가 할린은 "중국의 모든 스튜디오가 현재 공상 과학 프로젝트를 진행하고 있는 것으로 알고 있습니다"라고 덧붙였다.

〈유랑지구〉는 2019년에 전 세계적으로 약 7억 달러의 박스 오피스 매출을 올리며 중국에서 역대 두 번째로 수익성 좋은 영화이자 가장 큰 매출을 올린 공상 과학 영화가 되었다. 중국이 국내 공상 과학 문화를 어떻게 확장하고, 우주 기반 예술과 문화에 대한 투자에서 어떤 결과를 얻을지 지켜보는 것은 분명 흥미로울 것이다.

페이스타임과 우버 등
공상 과학이 제공한 경제적 아이디어
✦

경제학은 우리가 그 효과를 알든 모르든 개인적 혹은 세계적 규모로 영향을 미친다. 마찬가지로 공상 과학 소설도 계속해서 새롭고 다양한 형태의 잠재적 경제를 제시한다.

〈에이리언〉을 예로 들어 보겠다. 이 영화는 영리 기업들이 세상의 중심이 되는 미래를 그렸다. 여기서 드러나는 기업 운영 윤리는 검토해 볼만한 가치가 있다. 미국 웹신 〈슬레이트〉 기사의 말을 빌리자면, 이 영화는 우주 공간에 대한 대중의 관심과 공공 자금을 지원받은 우주 탐험으로 만들어질 사업 사이의 균형에 중요한 문제를 제기한다. 다른 여러 형태의 소설과 마찬가지로 공상 과학 소설에도 우리 세계에 대한 비판과 우리를 괴롭히는 질문, 우려가 담겨 있다.

공상 과학 소설 작가 조 린지 월턴은 한 인터뷰에서 놀랍도록 통찰력 있는 견해를 들려주었다. 공상 과학 소설과 경제학의 관계를 분석한 내용이었는데, 두 분야의 기초를 비교한 가장 설득력 있는 논점이었다. 경제학에 대한 월턴의 의견은 이렇다.

"1930년대에 경제학자 로빈스가 내린 정의에 따르면 경제학의 핵심은 희소성입니다. 로빈스는 '경제학이란 목적과 선택적 용도를 지닌 희소한 수단 사이의 관계라는 측면에서 인간의 행위를 연구하는 학문'이라고 말합니다. 쉽게 말하면 경제학은 희소한 자원을 가지고, 인간의 욕구를 충족시키기 위해, 부의 생산과 분배 소비를 효율적으로 다루는 학문입니다. 이때 희소한 수단이란 우리를 어떤 선택에 빠뜨리고 모든 방법으로 사용할 수 있지만, 동시에 양쪽으로 사용할 수 없는 수단을 말합니다."

이어서 월턴은 '목적'이란 인간의 '필요, 욕구, 희망, 꿈'을 의미하고, 이런 목적은 매우 중요하며, 희소성이 유한함의 동의어가 아니라고 설명했다.

하지만 오늘날의 경제 모델은 본질적으로 제한적이고 복잡한 인간 욕구를 담아내지 못하는 결함이 있다. 우리의 필요, 즉 우리가 무엇을 원하고, 우리가 원하는 것에 얼마를 기꺼이 내놓을 것인지에 따라 금전적 가치를 부여한다. 이와 달리 공상 과학은 더 포괄적인 인간 욕구를 담아내고, 우리 사회를 배경으로 하며, 지금의 경제 모델을 대신할 새로운 아이디어를 보여 준다. 즉 월턴의 주장처럼 공상 과학 소설 같은 문학은 대중의 머리와 마음속으로 들어가 사람들이 원하는 것과 그것을 왜 바라고 어떻게 느끼는지, 욕망이 어떻게 변할 수 있는지 파악하는 데 매우 관심이 많다.

이때 인간과 인간 세계의 유연한 본성을 아는 것은 매우 중요하다. 우리는 한때 중요하게 여기던 것을 나중에는 사소하게 생각하곤 한다. 즉 사회와 우리가 가진 자원, 우리의 욕망이 진화함에 따라 중요하게 여기는 가치가 바뀌기도 한다. 윌튼은 말한다.

"아마 이것이 공상 과학 소설과 경제학의 만남이 생산적인 이유 중 하나일 것입니다. 공상 과학 소설도 추상적 개념과 모델화, '논리적 정밀성'을 가지고 있기 때문입니다. (…) 하지만 공상 과학은 근본적으로 주류 경제학과 달리 실제 인간의 경험에 근거한 것입니다."

경제와 공상 과학 소설이 합쳐진 다른 예로는 《마션》의 저자 앤디 위어의 최신 소설인 《아르테미스》가 있다. 이 소설은 '아르테미스'로 불리는 달 거주지를 배경으로 하는데, 아르테미스 거주인들에게 가장 가치 있는 것은 바로 '연착륙 그램 soft landed gram' 혹은 'SLG'라는 달 화폐다. 1SLG는 지구에서 달까지 1kg을 운송하는 비용과 같으며, 아르테미스를 방문하는 사람들은 지구에서 사용하는 자국 화폐를 SLG로 바꿔서 상품권처럼 사용할 수 있다. 이 경제 시스템은 실용적으로 보이지만, 우리에게 생각할 거리를 던져 준다.

영화에서는 특정 자원을 인간 생활의 모든 영역에 필요한 화폐의 기초로 설정했다. 사용한 SLG는 지구 핵심 자원의 사용량을 나타낸다. 만약 이것이 현실이라고 생각해 보자. 우리 경제가 구매할 때마다 고갈되는 소중한 지구 자원의 양을 정확하게 수량화할 수 있는 방식으로 바꾼다면 어떻게 하겠는가? 아마 우리는 지구를 파괴하는 선택이 아닌, 지속 가능한 발전을 꾀하는 선택을 할 것이다.

공상 과학 소설의 배경은 한계가 없다. 그래서 가끔 더 나은 세계, 더 나은 삶, 사람들이 더 많이 교류하는 삶을 보여 주는 공상 과학은 현실을 초라하게 만든다. 그래서 월턴은 다음과 같이 말한다.

"공상 과학 소설은 여러 학문의 집합체 그 이상입니다. 따라서 공상 과학 소설은 종합적인 학문이라고도, 독창적인 개별 학문이라고도 할 수 있습니다. 실제 존재하지 않는 흥미로운 것을 상상하는 행위 자체도 공상 과학 속 가상 경제나 경제 법칙과는 다른 상상 경제입니다."

지금까지 사람들이 공상 과학 소설에 기대하는 경제적 효과는 크지 않았다. 오늘날 공상 과학 소설이 기술 개발이나 지구 경제에 미치는 영향이 있는지도 명확하지 않다. 하지만 그렇다고 공상 과학 소설이 영향력이 없거나 공상 과학이 경제 주제에 관심을 가지면 안 된다는 뜻은 아니다.

경제는 통치 체제에 깊이 뿌리내리고 있으며, 변혁으로도 완전히 바꾸기 어렵다. 그럼에도 아이폰의 영상 통화 서비스인 페이스타임부터 승차 공유 서비스인 우버, 음원 스트리밍 서비스인 스포티파이에 이르기까지 혁신적인 물결이 우리 삶을 넘어 경제를 바꾸고 있다. 이러한 서비스들은 사람들의 특정 욕구를 충족시킨다. 더 나아가 사람들이 새로운 것을 욕망하고 요구하도록, 자신과 상대방을 다른 방식으로 보도록 변화시킨다.

　공상 과학의 경제적 영향이 즉각적으로 나타나지 않을 수 있다. 하지만 우리가 공상 과학 소설, 우주가 인류에 미치는 영향을 생각할 때 경제적 영향은 방정식의 중요한 부분이 된다. 좀 더 면밀히 살펴보고 더 신중하게 행동한다면 우리 경제를 모두에게 더 긍정적이고 유익한 모델로 이끌 수 있을 것이다.

10

공상 과학이 키워 낸
우주 투자자들을 만나다

$

〈스타트렉〉은 새로운 우주 인식 방법을 알려 주었다
: 레이포더, GROW 설립자

◆

레이 포더는 흩어져 있는 각각의 기술들을 전체 시스템적 관점에서 접근하는 방식을 연구하는 회사인 그로우GROW의 설립자이다. 이 회사는 '지속 가능'을 목표로 기술 개발 계획과 전략을 설계하고 실행한다. 그로우는 자신의 아이디어가 공상 과학에서 나왔다고 말했다.

나는 인류의 진화와 진보가 우주 속 인류를 바라보는 시각과 직결된다고 믿는다. 우주와 우주 경제는 지구촌이라고 하는 우리 사회의 현주소와 같다. 즉 언제나 미완성이다. 역사적으로 사회와 문명을 지배한 것은 미래를 변화시킬 가능성이나 비전 등 사람들의 상상력을 사로잡은 생각이었다.

그동안의 우주 이야기는 20세기 산업 경제에서 파생되어 모든 사람에게 성공 기회가 있다는 것을 알려 주고, 앞날을 개척하기 위한 새로운 길을 제시했다. 그래서인지 우리는 로켓과 관련 기술 등 우주 탐험의 산물을 공장에서 일히던 산업 시대의 연장선에서 인식하고 사고하는 경향이 있다. 이 구시대적 사고방식이 지금까지 이어진 이유는 바로 당시 문화 콘텐츠에 심어진 '미지의 세계에 대한 탐험 욕구' 때문이다.

우주 탐험을 소재로 삼지 않던 1950~1960년대 콘텐츠에서 〈스타트렉〉은 획기적이었다. 이후 〈스타트렉〉 주인공의 여정을 다룬 〈스타워즈〉가 개봉했고, 나중에는 〈블레이드 러너〉(1982)가 나왔으며, 최근 〈마션〉에 이르기까지 놀랍고 혁신적인 공상 과학 영화들이 나왔다. 이 영화들은 문화적 시대정신을 반영한다. 그렇다면 오늘날 문화 콘텐츠 속에 담긴 시대정신, 즉 인류가 앞으로 나아갈 수 있도록 하는 사회적 합의는 무엇일까? 그것은 어떤 모습이고 어떤 느낌일까?

공상 과학과 판타지, 우주와 관련된 모든 것에서 가장 주목할 점은 과거에는 상상에 불과했던 생각이 지금은 인류가 자각할 수 있는 현실이 되어가고 있다는 사실이다. 에이미 애덤스 주연의 영화 〈콘택트〉에서는 '시간에 제약받지 않는다non-temporal는 것', 즉 과거, 현재,

미래 시제를 같은 차원에서 인지하는 언어를 사용하고, 이것이 시공간을 이해하는 데 어떤 영향을 미치는지를 다루었다. 〈닥터 스트레인지〉(2016)는 우리가 보고 믿는 현실과 우리가 원할 때 돌아다닐 수도, 없을 수도 있는 양자 현실을 비교했다. 조디 포스터 주연의 〈콘택트〉(1997) 같은 몇몇 공상 과학 영화들은 우주 탐사를 목적 달성을 위한 물리적·기계적 수단이 아닌 의식의 관점에서 바라봤다. 나는 공상 과학 영화 속 이야기에서 지금 변화하고 있는 세계의 문화 흐름을 이해할 수 있다고 생각한다. 앞으로 다가올 변화를 보여 주는 지표이자 이후에 더 새롭게 변화할 문화 인식을 볼 수 있는 공간이라 여긴다.

모든 문화의 시작에는 일부 허구적 요소가 있다. 즉 모든 문화의 창조 신화는 허구에 뿌리를 두고 있다. 소설은 우리가 생각하는 현실을 은유적으로 보여 주며, 우리는 이를 바탕으로 주변 현실을 평가한다. 예컨대 미국 소설은 기본적으로 탐험가와 개성 강한 사람들의 이야기가 배경이다. 따라서 미국 문화는 항상 이런 이야기를 내재한다. 하지만 시대의 흐름에 따라 이제는 조금씩 기반이 되는 이야기가 바뀌고 있다.

16~17세기 즈음, 갈릴레오나 데카르트 시대에 과학을 이해하는 방식은 사물들을 관찰하고 이것들이 모여 전체가 되기를 바라는, 복잡하고 추상적인 사상이나 개념을 직접 관찰할 수 있는 구체적인 요소들로 설명하려는 환원주의적 태도였다. 하지만 이제 과학은 다양한 학문 분야 간 지식의 상호 교류로 이루어진다. 즉 먼저 전체 시스

템을 보고, 유사한 학문뿐 아니라 관련 없는 분야의 상호 연결성을 이해한 다음 인간이 시스템에 미치는 영향을 생각한다.

산업 디자인을 바라보는 관점도 마찬가지다. 이제는 인간적 요소를 다른 무엇보다 더 중요하게 고려한다. 우리는 사물을 기계적 관점에서 바라보기보다 우리 내면세계와 외부 세계를 심리적, 행동학적으로 이해하는 관점에서 바라본다. 이는 우리가 과학의 틀을 짜는 방식을 바꾼다. 예술과 과학의 경계가 노호해지기 시삭했기 때문이다. 사물의 어느 부분이 양적이고, 측정할 수 있고, 혁신적일까? 어느 부분이 개방적이고, 특이하고, 모든 것을 아우를까? 양자 컴퓨터 기술은 이진법적 변화와 대비되는 상태 변화의 좋은 예이다.

이런 사고방식의 변화가 하나의 과학 분야로 진화하고 있다. 마치 연금술의 자연에 대한 전체론적 이해에서 생명 과학과 응용과학이 나온 것처럼 우리는 빅 데이터에서 데이터 시각화, 기술과 관련된 인간의 심리 또는 행동을 이해하고 환경과 기술의 상호 연관성까지 모든 것을 아우르는 원을 돌고 돌아 다시 원점으로 향하고 있다. 우리는 점들을 연결하기 시작했다.

점들을 연결하면서 과학의 범위가 넓어지자 허구의 정의는 완전히 달라졌다. 지금 우리의 의식을 바꾸게 한 몇몇 새로운 공상 과학, 판타지 작품에서 그 모습을 찾아볼 수 있다. 새로운 소설은 인류의 문화 감수성 발전, 향후 우리 우주 탐사 방법과 우주 탐사가 인류에게 주는 의미에 지대한 영향을 미칠 것이다.

정치적, 지리적, 사회적, 경제적으로 GDP를 성장의 주요 척도로 여기는 사고방식이 무너지고 있다. 통화 시스템은 늘 부를 측정하는 방법이었다. 하지만 고갈되는 자원을 보충할 수 없다면 통화가 무슨 의미가 있을까? 자원의 한계를 마주하고 대안을 생각하는 것은 당연하다. 어떤 대안이 있을까? 인간은 하늘과 지구를 보면서 존재를 인식할 수 있고, 그 공간을 상상할 수 있다. 인간, 하늘, 우주가 직접 연결된 관계이기 때문이다.

16세기 그레고리력에서 현대의 달력 체계에 이르기 전까지 인간은 달의 운동 주기를 기반으로 한 음력으로 시간과 날짜를 계산했다. 가뭄이 생기거나 홍수가 일어나면 하늘에 제사를 지내는 등 인류는 하늘과 맺는 관계로 지구상의 모든 물리적인 현상을 파악했다. 이것이 항상 인간과 함께한 역사였다. 우리는 이 두 세계 사이의 통역자이다.

우주는 오늘날 인류가 지구를 새롭게 인식하고 사물을 재해석하는 방법을 알려 준다. 인류는 이러한 인식 위에 사회를 구성하고, 자원을 분류하고, 가치와 우선순위를 정하고, 문맥적 체계를 구축한다. 또한 우주는 우리가 알고 있다고 생각하는 것을 다시 살펴보게 함으로써 이제까지 간과했던 것을 알려 준다. 즉 우리가 무엇을 보고, 무엇을 이해하고, 무엇을 상상할 수 있는지, 기존의 것에 새롭게 접근하는 방법을 알려 준다.

이 말은 인류가 무조건 한계를 깬다는 뜻이 아니라 한계에 관한 선입견을 깬다는 뜻이다. 우리가 인식할 수 있는 범위에는 한계가 있다. 하지만 지금 우리는 보고, 듣고, 느끼고, 생각하는 범위의 한계를 넓히고 있다. 예컨대 대화할 때 이용하는 기술, 스마트폰이나 컴퓨터 등은 수백 년 동안 지구에 존재해 온 자원으로 만들어졌다. 이전까지는 아무도 그 물질들로 가상 세계에서 교류하기 위한 기술을 만들 생각을 하지 않았다. 통신 기술이라는 창조물이 태어날 수 있었던 것은 인류가 인식의 한계를 확장해 이미 존재했던 자원을 새로운 관점에서 바라봤기 때문이다. 우주는 우리가 상상하지 못한 방식으로 인식하고 창조하는 무한대에 가까운 방법을 제시한다.

20세기 미국에서는 케네디 대통령이 달 착륙 프로젝트를 실행했다. 나사는 달에 가기 위해 탐구와 연구를 시작했고 더 효율적으로 목표를 달성하는 방법을 고안해 냈다. 또 여기서 파생된 기술 덕분에 새로운 현재 사회와 경제가 형성되었다. 달을 향한 꿈, 혹은 그 새로운 이야기의 전개 덕분에 여기까지 이르렀다.

꿈을 꾼다는 것은 인간과 떼려야 뗄 수 없는 자연스러운 행위다. 우리 개개인은 자연 세계에서 포착한 것을 어떻게 받아들일지 무의식적인 시뮬레이션을 거친다. 그런 의미에서 지금 시대는 굉장히 흥미롭다. 어디를 둘러봐도 우리가 인식할 수 있는 미디어로 가득하기 때문이다. 이러한 사회 모습은 인류가 새로운 꿈을 찾고 있다는 신호다. 우리는 늘 어떤 새로운 이야기가 마음속에 반향을 일으킬지 고민하는데, 대부분 지금 현실이 마음에 들지 않기 때문이다. 따라서 매일 더 나은 대체 현실을 고민하고, 생각하고, 꿈꾸며 지금 상황에서 탈출할 시간을 필요로 한다.

우리는 실제 현실에서 더 많은 미디어를 소비하며, 점점 더 많은 시간을 '꿈같은 상태로' 디지털 세계와 상호 작용하는 데 보내고 있다. 사람들은 거의 몽환적인 상태에서 미디어를 소비한다. 우리는 역사상 가장 오랫동안 최면에 걸린 상태로 깨어 있는 시간을 보내는 세대다. 나는 부정적으로 보일 수 있는 이 현상이 대단히 흥미롭게 느껴진다. 인간은 상상을 하면서 새로운 현실을 위한 새로운 도구들을 연구하기 때문이다. 하지만 인간이 인식의 확장을 바라고 미지의 세계, 즉 하늘을 올려다보는 데에는 한계가 있다.

지금 우리가 하늘을 올려다보면서 하는 생각은 100년 전과 완전히 다르다. 미디어와 정보의 홍수 속에 사는 지금, 우리 마음속 상상은 그렇지 않던 시절과 다를 수밖에 없다. '이제 다음은 뭘까?', '어떤 모습일까?', '우리가 어떻게 직접적으로, 혹은 간접적으로 저 우주로 확장해나갈 수 있을까?', '그렇게 된다면 그것은 어떤 의미일까?' 인류는 하늘을 보면서 무한한 가능성을 발견하고 이런 의문과 대화의 창을 열기 시작했다. 그러므로 우주는 인류가 앞으로 나아가는 데 매우, 늘 중요할 것이다. 확실히 지금은 그 어느 때보다도 그렇다.

공상 과학은 소행성 채굴 같은 해결책을 알려 준다
: 대니얼 에이브러햄, 《익스팬스》 작가
◆

대니얼 에이브러햄은 작가, 만화 작가, 시나리오 작가, 그리고 텔레비전 콘텐츠 제작자이다. 에이브러햄은 2015년부터 방영된 공상 과학 드라마 〈익스팬스〉 시리즈의 제작자이자 동명의 원작 소설

《익스팬스》 시리즈의 공동 저자이다.

그는 《익스팬스》의 시작에 대해 "《익스팬스》는 아주 오래 전 한 대규모 다중 사용자 온라인 게임 사업 계획을 보고 떠오른 이야기입니다. 제가 이 책을 쓰기 시작했을 때부터 세계관은 이미 구체적으로 잘 짜여 있었습니다. 그때는 '이걸 책으로 써서 피자 값에 팔면 되겠다'라고 생각하면서 피식 웃었습니다. 이 책을 집필한 가장 큰 이유는 단지 공동 저자인 타이 프랭크와 내가 과학을 좋아했기 때문입니다"라고 말하면서 공상 과학에 대한 자신의 견해를 들려주었다.

예술이 주는 선순환은 이런 것이다. 어릴 때 어떤 한 권의 책을 인상 깊게 읽었다고 하자. 여기서 생긴 영감은 이후 우연히 기술과 미래 전망, 상상력이 담긴 영화와 TV 쇼를 보고 다시 누군가에게 영감을 줄 창작물을 만들어 낸다. 공상 과학 소설이나 영화는 미래 모습을 상상할 수 있는 첫 번째 장소다. 물론 어릴 때는 상상에만 그칠 수 있다. 하지만 나이가 들면서 많은 것이 실제로 가능하다는 것을 알게 된다.

인류는 기본적으로 공상 과학을 전략 삼아 다양한 과학과 기술적 문제의 혁신 방안을 생각해 낸다. 이로써 마침내 새로운 진리에 접근한다. 여기서 끝이 아니다. 그 다음에는 공상 과학 소설 작가들이 나타나 이렇게 말한다.

"우리가 그것을 추론하면 어떨까?"

이제 믿기 어렵고 비현실적이지만, 기막히게 좋은 상상 속 기술과 발전 가능성의 범위를 알게 된다. 그리고 이런 상상은 모두 같은 토양에 반영된다.

나는 공상 과학 소설과 실제 과학, 공학 사이에는 피드백 회로가 존재한다고 생각한다. 상업 우주 업계 사람들과 교류를 하면서 흥미로웠던 점은 화성이나 목성에 영구적인 우주 정거장을 건설하기 위한 아이디어, 소행성 채굴을 위한 아이디어를 들을 수 있었다는 것이다.

이런 멋진 생각은 공상 과학 소설에서 시작해 추진력을 얻는다. 이어서 생각을 실현하는 데 필요한 구체적인 것을 고민하는 통찰이 뒤따른다. 이 과정에서 인류는 늘 예상치 못한 엄청난 이익을 얻는다. 나는 1960년대와 1970년대의 우주 콘텐츠를 살펴보고 디지털 사진 촬영 기법, 새로운 심장 판막 등 우리가 얻은 이익을 가늠해 본다. 우리가 이 어려운 문제들을 연구하면서 깨달은 풍부한 결과물을 본다.

나는 곧 지구와 인류의 문화, 사회, 자연 등 여러 환경에 쓰나미처럼 밀려올 위협과 도전을 생각한다. 뜨거워지는 지구에서 살면서 거대한 환경과 시스템을 통제하려고 고군분투하는 인간의 어려움을 생각한다. 그리고 화성 식민지를 건설하기 위해 우리가 해결해야 할 일이 무엇인지 살펴본다. 지금 이 두 가지 이슈를 상호 비교 검토 중이다.

우리가 화성 식민지 건설을 진행하면서 얻게 될 이득은 화성에 지어질 건물만이 아니다. 화성에 건물을 짓기 위해 노력하면서 알아내는 모든 것이다. 인류는 지구 밖 태양계로 활동 범위를 넓히기 위해 엄청난 시간과 노력, 자본을 투자하고 있다. 만약 실패하는 최악의 경우라 할지라도 인간은 더 부유해지고 스마트해져 지구와 우리가 맞닥뜨린 문제들을 더 잘 처리할 수 있을 것이다.

지금 인류는 유난히 이상한 시기에 있다. 정보를 제어하고 암호화하고 보존하는 방법, 그리고 해독하기에 충분한 맥락을 지닌 정보를 얻는 방법을 이해하는 방식은 심오한 문제이며 심오한 프로젝트이다. 나는 이런 문제가 해결된 미래를 보고 싶다. 하지만 그보다 더 이 과정에서 인간이 무엇을 배우고 창조해 내는지 보고 싶다. 이것이 바로 공상 과학 소설이 주는 과정이자 선순환이다. 이것이 쥘 베른이 잠수함 노틸러스 이야기를 쓰고 난 후 미국이 실제 같은 이름의 핵잠수함을 보유하게 된 과정이다. 우리는 수십 년, 어쩌면 수 세기 동안 이렇게 해 왔다. 공상 과학 이야기는 인류가 기적을 이루도록 이끌어 온 힘의 일부이다.

공상 과학은 화성 이주 같은 진화의 청사진을 보여 준다
: 마이클 클라이브, 전 스페이스X 엔지니어

◆

마이클 클라이브는 고압 시스템 분야에 전문적인 지식을 가진 엔지니어이다. 클라이브는 항공 우주 분야에 뛰어들기 전 나사에서 디지털 애니메이터로 일했다. 그 후 엑스코 에어로스페이스XCOR Aerospace와 스페이스X에서 엔지니어로 근무하며 고압 유체 시스템 전문가가 되었다. 현재는 샌프란시스코의 한 외부에 자리한 작은 스타트업의 엔지니어링 및 고압 시스템 책임자로 일하고 있다. 클라이브는 우리에게 공상 과학이 필요한 이유에 대해 설명했다.

나에게 공상 과학이란 평생 깊은 생각을 한 사람들이 쓴 이야기이 자, 사회의 다양한 가능성을 엿보는 방법이었다. 나 역시 취미로 가끔 공상 과학 소설을 쓴다. 서로 맞물려 돌아가는 현대 기술 시대의 복잡함에 대한 내 많은 생각을 정리하기 위해서다.

제프 베이조스와 일론 머스크 같은 창업가들은 우주 콘텐츠를 보면서 자랐다. 공상 과학 소설의 독자였던 일론 머스크는 그가 살고 싶은 세상, '화성 오아시스'를 만들기로 결심했다. 유명한 기업가가 공상 과학 소설을 읽으며 키운 꿈을 현실로 만든 대표적 예이다. 우리에게는 공상 과학 소설이 필요하다.

전 세계적으로, 특히 미국 사회가 직면한 큰 문제 중 하나는 비전의 부재라고 생각한다. 아메리칸 드림은 미래 비전이었다. 미국 시민들이 가족을 부양할 수 있고, 집을 장만할 수 있고, 원하는 물질적인 상품을 모두 가질 수 있다는 미래의 청사진이었다. 아메리칸 드림이 비전일 수 있었던 이유는 당시 미국이 농경 사회였기 때문이다. 하지만 지금도 많은 사람이 아메리칸 드림 속에 산다. 즉 사람들은 다음에 무슨 일이 일어날지 모른다. 정치적, 정신적 미래 등 모든 방면에서 5년 이후를 바라보기를 멈춘 것 같다.

나와 비슷한 연령뿐 아니라 사회 전반이 그렇다. 물론 장기 계획은 사람을 불안하게 만든다. 그래서 많은 사람이 5년 후 내 위치가 어디쯤일지 말하는 것을 불편해한다. 실제로 삶에서 다양한 가능성을 생각하는 사람은 극히 드물다. 나는 지금 사회 전반적으로 우리에게 부족한 것은 미래 비전이라고 생각한다.

지금 우리에게는 유토피아를 묘사한 공상 과학 소설이 필요하다. 디스토피아를 담은 공상 과학 소설을 쓰기는 매우 쉽다. 사람에게는 무언가를 파괴하는 데 집착하는 성향이 있기 때문이다. 우리는 건물이 무너지고, 도시가 핵폭탄을 맞고, 소행성이 지구와 충돌하는 장면을 즐긴다. 왜인지는 모르겠지만 우리에겐 이런 비뚤어진 성향이 있다. 공상 과학 영화나 인쇄물, 매체에서 유토피아를 그린 적이 있는가? 적어도 나는 본 적이 없다. 심지어 유토피아로 끝낼 수 있는 결말을 디스토피아적으로 끝맺은 적도 많다.

공상 과학 소설은 사회의 청사진이다. 공상 과학 소설은 미래의 우리를 보는 방법이다. 몇 년 전, 나는 내가 지금 공상 과학 소설이 묘사한 그 이후의 시대에 살고 있다고 생각한 적이 있다. '이미 공상 과학 세계에 살고 있는데 어떤 공상 과학 소설을 더 쓸 수 있을까?' 하지만 곧 이것이 근시안적인 생각임을 깨달았다. 언제나 내일은 있기 마련이기 때문이다.

공상 과학 소설가들에게 바라는 점이 하나 있다. 미래를 이끌어 갈 우리 자녀들이 공상 과학 이야기를 읽고 움츠러드는 것이 아니라, 현실을 직시하고 미래로 나아갈 수 있도록 대담한 꿈을 꾸는 이야기, 세상이 잘 돌아가는 이야기를 그려 주었으면 한다.

공상 과학은 인공 지능 개발 등 다음 도전 과제를 알려 준다
: 크리스토퍼 스톳, 맨샛 CEO

✦

크리스토퍼 스톳은 1998년 설립된 세계 최대의 위성 주파수 사업체인 맨샛의 공동 설립자이자 CEO, 회장이며, 현재 우주와 스템STEM 교육에 참여하고 여러 이사회에서 활동하며, 우주 관련 출판물을 기고하면서 뉴 스페이스 지원 활동을 계속하고 있다. 공상 과학의 열렬한 팬인 스톳은 공상 과학의 역할에 대해 들려주었다.

나는 정말 공상 과학 소설에 푹 빠진 독자로, 종종 공상 과학 소설을 회사의 '연구 개발'에 비유한다. 둘 다 다양한 기술이 사회에 미치는 영향과 결과를 바탕으로 미래를 예측하는, 인류 역사상 가장 훌륭한 지성들이 모인 집합체이기 때문이다. 그러한데 어떻게 공상 과학 소설이 매력적이지 않을 수 있을까? 어떻게 의미가 없을 수 있겠는가?

공상 과학 소설은 앞날을 비추는 등불이다. 생각을 불러일으키고 사고의 폭을 넓혀 준다. 우리가 삶에서 할 수 있는 모든 경우의 수를 보여 주고, 우주에서 진정으로 가능한 것이 무엇인지 생각하게 한다. 공상 과학 소설은 인류 역사상 가장 반정치, 반체제적인 문학이다. 그래서 일부 국가는 공상 과학 소설을 금지한다. 하지만 나는 어릴 때부터 다른 사람들이 팝스타와 축구를 이야기하고 있을 때 공상 과학 소설에서 나노 기술, 생명 공학, 핵전쟁, 정치적 격변 등에 관한 이야기를 읽었다.

일론 머스크, 버트 루탄, 제프 베이조스가 처음 우주 비행을 꿈꾼 계기로 공상 과학 소설을 언급한 이유가 있다. 일론 머스크는 이제까지 읽은 가장 위대한 책 중 하나로 아이작 아시모프의 공상 과학 소설 《파운데이션》을 꼽았다. 빌 게이츠와 함께 마이크로소프트를 창업한 폴 앨런은 13살 때 길을 잃고 헤매다 도서관에 갔고, 그때 로버트 하인라인의 공상 과학 소설을 읽고 기술과 컴퓨터에 빠졌다고 말했다. 제프 베이조스는 하인라인, 니븐, 퍼넬의 공상 과학 소설을 읽고 같은 경험을 했다고 말했다. 정말 믿기 어려운 일이 아닌가? 공상 과학 소설가들은 미래의 여러 대안을 제시하고, 독자가 가장 열망하는 미래를 골라 선택하게 했다.

러시아의 위대한 로켓 과학자 콘스탄틴 치올코프스키와 세르게이 코롤레프, 미국 우주 공학자이자 우주 건축가인 베르너 폰 브라운, 미국의 물리학자이자 로켓 개발자인 로버트 고다드에게 우주 분야에 뛰어든 이유를 물어보니, 모두 아주 간단하게 대답했다.

"우리는 쥘 베른, 허버트 조지 웰스, 코난 도일의 책을 읽었습니다. 우리는 이들의 작품에서 영감을 받았습니다."

SF계의 3대 거장이라 불리는 아서 클라크와 아이작 아시모프, 하인라인은 서로 아는 사이였다. 2차 세게 대전 중 화학자였던 아시모프와 해군 항공 공학 연구원이었던 하인라인은 같은 실험실을 사용했다. 제리 퍼넬과 래리 니븐은 하인라인에게 영향을 받았다. 박사 출신 SF 작가 제리 퍼넬과 래리 니븐은 실제로 전략 방위 구상SDI 프로그램을 고안해 레이건 행정부에 제안했던 팀에 속해 있었다.

공상 과학에는 과학을 사랑하는 인간의 마음이 드러난다. 과학이 사회에 미치는 영향은 공상 과학 문학과 맞먹는다. 독자들은 머릿속에 우주를 어떻게 그리는가? 독자들은 〈2001: 스페이스 오디세이〉를 볼 때 인공 지능을 어떻게 상상하는가? 아이폰이 〈2001: 스페이스 오디세이〉에 나오는 거대한 돌기둥 모노리스Monolith 처럼 생긴 게 우연이라고 생각하는가? 구글은 어떨까? 이들이 자사 운영 체제를 뭐라고 부르는가? 안드로이드이다. 구글에서 만든 첫 스마트폰의 이름은 무엇이었는가? 넥서스원이었다. 필립 K. 딕의 공상 과학 소설 《안드로이드는 전기 양의 꿈을 꾸는가?》를 원작으로 한 영화 〈블레이드 러너〉를 생각해 보라. 여기서 안드로이드들을 뭐라고 불렀던가? 넥서스 안드로이드였다.

화성 이주와 정착을 이야기하는 사람들은 어디서 그 아이디어를 얻었겠는가? 바로 공상 과학 소설이다. 커트 보니것을 보라. 그는 레이 브래드버리와 같은 공상 과학 소설 작가였다. 윌리엄 깁슨과 닐 스티븐슨은 공상 과학 소설의 하위 분야인 하이테크 공상 과학 소설, 주로 사이버 펑크라 불리는 인터넷 혁명을 생각해 냈다. 닐 스티븐슨은 자신의 책 《다이아몬드 시대》를 읽고 킨들을 발명한 친구 제프 베이조스와 블루 오리진을 설립했다. 우주 산업에서도 마찬가지다. 유인 우주 비행 개발자들에게 스탠리 큐브릭 감독은 어떤 영향을 미쳤는가? 큐브릭은 〈2001: 스페이스 오디세이〉에서 원작인 아서 클라크의 동명 소설을 완벽하게 시각화했다. 클라크는 정지 궤도 위성 통신과 오픈 소스의 창시자이다. 《스페이스 오디세이》에 나오는 인공 지능 컴퓨터 할HAL 9000은 인공 지능 산업에 어떤 영향을 미쳤는가?

공상 과학 소설은 미래로 가는 길을 밝히는 등불이다. 과학과 기술, 공학, 우주를 좋아하는 수많은 사람이 생각에 영감을 주고 체제를 뒤엎는 아이디어를 담은 공상 과학 소설을 읽으며 자랐다. 공상 과학 소설은 '인간이 할 수 있는 일'의 범위를 넓혀 주고, 상상 세계를 현실로 만든다. 인류 역사상 예술이 삶을 모방하는 것이 아니라 삶이 예술을 모방하는 경우는 없었다. 삶이 실제로 아무 거리낌 없이 전적으로 예술을 모방하는 것이기에 처음 있는 일이다.

〈코스모스〉는 불가능을 실현해 사회적, 경제적 이득을 주었다
: 나훔 로메로, 우주 예술가
◆

나훔 로메로는 우주 예술가이자 작곡가, 여러 가지 악기를 연주하는 멀티 인스트루멘탈리스트multi-instrumentalist이다. 현재 국제우주연맹IAF 산하 우주문화활용위원회ITACCUS에서 일하고 있다. 로메로는 모든 사람이 우주 의제에 관심을 가져야 한다고 주장하면서 우주에 입문하기 가장 좋고 쉬운 방법이 바로 공상 과학 콘텐츠라고 설명했다.

아버지는 내게 다큐멘터리 〈코스모스: 칼 세이건〉 DVD를 사 주었다. 칼 세이건이 내게 준 영향은 엄청나다. 나는 세이건이 시를 통해 우주를 이야기하고 있다는 사실을 깨달았다. 우주 산업계 사람들은 대부분 《스페이스 오디세이》, 쥘 베른, 칼 세이건 때문에 우주에 관심이 생겼다고 한다. 이것이 바로 문화와 예술의 힘이다.

우주 산업의 민간 기업들이 대단한 이유는 엄청난 위험을 감수하면서 과감한 도전을 하고 있기 때문이다. 우주 기술은 복잡하고, 연구와 개발 비용은 비싸며, 수익은 불확실하다. 그런데도 멈추지 않는다. 이 기업들은 위험 감수를 전제 조건으로 생각하기에 어쩌면 정부의 우주 기관보다 더 실험적인 일들을 하고 있을지도 모른다. 이것은 우리에게 환상적인 기회다. 우주 기업들과 일하는 것이 우주 기관들과 일하는 것보다 더 쉽기 때문이다.

우주는 멀지 않다. 우리가 생각하는 것보다 가깝다. 나는 '사람들은 우주를 어떻게 인지하는가'에 큰 관심이 있다. 우주 분야에서 일하지 않는 사람들과 대화해 보면, 사람들이 얼마나 우주에 거리감을 느끼는지 알 수 있다. 마치 동떨어진 주제로 생각한다. 하지만 우주는 우리 인간에 관한 것이다. 우주는 경제적으로도, 계획하고 이해하는 측면에서도 우리 사회에 이익을 주고 기여한다.

모르는 사람이 많지만 우리는 휴대폰을 사용할 때나 주소를 찾을 때, 혹은 날씨를 알고 싶을 때 우주를 활용한다. 우리는 우주를 상당히 많은 일에 사용하고 있다. 따라서 우리는 우주와 관련한 의견을 내야 한다. 어떤 분야에서는 우리는 한쪽만 이야기하거나 하나의 이야기만을 나누는 것을 싫어한다. 우리는 언제나 가능한 한 다양한 목소리를 원한다. 예술가로서, 자유로운 영혼으로서, 우주 주제를 다루는 사람들로서, 우리는 우주 의제를 형성하는 데 적극적으로 참여할 의무가 있다.

내가 우주를 '내 도구'라고 부르는 데에는 위에서 언급한 물리적, 직접적인 이유뿐 아니라 간접적 이유도 있다. 우주는 나 같은 예술가들이 이 순간과 장소를 독특한 시각으로 바라볼 수 있게 도와준다. 인류의 우주 활동과 로켓이 있기 전, 이미 우주로 갈 수 있다고 생각한 예술가와 작가, 음악가들이 있었다. 과학과 기술 이전에는 예술가들이 우리를 우주로 데려갈 수 있었다. 예술가들의 역할은 미래와 불가능한 것들을 상상하고, 새로이 상상한 가능성을 예술의 형태로 창조하는 것이다.

이런 시각으로 이 정도 거리를 두고 우리 자신을 바라볼 수 있다는 것은 특전이라고 생각한다. 우리가 스스로를 더 잘 이해할 수 있기 때문이다. 어둠을 경험해 본 적이 없다면 빛이 무엇인지 어떻게 알 수 있을까? 무중력을 경험해 본 적이 없다면 중력을 어떻게 설명할까? 이것이 바로 우주의 멋진 점이다. 이처럼 극단적인 대체 가능한 관점과 경험으로 이어진다.

우리는 〈마이너리티 리포트〉를 보고 발명을 시작했다
: 펜 아서, 인핸스 디지털 CEO
✦

펜 아서는 복잡한 과학이나 기술을 시각화하는 서비스를 제공하는 회사이자 인터렉티브 마케팅 에이전시인 인핸스 디지털Inhance Digital 의 공동 설립자이자 CEO이다. 아서는 항공 우주 및 통신과 같이 기술적으로 복잡한 산업과 제품 개념을 성공적으로 마케팅한다. 아서는 공상 과학 영화에서 영감을 받은 자신의 제품을 설명했다.

　창업 초기, 나와 사업 파트너인 마지아르 파르잠은 공상 과학의 열렬한 팬이었다. 우리는 항상 〈마이너리티 리포트〉(2002) 같은 공상 과학 영화들을 보고 "저걸 만들어야 해!"라고 말했다. 그리고 지금, 나는 이제까지 영화에서 본 것들을 실제로 만들었다고 말할 수 있다. 우리는 어떤 기술을 시각화할 때 렌더링한 얼굴 디자인을 즐겨 사용한다. 이런 것들이 효과를 발휘하는 방식을 좋아한다. 우리는 이런 것들을 만드는 동안 늘 노력하고, 항상 이런 것들을 생각한다.
　우리 사업은 지금이 적기다. 컴퓨터 성능과 하드웨어, 장치들이 마침내 우리가 생각했던 비전을 구현할 수 있을 정도로 발전했기 때문이다. 미 공군이 홀로 렌즈(실제와 가상 세계를 결합한 혼합 현실을 보여 주는 스마트 안경. 여기서는 인핸스 디지털이 미 공군 정비사 양성을 위해 개발한 항공기 기술을 시뮬레이션해 볼 수 있는 소프트웨어를 말한다)를 쓰고 돌아다니면서 가는 길마다 툭툭 튀어나오는 것들을 보고 "이건 완전히 미래야!"라고 소리를 질렀다. 마치 영화 〈백 투 더 퓨처〉(1985)에 나오는 장면처럼 돌아다니면서 광고와 물건들이 비행기 주변에 튀어나오는 걸 보는 것이었다. 계속해서 '놀랍다', '정말 대단하다'는 말이 쏟아져 나왔다.

기업가는 공상 과학에서 미래에 실현할 아이디어를 얻는다
: 제레미 콘래드, 쿼츠 CEO

✦

제레미 콘래드는 새로운 로봇 공학, 하드웨어, 소프트웨어 애플리케이션을 통해 건설을 재해석하는 스타트업인 쿼츠Quartz 의 공동 설립자이자 CEO이다. 항공 우주 산업, 건설업, 농업, 제조업 등 산업의 하드웨어 기술에 투자하는 벤처 캐피탈 회사인 렘노스Lemnos 의 창립 파트너이기도 하다. 콘래드는 기업가에게 공상 과학이 필요한 이유를 설명했다.

나는 늘 기업가들과 공상 과학 영화 속 현실에 없는 것을 적고, 이 중에서 오늘날 무엇이 가능한지 토론하며 아이디어 회의를 한다. 사람들은 계속 공상 과학 소설에서 영감을 얻어 왔다. 사람들이 과거로 돌아가서 아무 공상 과학 책이나 펼쳐 본다면, 오늘날 실리콘 밸리가 책 속의 미래를 보고 꿈을 키운 사람들이 모여 만든 곳이라는 사실을 깨달을 것이다. 우주와 공상 과학, 우리가 할 수 있는 일이 있는 지금이야말로 '미래를 향해' 우리가 할 수 있는 일을 해야 한다.

〈스타트렉〉은 공학 박사 학위를 받게 된 계기였다
: 샤힌 파르시치, 럭스캐피탈 파트너

✦

샤힌 파르시치는 주로 과학 기술 사업에 투자하는 벤처 캐피탈인 럭스캐피탈의 파트너다. 과학자이자 엔지니어인 파르시치는 무선 활력 징후 모니터를 만들고 제너럴 모터스GM를 위한 하이브리드 차량을 개발했고, 실리콘 밸리 스타트업을 위해 소프트웨어를 개발한 비스타 인티그레이티드 시스템스Vista Integrated Systems를 공동 설립했다. 파르시치는 자신이 엔지니어가 된 결정적인 계기가 공상 과학때문이었다고 말했다.

공상 과학 소설을 좋아하는 엔지니어였던 아버지의 영향으로 〈스타트렉〉에서 다 큰 남자들이 잠옷 차림으로 은하계를 여행하는 것이나, 드라마 〈나이트 라이더〉에서 사람들이 자동차와 대화하는 모습을 보며 자라야 했다. 하지만 덕분에 공학에 흥미가 생겼다. 공상 과학 영화를 보면서 기술에 흠뻑 빠졌고, 사물들의 원리를 터득했다. 영화와 드라마를 보면서 내 상상력은 커졌고, 기술의 한계를 넓혀 보고 싶다는 열정이 생겨 박사 학위까지 받았다. 그러다 벤처에 빠지게 되었다. 기술을 선도하는 창업자들에게 힘을 실어 주는 현재 내 역할에 매우 만족한다.

공상 과학은 우주 지식의 상업적 이용 방법을 알려 준다
: 리처드 고드윈, 스페이스 테크놀로지 홀딩스 회장
◆

리러드 고드윈은 정부와 민간의 우주 연구 지식 재산을 상업화해 제공할 방법을 찾는 전략 개발 그룹인 스페이스 테크놀로지 홀딩스Space Technology Holdings의 회장이다. 우주 비행 기술이나, 우주 비행에서 파생된 이중 용도 첨단 기술에 투자하는 스타브리지 벤처 캐피탈Starbridge Venture Capital의 설립자이기도 하다. 고드윈은 공상 과학이 자신을 비롯한 사람들에게 미치는 영향을 설명했다.

처음 우주에 빠져든 날을 생생하게 기억한다. 나사의 첫 번째 유인 우주 비행 계획이었던 머큐리 프로젝트가 끝날 무렵, 여덟 살이었던 나는 TV를 보고 있었다. 텔레비전에 〈파이어볼 XL5〉(1962)가 나왔다. 우주선이 다른 행성으로 가는 내용이었는데, 그때 '와, 정말 멋진데'라는 생각이 들었다. 그때부터 우주에 빠져들었다. 그 후 1963년 11월 〈닥터 후〉 시즌 1이 시작되었고, 뒤이어 개봉한 〈2001: 스페이스 오디세이〉는 너무나 사실적이고 생생했다.

〈스타트렉〉을 보고 "나도 트라이코더(〈스타트렉〉에 나오는 휴대용 의료 기기) 만들 수 있어. 생각해 보자"라고 말하는 사람들이 많다. 공상 과학 소설은 확실히 우리의 사고를 끄집어내고 이끄는 역할을 한다. 그런 의미에서 공상 과학은 철학과 비슷하다. 우리는 공상 과학 소설을 철학적 관점에서 바라보고, 생각을 확장시킨다.

공상 과학은 '통일'이라는 지구촌 가치를 알려 준다
: 피터 플래처, 스파이어 글로벌 CEO
◆

피터 플래처는 지구 관측용 소형 위성 네트워크를 설계·구축·발사·관리하는 미국의 데이터 분석 회사인 스파이어 글로벌의 공동 설립자이자 CEO이다. 가장 성공한 뉴 스페이스 스타트업 중 하나로 평가받는 스파이어 글로벌은 100개 이상의 지구 관측 큐브샛을 지구 저궤도에 성공적으로 배치해 지구를 관측한다. 플래처는 스파이어 글로벌의 설립 가치가 공상 과학에서 비롯되었다고 말했다.

주간 잡지 연재물을 책으로 엮은 독일 공상 과학 소설을 많이 읽었다. 이런 종류의 공상 과학 시리즈를 수십만 페이지는 읽었다. 그중 《페리 로단》이라는 소설에는 사람들을 피부색이나 종교 등 외적 요소가 아닌 개인의 내적 자질에 초점을 맞춰 통합한다는 '통일'이라는 주제가 깔려 있었다.

10대 시절 나는 국경의 개념을 이해할 수 없었다. 여권에 적힌 이름이 '지구 시민 피터 플래처'이기를 원했고, 국경은 바보 같은 개념이라고 생각했다. 이런 생각은 철의 장막이라 불리는 베를린 장벽 서쪽 30분 거리에서 자라면서 생겨났다. 나에게 철의 장막은 매우 가까웠다. 내가 철의 장막 동쪽이 아니라 서쪽에서 태어난 것은 순전히 우연이었다. 만약 철의 장막 동쪽에서 태어났더라면 내 삶은 완전히 달라졌을 것이다.

통일이라는 개념은 나에게 깊은 울림을 주었다. 스파이어 글로벌의 가장 중요한 가치가 '글로벌'인 이유다. 스파이어 글로벌은 애초에 전 세계에 지사를 두기 위해 설립된 글로벌 기업이다. 우주에 떠 있는 인공위성은 국경을 초월한 지구의 존재로, 우주라는 치외법권에서 새로운 법칙을 적용받는다. 바로 통일이다. 인공위성을 글로벌하게 만드는 요소는 많다. 우리 고객들은 글로벌하고, 우리 제품인 인공위성도 글로벌하며, 지구 데이터 수집도 글로벌하게 이뤄진다. 사람들은 전 세계에 있고 전 세계를 여행한다. 우주에 관한 일을 한다는 것은 국경을 넘어 지구를 통합하는 일을 한다는 뜻이다. 이는 스파이어 글로벌뿐 아니라 우주 관련 어떤 기업에서 일해도 마찬가지나.

공상 과학에 근거를 두지 않은 최첨단 기술은 없다
: 맨디 스위니, 공상 과학 박물관 부사장

◆

맨디 스위니는 공상 과학 박물관MOSF의 운영 담당 부사장이다. 나사의 프로그램 매니저로 일하며 나사 전략 계획 수립 선임 컨설턴트 역할을 했다. 스위니는 나사에서 일할 때 자신의 업무에 얼마나 큰 도움이 됐는지 회상했다.

나는 나사에서 의회와 소통하는 일을 했다. 나사의 모든 직원은 '말하는' 공상 과학 소설이었다. 대화 속 비유 표현도 모두 공상 과학 소설에서 영감을 얻어 사용했다. 농담을 했다 하면 공상 과학 소설에서 나온 것이었다. 하지만 나는 그런 표현을 이해하지 못했다. 조금 눈치가 없는 편이었기 때문이다. 그래서 동료들이 공상 과학 과외를 해 주었다. 내 책상 위에는 격주로 새 책이나 DVD 세트가 놓여 있었다.

우습게 들릴지도 모르지만, 공상 과학 소설에 몰두하는 것은 내 직업적 전문성을 계발하는 방법이었다. 동료들과 좋은 관계를 맺고 의회에 나사 이야기를 더 잘 전달하기 위해서는 공상 과학을 꼭 알아야 했기 때문이다.

또한 공상 과학은 내가 나사의 입장을 설명해 나사 예산을 지키는 데 큰 도움이 되었다. 나사에는 이제 막 개발을 시작한 기술들이 많았는데, 그래서 우리는 사람들이 멋있게 느끼되 중요하다고 이해하고 생각할 수 있도록 공상 과학 소설에 나오는 기술이나 제품에 비유해 설명하곤 했다. 아서 클라크의 소설을 읽고 〈스타트렉〉을 보고 난 다음에야 사람들에게 리플리케이터의 본질이 무엇이고, 왜 투자할 가치가 있는지 설명하는 것처럼 말이다. 아마 공상 과학 소설과 연결되지 않는 기술과 공학은 찾아보기 힘들 것이다.

케네디 대통령은 공상 과학에서 달 탐사의 자신감을 얻었다
: 존 스펜서, 우주 건축가
◆

존 스펜서는 우주 관광 산업 발전을 위한 단체인 우주관광협회 STS의 설립자이자 회장이다. 또한 외우주 건축가로, 우주 구조물과 시설의 설계와 창조, 지상에 세워진 우주를 테마로 한 구조물들로 국제적으로 유명하다. 나사는 스펜서의 국제 우주 정거장 관련 건축 디자인 작품에 우주법 상과 인정서를 수여했다. 스펜서는 공상 과학이 인류의 우주 탐사에서 얼마나 큰 역할을 했는지 설명했다.

엔터테인먼트와 실제 우주에는 연결고리가 있다. 이 둘은 늘 평행선을 그리며 함께 움직였다. 월트 디즈니는 TV 시리즈 〈맨 인 스페이스〉를 만들었으며 미국 초창기 유인 우주 계획의 핵심 인물이었다. 디즈니는 로켓 연구가인 베르너 폰 브라운과 윌리 레이에게 〈맨 인 스페이스〉의 스토리 보드를 만들도록 했다. 이들은 이 스토리 보드를 케네디 대통령 집무실에 비치하고 화성 임무와 재사용 가능한 로켓, 우주 정거장 등을 포함하는 우주 시스템을 설명했다. 케네디 대통령은 이 일을 계기로 달에 관한 연설을 할 자신감을 얻었고, 디즈니를 굉장히 존경하게 되었다고 한다. 이처럼 스토리텔링과 신화, 탐험, 우주 사이에는 항상 밀접한 관계가 있다. 이런 것들이 모두 탐험 도구이기 때문이다.

3D 프린팅은 공상 과학에서 등장한 개념이다
: 리넷 쿠스마, 내추럴 머신 설립자
◆

리넷 쿠스마는 기술과 디자인을 사용해서 신선하고 건강한 3D 프린트 음식을 제공하는 회사인 내추럴 머신Natural Machines의 공동 설립자이자 최고 마케팅 책임자CMO이다. 2015년 CNN은 쿠스마를 '주목할 기술 슈퍼 히어로' 7인 중 한 사람으로 지목했다. 쿠스마는 공상 과학이 인간의 잠재력에 미치는 영향을 설명했다.

나는 분명 잠재의식 세계가 있다고 확신한다. 어렸을 때 나는 애니메이션 시트콤 〈젯슨 가족〉도 봤고 〈스타트렉〉과 〈스타워즈〉도 봤고 공상 과학 소설에 푹 빠졌다. 우리는 이런 콘텐츠를 보면서 '정말 가능할까?'라고 생각한다. 하지만 곧 3D 프린팅뿐만 아니라 다른 많은 분야에서도 공상 과학 소설에 나오는 것들이 실현되는 모습을 보게 될 것이다.

이는 도전적인 과제가 될 수도 있다. 사람들은 3D 음식 프린팅이란 말을 들으면 〈스타트렉〉에 나오는 리플리케이터나 버튼을 누르면 무언가가 나타나는 〈젯슨 가족〉을 연상하는 경향이 있기 때문이다. 〈스타트렉〉의 리플리케이터는 그야말로 만능이었다. 도자기, 차, 음식 등 모든 것을 만들어 냈다. 우리는 아직 거기까지는 못 갔지만, 그곳으로 가기 위한 디딤돌 단계이다.

11

우주는 1,000조 달러 시장이다

$

"우주 개발은 지구에서 우리의 삶을 개선한다. 우주로 가는 것은 농업과 인도주의적 노력, 통신과 이를 기반으로 한 내비게이션 기술 등에 중요하다. 지구가 빠르게 개발되고 있다는 숨가쁜 이미지는 우리를 더 나은, 더 지속 가능한 지구를 위한 지킴이가 되게 한다. 우주에서는 이전에는 불가능했던 새로운 기회들이 생기고 있다. 우주에 가는 비용을 낮추면 혁신의 붐이 일어난다. 이는 마치 저가 광섬유가 인터넷을 위한 길을 닦고, 클라우드 서비스가 그 뒤를 따르는 것과 같다."

스티브 저비슨(드레이퍼 피셔 저비슨 공동 설립자)

우리는 우주가 가져다줄 이익이 얼마나 될지 극히 일부도 짐작하

지 못한다. 우주에 주목하고 있는 투자 은행가 호이트 데이비드슨이
이를 간단명료하게 표현했다.

"지구는 1,000조 달러 경제가 될 수 없습니다. 하지만 우주는 될 수
있습니다."

1,000조는 1,000,000,000,000,000이다. 한화로는 125경 3,500조에
이르는 어마어마한 금액이다. 우주에는 정책 전문가나 공상 과학 소
설가, 미래학자들이 인정하는 확장 가능성과 초대형 수익 가능성이
있다. 그런데 이제 막 태어난 신생 기업들이 이 시장에 진입해서 독
자적인 우주 산업을 창조할 수 있을까?

구글, 마이크로소프트, 델, 아마존 같은 거대 기업들의 시작은 미
미했다. 이들의 첫 사무실은 대부분 차고였다. 하지만 우리는 이들
이 각자의 분야에서 어떻게 최고가 되었는지, 어떻게 세상을 변화시
켰는지 잘 알고 있다. 잠깐 상상을 해 보자. 앞서 말한 기업들이 아
직 상장도 하지 않은 경영 초창기, 당신에게 이 기업들에 투자할 기
회가 생겼다. 과연 당신은 투자할 것인가? 힘들게 번 돈을 컴퓨터 분
야의 성공을 돕기 위해 투자할까?

이메일과 스마트폰의 보급으로 보는
우주 산업의 잠재력

◆

뉴 스페이스와 비슷한 이메일의 발전을 들여다보자. 이메일이 막
보급되었을 때, 이메일을 사용하는 사람은 적었다. 하지만 이제 이

메일은 생태계 속에서 생태계와의 소통에 필수적이 존재가 되었다. 휴대폰도 비슷하다. 1973년, 모토로라가 최초의 휴대폰을 만들었지만, 1990년대 후반에 가서야 사용되기 시작했다. 지금은 주머니 크기의 도서관이라고 할 수 있는 스마트폰이 만들어져 다양한 응용 프로그램 활용이 가능해졌다.

만약 사람들이 우주가 인류에게 줄 수많은 편리함과 기회를 이해한다면, 우주 인프라에 투자하는 것이 성공적인 미래를 필수 조건이라는 데 동의할 것이다. 우주에의 투자는 투자 이익과 혁신 이익과 영감 이익이라는 3중 투자 수익을 거둘 수 있다. 따라서 뉴 스페이스에 대한 투자는 미래의 이익과 가치, 넓어질 우주 시스템, 새로운 우주 프레임 워크의 씨앗을 뿌리는 것으로 이해해야 한다.

급속한 투자금 유입으로
우주 산업의 변곡점이 될 2015~2025년
◆

현재 뉴 스페이스에 투입되는 예산과 인력 등 우주 산업을 향한 모든 변화는 뉴 스페이스의 가치를 알리는 데 도움이 된다. 2018년 중국의 달 탐사에 들어간 비용만 20억 달러, 투입된 인력만 수천 명이다. 그런데 2018년 민간 자본으로 운영되는 비영리 단체인 스페이스일의 달 착륙은 확연히 다른 양상을 보인다. 스페이스일은 40명의 직원과 약 9,500만 달러로 이 프로젝트를 성공시켰다. 물론 세부적으로는 다른 임무를 수행했지만, 중국과 스페이스일 모두 달에 착륙해 지구로 데이터를 보내는 것을 목표로 했다. 이에 대해 스페이스 일의 공동 설립자인 요나탄 위네트로브는 말한다.

"이것이 새로운 우주 경쟁입니다."

이제 정부와 기업을 막론하고 뉴 스페이스 시대에 뛰어들기 위해 아이디어를 쏟아 내고 경쟁하는 모습이 쓰나미처럼 밀려올 것이다. 오프월드OffWorld 의 최고 수익 책임자이자 어스투오빗 Earth2Orbit 을 설립한 아마레시 콜리파라는 2015~2025년이 우주 산업의 변곡점이 될 것으로 믿는다면서 이 같이 생각할 수밖에 없는 몇 가지 중요한 변화를 설명했다.

첫 번째는 2014년 구글이 테라 벨라Terra Bella 로 이름을 바꾼 스카이박스 이미징Skybox Imaging 인수다. 이는 구글이 우주 산업이 발전에 확신을 가지고 있다는 것을 보여 주기 때문이다. 이 사건은 뉴 페이스 변화의 신호탄이 되었다. 이후 뉴 스페이스에 벤처 캐피탈과 투자 활동이 급격하게 늘어났기 때문이다.

두 번째는 2014~2015년에 나사와 유럽우주기구의 스타트업 보조금과 계약이 꾸준히 늘어났다는 사실이다. 인도의 극지 위성 발사체를 빼놓고 설명할 수 없다. 2013~2016년, 인도의 극지 위성 발사체는 상업적 활동으로 민간 기업들이 저렴하게 발사 수단을 이용하고 우주에 쉽게 접근할 수 있는 환경을 만들어 주었는데, 이것이 우주 산업의 문을 여는 데 결정적인 역할을 했다.

2015년에 발족해 2019년 스타링크 위성 발사 성공으로 위상이 높아진 스페이스X의 레드먼드Redmond 위성 사업부는 스타링크를 기반으로 한 인터넷 산업을 성공시켜 10억 달러 자금을 추가로 조달할 수 있었다. 원웹과 버진 갤럭틱은 2015~2016년 펀딩 라운드에서 상당한 자금을 지원받았다. 이는 우주 상업 부문의 투자 활동이 늘어나고 있음을 뜻한다. 더 나아가 버진 갤럭틱의 우주 관광 비행 계획과 2020년부터 매달 두 번 발사하기로 한 로켓 랩의 계획은 발사 비용을 절감하고 우주 접근성을 높여 로켓과 위성 발사 환경에 획기적인 변화를 가져올 것이다. 일론 미스크는 늘 도전에 대해 말한다.

"헨리 포드가 싸고 믿을 수 있는 자동차를 만들었을 때, 사람들은 '아니, 말이 무슨 문제가 있어?'라고 비아냥거렸습니다. 그는 큰 모험을 걸었고, 효과가 있었습니다."

무어의 법칙으로 디지털 경제의 근간이 될 우주 산업에 투자하라
◆

기술 채택의 5단계라고도 하는 에버렛 로저스의 혁신 확산 이론을 생각해 보라. 이는 대중이 어떻게 혁신적인 기술을 지지하고 받아들이게 되는지 설명한다. 이 이론에 따르면 소비자는 신기술이나 신제품을 받아들일 때 '새로운 아이디어를 상대적으로 빨리 채택하는 성노'에 따라 혁신사(2.5%), 일리 어답터(13.5%), 초기 다수(34%), 후기 다수(34%), 느림보(16%)의 5가지 집단 중 하나에 속하게 된다. '혁신자'에 속하는 이들은 신기술이나 신제품을 사회에 녹아들게 만들어 자신들이 한 투자의 이익을 얻는 사람들이다. 그렇다면 지금 뉴 스페이스 시대, 우주 산업에서 당신은 어느 집단에 속할까?

서던 론치Southern Launch 소형 위성 발사 엔지니어링 책임자인 앤드루 바턴은 사람들의 우주 투자 관심도에 대해 다음과 같이 말한다.

"우리는 크리스토퍼 콜럼버스가 이베리아의 군주들에게 그들이 얻을 수 있는 그럴듯한 가치도 제시하지 않으면서 원정 자금을 지원해 달라고 설득하던 그때로 되돌아왔습니다. 오늘날 메이드 인 스페이스와 최첨단 우주 비행에 나선 사람들은 그 첫 번째 범선과 맞먹어야 합니다. 물론 바다 개척과 우주 탐사는 상당히 다릅니다. (…) 하지만 비슷한 부분이 많습니다. 우선 둘 다 사람들에게 낯선 공간이기 때문에 기회를 포착하기 어렵습니다. 또 단기적으로는 투자 수익이 없으면서 비용이 많이 듭니다. 이는 곧 우주 모험에 쓸 수 있는 자금이 제한되리라는 것을 의미합니다. 그리고 우주가 평범한 사람들의 일상 경험의 일부가 될 때까지 투자 가치가 있다고 믿는 사람의 수도 매우 제한적일 것입니다."

현재 우주 산업에서 연구와 검증, 해답이 필요한 급한 문제들은 수백 개에 달한다. 데이터를 수집하기 위한 새롭고 다양한 도구와 실행 가능한 정보에 대한 요구도 계속 늘어나고 있다. 하지만 중단기적으로 보면 이는 엄청난 기회가 눈앞에 왔다는 것을 뜻한다. 우주는 인류를 진화시킬 교육과 제도, 연구와 협업, 지식과 지혜, 경제와 기술, 문화의 진보에 대단히 도움이 된다는 것을 증명할 가장 좋은 장이다.

우주 탐사는 콜럼버스의 신대륙 탐험과 달리 그 지역에 살고 있는 이들과 전쟁을 벌이거나 그들의 문화와 역사를 말살할 필요가 없다. 우주 개발은 확장, 즉 사고를 넓히거나 영감을 얻거나 지식을 쌓기 위해서이기 때문이다. 언젠가 인류가 다른 천체에 정착할 방법을 찾는다 해도 꼭 행성을 식민지로 만들 필요는 없다. 만약 인류가 협업해 확장이라는 하나의 목표 아래에 선다면, 우주 탐사는 평화로운 모험이 될 것이다.

최선의 협업 방법은 스타트업이든, 〈포브스〉 선정 500대 기업이든 우주 분야에 뛰어들거나 투자하는 기업들에게서 힌트를 얻을 수 있다. 자본은 항공 우주 기업가들의 노력에 힘을 실어 주는 연료다. 하지만 투자자들은 그 자본을 건네주기까지 많은 정보를 고려한다. 여기서 문제는 투자 논리, 어떤 논리로 투자 자금을 얻고, 어떤 이익을 기대하기에 투자를 할 것인가이다.

이에 우주 산업 초기 투자 회사인 샤스타 벤처스Shasta Ventures 의 상무 이사 롭 코니비어는 우주 산업의 발전 속도를 강조한다.

"지금 우주 산업에서 흥미로운 것은 우주 산업이 무어의 법칙을 따르는 산업이라는 것입니다. 더 작고 유능한 우주선이나 인공위성을 만드는 데 센서와 컴퓨터 기술, 디스플레이, 통신, 무선 장비 등이 필요하기 때문입니다. 무어의 법칙으로 사물이 진보하는 이유는 성능이나 힘이 예컨대 18개월마다 두 배로 늘어나기 때문입니다. 위성은 20년 전에는 통학 버스 크기여야 했고 지금은 토스터 크기, 앞으로 5년에서 10년 후에는 루빅 큐브 크기만 하게 될 것입니다. 따라서 아무것도 하지 않고도 단위 성능당 발사 비용이 18개월마다 절반으로 줄어들 것입니다. 무어의 법칙이 스페이스X, 로켓 랩 같은 회사 주도로 발사 쪽에서 이루어지고 있는 아주 극적인 개선과 결합하면 벤처 캐피탈의 지원을 받는 스타트업이 벤처 자금을 사용해서 소형 위성군을 만들어 발사할 수 있다는 뜻입니다."

또한 유럽 기업의 우주 활동을 지원하는 유럽우주기구의 기술 이전 및 비즈니스 육성 사무국TTBIO 책임자인 프랭크 잘츠게버는 우주가 가진 연결성을 강조해야 한다고 말했다.

"우주는 디지털 경제의 근간이 되는 산업으로 봐야 합니다. 마지막 30억 명을 어떻게 인터넷에 연결할 수 있을까요? 우주에 해답이 있습니다. 인터넷은 연결성, 즉 교육을 의미하며 교육은 모든 것의 기초입니다. 교육은 가난을 퇴치하는 원천입니다. 교육은 민주화를 의미합니다. 따라서 우주는 세계의 민주화에 도움이 될 것입니다."

4장

더 큰 우주 비즈니스를 위한 인프라가 필요하다

: 우주 인프라 현황과 차세대 시스템

SPACE IS OPEN FOR BUSINESS
The Industry That Can Transform Humanity

1

민간 투자자들이
만들어야 하는 인프라

$

"산업에는 핵심적인 발견과 혁신, 관심을 끄는 무언가가 있어야 한다. 이는 테라 벨라에서 일어난 일과 비슷하다. 투자자가 모든 첨단 산업에서 눈여겨봐야 할 것은 기존 부분에 대한 투자 자금이기 때문이다. 그런데 우주는 오랫동안 존재해 왔고, 단지 민간의 참여가 늘어나기 시작했을 뿐이다."

브랜던 파웰(벤처 캐피탈 X펀드 파트너)

지속 가능한 비즈니스 모델을 만들어야
성공하는 우주 기업이 된다

◆

투자가 늘어나면서 자금 조달이 수월해진 우주 스타트업들이 이

윤 폭과 가동률 등에서 업계 표준을 따라잡고 있으며 기대치를 넘어서기 시작했다. 하지만 여전히 많은 장애물이 있다. 특히 우주 스타트업들은 공통적으로 기본적인 비즈니스 모델에 문제가 있다. 즉 가치와 지속 가능성을 결합하지 못하고 있다. 행성 과학자이자 항공우주 공학자인 카르틱 쿠마르는 이 모습을 다음과 같이 표현했다.

"우리가 지난 몇 년 동안 배운 중요한 사실은, 우주 비즈니스가 주로 '우주'가 아닌 '비즈니스'로 정의된다는 겁니다. 따라서 우주 비즈니스를 하고 있다면 가장 먼저 바로잡아야 할 것은 비즈니스를 구축하는 방법입니다."

비즈니스 모델 전략을 위한 기반: 재무 관리 전략과 시장 예측

뉴 스페이스에서 스타트업들이 간과하는 두 가지는 '금융 개발'과 '시장 성공 가능성'이다. 쿠마르는 이를 지적하며 "제가 본 바로는, 대부분의 기업에 강력한 최고 재무 책임자CFO가 없습니다. 이는 우연이 아닙니다. 우주 기업들은 CFO를 중심으로 구축되지 않기 때문입니다. 하지만 여러 면에서 CFO는 회사에서 가장 중요한 사람입니다"라고 덧붙였다.

많은 뉴 스페이스 스타트업이 엔지니어들로만 구성되어 있다. 하지만 사업 초기에는 현명한 재무 전문 지식과 전략도 필요하다. 앞선 기술과 우주에 주로 투자하는 헤미스피어 벤처스Hemisphere Ventures와 민간 우주 탐사 회사인 엑스플로어Xplore의 설립자인 리사 리치는 인터뷰에서 다음과 같이 말했다.

"우주는 정교함과 성실함, 수준 높은 책임감을 요구하는 매우 복잡한 분야라는 사실을 이해해야 합니다. 우주에서 성공하는 것은 기술자들이 아닙니다. 성공은 새로운 우주 탐험 시대에 시장을 개척하는 방법을 아는 비즈니스 마인드를 가진 사람들에게서 나옵니다."

이어서 리치는 "우주는 이제 누구나 접근할 수 있지만, 심약한 사람들을 위한 영역은 아니다"라고 분명히 말하면서 "헌신적인 기업가나 투자자 앞에는 엄청난 기회가 있다"고 힘주어 강조했다.

"이 분야를 이해하는 데는 시간이 필요합니다. 그리고 전문 지식 수준까지 당도하려면 '지식에 접근하는 지름길'을 인도할 업계 베테랑이 필요합니다. (…) 우주는 진입 장벽이 더 높지만, 시간을 들여 이 분야를 이해하고 강력한 비즈니스 모델을 창조하는 사람들에게는 놀라운 수익으로 이어지는 실현 가능한 통로입니다"

유럽우주기구의 기술 이전 및 비즈니스 육성 사무국 책임자인 프랭크 잘츠게버는 우주 분야 성장을 방해하는 장애물이 무엇인지 재차 강조했다.

"지금 우주 분야의 문제는 기술이 아니라 비즈니스 모델입니다. (…) 오늘날 우주 개발의 핵심은 인프라 구축입니다. 물론 인프라 구축에는 많은 자본이 들어갑니다. 하지만 에너지, 전화 등 연관되는 모든 대규모 산업이 성장할 수 있었던 방법이기도 합니다. 적절한 인프라가 갖추어지면 많은 돈을 벌 수 있다는 사실을 투자자들은 알고 있습니다."

잘츠게버는 우주 산업이 만들 경제를 새로운 시장을 창출하고 전 세계에 교육과 평등을 가져올 잠재력 있는 세계로 여긴다. 또한 이모든 것은 우주 산업에 참여한 사람들이 얼마나 더 공격적이고 혁신적인 사고방식을 가지는지에 달려 있다고 본다.

"우주 산업의 규모를 확대시켜야 합니다. 이는 미국 모델이 움직이는 방향입니다. 우선 산업을 빠르게 성장시키는 겁니다. 먼저 성장을 해야 이익을 거둘 수 있습니다. 미국 외 나머지 세계는 선 수익후 성장 전략입니다."

애스트로 디지털Astro Digital은 위성 데이터 서비스 확장에 효과적이고 새로운 방법을 추구하는 뉴 스페이스 스타트업이다. CEO인 크리스 비다는 인터뷰에서 우리는 '서비스형 미션Mission as a Service'이라고 부르는 비즈니스 모델에 초점을 맞추고 있다고 설명했다. 서비스형 미션이란 고객을 위해 위성 운영에 따르는 면허 또는 허가, 물류, 인프라 등 임무 일체를 서비스하는 것이다. 이 과정은 대규모 자금을 받은 다음 전체 시스템을 구축하고 이익을 창출하는 일반적인 기업의 모습과 정반대다. 비다는 이 전략을 통해 기대하는 바는 효과적이고 빠른 결과라고 강조했다.

"우리 고객은 우리와 함께 진행 단계별로 시스템을 구축해 나갑니다. (…) 이 경우 위성 1대 만들어서 발사하는 비용은 수백만 달러로 낮아지고, 여기에 매딜 서비스 요금을 빚는 비즈니스 모델을 만들면 경제 원리가 작동해 5~7년 동안 연간 매출이 1,000만 달러 또는 1,500만 달러에 이르게 됩니다."

또한 시장 예측, 즉 시장을 이해하는 것은 스타트업이 생존하기 위한 필수 요소이며, 성공으로 가까이 가는 차별 요소다. 우주 인프라 구축을 위해 우주 제조 기술을 개발하는 기업 메이드 인 스페이스의 공동 설립자이자 이사인 제이슨 던은 자신의 스타트업이 이 기법을 매우 유용하게 사용했다고 말했다.

"우리는 기하급수적인 사고와 매우 정확한 모델을 사용하는 기술 예측을 바탕으로 회사 전체를 구축했습니다. 그래서 우리는 2010년에 3D 프린팅과 로봇 공학의 향방을 완전히 이해했고, 이를 기반으로 회사를 세울 수 있었습니다."

또한 던은 메이드 인 스페이스가 로봇 공학에 뛰어든 다른 기업들보다 더욱 유리한 고지를 점령할 수 있었던 차별화된 힘이 바로 '시장 예측'이었다고 말했다. 이에 대해서는 제조 분야의 새로운 비즈니스 모델을 연구하는 비영리 단체 엠엑스디MxD의 최고 기술 책임자인 페데이로 샴마렐라도 동의하며 다음과 같이 말했다.

"우리는 완전한 솔루션, 즉 기계뿐만 아니라 디자인과 재료 등 전체 패키지를 추구하는 사람들에게 투자하고 싶습니다. 물건을 초고속으로 출력할 수 있지만, 다른 소프트웨어와 통합이 안 되거나 제한된 재료만 사용할 수 있는 기계라면 그리 가치 있지 않기 때문입니다. 따라서 전체 솔루션을 살펴봐야 합니다. 그래야 처음 예상했던 것보다 더 크고 가치 있는 솔루션을 발견할 수 있기 때문입니다."

메이드 인 스페이스의 또 다른 핵심 경쟁력은 자사 비즈니스와 전체 산업 환경의 미래를 생각하는 사고방식이다. 던은 메니드 인 스페이스의 목표는 아직 이루어지지 않았다고 말하면서, 자신이 생각하는 미래 비전을 설명했다.

"사업을 할 때는 우리를 A에서 B로 데려갈 수 있는 회사로 만들어야 합니다. 우주 산업 스타트업들은 첫 번째 단계, 수익화와 상업화 여부를 파악할 필요가 있습니다. (…) 제가 할 수 있는 최고의 조언은 크게 생각하되 작게 시작하라는 겁니다. 우리 회사의 경우 시작은 3D 프린팅 기술이었고, 이 기술이 많이 발전한 지금의 목적도 3D 프린터를 국제 우주 정거장에 설치하는 것입니다. 하지만 우리 회사의 궁극적인 목적은 우주 정거장의 3D 프린터 설치가 아닙니다. 우리 회사의 목적은 지구에서 무언가를 발사할 필요 없이, 언젠가 우주에서 모든 것을 제조하는 것입니다."

던은 초기 메이드 인 스페이스는 큰 비전과 비교하면 미미한 발전을 이룬 단계였지만, 이를 바탕으로 전체 사업을 구축할 수 있었던 단계였음을 거듭 강조하며 말을 끝맺었다.

뉴 스페이스 기업들에게는 더욱 실용적인 사업 비즈니스 모델이 필요하다. 창의성과 비판적 사고로 이 한계를 벗어나 충분히 발전하리라 믿는다. 실제로 지금 우주 산업에서는 실용적인 비즈니스 감각과 최첨단 기술을 바탕으로 한 실행력을 가진 기업들이 선두를 달리고 있다.

스페이스X의 성공한 비즈니스 모델

대표적으로 스페이스X는 기존의 일정 관리 방법과 전통을 개선해 산업 전반의 발전을 위한 길을 열었다. 일론 머스크와 스페이스X의 성공 뒤에는 알려지지 않은 많은 특이점이 있다. 예를 들면 스페이스X만의 전략적인 기풍이다. 2019년 10월, 머스크는 스타십 우주선에 관한 최신 정보 발표 뒤 진행된 인터뷰에서 자신의 사업 비밀 하나를 알려 주었다. 머스크는 "제품에 대한 질문이 생기거나 들어오면, 그중에서 어떤 질문들이 해 볼 가치가 있는지 생각하는 데 시간과 에너지를 쏟는다"라고 했다. 그 이유에 대해서는 "제품 오류는 조직의 오류를 반영하기 때문"이라면서, "이 같은 접근 방식이 게임의 판을 바꾸는 진정한 방법"이라고 설명했다.

"어떤 부서에서는 다른 부서에서 부여한 제약 조건에 의문을 제기하거나 '그 제약 조건은 잘못됐어'라고 말하지 않고 설계할 겁니다. (…) 하지만 우리는 주어진 제약 조건이 어느 정도 확실히 잘못되었나는 생각으로 접근합니다. 그렇지 않으면 반대로 그 제약 조건이 완벽하다는 뜻이기 때문입니다."

그래서 머스크는 "제약 조건에 의문을 가지십시오. 제약을 가한 사람이 노벨상을 받았는지는 중요하지 않습니다. 심지어 아인슈타인도 한때는 틀렸습니다"라고 늘 강조한다.

실제로 스페이스X에게 이 방법은 획기적인 업적을 위한 황금률이 되었다. 우주 산업이 미래에 미칠 영향을 내다보고 민간 기업을 적극적으로 지원하는 잘츠게버도 머스크의 생각에 공감했다.

"스타트업은 우주에 필요합니다. 이들이 위험을 감수하고, 어려운 질문을 하고, 올바른 해결책을 개발할 수 있기 때문입니다. 이것이 혁신이 작동하는 방식입니다. (…) 이는 위험을 감수하는 능력입니다. 대기업과 정부 우주 기관은 위험을 감수하려 하지 않습니다."

비즈니스 모델에 관한 논쟁과 성공 스토리에서 알 수 있는 핵심은 바로 통찰력이다. 우주 공학자 카르틱 쿠마르는 말한다.

"우주는 장소이고, 우주 기술은 도구입니다. 우리가 하려는 일은 지구 문제 해결입니다. (…) 우주는 흥미진진합니다. 기존에 우리가 풀지 못했거나 잘 풀지 못했던 문제들을 현재 우리가 가진 해결책으로 풀 기회를 제공하기 때문입니다."

뉴 스페이스의 비즈니스 모델은 기존과 다른 모습이어야 한다. 하지만 갑자기 새로운 비즈니스 전략을 찾기란 어렵다. 기존 비즈니스 모델을 이해하는 데서 시작하면 된다. 기존 법칙을 알아야 이를 깨부술 수 있기 때문이다. 우주 자원 채광 분야의 스타트업을 이끌면서 꾸준한 수익을 창출하고 있는 사업가 대니얼 파버는 말한다.

"마법의 요정 가루 같은 건 없습니다. 우주 산업에 그런 특별한 건 없습니다. 기본을 바로 갖춰야 합니다. 즉 고객에게 집중하고, 비즈니스 모델이 잘 작동하는지, 사람들이 원하는 제품을 가졌는지 확인하고, 해야 할 모든 일에서 자신보다 더 뛰어난 사람을 찾아야 합니다. 그리고 잘 실행하면 됩니다. 이것이 비즈니스를 구축하는 방법입니다."

지금 뉴 스페이스의 리더들은 우리가 세상을 이해하는 방식을 뒤집을 열정과 재능을 모두 갖추고 있다. 그들이라면 충분히 가능할 것으로 예상한다.

스타트업 지원 시스템을 활성화해
우주 산업 투자를 늘려야 한다

◆

우주 스타트업이 성장해 규모가 커진다면 새로운 인재와 파트너가 필요하고, 잠재 고객을 유치해야 한다. 이때 스타트업, 더 나아가 뉴 스페이스 발전에 매우 중요한 역할을 하는 곳이 바로 압력 단체와 벤처 기업 인큐베이터, 그리고 액셀러레이터다. 이들은 현재 우주 분야를 연구하는 기업들뿐 아니라 다른 분야의 큰 회사들과 협력할 수 있는 창구를 만들어 준다. 또 새롭게 부상하는 스타트업을 지원하고, 투자자들이 소규모 스타트업에 투자하도록 장려한다.

2010년 설립된 항공 우주 및 방위 포럼Aerospace & Defense Forum 같은 압력 단체는 우주 산업과 다른 산업 전반의 이해관계를 정리한 행사와 콘퍼런스를 개최한다. 우주 분야와 타 산업, 정부가 한 자리에 모여 원활하게 소통할 수 있는 환경을 조성하는 것이다. 이러한 활동은 최근 더 호응을 얻고 있다. 우주 산업 응용 분야와 인프라가 강화됨에 따라 우주 산업과 다른 산업의 파트너십이 얼마나 효과적인지 증명되었기 때문이다.

벤처 기업 인큐베이터와 액셀러레이터의 차이

인큐베이터와 액셀러레이터는 스타트업 초기의 비즈니스 성장을 지원한다. 이 두 단체가 하는 일은 비슷해 보이지만 몇 가지 뚜렷한 차이점이 있다. 먼저 인큐베이터는 주로 최소 기능 제품MVP과 실용적인 비즈니스 또는 회사로 발전할 수 있는 새로운 아이디어를 개발하는 데 초점을 맞춘다. 또한 일정 관리에 유연하고 제약이 느슨해 스타트업이나 개인이 실험하고 성장할 수 있는 충분한 여유를 준다. 아이디어라는 묘목이 자라기 위한 이상적인 조건을 갖춘 시작 환경을 제공하는 셈이다. 마지막으로 성장 촉진을 중시하기에 스타트업들은 별도의 조건들을 협상할 수 있다. 인큐베이터는 정부 단체, 투자 단체 또는 기업이나 별도 조직이 운영할 수 있다.

액셀러레이터는 초기 단계의 빠른 비즈니스 성장과 빠른 제품 개발을 목표로 한다. 액셀러레이터에는 지원 프로세스가 있다. 예를 들면 Y 콤비네이터의 선발 프로세스는 매우 까다로운 것으로 알려져 있다. 또한 기업은 이미 최소 기능 제품을 갖추고 있어야 한다. 액셀러레이터는 정해진 짧은 기간(2~6개월)에 창업이 빠르게 시작될 수 있도록 자문, 인적 네트워크 형성, 비즈니스 자원을 지원하고, 주식과 교환하는 조건으로 시드 머니를 제공한다. 이 과정은 스타트업이 엔젤 그룹, 벤처 캐피탈 회사 등 투자자들에게 개발한 시제품, 비즈니스 모델 등을 공개하는 데모 데이로 막을 내린다.

매치 메이커를 자처한 스타버스트 액셀러레이터

그런데 최근 액셀러레이티의 역힐이 한 단계 더 나아간 경향도 보인다. 미국 전역에서 진행되었던 스타버스트 액셀러레이터Starburst Accelerators의 사업 설명회에 참석한 적이 있다. 기업가들이 투자자, 전략적 조직, 기타 전문가들에게 직접 사업 계획을 설명하는 것이

주된 행사 커리큘럼이었다. 그런데 이 설명회는 독특했다. 스타버스트 액셀러레이터가 기업 파트너들과 협력해 스타트업을 위한 매치 메이커 역할을 했던 것이다. 또 청중들이 사업 설명회 중간과 종료 후에 각 스타트업에 피드백을 하고 점수를 매겼다. 이 평가는 다양한 그룹이 스타트업을 어떻게 받아들이는지 측정하는 유용한 지표가 되었다.

2016년 스타버스트 액셀러레이터는 2억 달러 규모의 스타트업 투자 펀드를 발표했다. 협업과 미래 지향 계획을 중요하게 여기는 스타버스트 액셀러레이터는 현재 최고의 우주 스타트업 액셀러레이터 기업이다. 스타버스트 액셀러레이터의 공동 설립자이자 경영 파트너인 반 에스파보디는 오늘날 "유례없이 많은 최신 과학 기술 분야 전문가와 혁신가들이 비즈니스 조력자들과 연결되고 있다"라고 말했다. 스타버스트 액셀러레이터는 현재 전 세계에 지점을 두고 있으며 지금까지 200개 이상의 스타트업을 지원했다. 에스파보디는 스타트업 지원이 필요한 이유에 대해 다음과 같이 말한다.

"문밖에 도움이 필요한 누군가가 있을 수 있다는 사실을 애써 무시하고 싶지 않습니다. 우리는 문을 열어 줌으로써 새로운 경쟁자를 기존의 체제 안으로 받아들이고 기존 공급업체들이 방어적인 업무 처리 방식을 바꾸도록 압박합니다. 이전에 시행되었던 소규모 사업자를 위한 특별 지정 계약 같은 사회적 약자 우대 정책은 효과적이지 않았습니다. 신규 사업자의 경쟁력을 높이고 기존 공급업체와 다른 방식으로 제품을 생산하기보다는 정부와 도급 혹은 유통 게임을 하는 사람들을 늘리고 악순환을 만들 뿐이었습니다. 다시 말해, 기존 사업체들의 업무 방식을 바꿀 불길에 부채질하는 새로운 참가자들에게 우리의 문은 더 많이 열려 있습니다."

코호트 프로그램과 린 프로세스를 도입한 신디케이트 708

신디케이트 708은 주로 우주와 인공 지능 등 진입 장벽이 높은 딥테크 스타트업에 지원하는 액셀러레이터다. 신디케이드 708의 공동창업자 모니카 잰은 자신들의 지원 프로그램에 대해 "우리는 집중적인 비즈니스 훈련 기관에서 대규모의 전문가, 멘토, 산업별 투자자 네트워크를 제공합니다. 또한 투자자들이 실제로 자신들의 포트폴리오에 이들을 편입하고 싶을 정도로 항공 우주 기업가들을 위한 생태계를 조성하는 데 중점을 둡니다"라고 설명했다. 신디케이트 708은 개인 투자자와 기업 투자자를 교육하고 투자 자금이 더 원활하게 흐를 수 있는 환경을 조성하는 데 중요한 역할을 해 왔다. 잰은 우주 스타트업 지원이 필요한 이유에 대해 다음과 같이 말했다.

"저는 기업 벤처를 열렬히 지지합니다. 하지만 항상 좌절감을 느낍니다. 페이스북 벤처, 구글 벤처, 인텔 벤처 등 모든 종류의 기술 벤처들이 있지만 우주 벤처는 없기 때문입니다. 대부분 스타트업에 가장 필요한 것은 투자, 제품 시장이든 자신들이 경험하지 못한 단계와 문제를 도와주는 사람입니다. 우리는 우주 스타트업들을 뭔가 창조하기 쉬운 수준까지 발전시켜야 합니다. 아직 그 목표에 이르려면 더 나아가야 하지만, 이를 위한 노력이 일어나고 있습니다."

현재 MBA 컨설턴트인 잰은 항공 우주 시장 성장에 도움을 줄 방법을 찾던 전직 위성 엔지니어다. 나는 잰의 비즈니스 모델에 도움이 될 선례와 입문서를 건넸고, 얼마 후 잰은 앨런 창과 신디케이트 708의 전신인 라이트스피드 이노베이션스LightSpeed Innovations를 설립했다. 두 사람 다 펜실베이니아대에서 MBA를 취득했는데, 내가 알기로 이들은 경영대학원에 다닐 적 영향을 받은 교육인 코호트cohort 교육 프로그램을 비즈니스 모델로 차용했다. 코호트 교육이란 실시간, 동료 집단, 커뮤니티, 책임, 실습 활동을 혼합한 교육 방식이다.

2017년, 나는 라이트스피드 이노베이션스의 자문역을 맡았다. 같은 해 1월부터 5월까지 코호트에 멘토로 참여했는데, 코호트 프로그램 일정에는 실시간으로, 온라인에서 열리는 이벤트와 미팅이 촘촘하게 짜여 있었고, 스타트업들은 5개월간 대부분 원격으로 체험 교육을 받았다.

또한 신디케이트 708은 린 스타트업 프로세스에 따라 운영된다. 린 스타트업 프로세스란 짧은 시간 동안 제품을 만들고 성과를 측정한 뒤, 다음 제품 개선에 반영하는 것을 반복해 성공 확률을 높이는 경영 방법론이다. 코호트 프로그램이 끝날 무렵 스타트업들은 현장 참여자와 가상 참여자가 모두 모인 미팅에서 투자자와 전문가 그룹(나는 이들을 '전략적으로 중요한 사람들'이라고 부른다)에 자신들의 사업 기회를 설명했다. 앨런 창은 우주 산업에서 액셀러레이터의 역할에 대해 다음과 같이 말한다.

"우리의 주요 임무는 민간 상업 우주에 집중하는 항공 우주 기업가 생태계를 구축하는 것입니다. 우리는 우주 스타트업에 도전한 창업자들에게 엄청난 지원과 지도가 필요하다고 생각합니다. 우리의 성과는 점점 더 많은 우주 개발업자가 시장과 기술 관점의 균형을 맞출 필요성을 이해할 때 생겨납니다. 우리는 이것이 상업적 수익으로 뒷받침될 것으로 확신합니다. 또한 이들 기업의 인수 또는 상장으로 증명되는 성공적인 우주 산업 기반이 될 것으로 믿습니다."

밀라 캐피털 MiLA Capital 의 상무 이사인 숀 아로라는 자신들이 가장 중점을 두는 분야가 바로 우주 기술이라고 말했다. 애플리케이션, 플랫폼 등 비즈니스 확장 가능성이 높은 벤처 기술을 지원하는 벤처 캐피탈 회사인 밀라 캐피탈은 2015년 메이크 인 LA Make in LA 라는 하드웨어 및 소프트웨어 중심 액셀러레이터로 시작했다. 4년 동안 액셀러레이터 코호트와 19개의 다양한 스타트업에 투자를 한 아로라와 팀은 이 액셀러레이터를 밀라 캐피탈로 발전시키고, 밀라 캐피탈은 그 액셀러레이터 뿌리를 활용해서 '당신이 만질 수 있는 기술tech you can touch'이라는 기업들을 위한 투자 전략을 수립했다. 한 인터뷰에서 아로라는 다음과 같이 말했다.

"우주 기술 연구와 개발에 뛰어드는 스타트업들은 재무적 성과보다는 엔지니어링, 즉 기술적 발전에 놀라운 업적을 쌓는 데에서 동기를 부여받습니다. 스타트업 설립사들은 역시 지구상에 해결해야 할 문제가 많음을 압니다. 또한 밀라 캐피탈 역시 우주 탐사를 위해서는 반드시 기존 시장과 신흥 시장을 위한 신기술이 발명되어야 한다는 사실을 압니다."

또한 아로라는 많은 기업이 나사 시설에서 시험할 기회가 부족하고, 오히려 나사 시설이 장애물이며 이용 비용이 많이 든다고 불만이 많은 상황에서 액셀러레이터의 역할이 중요하다고 지적했다.

"이런 고충이 있기 때문에 우리는 이런 병목 현상 일부를 해결하려고 하는 창업자들을 만났습니다. 나사의 자원과 관계없이 우주 스타트업의 위험을 제거할 수 있는 새롭고 흥미로운 방법들이 있습니다. (…) 나는 우리가 연방 정부와 더 많이 경쟁하기를 바랍니다. 연방 예산의 0.57%만이 종합 과학, 우주, 기술에 사용됩니다. 연방 자금 부족으로 인해 점점 더 많은 엔젤 투자자와 벤처 캐피탈이 우주로 배치되고 있습니다. 더 많은 액셀러레이터가 새로운 우주 경쟁을 지지하고 있습니다. 하지만 미국우주군도 새로 창설된 상황에서 정치적 이해 당사자들은 우주에 특별한 관심이 없고, 우리는 믿을 수 없을 정도로 치열한 고용 시장에서 최고의 인재를 유치하고 유지하기 위해 고군분투하고 있습니다."

커뮤니티로 교육부터 채용까지 책임지는 문샷 스페이스 컴퍼니

호주의 문샷 스페이스 컴퍼니Moonshot Space Company는 우주여행 커뮤니티를 개발하는 또 다른 기업이다. 2016년 설립된 이후 이 회사는 기업가, 학생, 연구원, 투자자, 산업 전문가 등을 우주 벤처들에 참여시켜 국제 우주 경제 체제를 구축해 왔다. 설립자 트로이 맥칸은 문샷 스페이스 컴퍼니가 현재 호주와 미국 우주 스타트업에 투자하고 있다고 말했다. 또한 현재 두 개의 새로운 펀드로 더 큰 벤처 역량을 구축하고 있으며, 전 세계 수많은 커뮤니티 지부를 통해 우주 기업가 활동 자원을 제공하고 있다고 설명했다.

'스페이스 엘리베이터'라고 불리는 문샷의 비즈니스 모델은 홍보에서 시작해 액셀러레이터 프로그램을 거쳐 투자까지 이어진다. 문샷 스페이스 컴퍼니는 교육 프로그램, 투자 기회, 비즈니스 개발, 공급망 성장, 프로젝트 실행 및 인재 채용 프로그램 등을 제공한다. 맥칸은 말한다.

"우주는 하늘 위의 단순한 위치가 아닙니다. 인류의 요람이자 우리가 아는 한 생명체가 존재하는 유일한 곳인 우리의 행성 지구는 우주의 무한한 심연 속의 놀랍도록 작은 점에 불과합니다. 우리는 우주의 일부입니다. 지각 있고 영리한 생명체인 인류는 처음으로 우리의 고대 이야기에 나오는 어떤 신들보다 더 큰 힘을 가졌습니다."

기업가들은 현대적 방법론과 모범 사례를 통해 시장에서 아이디어를 더 빠르게 테스트하고, 적절한 검토를 거쳐 성공적인 제품을 만들 수 있다. 또 이 과정을 반복해 더 나은 아이디어를 얻을 수 있다. 그렇다면 우주에서 진행된 의학 연구로 탄생한 질병 치료법이나 인류의 우주 정착을 돕는 플랫폼의 창조에 어떻게 가치를 매길 수 있을까? 이런 의미에서 우주 사업 계획은 무한하다. 우주는 제한적인 시상 사업 노릭으로는 불가능한 방식으로 세상을 바꿀 수 있다. 우리가 꿈꾼다면 우주 미래에서 그 꿈을 이룰 수 있을지도 모른다.

이안 피히텐바움 사모 펀드 AIAC 수석 부사장은 "이 분야는 확장되어야 하므로 계속 확장될 것입니다. 궁극적으로 점점 더 많은 사람이 우주 경제로 확장하기를 원할 것입니다. 이는 사람들이 미래로 나아가기 위해서 하고 싶어 하는 일의 일부가 될 것입니다"라고 말하며 우주 산업의 미래를 전망했다.

2000년대 초중반 우주 산업 내부 관계자들은 우주 관광이 투자와 사업 활동, 뉴 스페이스에 대한 관심의 물꼬를 트게 될 것으로 예측했다. 다른 사람들 사이에서는 인간이 다음 위대한 업적으로 달로 돌아갈지, 화성이나 화성의 위성으로 갈지, 아니면 소행성에 착륙할지 온갖 추측이 분분했다. 제리 오닐 같은 우주 전문가는 인공 중력이 작용하는 우주 도시를 상상했고, 다른 사람들은 우주 내 공장, 우주 공항, 채굴을 통한 우주 자원에 대한 접근 또는 미소 중력 환경에서 만든 신약 등을 상상했다.

미국 과학기술정책연구소STPI의 프레젠테이션 〈민간 및 상업 우주의 세계적 동향〉에는 '우주는 모노리스monolith(거대한 단일체)가 아니다'라는 지금 우리가 다루는 주제를 이해하는 데 필요한 구절이 있다. 우주는 수많은 첨단 기술을 지원할 수 있고, 여러 면에서 다양한 분야에 매력적이다. 어려운 과제를 안고 있는 산업들은 우주를 염두에 두면 새로운 해결책을 발견할 수 있다.

지속적인 기술 개발을 위한
투자자들의 관심이 필요하다
◆

일부 투자자는 이미 업계 선두 주자가 정해졌기 때문에 앞으로 우주 분야에 투자하려는 사람들에게 좋은 기회가 거의 없다고 할 것이다. 하지만 아무도 이 급성장하는 분야에서 어떤 새로운 일이 일어날지 예측할 수 없으며, 21세기의 본질적인 의미를 한마디로 규정할 수는 없다.

현재 기술이 미래에 어떻게 나아가고 어떤 발전을 가져올지 알 수 없지만, 많은 사람이 이런 불확실성을 장애물이 아니라 열린 가능성의 고속도로로 보고 있다. 우리가 예측할 수 있는 것은 우주에서 파생되는 기술이나 인접 기술에 투자하고 개선하는 것이 지구에 사는 우리에게 이득이 되리라는 것이다. 우리가 해야 할 일은 개인이 관여할 수 있는 방법과 모두가 함께 노력하는 방법을 찾는 것이다.

벤처 캐피탈 스페이스펀드SpaceFund 의 창립 파트너인 릭 텀린슨은 말한다.

"사람들이 진정으로 믿음이 있는 인재들이 이 분야를 이끌고 있다는 사실을 이해하는 것이 중요하다. 이들은 인류와 생명이 우주로 확장되어야 한다는 신념으로 자신들의 돈을 투자하는 것이다. 이는 그다지 사업적으로 들리지 않는다. 그리고 우리는 현장에서 합리적인 사업가처럼 들리려고 오랜 시간 노력한다. 하지만 우리가 이 일을 하는 이유는 인류가 해야 할 일이라고 믿기 때문이다. 이는 우주 영역을 개방하기 위한 부당한 평세가 아니다. 사실 역사석으로 많은 문명과 경제는 믿음이 있는 사람들에게서 비롯되었다. 30년 이상 이분야에 관여하면서 때로는 갈등도 있었지만, 우리는 일하는 방식을 바꾸었을 뿐 아니라 대화의 의제를 국가가 주도하는 우주 프로그램에서 민간이 참여하는 우주 영역 개방으로 바꾸었다. 이를 이해하는 것이 특히 중요하다."

꿈이 항공 우주 기업가들을 이끌지도 모른다. 하지만 이들은 자신들의 사업이 어떻게 세상을 도울 수 있고 촉매제 역할을 할 수 있는지 인식한다. 우주 벤처들이 예측되는 위험을 감수하도록 개인과 조직이 계속 응원한다면, 많은 이가 꿈꾸는 우주 미래가 우리 생애에 현실이 될 가능성이 커질 것이다.

2

정부가
만들어야 하는 인프라

"인류는 항상 팽창해 왔다. 인류는 늘 기술 발전에 대한 더 큰 욕구를 가지고 있었다. 문제는 지구 저궤도와 그 너머 우주에서 더 많은 일이 일어나느냐, 혹은 언제 일어나느냐가 아니다. 문제는 인간이 언제 참여하기를 원하느냐이다."

샤힌 파르시치

전 세계의
우주 인프라 현황

◆

지난 10년 동안 우주에 강력한 지분이 없는 국가들은 이 광대한 산업에서 입지를 다지기 위해 끊임없이 노력했다. 앞으로는 정보 분야와 국방 안보, 상업 분야의 관심이 높아지면서 모두가 본질적으로 같은 우주 지형을 놓고 경쟁하게 될 것이다.

라틴 아메리카

중남미와 카리브해 연안 지역도 국제우주연맹 남미·카리브해연안국가군GRULAC이 2017년 설립한 4개년 우주 개발 프로그램인 라트코스모스LATCOSMOS로 우주 개발에 뛰어들기 시작했다. 라트코스모스는 무엇보다도 우주 관련 교육에 투자한다. 이 지역의 부족한 기술, 연구 개발, 시험 시설, 스타트업 문제를 해결하기 위해서이다. 라트코스모스는 블루 오리진, 오빗 뮤즈Orbit Muse와 제휴하고 있으며, 궁극적으로 자체 우주 프로그램과 경제를 구축하기에 충분한 자금과 관심을 창출하는 것을 목표로 한다.

룩셈부르크

룩셈부르크는 우주 산업의 민간과 상업 부문에서 강력한 선두 주자다. 2005년부터 유럽우주기구에 가입했으며, 민간 우주 분야에 상당한 영향력을 행사하고 있다. 그리고 채굴 등 미래 우주 자원 시장에 대한 지지와 규제, 투자를 통해 이 산업을 지속적으로 육성하고 있다. 또한 뉴 스페이스의 법적 체계 개발을 이끄는 국가 중 하나이다. 따라서 룩셈부르크우주국LSA은 뉴 스페이스에서 자신들의 역할에 대해 자신 있게 말한다.

"룩셈부르크는 우주 기술과 통신, 혁신 분야의 풍부한 역사와 경험을 보유하고 있으며, 공공의 변함없는 헌신이 기업가 정신과 비즈니스 개발을 뒷받침하고 있습니다. 정부의 지원으로 룩셈부르크의 우주 사업은 유럽과 전 세계의 방송과 통신, 연결 인프라를 구축하는 데 중요한 역할을 해 왔습니다."

룩셈부르크우주국의 국장인 마크 세레스는 인터뷰에서 우주가 룩셈부르크의 핵심 분야라고 설명했다. 세레스는 "여기서 우리가 하는 일은 실제로 경제를 다각화해야 한다는 필요성에서 비롯됩니다"라고 말했다. 그는 지금까지 룩셈부르크에 기반을 둔 상업 위성 선두 주자 SES가 거둔 성공을 언급하면서 "우주 산업은 룩셈부르크 GDP의 약 2%를 밑돌고 있는데, 다른 나라와 비교하면 이미 상당한 수준입니다. (…) 저는 정말로 미래에 우주 분야가 GDP에서 차지하는 비중을 계속 높여가는 것이 우리 목표라고 생각합니다"라고 강조했다.

룩셈부르크는 우주 산업의 선구자로서 효과적으로 민간 부문을 활성화하는 활동에 박차를 가했다. 룩셈부르크우주국은 홈페이지에서 "30년 이상 룩셈부르크는 상업 및 협력 계획의 선두에 서서 실용적이고 진보적인 방법으로 활기찬 우주 경제를 형성해 왔다"라고 밝히고 있다. 세레스 박사는 더 나아가 "우리가 해 온 것은 민간 부문과 인식을 같이하기 위해 노력하는 것입니다. (…) 우리는 곧 지구상의 광산업이 비슷하다는 것을 알게 되었습니다. 지구상에는 이미 모든 국가가 지구에서 찾은 자원에 의존하는 시스템이 있습니다. 그리고 어느 면에서는 이를 우주에서도 그대로 활용할 수 있는 것입니다"라고 설명했다. 물론 이런 인프라를 구축하기 위해서는 열성적인 노력이 필요할 것이다.

우주 개발 관련 이슈를 보도하는 디지털 잡지 〈스페이스워치글로벌〉은 룩셈부르크 전 총리 에티엔 슈나이더에 관한 보도를 한 적이 있다. 이 기사는 2013년부터 2020년 2월까지 룩셈부르크 부총리를 지낸 에티엔 슈나이더는 룩셈부르크의 뉴 스페이스 진출을 설계한 설계자로 여겨지며, 슈나이더가 룩셈부르크를 유럽의 뉴 스페이스와 우주 자원 산업의 허브일 뿐만 아니라 전 세계 우주 산업 기업과 조직을 위한 허브로 만든 장본인이라고 표현한다. 슈나이더는 부총리 임기를 시작한 이후 국내외적으로 새로운 규제와 법적 체계를 추진함으로써 우주 분야에서 룩셈부르크의 글로벌 리더 역할을 공고히 하고 우주 산업 정책과 정치의 진보적 활동가로 우뚝 섰다. 현재는 슈나이더의 후임자가 우주 분야 발전에 박차를 가하는 룩셈부르크의 유산을 이어가고 있다.

아프리카

나이지리아와 같이 과거에 우주에 크게 관여하지 않았던 나라들도 미래를 대비하고 있다. 미국 방위고등연구계획국과 미국 연방항공청 상업우주운송사무국에서 일한 경력이 있는 우주 산업 컨설턴트 규 황은 인터뷰에서 "아프리카는 아직 미국이나 중국에 버금가는 우주 프로그램을 감당할 수 없지만, 우주 내 제조 같은 분야에서 부상할 것"이라고 말했으며 "뉴 스페이스에서 창조된 혁신을 활용할 것"으로 예측했다.

유럽우주기구

22개 회원국으로 구성된 유럽우주기구는 적은 정부 지원금이라도 기업가와 다른 상업적 활동에 긍정적인 신호가 될 수 있음을 인식하는 것으로 보인다. 몇몇 유럽우주기구 대표들이 인터뷰에서 이 기구의 계획과 정신을 엿볼 수 있는 정보를 제공했다. 정리하면 다음과 같다.

첫째, 유럽우주기구는 우주를 단순한 탐사 도구가 아닌 경제로 생각한다. 따라서 신흥 기술 동향을 따라 세계 산업에서의 입지를 넓히기 위해 노력한다. 특히 경쟁력을 유지하기 위해 다른 분야에서 우주 산업이 수용해야 하는 디지털화 및 설계 프로세스 등을 배우는 가치에 주목하면서 스핀오프spin-off와 스핀인spin-in (대기업이 사내 벤처 팀을 독립시키거나 신기술을 가진 초기 단계 스타트업에 투자한 뒤 해당 스타트업이 성공하면 가치를 높여 인수·합병하는 전략) 효과를 장려한다. 여기에는 각 회원국의 입장을 고려하면서, 민간 기업에 문을 더 활짝 여는 것과 시장의 최신 기술로 인한 비용 절감에 적절히 부응하는 것 등이 포함된다.

둘째, 유럽우주기구는 뉴 스페이스 플레이어들과 많은 유형의, 다양한 요소를 포함한 프로그램을 함께 진행한다. 이 핵심 활동의 목적은 기초 연구와 과학 활동, 우주 인프라의 가치를 보여 줄 방법을 모색하는 데 있다. 유럽우주기구의 산업 정책 및 중소 기업 부문Industrial Policy and SME Division 부서장인 루카 델몬트는 유럽우주기구의 중점 분야 중 하나가 '전통적인 역량을 갖춘 잘 알려진 수직 계열화된 산업체들을 우주 분야로 끌어들이는 것'이라고 말했다. 이를테면 구글 루나 X프라이즈와 비슷한 경연 대회인 유럽우주기구의 그랜드 챌린지Grand Challenge 프로그램은 우주 스타트업과 더불어 다른 산업에서도 참여하기를 바라는 의도에서 이루어진다.

델몬트는 "유럽우주기구는 기업가별로 차례차례 새로운 영역에 대한 관심을 불러일으키기 위해 노력하고 있습니다. 이들을 구체적으로 이해함으로써 우리는 상호 이익을 증명하고 참여자들을 위한 가치 창출 성공 사례를 보여 줄 수 있습니다"라고 설명했다.

우주 산업 외부의 참여를 장려하는 공통 과제를 확인함으로써 유럽우주기구가 유럽에서 새로운 우주 기업가들을 많이 배출할 것으로 믿는다.

한편 유럽우주기구의 기술 이진 및 비즈니스 육성 사무국 책임자인 프랭크 잘츠게버는 유럽우주기구 비즈니스 육성 센터가 계약 대상 스타트업을 선정해 비즈니스 코치, 자문, 기술 지원, 작업 공간 제공 등을 통해 성장을 돕는다고 전했다.

또한 유럽우주기구는 스타트업 초기 자본금 지원을 위해 유럽의 투자 은행들과 공동 프로젝트를 진행하며 핀란드, 아일랜드, 스페인 등에서 효과가 증명된 모델을 개발하고 있다.

이외에도 유럽우주기구는 중소 기업이 유럽 이외의 시장에 진출해 글로벌 영역을 구축하도록 제도적으로 지원하기 위해 노력하고 있다. 이렇듯 유럽에서는 유럽 플레이어들이 성장하고 세계 시장에서 강력한 입지를 다질 수 있도록 민간과 공공이 협력하고 있다. 이들이 모두 우주 분야 발전에 노력하고 있는 만큼의 결실을 맺기 바란다.

인도

인도는 국내에서 독자적으로 성장한 우주 산업의 훌륭한 예이다. 인도는 1993년까지 로켓을 발사하지 못했다. 하지만 1978년 인도우주연구소ISRO가 극지 위성 발사체 개발을 시작하면서 지금은 매년 전 세계 발사의 상당한 부분을 차지하게 되었다. 인도에서는 다른 나라보다 저렴한 비용으로 발사할 수 있기 때문이다. 현재 정부 보조금으로 저렴한 발사 비용을 유지하는 인도 기업들은 많은 고객을 유치하고 있다. 지금까지 인도우주연구소는 50개국 이상의 정부, 민간단체, 학생들에게 발사 서비스를 제공해 왔다. 2017년 극지 위성 발사체는 104개의 위성을 우주로 발사했는데, 역사상 가장 많은 위성을 동시에 발사한 기록이다.

인도는 발사 서비스 제공자의 역할을 넘어 우주에 대한 더 큰 꿈을 꾼다. 2018년 인도 수상은 2022년까지 자국 우주 비행사를 우주에 보낼 계획이라고 발표했다. 인도우주연구소도 지식 재산권을 상업 부문에 이전하는 기구를 만들 것이라고 밝혔다.

인도네시아

심지어 상대적으로 기술이 덜 발달한 지역에서도 우주는 중요한 역할을 한다. 예컨대 1만 7,000개의 섬으로 구성된 인도네시아는 지리적으로 유선 인터넷(광섬유 또는 광대역 유선 통신 등)을 설치하기가 어렵고, 특히 인구 밀도가 낮은 시골 지역에서는 통신 비용이 매우 비싸다. 통신의 발달로 나라 전체가 연결되었지만, 아직도 대부분이 우주가 지닌 엄청난 영향력을 느끼지 못하고 있는 것이다. 2019년 인도네시아는 글로벌 위성 기업 SES와 파트너십을 맺고 나머지 인구에게 더 많은 인터넷 연결을 제공했다.

일본

일본 사람들은 우주 관광을 동경하는 사람들을 독특하게 보지 않을 정도로 우주에 대한 관심이 높다. 우주 관광 전용 클럽이나 모임, 협회도 있다. 또한 일본은 핵심 우주 기술 중 하나인 로봇 공학 강국이다. 일본의 우주 활동 대부분은 일본 정부 우주 기관인 일본우주항공연구개발기구JAXA를 중심으로 이루어진다.

2010년 6월 일본우주항공연구개발기구JAXA의 우주선 하야부사호는 인류 역사상 처음으로 소행성 샘플을 지구로 보내왔다. 최근의 또 다른 성과로는 국제 우주 정거장 모듈인 키보Kibō의 개발이 있다. 일본항공JAL은 2019년 일본 달 탐사 스타트업 아이스페이스와 손잡고 달 상업화 및 탐사에 주력하겠다고 밝히고, 아이스페이스의 2017년 시리즈 B 펀딩 라운드에서 9,000만 달러 이상의 자금을 투자했다.

일본에는 건실한 우주 스타트업이 많고, 일본의 상업 우주 경제는 성장하고 있다. 2016년 설립된 인공위성 네트워크 제공 업체인 인포스텔라Infostellar는 시리즈 A 펀딩 라운드에서 에어버스 벤처스Airbus Ventures, 웨루 인베스트먼트WERU Investment, 소니 이노베이션 펀드Sony Innovation Fund, 프리크아웃 홀딩스FreakOut Holdings 등의 투자자로부터 730만 달러를 조달했다.

인포스텔라는 스텔라스테이션StellarStation이라는 클라우드 기반 위성 안테나 공유 플랫폼을 사용하는데, 이를 통해 전 세계 위성 사업자와 안테나 소유자의 데이터 전송 서비스를 연결하고 극대화한다.

2003년 소형 위성 발사 서비스 업체 인터스텔라 테크놀로지스Interstellar Technologies는 소형 발사체를 개발하고 있다. 발사 비용을 낮추는 데 전념하고 있으며, 2019년에 첫 번째 발사에 성공했다. 발사 비용을 일본우주항공연구개발기구의 10분의 1로 줄인 인터스텔라 테크놀로지스는 앞으로 스페이스X의 경쟁사를 꿈꾸고 있다.

이런 민간 부문의 노력이 궁극적으로 열매를 맺고 있으며, 일본 정부는 일본 뉴 스페이스 분야를 발전시키는 데 전념하고 있다. 2018년 일본은 자국 우주 경제를 활성화시키기 위해 투융자를 통해 우주 스타트업에 9억 4,000만 달러를 투입할 것이라고 발표했다.

중국

중국은 우주에 영구 정착지를 만들겠다는 목표를 가지고 장기적인 우주 활동에 집중하고 있고, 이 초강대국은 만만찮은 기세를 자랑하며 앞으로 나아가고 있다. 중국은 2018년 전 세계 위성 발사 103회 중 3분의 1을 차지해 러시아와 미국을 앞질렀다.

중국 우주 정책을 총괄하는 중국국가항천국CNSA은 2019년에 창어호 달 임무와 함께 통신, 과학, 날씨, 원격 탐사, 지구 관측 위성을 궤도로 발사했다. 중국국가항천국은 대장정 로켓을 2019년 3월에 300번째 발사했으며, 6월에는 또 다른 대장정 로켓을 해상에서 발사했다. 중국국가항천국이 이런 로켓들을 재사용이 가능하도록 개발하는 중이기에 앞으로 중국 로켓의 양적 증가와 질적 개선이 이루어질 것으로 전망한다.

중국의 우주 프로그램은 이중 용도, 즉 군사적 이용과 밀접한 관련이 있다. 하지만 중국이 공식 석상에서는 국제 사회와 평화적인 노력에 더 협력하고 싶다고 밝혔고, 2017년 중국과 러시아가 우주 분야 여러 영역에서 더 긴밀하게 협력하기로 하는 양자 협정을 발표했다. 2019년에는 중국이 창어 우주선의 달 뒷면 착륙 자료를 나사와 공유하면서 중국과 미국의 첫 우주 프로그램 협업이 이루어졌다.

중국은 2014년부터 스타트업 분야에서도 활발한 활동을 전개하고 있다. 현재 중국에는 80개 이상의 민간 우주 기업이 있다. 이들의 대다수는 큐브샛 같은 소형 위성을 포함한 인공위성과 소프트웨어를 개발하지만, 발사 시장의 성장도 두드러진다. 로켓 제조업체인 원스페이스OneSpace는 저렴한 마이크로 위성과 나노 위성을 발사하는 데 초점을 맞추고 있다.

저가 발사체 개발 업체인 랜드스페이스LandSpace는 유인용과 무인용으로 사용할 수 있는 중형 로켓 발사 장치를 만들고 있다. 설립자인 로저 정은 스페이스X가 이 스타트업 발사의 '역할 모델'이었다고 말했다. 선전 위롱 에어로스페이스 사이언스 & 테크놀로지Shenzhen Yu Long Aerospace Science and Technology는 현재 소형 탐사 로켓 제작에 집중하고 있지만, 훨씬 더 큰 로켓을 만들 계획이라고 밝혔다.

중국은 항공 우주 분야 투자가 국민에게 이익이 된다는 점을 분명히 인식하고 있다. 2017년 중국의 벤처 캐피탈과 사모 펀드가 투자한 금액은 중국 국영 발사체 기업인 엑스페이스ExPace가 조성한 1,800만 달러를 포함해 2,300억 달러를 뛰어넘었다. 이렇듯 대중과 국가의 전폭적인 지지 속에서 중국의 상업 우주 관련 노력이 빠르게 전개될 것으로 기대한다.

중동

아랍에미리트, 사우디아라비아, 이스라엘 등은 우주 분야에 많은 투자를 하고 임무를 완수하며 우주 프로그램 발전을 위해 노력하고 있다. 특히 사우디아라비아와 아랍에미리트는 경제의 전환에 따라 석유 노출을 서서히 줄이는 대안을 모색하는 것으로 알려졌다. 컨설팅 기업인 나비타스 리소시스Navitas Resources의 한 에너지 분석가는 〈블룸버그〉에 우주 자원이 새로운 석유가 될 수 있다고 논평했다.

아랍에미리트는 2018년 첫 인공위성을 쏘아 올리고 우주 관련 법을 제정했으며, 2019년 초 기업 액셀러레이터, 펀드, 특별 경제 구역의 설립을 포함하는 국가 우주 투자 장려 계획National Plan for the Promotion of Space Investment을 발표했다. 또한 2020년 화성 우주선 발사에 성공했다.

호주

역사적으로 우주 분야 참여가 미미했던 호주도 2018년 7월에 국내 우주국을 설립하고 이 새로운 경쟁에 뛰어들었다. 호주우주국은 4년 동안 4,100만 달러의 기금을 모았으며, 호주연방과학산업연구기구CSIRO의 전 최고 경영자인 메건 클라크가 이끌고 있다. 이 새로 탄생한 기관은 호주 경제 성장을 도모하고, 우주 분야에서 핵심 플레이어가 되며, 국제 우주 법제 구축에서 지도적인 역할을 맡는 등 큰 목표를 세우고 있다.

앞으로 세계 강국의 지위가 우주 참여에 달렸음은 부인할 수 없다. 우주는 전략상 중요하다. 우주는 각 나라와 그 군대에 우주만이 제공할 수 있는 종합적인 통찰력과 통신, 타이밍, 내비게이션, 접근성을 지원한다. 우주 자원 활용, 채굴, 거주에 관한 대화와 계획이 진전되고 있다. 힘과 리더십을 유지하고자 하는 국가들은 우주 분야를 계속해서 높은 우선순위 항목으로 두어야 한다. 동시에 시급한 문제인 우주 관련 규제와 정책을 개선해야 한다.

세계 강국이 되고 싶다면
상업 우주 활동 규제를 완화해야 한다
◆

첨단 기술과 우주법 분야 전문 변호사인 제임스 던스탬은 우주 산업 관련 규제를 접한 뒤 놀라움을 금치 못했다고 한다.

"고객과 미팅 중에 고객이 연방통신위원회FCC에 '1년 안에 제조, 발사할 수 있을 것을 기대한다'고 말했을 때 놀라서 입이 쩍 벌어졌습니다. 연방통신위원회가 익숙한 법과 인허가 기간은 최소 3년이기 때문이기 때문입니다. 연방통신위원회의 일 처리 속도를 바꿔야 합니다. 정부는 더 많은 인재를 옥상옥屋上屋으로 두려 하지 말고, 이런 활동을 규제하는 방식 자체를 바꾸고 혁신해야 합니다."

뉴 스페이스의 급속한 발전으로 우주 관련 정책이 시대에 한참 뒤떨어지게 되었다. 민간 및 상업 산업이 발달하는 속도와 일치하지 않아 방대한 불균형이 생겨나고 있다. 물론 대부분의 정부는 이를 적절히 해결하기 위해 애쓰고 있다. 가장 두드러진 문제로는 상업 우주 규제의 격차, 뉴 스페이스 기업에 대한 더딘 승인 과정, 데이터와 채굴 자원 소유권 문제, 우주에 관한 포괄적인 국제 표준과 정책의 부재, 우주여행 국가들의 기존 규정 간의 불일치 등이 있다.

이런 불일치의 원인을 기술 발전으로 돌릴 수도 있을 것이다. 디지털 기술의 출현으로 기계들이 훨씬 더 상호 연결되고, 능력 있고, 탄력적인 방향으로 진화했기 때문이다. 또한 지속 가능한 재생 에너지원의 채택이 늘어나고 있다. 하지만 근본적인 원인은 공공 부문과 민간 부문이 새롭고 더 가치 있는 방향으로 전환할 준비가 되어 있는데 반해 관료주의는 그렇지 않다는 데 있다.

미국으로 보는 상업 우주 활동 규제 시 발생하는 문제

해결해야 하는 규제 과제가 무엇인지 알아보기 위해 뉴 스페이스를 선도하는 강대국 미국을 들여다보자. 미국에서 상업 우주 활동은 엄격한 규제의 굴레를 통과해야 한다. 예를 들면 비효율적이고 중복된 면허 취득 과정에 지나치게 오랜 시간을 들여야 한다. 현재 갖추어야 하는 요건은 승무원 통보, 의료 자격 요건, 환경 제어 시스템, 하드웨어와 소프트웨어 테스트 통과, 승무원 훈련, 라이선싱 등 다양하다.

기업은 상업 면허를 취득하기 위해 네 개의 별도 관리 기관을 상대해야 한다. 즉, 발사, 지구 재진입, 우주 공항 면허를 관장하는 연방항공청, 원격 탐사 또는 지구 탐사 면허를 관장하는 해양대기청, 위성통신 면허를 관장하는 연방통신위원회, 우주 기술 수출 허가를 관장하는 미국 상무부와 국무부를 거쳐야 한다. 특히 미국 공군은 민간 기업들과 수많은 계약을 체결하고 있으며, 따라서 충족해야 할 규제 요건도 많다.

하버드대 연구원 아미르 시라즈는 2017년 〈하버드 폴리티컬 리뷰〉라는 간행물에 '의회가 신속하게 미국 우주법을 개혁해야 하는 이유Why Congress Must Act Quickly to Reform U.S. Space Law'라는 제목의 글을 기고했다. 시라즈는 현 상황에 대해 "미국의 소홀한 규제가 시대에 뒤떨어지고 느린 인허가 과정으로 이어지고, 규제가 더 느슨한 나라의 기업보다 미국 기업에 불리하게 작용하고 있다. 그런데도 부적절한 규제의 영향은 앞으로 더욱 거세질 것으로 보인다. 민간이나 상업 우주 분야에서 중대한 국제 분쟁이 발생하기 전에 미국이 포괄적인 우주 정책을 수립하지 못하면 좋지 못한 법적인 결과가 확산될 수 있다. 그럼에도 우주 정책의 미래는 요원해 보인다. 현재 우주 정책의 많은 복잡한 문제가 종종 관념적인 것으로 무시되고 있다. 하지만 불행한 외부 효과가 발생하기 전에 모든 개별적인 도전 과제를 해결해야 하며, 우주 조약Outer Space Treaty 같은 문서의 모호한 권한을 구체적인 정책으로 다듬어야 한다"라며 비판했다.

설상가상으로 기존 미국 우주 분야 규제 정책에는 역설적인 부분이 많다. 많은 규제가 산업을 활성화하기보다는 형식적인 절차만을 강조하고 있으며, 산업을 안전하고 효율적으로 추진할 수 있는 적절한 정책과 규정은 부족하다. 이는 스타트업과 기술, 그리고 가장 중요한 경제에 나쁜 영향을 미친다. 현재 기술 발전 속도가 정책보다 훨씬 빠른데, 정부 기관은 면허 수요에 대응할 자원이 부족하기 때문에 면허 취득 과정이 길고 번거로워진다. 신기술이 규제와 정책 진보 속도를 앞지른다는 사실은 상업 우주 분야가 규제를 준수하고 우주 환경의 안전 지킴이 역할을 하기 어렵게 만든다.

초기 단계 투자 회사인 렘노스Lemnos의 공동 창업자이며, 현재 소프트웨어와 하드웨어 개발 스타트업인 쿼츠의 CEO인 제레미 콘래드가 정부 조달 시스템의 중대한 결함에 대해 불만을 토로했다.

"정부에 1억 달러 규모의 프로그램이 있다고 가정해 봅시다. 이는 4년 예산 과정과 같습니다. 경쟁 입찰 절차가 진행되고, 그다음에는 서로 소송을 제기합니다. 실제로 이런 식이고, 이건 악몽입니다."

나사에서 11년을 근무했고 현재 민간 부문에서 우주 기술 회사를 운영하고 있는 렉스 리데누어도 비슷한 생각을 말했다. 그는 "정부의 영향을 받는 우리 조달 시스템은 정부 차원에서든 항공 우주 생태계에서든 중소 기업이나 상업 기업 관행과 상당히 괴리가 있으며, 제대로 작동하지 않습니다"라고 한탄하며 "우리 회사로서는 이런 프로세스가 주요 스트레스이고 번거롭습니다. 우리는 대체로 이런 프로세스를 경멸하지만, 어쨌든 어쩔 수 없이 함께 작업해야 합니다. 의회와 정책 기구의 기능이 제대로 작동하지 않는 것도 매우 실망스럽습니다"라고 말을 이어 갔다.

브레턴 알렉산터 블루 오리진 사업 개발 전략 담당 이사는 2017년에 열린 미국 하원 우주 소위원회 '민간 부분 달 탐사 청문회'에서 다음과 같이 말했다.

"미국의 규제 환경은 우주에서 펼쳐지는 새로운 상업 활동 시대와 눈앞에 다가온 기술 발전을 수용해야 합니다. (…) 이 위원회는 나사와 연방항공청 상업우주운송사무국에 권한을 부여함으로써 상업 우주 활동을 조종할 기회를 가집니다. 소모성 로켓의 요구 사항은 연방항공청과 공군이 거의 같습니다.

연방 영역에서 발사할 때는 기업이 공군용으로 만든 결과물의 정보를 연방항공청에 제공하면 발사 면허 요건을 충족할 수 있습니다. 이는 중복되지만 부담스럽지는 않습니다. 반면에 재사용 가능한 로켓의 면허 요건은 공군과 연방항공청이 서로 다르기 때문에 완전히 다른 엄격한 두 가지 결과물이 필요합니다. 이는 중복되고 부담스러우며 비용 증가와 일정 지연을 초래하고 불확실성을 키웁니다.

우리는 연방항공청이 발사 위치나 발사 유형과 관계없이 미국 우주 운송 정책에 따라 발사와 지구 재진입에 관한 모든 권한을 가지고, 모든 상업적 우주 비행 회사와의 의사소통을 담당하는 단일 접점이 되었으면 합니다."

우주 분야의 급속한 발전과 여러 학문 분야가 관련되는 특성을 고려할 때 장기적인 목표를 뒷받침하고 다양한 방향으로 성장할 수 있도록 유연한 규제가 필요하다.

산업법 전문가이기도 한 제임스 넌스탠은 규세 환경이 니무 낡아서 개정이 필요하다고 강조했다. 더 나아가 "우주에 대한 전체 규제 구조는 기본적으로 30~40년 전에 설계되었습니다. 이 규제는 연간 약 10회의 상업 발사에서 약 12~15개의 위성을 탑재할 것으로 추정했습니다. 하지만 현재 모든 분야에서 10배의 위성을 발사하고 있습니다"라고 말하며 "산업 성장을 촉진하기 위해 발사, 페이로드, 페이로드 검토, 주파수 면허 등 모든 수준의 인허가 방식을 완전히 개혁해야 합니다"라고 주장했다.

미국 우주 관련 법에 드러난 우주 규제 정책

기술과 인프라가 계속해서 발전함에 따라 전체 산업 발전의 동력이 되는 종종 예측하기 힘든 발전이 새로운 규제로 인해 저해되지 않도록 하는 것이 중요하다. 하지만 한 가지 해결 가능한 영역이 있다. 위성을 포함한 우주선 및 발사 규제이다. 우주선 규제에는 무선 스펙트럼, 운영, 면허가 포함된다. 또한, 우주는 나노 기술, 적층 제조, 인공 지능, 무인 항공기 등과 더불어 전 세계적으로 전례 없는 속도로 추진되고 있는 분야이다.

예컨대 위성만 해도 성공은 둘째 치고 제대로 기능하기 위해서는 놀라운 조정력과 운용 감각이 필요하다. 위성을 실어 보낼 우주선 개발 외에도 비행과 운항 전에 해결해야 하는 통신 면허 문제가 있다. 위성 통신 회사가 더 완벽한 비즈니스 모델을 구축하기 위해 전용 주파수를 확보하는 것은 당연하지만, 지구 관측 위성을 개발하는 기업들은 공유 자원을 사용할 수 있으므로 이미지 라이선스를 추가로 발급받아야 한다. 우주 자원 채굴 회사들과 다른 새로운 우주 활동들이 계속해서 등장하면서 이들도 모두 고유한 면허가 필요할 것으로 보인다.

주로 우주 이슈를 보도하는 라디오 프로그램의 진행자인 데이비드 리빙스턴은 우주 환경 규제에 대해 다음과 같이 말했다.

"세심하게 관리되고 통제되면서 절제된 규제 환경이 필요하다고 생각합니다. 하지만 규제 환경의 발전은 예컨대 안전한 비즈니스와 친 비즈니스 등 합리적인 근거에 따라야 하며, 기업가 정신과 새로운 비즈니스 성장, 새로운 기회를 억제할 정도로 구속해서는 안 됩니다. 기업들이 사업에 뛰어들어 실수하거나, 손실을 보거나, 문제를 일으킬 수도 있다. 물론 기업들도 책임감 있게 행동하고 행동에 대한 책임을 져야 하지만, 이들에게 행동할 수 있는 자유를 주어야 합니다."

유감스럽게도 우주 관련 보안이나 정보 부서를 비롯한 정부 기관은 민간의 노력을 업신여기는 경향이 있다. 물론 정부는 민간 영리 산업과는 완전히 다른 방식으로 운영되기에 정부가 요구하는 우주선의 요건과 역량은 심오하고 복잡할 수 있다. 하지만 역사를 들여다보자.

처음 우주를 상업적으로 사용한 것은 통신 분야였다. 1962년 AT&T와 벨 연구소Bell Telephone Laboratories는 최초의 상업 위성인 텔스타 1호 발사를 후원했다. 이런 노력은 신콤 3호, 텔레비전 적외선 관측 위성, 인텔샛, 애닉 A, 이리듐 등 다른 통신 위성과 기상 위성을 위한 길을 닦았다. 하지만, 케네디 행정부는 민간 부문의 독점을 막기 위해 우주의 민영화를 금지했다. 1962년 케네디 대통령이 통과시킨 〈통신위성법〉은 AT&T, GTE, 휴즈Hughes 등 위성에 투자할 준비가 된 기업의 참여를 막았다. 대신 미국은 1963년 민관 합작 공공 위성 조직인 콤샛 COMSAT을 만들었다.

1960년대 이후 미국에서는 상업 우주 개발에 대한 찬반 진영 간에 줄다리기가 있었다. 더 많은 상업 활동을 지원하려는 정부의 첫 번째 노력은 1984년 로널드 레이건 대통령이 서명한 〈상업우주발사법〉이었다. 하지만 나사는 재빨리 불필요한 요식 행위를 요구하며 민간 활동을 저지했다.

1990년 조지 H. W. 부시 대통령은 〈발사서비스구매법〉에 서명했다. 이는 우주 산업을 질식하게 했던 나사의 규제와 우주 왕복선 독점 폐해를 없애려는 의도였고, 록히드 마틴과 보잉이 정부 발사 계약을 수주하게 되었다.

1998년의 〈상업우주법〉은 상업 활동 촉진 가속을 목표로 했지만,

다시 민간 부문의 우주 분야 진입을 막으려는 나사와 다른 정부 기관들의 저항에 부닥쳤다.

상업 우주 분야 규제가 원래부터 강력했던 것은 아니다. 1984년 레이건 행정부에서 상업우주운송국OCST을 만들었을 때, 이를 감독할 정부 부처를 두고 논쟁이 있었다. 운수부DoT 관할권에 들어가지 못하게 한 주요 논거는 운수부의 가혹한 규제 성향이 이 새로운 사무국의 목적을 무색하게 하리라는 우려에서 비롯되었다. 따라서 상업우주운송국은 운수부 장관실OST 소속으로 하는 데 동의한 후에야 운수부에 소속되었다.

첫해에 상업우주운송국은 불필요한 요식 행위는 줄이고 우주 산업을 활성화한다는 의미로 '레드 테이프(불필요한 요식 행위)가 아닌 블루 스카이'라는 모토를 채택했다. 그리고 규제 완화를 유지하려는 결연한 노력은 상업우주운송국 운영 첫 10년 동안 성공적이었다. 그런 만큼 상업우주운송국은 초기 몇 년 동안 주로 상업적 발사가 공공 안전에 위험 부담이 적다는 전제에서 상업 우주 분야의 자율 규제를 고려하는 연구를 했다.

하지만 1984년부터 1994년까지 상업우주운송국의 라이선싱 및 안전 담당 부국장이었던 노먼 볼스는 상업우주운송국 소속이 연방항공청으로 넘어가기 전 자신의 역할을 요약한 기사에서 필요한 자원과 실제로 받은 자원 간의 불일치가 오랫동안 문제가 되었다고 썼다. 볼스는 "저는 상업우주운송국의 앞날이 험난한 길이 될 것으로 믿었습니다. 우리는 얼마나 많은 로켓 발사를 볼 수 있을지 몰랐지만, 우리가 많은 발사를 처리할 능력이 없다는 것은 확실히 알았습니다"라고 회상했다.

볼스와 그의 동료들이 상업우주운송국을 운수부 장관실 내에서 독립적인 조직으로 기능할 만큼 강력한 조직으로 발전시키기 위해 노력하자 연방항공청은 이 사무국을 흡수하기 위해 여러 차례 시도했다. 볼스는 연방항공청의 이러한 행동이 왜 문제였는지 말했다.

"만약 상업우주운송국이 연방항공청으로 이전된다면 업계가 개방적인 규제자에 기댈 수 있는 날들이 얼마 없으리라는 것을 알았습니다. 연방항공청 규제와 인증을 담당하는 토니 브로데릭 부국장이 제게 개인적으로 엄격한 규제를 통해 로켓 발사 실패를 없앨 것이라고 말했기 때문입니다. (…) 토니는 친구이기도 하고, 진지하고 사실적이며 위협적이지 않은 어조였지만 그의 말은 연방항공청의 경직된 문화를 보여 주는 것이었습니다."

1989년 상업우주운송국 국장에 취임한 스테파니 리 밀러는 상업우주운송국이 독립 기관으로 만들기 위한 계획을 추진했다. 리 밀러는 상업우주운송국 덕분에 운수부는 이미 나사보다 더 많은 발사를 담당하고 있으며, 25억 달러 상당의 인공위성이 현재 운수부의 규제 권한에 따라 발사될 예정이라고 주장했다.

나아가 상업우주운송국이 안전 규정을 개발하고, 운용 면허와 승인을 내리며, 적극적인 조사와 집행 프로그램을 시행한다면서 "우주 공간에서 운수부의 법적 규제 영향력이 나사나 국방부의 영향력을 능가한다"라고 덧붙였다. 또한 리 밀러는 "운수부가 나사의 케네디우주센터에 대한 보험 요구 사항과 상업 부문 우주 쓰레기에 대한 유일한 규제 권한을 담당한다"고 언급하면서, 상업우주운송국을 연방항공청 또는 다른 기관과 합병하는 것을 강력하게 반대한다는 의견으로 말을 마쳤다.

불행하게도 1992년 클린턴 대통령이 취임하고 새로운 행정부로 전환되면서 독립 기관이 되기 위한 상업우주운송국의 노력은 좌절되었다. 1995년에 새로 선출된 의회는 더 많은 장애물을 만들어 냈고, 연방항공청이 마침내 상업우주운송국을 인수하는 데 성공했으며, 단호한 규제 지배가 시작되었다.

볼스는 상업우주운송국의 궤적에 반영된 전반적인 문제에 대해 "상업우주운송국은 정치적으로 지명된 사람이 이끌고 있습니다. 상업우주운송국의 비전은 외부에서 설정해야 하며, 상업우주운송국 국장으로 선출된 사람은 그 비전을 추진할 능력과 개방성을 지녀야 합니다"라고 설명했다. 또한 이런 프로세스가 많은 정부 기관에서 작동하지만, 상업 우주는 다르다고 지적하면서 "포기하지 않는 일관되고 지속적인 비전이 필요합니다. 이런 비전을 이해하고 이를 관철할 정치 지도자들이 필요합니다. (…) 간단히 말해서 처음 구상했던 규제 프로그램은 우주로 가는 길을 방해하는 것이 아니라 쉽게 하기 위해 고안되었습니다. 비전은 누군가 비전과 그 기초를 알고, 따르고, 기억할 때만 유효한 것입니다"라고 말했다.

이어서 볼스는 "상업 우주 여행은 우리의 미래이며, 규제 과정은 그 방향을 결정합니다. 제대로 진행되면 우리 인간은 가장 짧은 시간에 별들에 도착하게 됩니다. 하지만 잘못된 방법으로 진행되면 별에 가는 길은 요원하거나 험난할 것입니다. 항공과 자동차 업계는 정부의 과도한 규제 없이 50년 이상 지속되었습니다. 우주 산업 규제 프로그램은 가능한 한 모든 미래를 허용하는 틀 그 이상이 되어서는 안 됩니다"라면서 다시 한번 우주 규제 완화를 강조했다.

뉴 스페이스의 전환점은 2004년 〈상업우주발사수정법〉 제정인 것으로 보인다. 이 법은 민간의 우주 사용을 실질적으로 합법화했다. 이 법은 연방항공청이 민간의 유인 우주 비행에 안전 제한을 두지 못하도록 하는 8년의 숙지 기간을 규정했다. 대신 상업 발사 운영자가 안전, 운영 및 고지에 따른 사전 동의 절차를 준수하도록 명시했다. 또한 이 법에는 같은 기간(2012년까지) 제3자 손해 또는 손실 30억 달러 이상을 정부에서 보상한다는 내용이 포함되었다.

2006년 연방항공청은 "요건은 일반 대중에게 사회적으로 용인되는 수준의 안전을 제공해야 하며, 탑승객들에게 발사 또는 지구 재진입과 관련한 위험을 사전에 알려야 한다는 것이다. 이 규칙은 또한 기존 재무적 책임과 권리 포기 조항을 유인 우주 비행과 실험 허가에 적용한다. 실험 허가는 별도 규칙 제정 대상이다. (…) 이 법은 이 산업이 신생 산업이라는 사실을 인정하고 상업 유인 우주 비행 규제에 단계적 접근법을 요구하며, 산업의 성숙도에 따라 규제 기준이 진화하도록 하고 있다"라는 요약 내용과 함께 2007년에 발효될 의무 준수 사항을 공표했다. 다만 이 법은 많은 민간 부문 활동을 허용했다는 의의를 가지지만, 상업용 여객기 면허 부여는 거부했다는 한계를 가진다.

상업적 활동을 늘리라는 민간 부문과 의회의 요구에 오바마 대통령은 2015년 〈민간 항공 우주 경쟁력과 기업가 정신 촉진법 Spurring Private Aerospace Competitiveness and Entrepreneurship〉에 서명했다. 사실상 2004년 발사 법안의 연속인 일명 '스페이스 SPACE 법'은 민간 부문이 향후 규정을 숙지할 시간을 더 많이 주기 위해 제3자 발사 보상과 연방항공청 숙지 기간을 2025년까지 연장했다.

또한 이 법은 우주 자원 채굴과 실험의 문을 열었다. 따라서 일부는 축하의 말을 건넸다. 상업용우주비행연맹의 의장 에릭 스톨머는 "이 법안은 투자를 억제하고 밀어내는 규제의 불확실성을 제거함으로써 혁신에서 알려지지 않은 돌파구로 이어지는 창의성을 불러일으키고 동기를 부여합니다"라고 논평했다. 다른 이들은 스페이스 법을 "산업계의 이정표이자 상업 우주를 위한 효과적인 법적 체계의 출발점"이라고 논평했다.

하지만 산업 전반에는 여전히 좌절감이 팽배하다. 2018년 대통령 행정 명령에서는 "운수부 장관에게 발사와 지구 재진입 활동에 대한 새로운 규제 체제를 고안하고 이런 모든 상업적 운영에 대해 단 하나의 면허만 요구하는 방안을 고려하라"고 지시했다. 하지만 규제 요건을 간소화하라는 대통령 행정 명령에도 불구하고 그 결과로 나온 연방항공청 상업우주운송사무국 규칙 제정안 고시 NPRM 는 중소 상업 기업들에 훨씬 더 많은 장벽을 만들 것으로 보인다. '간소화된 발사 및 재진입 면허 요건 SLR2'이라는 이름은 진보적인 것으로 들리지만, 뉴 스페이스 플레이어들은 새로운 규칙이 정확히 그 반대라고 주장한다.

한편 유나이티드 론치 얼라이언스 같은 기득권 기업은 새로운 규칙을 반겼다. 업계지 〈더 루리오 리포트〉는 "SLR2가 전통적인 고비용 기업들이 인위적으로 시장을 유지할 수 있게 하면서 많은 기업가의 성장에는 치명적일 수 있다"라고 언급하고 있다.

에릭 스톨머는 2019년 7월 25일 의회 증언에서 새로운 규칙 제정안 고시의 많은 문제점을 지적했다. 스톨머는 "우주 행정 명령 정책-2SPD-2로 알려진 정부 정책과 연방항공청의 규칙 제정안 고시가 규제 과정을 간소화하고, 혁신적이고 진화하는 산업을 더 안전한 산업이 되도록 장려하면서도 규제하는, 성과 기반 접근을 하기를 바랐지만 결과는 실망스럽다"라고 말하면서 다음과 같이 평했다.

"유감스럽게도 연방항공청은 미국의 새로운 우주 운송 서비스 제공자들, 그리고 이들의 현재와 미래 이용자들의 성장 환경 조성이라는 위대한 도약 대신에 기껏해야 조심스러운 반 걸음만 내디딘 것 같습니다."

스톨머는 연방항공청 규칙 제정안 고시의 문제점을 다음과 같이 더 구체적으로 밝혔다.

"첫째, 이 고시는 성과에 기반을 두고 있지 않으며, 소프트웨어와 비행 종료 시스템 등에 관한 매우 권위적인 요구 사항을 포함하고 있습니다. 이는 혁신적인 안전성 개선 방식을 구현하려는 업계 노력을 저해할 수 있습니다.

둘째, 이 규칙은 기존 규칙을 대체하는 것으로 보이지는 않지만, 프로세스를 간소화하고 효율화하는 대신 준수에 필요한 비용과 노력을 증가시키는 새로운 규정과 요구 사항을 추가해 부담과 비용을 가중시킵니다.

마지막으로 이 규칙은 혼란스럽고, 없는 서류에 의존하므로 새로운 규범적 규제 요건으로써 타당성이 부족합니다."

새로운 고시는 또한 신규 신청자가 특정 노력을 추구하거나 새로운 기술을 통합할 수 있게 하는 유연성이 부족하며 전반적으로 위험 회피적이다. 이는 규제가 '빠르게 시대에 뒤떨어져 혁신을 좌절시킬 것'임을 의미한다.

스톨머는 또한 새로운 고시가 경험이 풍부한 발사 서비스 업자조차도 그 목적을 이해하기에 명확성이 부족하다는 점과 기존 기업들을 선호해서 반경쟁적이라고 지적했다. 인허가 절차와 상충되는 충돌 방지 절차 등 고장 나지 않은 곳을 고치려 드는 규정도 추가 쟁점이었다.

새로운 규칙을 비판한 다른 기업들로는 블루 오리진, 스페이스X, 시에라네바다 코퍼레이션 등이 있다. 2004년 〈상업용우주발사수정법〉 제정에 중요한 역할을 했던 제프 그리슨도 업계나 상업우주운송사무국의 어떤 목표도 이 제안 규칙 제정으로 달성되지 않을 것이라면서 새로운 규칙을 신랄하게 비판했다. 그리슨은 〈더 루리오 리포트〉에서 "제안된 규칙에 상세한 기술적 요구 사항은 포함되지 않을 것이다. 대신 상업우주운송사무국은 이 분야의 진전 상황에 따라

권고회람서(규칙을 준수하기 위한 지침)를 게시할 수 있고, 이에 따라 업계는 모범 사례를 업데이트해야 한다"라고 인터뷰했다. 이런 연방 항공청 규칙은 현재 진행 중인 뉴 스페이스 세력과 신규 업체의 진입을 방해하는 규제 당국 간의 힘겨루기를 반영한다. 규제의 전면 개정 없이 우주 분야는 전반적으로 제 기능을 다 할 수 없을 것이다.

공정한 우주 경쟁을 위해 필요한 시스템
: 규제 시스템 혁신, 자본 선투입, 기업 친화적 행정청
◆

기술 동향과 비즈니스 속도에 따른 규제 시스템 혁신

일부 규제가 산업에 긍정적이고 도움이 된다는 데는 동의하지만 규제와 상업 활동 사이에 안정적인 균형을 유지해야 한다. 규제 프로세스를 개선하면 상업 부문과 민간 부문에 이익이 된다. 규제 완화가 경제적으로 효과가 있음은 증명된 바 있다.

맨섬이나 룩셈부르크와 같이 규제가 적은 국가는 다른 나라로부터 상당한 규모의 사업을 유치하는 혜택을 누린다. 따라서 뉴 스페이스 부문이 여러 정부 기관에 시간과 비용, 에너지, 기타 자원을 절약할 수 있게 면허 취득 과정을 간소화해 달라고 요청한 것은 당연한 수순이었다. 크리스토퍼 스톳 맨샛 CEO는 다음과 같이 말했다.

"맨섬은 이제 세계에서 위성 사업의 최대 역외 금융 센터입니다. 현재 51개 이상의 위성 및 통신 우주 회사가 맨섬에서 리스 조달과 제조 등을 하고 있습니다. 10억 달러가 넘는 첫 번째 발사체도 맨섬에서 진행되었다. 이유가 무엇이겠습니까? 좋은 법과 좋은 규정 때문입니다. 맨섬은 북대서양조약기구NATO 의 일원으로 정치적으로나 경제적으로도 안정적입니다. 또한 적절한 규제로 우주 사업하기에 완벽한 곳입니다."

많은 우주 업계 종사자들은 발사 비용이 급격히 낮아지고 5년이 지나야 발사 빈도가 급격하게 증가할 것으로 믿는다. 이미 기업들은 역사상 그 어느 때보다도 많은 우주 위성을 생산하고 있으며, 이런 위성들은 신규 시장과 기존 시장에 서비스를 제공하기 위한 것이다. 전 세계적으로 수십 개의 새로운 발사 노력이 진행되고 있지만 발사 수요를 모두 채우기에는 부족하다. 또한 재사용 가능한 발사체는 페이로드 전용 발사와 비행보다 추가로 정밀한 검사를 받아야 한다.

발사 시장 활성화 정책의 부재는 발사 서비스 제공자들이 아무리 빨리하고 싶어도 전체 사슬에서 가장 느린 규제 측면에 맞춰 비행 일정을 세울 수밖에 없음을 의미한다. 궤도와 저궤도 서비스 제공자들이 재사용 가능성과 더 잦은 비행을 생각하고 있는 가운데 정부가 이런 시스템의 전반적인 구조와 개발에 영향을 미칠지, 그리고 어떻게 영향을 미칠지는 두고 봐야 한다.

연방통신위원회가 소형 위성 산업의 면허 절차를 간소화한 것은 올바른 변화 중 하나다. 이런 변화는 소형 위성들이 역량과 수명, 비용, 개발 시간 등에서 기존 위성 산업과 다르다는 사실을 이해했다는 증거이기 때문이다. 아래는 2019년에 작성된 연방통신위원회의 자료표 중 '소형 위성 허가 절차 간소화FCC Fact Sheet: Streamlining Licensing

Procedures for Small Satellites'에서 발췌한 내용이다.

"연방통신위원회의 위성 면허 규정, 특히 상업 운영에 적용되는 규정은 일반적으로 소형 위성 시스템을 염두에 두고 개발되지 않았으며, 비용이 많이 들고 수명이 긴 임무에 적합한 수수료와 규제 요건을 일률적으로 부과한다. (…) 따라서 2018년 연방통신위원회는 효율적인 주파수 이용과 궤도 쓰레기 완화를 염두에 두고 소형 위성 운영에 특화된 새로운 허가 절차를 개발하기 위한 규칙 제정안 고시를 채택했다. (…) 이 절차에 적합한 신청자는 간소화된 신청을 할 수 있고, 연방통신위원회의 정규 처리 절차가 면제되며, 1년간 계약 이행 보증 증권 발행 유예 기간을 이용할 수 있다."

현재의 기술 동향과 비즈니스 속도에 보조를 맞출 수 있도록 규제 시스템을 혁신하는 것은 지속적인 해법이 필요한 과제이다. 이런 격차를 해소하기 위한 제안이 많았지만, 결과 측면을 그렇게 고려하지 않았다. 문제는 정부 표준이 군사와 국방에 중점을 두고 있기 때문에 규제가 본질적으로 복잡하다는 데 있다.

사업의 안정과 규모 확장을 위한 대규모 자본의 선투입

또 다른 문제는 시장의 요구를 반영해서 프로토콜을 조정하려는 데 있다. 그것이 아니라 우선 대규모 자본 투자가 필요하다. 전쟁학자인 토마스 하메스는 미국국방대학교 출판물에 "분명히 여러 신생 기술의 도전에도 불구하고 제도적 편견으로 인해 현재 지배적인 기술에 계속 투자를 집중할 수 있다는 사실을 기억하는 것이 중요하다"라고 썼다.

기업들은 상업용 유인 우주선이나 우주 자원 채굴, 혹은 연구 등에 필요한 정부 예산을 따내기 위해 로비 활동을 한다. 이로써 의회가 자금줄과 당근을 모두 쥐게 된다. 의회는 산업과 비즈니스 부문에 영향을 미치는 법을 제정하는 동시에 계약과 융자, 보조금 등을 통해 수십억 달러의 재정을 분배하거나 지원해 준다.

사례를 들어 보겠다. 석유와 가스 산업은 정유 공장에서 유전 개발 등에 이르기까지 새로운 에너지 프로젝트 개발에 수년 동안 수십억 달러를 투자한다. 이런 프로젝트들은 첨단 기술에 크게 의존해서 투자자들의 미래 수익을 창출한다. 예를 들면 텔레프레전스(참가자들이 실제로 같은 방에 있는 것처럼 느낄 수 있는 가상 화상 회의 시스템)로 조종하는 잠수정이 정기적으로 수중 에너지 인프라를 점검한다.

또한, 이 같은 에너지 사업 계획은 투자 기간이 기술 혹은 다른 스타트업 벤처 투자자들의 범위를 넘어서기도 하는데, 이 경우 초점을 맞춘 사업 기관 투자자나 정부 보조금, 채권 금융, 기타 투자 수단을 활용해 자금 부족을 해결한다. 영국의 5대 은행 중 하나인 바클레이즈Barclays 은행은 에너지 채권이 전 세계 1조 3,000억 달러의 고수익 채권 시장의 15.7%를 차지할 것으로 추산한다. 그중 1%만 우주 분야에 유입된다면 무슨 일이 일어날지 궁금하다.

에너지 분야와 달리 더딘 규제 완화로 우주 분야에서 자본이 낭비되는 현상에 대해 데니스 윙고 스카이코프 CEO는 말한다.

"민간의 대규모 자본적 지출의 간단한 예는 호주 웨스턴 오스트레일리아주 연안의 단일 천연가스 유정에 370억 달러를 지출한 사례입니다. 오늘날 전형적인 대규모 산업 프로젝트는 수십억에서 수천억 달러에 이르는 규모입니다. 문제는 자본의 가용성이 아니라 자본 흐름의 방향입니다."

정부가 상업 분야의 기존 장벽을 없애고 기초 과학 연구에 투자하면, 상업 제공자들이 제품과 서비스를 인수해 정부 제공자들보다 더 잘할 수 있도록 도와줄 여지는 충분하다. 우주 기술 전문가 리데누어도 정부가 현상을 개선하기 위해 몇 가지 중요한 전략을 시행할 수 있으리라 믿는다.

즉, 정부는 상업 업계가 할 수 없는 조처나 프로젝트만 수행하거나, 민간 부문과 경쟁하지 않고 필요한 것을 상업 기업에서 조달할 수 있다. 그리고 부실한 계약 협상이나 실행 결과에 대해서는 정부와 기업 조달 담당자들에게 모두 책임을 묻는 동시에, 계약을 체결할 때 계약 금액을 확정하고 합의된 계약 조건을 이행하면 계약 상대방에 확정된 계약 금액을 지급하는 일반 확정 계약 방식에 따른 조달을 크게 늘려야 한다.

불필요한 절차를 축소하는 기업 친화적 행정청과 법안

현재 우주 환경을 감시하고 있는 미 공군이 군사 사산에 집중하고 우주의 상업 교통량은 다른 분야에 맡겨야 한다는 목소리가 커지고 있다. 이는 잠재적인 해결책 중 하나이다. 혹은 절차를 자동화하고 이에 따라 연방항공청과 민간 부문이 함께 발사를 처리하는 방법이 있다. 개선된 소프트웨어와 간소화된 요건이 반복적이고 빠른 비행을 시도하고 기대하는 발사 서비스 제공자들을 위해 느리고 지루한 프로세스를 관리하는 데 도움이 될 것이다.

물론 행정부 교체에 따른 방향 변화는 또 다른 문제를 제기한다. 우주의 복잡성, 하드웨어와 여러 분야의 전문성에 대한 의존성, 오랜 탐색 기간 등을 고려할 때 행정부의 의사 결정은 긍정적으로든 부정적으로든 업계의 하위 부문에 큰 영향을 미칠 수 있다. 하지만 대통령 중심제 행정부의 변덕스러운 행정에 의존하면 장기적인 성공 계획을 세울 수 없다. 예컨대 한 대통령은 화성에 초점을 맞춘 프로젝트에 자금을 지원하고, 후임자는 그 프로젝트에 대한 자금 지원을 중단하고 대신 달 임무를 선택한다면 어떻게 의미 있는 진전을 기대할 수 있겠는가?

행정 방향의 변화를 막는 일은 불가능할 수 있다. 하지만 데니스 윙고는 "기업 친화적인 행정부는 발사, 유인 우주 비행, 우주 내 제조와 탐사, 심지어 달이나 화성 활동에 이르기까지 다양한 범위의 상업 우주 기업을 육성할 수 있습니다. 결국 우주는 정부 중심이나 정부 주도형 사업 이상이어야 하고, 매출과 이익을 낼 수 있는 기업들이 이런 기회를 계속 모색할 겁니다. 따라서 이 길이 정부 우주 정책 변화에 완충재 역할을 하는 가장 좋은 방법입니다"라고 주장한다.

현재 뉴 스페이스의 많은 하위 분야는 시작 단계이기 때문에 독자 생존하기 어렵다. 강력한 마케팅과 로비 자원을 보유한 기업만이 아니라 더 많은 참가자와 신규 진입자가 더 효과적으로 참여하고, 최상위 시장 밖에서 투자 가치가 있는 우주 기술 스타트업을 개발하기 위해서는 건전한 경제 성장 정책과 지역 사회 구축이 필요하다. 그렇긴 하지만 논쟁의 포인트는 타이밍이다. 기술과 관리가 핵심이지만, 타이밍은 기업가적 노력의 향상과 발전에 중요한 역할을 하며, 가장 큰 영향을 미치는 변수이기도 하다. 이에 대해 짐 케라발라 오프월드OffWorld CEO는 말한다.

"우리는 아직 단일 기업 또는 조직이 지구 정지 궤도 너머 우주에서 제품 개발과 서비스부터 최종 사용자 개발까지 사슬을 완성하는 시점에 도달하지 못했습니다."

국가 정책에는 대담하고, 흥미진진하고, 비전에 따른 리더십을 반영해야 한다. 새로운 형태의 의사소통이 새로운 지지자를 만들고 미래의 열망을 중심으로 대중을 통합하는 데 도움이 될 수 있지만, 의미 있는 변화를 이끌어내는 것은 선출된 정치 지도층의 강력한 힘이다. 민간 부문의 신호와 요구에 적절히 귀를 기울여 미래의 도전 과제를 해결할 수 있는 현명한 정책 입안자가 필요하다. 반 에스파보디 스타버스트 에어로스페이스 설립자는 의회에 요구한다.

"정책 입안자들이 화석 연료 기반 에너지 사업에서 창출되어 왔던 일자리와 새로운 자동화의 가치 차이를 확실히 이해해야 합니다. 앞으로는 생명 공학이나 청정 기술만 봐서는 안 됩니다. 이런 경험에서 교훈을 얻어 기술 변화가 일어나고 투자가 기하급수적으로 늘어남에 따라, 기술이 시민들을 보호하고 새로운 경제를 창출하는 역할을 할 수 있도록 잘 관리해야 합니다."

3

전 세계가
함께 만들어야 하는 인프라

$

"조심하지 않으면 우리는 이른바 '공유지의 비극(공유 자원의 이
용을 개인의 자율에 맡기면 각자 이익을 극대화해 자원이 남용되거나 고갈
되는 현상)'을 마주하게 될 것이다. 즉, 기업들이 장기적인 지속
가능성과 안전한 운영보다는 단기적인 사업 성공에 초점을 맞
추게 될 것이다."

스콧 코르델라(마이터 코퍼레이션 우주 시스템 이사)

왜 세계가 협력해야 할까?
: 우주 쓰레기, 전자기 펄스의 위협
◆

전 세계적으로 지속 가능한 우주 산업 규제 정책이 부족한 실정이

다. 특히 저고도 우주 공간은 위험 요소가 많은 자원이다. 우주선과 우주 쓰레기, 우주 기상 등을 규제할 명확한 방법이 없어서 많은 문제가 우려스러운 상황으로 치닫고 있다.

우주 비행과 민간 여객기의 영공을 통합하는 일도 더 염려스러운 문제다. 항공사들은 이미 점점 더 한정되고 혼잡해지는 영공을 공유하는 데 반발하고 있다. 스웨덴의 추적 회사인 플라이트레이더24FlightRadar24가 추적한 바에 따르면 2018년 6월 29일 20만 대가 넘는 항공편이 비행했고, 2019년 7월 29일에는 22만 5,000대로 다시 신기록을 세웠다. 항공 교통량이 사상 최고치를 기록하고 해마다 증가하는 가운데 우주선과 항공기가 안전하고 효과적으로 공존할 방안 마련이 중요하다.

예컨대 현재는 다른 데이터 소스에 연결할 수 없는 항공 교통 관제 시스템에 통합할 수 있는 새로운 소프트웨어가 필요하다. 안전한 일정을 수립하고 발사 회전율과 빈도를 높이기 위해서는 두 산업 간의 커뮤니케이션을 효율적으로 간소화해야 한다. 세계적인 규모로 볼 때 국제적 외교 노력 없이는 점점 커져가는 영공 문제를 해결하기는 어려울 것이다.

또한 다른 물체나 우주선과 충돌할 경우 파괴적인 결과를 초래할 수 있는 수명이 다하거나 퇴역한 우주선을 추적하고 통세할 더 나은 방법이 필요하다. 전문가들은 지구 저궤도가 새로운 인공위성과 다른 우주선의 교통량과 활동을 더 많이 처리할 수 있다고 주장한다. 하지만 이는 지구에서 원격으로 제어할 수 없는 퇴역 우주선이나 우주 쓰레기에 대한 설명이 되지 않는다.

나사와 미국 우주 감시 네트워크US Space Surveillance Network가 추적한 바에 따르면 이미 10cm가 넘는 큰 궤도 파편이 2만 3,000개 이상 있다. 게다가 1~10cm 크기의 파편은 50만 개, 1mm~1cm 크기의 파편은 1억 개 이상 있는 것으로 추정된다. 이 파편들은 다양한 지구 궤도에 퍼져 있으며 앞으로 수십 년 동안 대량 생산된 우주선이 필연적으로 나타날 것을 고려하면 현재의 어려움은 더 가중된다.

높은 궤도일수록 우주선이 더 오래 머물 수 있다는 사실을 이해하는 것도 중요하다. 예컨대 지구 저궤도에서는 물체를 지구에서 조종하지 않는다면 시간이 지나면서 대기 조건이 물체를 궤도에서 떨어뜨릴 것이기 때문에 수거 시기를 예측하기가 쉽다. 하지만 통신 및 기상 위성이 자리하는 지구 정지 궤도는 훨씬 더 예측하기가 어렵다. 지구 정지 궤도의 물체는 수백만 년 동안 궤도에 머물 수 있다. 우주 쓰레기가 아직 심각한 문제를 일으키지는 않았지만, 이런 영향을 억제하는 조처를 하지 않으면 미래에 문제를 일으킬 것이다. 문제는 이런 일이 일어날 것이냐가 아니라 언제 일어날 것이냐이다.

다가오는 위험은 궤도를 벗어난 우주선이나 잔해의 충돌 위험만이 아니다. 우주 기상과 전자기 펄스EMP 공격 또한 문제를 일으킨다. 두 경우 모두 전자와 전기 그리드를 파괴할 수 있으며, 경제적, 군사적으로 치명적인 영향을 미칠 수 있다.

태양 폭풍을 포함한 불리한 우주 기상은 인공위성에 미미하거나 약한 장해를 일으킬 수 있다. 약한 장해라고 하더라도 위성 데이터에 의존하는 우리 통신과 네비게이션 기능을 마비시킬 수 있다. 이 문제의 전문가인 로버터스 폰 페이-지벤부르겐은 인터뷰에서 "최악의 경우에는 한 나라의 경제를 10년까지도 후퇴하게 할 수 있습니다"라고 설명했다. 2017년 미국지구물리학회AGU 학술지 〈스페이스 웨더Space Weather〉는 매일 경제에 미치는 영향이 400억에서 500억 달러 규모의 손실이 될 수 있다고 추정하는 논문을 실었다.

전자기 펄스EMP 공격은 지구 자기장에 영향을 미쳐 정전을 일으킨다. 보통 EMP 공격은 태양 폭발이나 번개 등 자연적으로 발생하는 현상에서 비롯되는데, 핵 전쟁의 일환인 핵 EMP 공격에서 비롯될 수도 있다. 오늘날 EMP 공격이 일어난다면 통신 시스템, 병원, 음식과 물, 전기를 사용하는 다른 모든 것에 심각한 영향을 미칠 것이다. 1962년 AT&T의 텔스타 위성에서 일어났던 것처럼 위성 기능을 파괴할 수도 있다. EMP 공격이 역사적으로 주목을 받은 적은 거의 없지만, 이런 자연 발생 위협을 예측하고 인위적인 EMP 공격으로부터 우리를 보호하는 능력이 점점 더 절실해지고 있다.

이를 위해 우주 기상 사건을 예측하는 스타트업의 노력이 진행되고 있다. 여기에 2019년 3월 트럼프 전 미국 대통령은 "미국의 중요한 인프라가 사이버 공격이나 물리적 공격, EMP 공격에 취약하다는 것은 적내국들이 군사 시위 동제, 은행 빛 금융 운영, 전기 그리드, 통신 수단 등을 방해할 수 있음을 의미합니다"라고 말하면서 EMP 공격을 방어하는 행정 명령에 서명했다. 이 명령은 여러 연방 기관에 고위험 시스템 분류에 우선순위를 두고 잠재적인 공격으로부터 시스템을 보호하는 방안을 수립하도록 지시했다.

안타깝게도 우리 사회는 사전에 현명한 대책을 강구하기보다는 사후 약방문식으로 대처하는 경향이 있다. 우리 모두가 알다시피 지구상에서 우리 삶의 질은 앞에서 말한 여러 시스템과 기술에 달려 있다. 이것들을 보존하는 것이 무엇보다 중요하다. 정부는 대책을 강구하고 실행할 수 있는 제1선이다. 정부가 더 현명하게 행동하고 지원할 수 없을까?

2018년 12월에 의회에서 일부 의원들이 앞서 언급한 영역들에 관한 우주 법안들을 통과시키려고 노력했지만, 다른 의원들의 반대에 부닥쳐서 무산되었다. 이것이 정치적인 문제든, 교육 부족의 결과든, 우리는 모두 고위험 분야의 변화를 요구해서 의원들이 문제를 잘 이해하고 실효성 있는 조처를 하도록 압박해야 한다. 변수를 고려하고 관리할 수 있을 때 문제를 해결하는 것이 중요하기 때문이다. 이것이 우주와 지구의 인프라와 활동에 위협이 될 때는 이미 늦는다.

경제적 기회 확장을 위해
군사 목적의 우주 개발을 멈춰야 한다

✦

로켓 등 일부 우주 기술은 무기화될 가능성이 있다. 그래서인지 모든 국가를 우주에 접근하게 해서는 안 된다는 주장이 일관되게 제기되고 있다. 경우에 따라서는 특정 기술을 원산지 국가 밖으로 수출하는 것이 금지되기도 한다. 일부에서는 유엔에 일종의 '우주 경찰' 역할을 요구한다. 하지만 우리 문명은 아직 우주 치안 구조를 만들고 유지할 정도로 발달하지 않았다. 관련 조약은 존재하지만, 많은 조약에 중요한 우주 참여자들이 가입하지 않았고 서명국들도 꽤 쉽게 탈퇴할 수 있다. 대신 우주, 특히 국방 분야에 막대한 이해관계가 있는 나라들이 국가 차원에서 해결 방안을 모색하고 있다.

우주 분야와 주변에 대한 다양한 활동을 금지하는 것은 국가 간의 높은 불신의 장벽을 대변한다. 하지만 기꺼이 발사 비용을 내려는 사람들에게 우주는 공정한 게임이다. 이 점을 염두에 두면 어떤 나라가 우주로 추적 위성을 보내든 무장 로켓을 보내든 간에 우주에서 이용할 수 있는 전력은 심각한 영향을 미친다. 민간 부문도 기존의 규제 격차에도 불구하고 상당한 자율성이 있다.

미국이 오늘날 선도적인 우주 강국이지만, 다른 모든 나라가 미국이 원하는 바를 그대로 받아들이리라 기대해서는 안 된다. 우주 생태계가 진정으로 오래가려면 국익을 넘어설 필요가 있다. 우리가 우주와 그 너머에서 더 많은 인프라와 경제적 기회를 발전시키려면 민간과 공공 분야를 막론하고 국내외 기관 간 협력이 필요하다.

이를테면 미국 정부의 공식 견해는 중국이 대미 첩보 활동을 줄이고 인권 상황을 개선하기 전에는 미국 단체들이 중국 관계자들과 거의 협력하지 못하게 한다는 것이다. 따라서 나사는 의회의 사전 승인이 없으면 중국과의 양자 협력이 금지된다. 그런데도 미국 회사 나노랙스는 2017년 국제 우주 정거장의 일본 모듈에서 실시할 중국

과학 실험을 이 정거장에 가져가기 위한 승인을 받았다. 2018년 나노랙스는 중국 뉴 스페이스 회사인 광치 사이언스KuangChi Science와 이 회사 고고도 헬륨 열기구인 트래블러Traveler 우주선 관련 파트너십을 맺었다.

우주 군비 경쟁은 엄습해 오는 또 다른 문제이다. 우주 전쟁, 위성 파괴 등의 결과는 훨씬 더 심각할 것이다. 일본은 최근 몇 년 동안 우주에 특화한 군사 분과를 조성했으며, 러시아와 중국은 우주에서 군사력을 꾸준히 증강해 왔다. 2019년에 인도는 세 번째와 네 번째 레이더 영상 정찰 위성RISAT을 발사했다. 이 위성은 민간 차원에서 재난 구호와 농업 분야 개선을 위해 사용되지만 인도는 여기서 얻은 이미징 데이터를 정보와 국방 감시용으로도 사용할 예정이다.

인도가 우주 개발 결과물을 군사적 용도로 사용하는 것은 이것뿐만이 아니다. 2019년 4월 인도우주연구소는 미국, 러시아, 중국에 이어 네 번째 공격 위성 실험국이 되었다. 이 실험은 엄청난 우주 쓰레기를 만들어 산업 전반에 파장을 일으키기도 했다.

각국의 반응은 가벼운 우려에서부터 인도의 PSLV 로켓 보이콧 요구까지 다양했다. 발사 서비스 제공자로서 인도우주연구소와 오랜 기간 성공적인 관계를 맺고 있는 플래닛도 실험을 비난한 회사 중 하나다. 안전한 세계 재단Secure World Foundation의 브라이언 위든은 상업 우주 부문은 우주 군비 경쟁의 향방과 이것이 자신들의 사업에 미치는 영향을 걱정해야 하며 토론에서 목소리를 내야 한다고 논평했다.

우주 기술과 우주 산업이 비즈니스에 미치는 영향은 확실히 중요하다. 하지만 보안과 안전이 더 중요한 문제이다. 위든은 이에 대해서도 "많은 국가에서 군사적 목적으로 우주 의존도를 높인다면 이는 미래 충돌 양상으로 위성 공격이 벌어질 수 있다. 이는 상업화와 우주에 대한 투자를 포함한 모두에게 파괴적인 결과를 가져올 수 있다"라고 적었다.

인도는 또한 미래에 우주가 가져올 수 있는 잠재적 위협을 탐색하고 앞으로 어떻게 역량을 개발할지 결정하는 데 도움을 줄 인드스페이스엑스IndSpaceEx라고 불리는 우주 전쟁 훈련을 시뮬레이션했다. 실용적 의도의 훈련이었지만, 여기서 우리가 우주의 사용에 관한 글로벌 정책을 수립해야 하는 긴급한 이유가 드러나기도 한다.

항공 우주 엔지니어 마이클 클라이브 대책으로 "우리는 자원을 보유하고 있습니다. 우리에게 없는 것은 이런 자원을 할당하는 방법입니다"라고 설명했다. 클라이브는 집단 행동과 응집력 있는 미래 비전을 세워야 한다고 설명했다. 우리는 우리 앞에 놓인 자원을 중요한 일에 쓰도록 스스로 동기 부여해야 한다.

우주 산업 성장과 안전을 위해
국제 협업과 집단적 협약이 필요하다
◆

우주 활동이 나날이 증가하고 새로운 발전이 눈앞에 다가오면서 룩셈부르크, 미국 같은 나라는 우주 산업의 안보를 더 튼튼하게 할 체계를 서서히 구축하고 있다. 미국 의회는 수십 년간의 논쟁 끝에 마침내 2019년 12월 20일 미국우주군 USSF 을 미국의 여섯 번째 군대로 창설했다. 미국우주군은 공군의 일원으로서 주로 군사 방어 임무를 맡게 되고, 우주 작전 사령관 CSO 직함의 4성 장군이 이끌게 된다. 이 새로운 군대가 글로벌 우주 분야의 지속적인 발전에 어떻게 대응해 나가는지와 미군 내의 별도 군대로서 어떻게 진화해 나가는지가 앞으로 몇 년 동안 지켜봐야 할 중요한 요소가 될 것이다.

새로운 우주 관련 기관 창설은 우주 산업의 지속적인 안전과 성공을 보장하기 위한 작은 단계일 뿐이다. 룩셈부르크우주국의 연구원 마크 세레스는 "룩셈부르크우주국은 적절한 우주 규제 법안 제정 추진 과정에서 기술이나 금융, 비즈니스 또는 시장 도전 같은 다른 산업이 겪는 도전에 직면하지 않고 포괄적인 국가법을 제정하기는 불가능하다는 사실을 발견했습니다"라고 말했다. 세레스가 강조한 룩셈부르크 우주 계획의 또 다른 중요한 측면은 국제 협력이다. 국제 협력은 매우 중요하다.

"국가법이 우주 경제에서 급진적인 게임 체인저일 수도 있음을 알았지만, 우리는 이 모든 것을 실현하려면 많은 것을 병행해야 함을 깨달았습니다. (…) 여기서 우리가 하려는 것은 사람들의 인식을 높이고 미래를 위해 이런 주제에 협력하도록 설득하는 겁니다. 그리고 3년 전 우리가 시작했을 때의 상황은 근본적으로 다르다는 사실을 말씀드리고 싶습니다. (…) 지난 2년 동안 유엔의 의제를 살펴보면 우주 자원 주제가 다시 유엔 우주공간평화이용위원회 COPUOS 의 의

제로 떠올랐습니다. 그리고 비공식 그룹들이 규제 체계와 관련된 측면을 연구하기 시작했습니다. 예를 들면 네덜란드의 계획이 있습니다. 이는 무언가가 현재 진화하고 있음을 보여 줍니다."

세레스는 또한 룩셈부르크우주국이 일본, 포르투갈, 체코, 폴란드, 벨기에 등 국가 및 유럽우주기구와 진행 중인 논의에 참여하고 있으며, 우주 산업의 미래 형성을 돕기 위해 아랍에미리트, 중국과 협정을 맺고 있다고 했다. 룩셈브르크의 정책은 세계적으로도 호평을 받고 있는데, 모비우스 리걸 그룹 설립자 제임스 던스탠도 아래와 같이 말했다.

"몇 가지 좋은 모델이 있는 것 같습니다. 확실히 맨섬이 해낸 일, 크리스토퍼 스톳이 맨샛에서 한 일은 작은 나라가 문호를 개방하고 '여기 와서 사업해 보세요. 우리는 모든 형식적인 절차를 생략할 겁니다'라고 선언한 좋은 예입니다. 이는 현재 룩셈부르크가 사용하고 있는 모델이다. 앞으로 우리는 이런 모델을 더 많이 보게 될 것입니다. 하지만 동시에 나라 자체를 보호하기 위한 어느 정도의 규제는 필요합니다."

우주의 미래에서 중요한 요소는 우주 산업을 위한 국제적인 체계와 해법을 개발하기 위해 우리의 가치를 조율하는 것이다. 이 체계가 모든 것을 포괄하는 조약에서 비롯될지, 아니면 견고한 구조가 존재할 때까지 하나씩 산업 표준을 수립하는 데서 비롯될지 아무도 모른다. 하지만 분명한 것은 우주를 규제하는 데 국제 협업과 집단적 협약이 필요하다는 점이다.

우주는 우리가 모두 이익을 얻고 공유하는 영역이다. 우주는 우리 세계에 너무나 중요한 공간이지만, 잘못 다루면 재앙을 초래할 수도 있다. 우리 모두에게 유리한 해법을 만들고 싶다면 공통의 세계적 이해와 관심사를 정해야 한다. 이런 협력은 대부분의 국가 또는 기업 운영 방식과 다를 수 있지만, 사전에 전향적인 공동의 솔루션을 모색하면 더 강력하고 안전한 산업이 될 것이다.

융통성 없는 사리사욕을 바탕으로 한 결정은 부적절한 타협을 초래할 뿐 아니라 결국 다른 문제를 일으킬 수도 있다. 우리 인류가 국수주의적 계획에 집중하기를 멈추고 실용적인 우주 경제를 만들기 기작한다면, 우리는 놀라움과 발견, 경이로움, 번영으로 가는 길에 서게 될 것이다. 결정은 자율적인 존재인 우리에게 달렸다. 인류는 필연적으로 우리의 시야를 넓혀 우주에 참여하는 미래를 결정할 것이다. 지금은 우리의 가장 열정적인 꿈을 추구하고, 열정을 이익으로 바꾸고, 세상을 바꿀 때이다.

4

1,000조 달러 우주 경제를 만들기 위한 선언

"혁신을 장려하려면 경쟁 환경을 만들어라.

구체적인 니즈를 중심으로 경쟁 구도를 짜라.

문제를 관리할 수 있고 구현할 수 있는 단계로 쪼개라.

회사 자원과 내부 멘토를 제공하라.

결과뿐만 아니라 경쟁 과정에서 가치를 끌어내라."

아닐 라티(비즈니스 컨설팅 기업 스킬드 CEO)

첫째,
국내 정책을 개선한다

◆

Ⅰ. 스타트업 보조금 및 중소 기업 계약의 경우 정부 목적권 라이

선스 관련 규정을 개정하거나 폐지한다.

II. 상업 우주 활동과 규제를 담당하는 전담 부서를 설립한다.

: 상업 부문에 대한 규제 완화, 민간 부문 발사 면허 간소화, 위성 주파수 및 라이선싱 문제가 개선되어야 한다.

III. 지속 가능한 영공 공유 규제 체제를 확립한다.

: 항공 교통 관제 시스템에 통합할 수 있는 새로운 소프트웨어를 개발해야 한다. 미국 연방항공청은 매일 4만 4,000대의 항공기를 모니터링한다. 항공 교통량이 사상 최고치를 기록하고 해마다 증가하는 가운데 우주선과 항공기가 안전하고 효과적으로 공존할 수 있는 방책 마련이 중요하다. 국제 외교 없이는 이런 문제를 해결하기는 어렵다.

IV. 국내 우주 활동을 위한 상업적 노력을 지속적으로 우선 처리한다.

: 정부는 민간이 할 수 없는 사업만 맡으며, 민간 기업과 경쟁하지 않고 상업적 역량을 활용한다. 또한 일반 확정 계약 방식 조달을 늘리고, 정부와 기업의 조달 담당자들에게 협상이나 이행이 부실한 계약 결과에 대한 책임을 물어야 한다.

V. 기존 기업에 유리한 특혜를 줄임으로써 스타트업을 위해 업계의 기울어진 운동장의 균형을 맞춘다.

:로비 활동을 제한하고 나아가 정부와 상업 우주 업계 간 이른바 회전문 인사를 제한하며, 소령 이상의 장교는 퇴임 후 5년간 국방부 계약직으로 근무하지 못하도록 한다.

둘째,
국제적으로 협력한다

◆

VI. 업계 변화에 따라 수정할 수 있는 유연한 국제 프레임워크를
　　구축한다.

　　: 평화로운 우주 환경 유지 및 우주의 무기화 방지하고, 우주
　　쓰레기 추적 및 관리(퇴역하거나 수명을 다한 우주선 포함)하며,
　　전자기 펄스 공격에 대한 보호 조처를 취한다. 또한 데이터 소
　　유권을 설정하고 우주 자원 및 광산 소유권을 설정한다.

VII. 모든 사람이 이용할 수 있도록 국제 우주 정거장을 계속 개방
　　한다.

　　: 민간 부문에서 국제 우주 정거장을 계속 이용할 수 있도록
　　하고, 민간 활동에 대한 지원을 늘리고, 민간 부문 연구에 대
　　한 자금 지원과 보조금을 늘린다.

셋째,
기업가 정신을 고취한다

◆

VIII. 국제 기술 이전 및 지식 재산권 라이선싱을 늘린다.

IX. 민간 부문과 정부가 지속해서 전략 혁신 경쟁을 시작하고 후
　　원하도록 장려한다.

　　: 기업이 후원하는 우주 경연 대회 상금을 3배로 늘려 1억 달러

로 올리고, 우주 경연 대회의 후원 기업을 위한 더블 딥_{double dip} 세금 우대책을 만든다.

X. 중소 기업과 스타트업이 나사의 시험 시설과 지리적으로 편리한 정부 연구소를 무료로 이용할 수 있도록 개방한다.

XI. 우주 산업에서 7년 이상 일한 우주 물리학자들과 엔지니어들의 대출금을 탕감해 준다.

XII. 기업가적 혁신을 지원하기 위해 미국 전역, 특히 지리적 조건이 좋지 않은 지역에 새로운 메이커스페이스(컴퓨팅이나 기술에 관심이 있는 사람들이 아이디어, 장비, 지식을 공유하면서 프로젝트에 참여할 수 있는 곳)를 만든다.

: 연방 세금 감면 조처와 더불어 지방, 지역 및 국가 보조금 시스템을 확립해서 미국 내에서 메이커스페이스의 지속적인 성공을 촉진하며, 메이커스페이스를 전국적인 교육 표준으로 채택한다.

우리는 자동차 시대의 황혼기에 접어들었다. 우리는 이제 비교적 저렴한 비용으로 우주선을 만들 수 있게 되었다. 심지어 대학교에서도 흔히 만들 정도이다. 지역 차원에서 우주를 주제로 한 메이커스페이스 공간 씨뿌리기를 시작하는 것이 현명하고 미래 지향적인 행보다. 지금이 미래의 항공 우주 공학자들에게 영감을 주고 준비시키기 적당한 인프라를 개발할 완벽한 시기이다.

XIII. 나사 예산 2%를 스타트업 보조금으로 할당한다.

XIV. 미국 대통령혁신연구원PIF 프로그램에 우주 관련 프로젝트
를 하나 이상 포함한다.

XV. 우주와 우주 관련 스템 계획에 대한 연방과 주 재정 지원을 늘
린다.

: 혁신적 사고와 협업, 창의력을 높이는 스템 계획의 전 세계
채택을 촉진하고, 학생들이 우주 중심 프로젝트를 연구할 수
있는 새로운 보조금을 만들며, 우주 통합 모듈Space Integration
Module 같은 프로그램을 확대한다. 또한 우주의 교사들TIS 같
은 비영리 단체에 대한 재정 지원 등 지원을 확대한다.

넷째,
새로운 시장을 활성화한다
◆

XVI. 상업 기업이 재사용 가능한 발사체를 개발하고 발사 비용을
절감할 수 있는 인센티브를 제공한다.

XVII. 태양계 자원의 경제적 개발을 위한 인프라를 활성화한다.

XVIII. 민간 부문이 기술, 에너지, 기타 긴급한 도전 과제와 관련하
여 혁신하고 비용 효율적인 솔루션을 개발할 수 있는 새로
운 인센티브를 창출한다.

XIX. 국가 R&D 예산의 10%를 우주와 첨단 원자력 발전 역량 개
발에 투입해 기술 기반 성장 정책을 지원한다.

XX. 우주에서 파생된 이점을 측정할 수 있는 더 나은 도구를 만

든다.

: 우주의 다양한 영향을 공개적으로 지지하고 대중을 교육해
야 한다.

XXI. 미국 국방부와 나사 은퇴자들로 벤처 캐피탈에 잠재적인 우
주 기업의 기술 실사에 대해 조언하는 자문단을 구성한다.

: 모든 우주 관련 벤처에 대한 투자 및 수익에 '무중력, 무과
세'의 수입 중립 입법 등에 관한 전문 기관을 설립해야 한다.

XXII. 위험 감수와 기업가 정신을 고취하는 세금 우대 정책을 개
발한다.

XXIII. 상업 부문의 전략적 비즈니스 개발에 더 많은 노력을 집중
한다.

이상 우주 산업 발전을 위해 위와 같은 정책의 시행을 제안하는 바
이다.

5장

지금이 바로 우주 비즈니스에 투자해야 할 때다

: 우주 투자자에게 필요한 관점

SPACE IS OPEN FOR BUSINESS
The Industry That Can Transform Humanity

1

앞을 내다보는 투자자는
우주 비즈니스에 투자한다

$

"우리는 스마트폰과 같이 일상 생활을 편리하게 만들어 주는
많은 우주 인프라를 당연하게 여긴다. 그리고 우주 인프라에
의존하는, 이전에는 주로 정보 기관과 기타 정부의 방위 목적
에 사용되었던 다른 플랫폼들이 이제 다른 분야에 흔히 사용되
고 있다. 예컨대 헤지 펀드 매니저가 합성개구 레이더 위성을
이용해 중국 석유 관련 주를 공매도하거나 인터넷을 전 세계에
도입하려고 하는 등 대중은 이제 막 상업 우주를 가능하게 하
는 이런 인프라에 익숙해지기 시작했다."

반 에스파보디

우주 산업이 중심 산업이 될 수밖에 없는 세 가지 이유
: 발전 기회의 확대, 확장된 지구, 대체 행성의 필요성
◆

오늘날 우주는 정부와 학계, 그리고 다양한 산업에서 지속해서 집중해야 할 필수 영역이라는 분명한 신호가 있고 이를 받아들이는 경향이다. 다른 상업 수단과 마찬가지로 우주 기술도 어디에서나 흔하게 사용하게 되면 자연스럽게 훨씬 더 큰 산업이 될 것이며, 응용 분야도 개인과 기업에서 엔터테인먼트, 인프라에 이르기까지 폭넓게 확대될 것이다. 우리는 자본에 적절하게 접근할 수 있고, 풍부한 인재와 새로운 혁신, 그리고 무엇보다도 세계의 다른 지역에 우주를 개방하는 데 진정한 관심이 있는 시대에 살고 있다.

사이먼 피트 워든은 민간 우주 분야의 충직한 인물이다. 그는 천문학 박사 학위를 포함한 훌륭한 이력이 있다. 그는 은퇴한 미 공군 장성이며, 나사 에임즈연구센터의 소장을 역임했으며, 과학에 후원하는 브레이크스루 재단의 이사장이다. 워든은 우주 분야와 우주 탐사가 오늘날 활기차고 번영하는 사회에 결정적인 요소가 된 세 가지 주요 고려 사항이 있다고 믿는다. 즉, 기회의 확대와 지구를 생태계의 낙원으로 만들 기회, 그리고 인류가 다른 세계에 정착해야 할 긴박한 필요성이다. 피트 워든은 말한다.

"첫째, 우리는 확실히 지구상에 더는 땅이나 자원을 만들지 않을 것이기 때문입니다. 저는 우리 인류가 살아남기 위해서는 인류를 위한 장기적인 기회 기반을 확장해야 한다고 생각합니다. 이를 위해 우리는 우주로 가야 합니다.

둘째, 우리가 정말로 지구를 지속 가능한 천국으로 만들고 싶다면 쓰레기를 없애야 하고, 지구 외부에서 자원을 들여올 수 있다는 사실을 알아야 하기 때문입니다. 그리고 중공업은 지구보다 우주 공간에서 하는 것이 훨씬 더 효율적입니다. 자동차 범퍼 스티커에 적힌 재미있는 표현을 본 적이 있습니다. '지구를 구하자. 먼저 다른 행성들을 채굴하자.' 웃어넘길 수도 있지만, 말이 됩니다.

마지막 셋째는 인간은 확장하고 번식하기 위해 진화해 왔다는 생물학적 필연성 때문입니다. 이는 우리에게 기회와 대체 행성이 필요하다는 일론 머스크의 주장과 비슷하며, 저는 지금 우리가 달과 화성에 가는 것이 매우 중요하다고 생각합니다. 심지어 성간 거리만큼 먼 곳으로도 가야 한다고 믿습니다."

우주로 가면 지구에서의 삶을 개선할 수도, 기회를 얻을 수도 있다. 또한 인류가 다른 세계에 정착해야 할 긴박한 필요성으로 인해 우리는 틀림없이 고향인 지구 밖 우주에서 필요한 일을 해야 할 것이다. 인류는 확실히 더 많은 것을 원하고, 더 많은 것을 필요로 했던 역사가 있다. 우리에게는 호기심의 역사, 발견에 대한 갈망, 그리고 우리 자신을 위한 더 나은 삶을 창조하고자 하는 내적 소명이 있다.

중단기적으로 우주에 더 투자하면 무엇을 얻을 수 있을까? 예를 들면 저렴한 우주여행, 다양한 질병 치료와 처치, 고성능 케이블을 통한 지상 통신 속도 향상, 그 어느 때보다 튼튼하고 가벼우며 내구성이 뛰어난 새로운 메타 물질, 더 좋고, 더 빠르고, 더 정확한 일기 예보, 정밀 농업, 원격 탐사 및 지구 관찰. 새로운 선진 제조, 쓰레기 저감 및 추적, 우주 자원 채굴, 재난 구호, 스마트 농업과 물 절약, 선진 해운, 나사의 모든 기술 파생 효과 및 기타 기능 등이 될 것이다. 독일 우주 사업 금융 자문 회사 JKIC의 CEO 쬐르크 크라이셀은 우주 기술이 우리 삶에 점차 안정적으로 자리 잡으리라 예측한다.

"우주 기술 이전 거래에서 중요하면서 종종 간과하기 쉬운 일반적인 상섬은 실리콘 밸리의 많은 신기술과는 달리 우주 기술은 증명된 기술이라는 사실입니다. 가장 혹독한 우주 환경을 극복한 우주 기술은 내구성이 좋고, 작고, 가볍고, 종종 자율적이기도 하다. 따라서 본질적으로 우수한 기술이므로 기술 위험이 사라지고 상업화로 초점이 옮아 갑니다."

뉴 스페이스를 둘러싼 지원 산업은 전자 제품의 소형화, 뉴 스페이스 지원 애플리케이션의 온라인화, 머신 러닝, 새로운 발사 옵션의 연구 개발 증가, 그리고 발사 노력을 뒷받침하는 인공 지능 등의 변수들로 뉴 스페이스에 대한 투자는 점점 더 매력적이 되어 간다. 곧 달과 소행성에서 연료나 방사선 차폐, 음용수 등으로 사용할 물을 추출할 수 있을 것이다.

대양을 횡단하는 선박들의 실시간 영상을 지속적으로 볼 수 있다고 상상해 보라. 이런 데이터는 거래 정보와 경제 동향 파악을 위해 전 세계 선적 상품을 모니터링하는 분석가들에게 매우 유용하다. 이미 기업들이 우주 내 자산에서 얻은 비슷한 데이터를 판매한 사례도 있다. 새로운 역량과 비즈니스 모델이 등장하면서 분석가들의 예상보다 훨씬 더 빨리 이 수조 달러 규모의 산업을 가능하게 만들 수많은 새로운 기회가 나타날 것이다. 지금 우리에게 필요한 것은 행동이다.

세계 자본가들이 위험을 감수하고 우주 산업에 투자하는 이유 : 우주는 빅 데이터, 로봇 등 선진 기술의 모태이다

◆

지구와 인류는 소성단의 일부로 만든 별들의 산물이다. 별에 기원을 둔 우리가 별 여행을 동경하는 것을 어쩌겠는가? 우주에 대한 투자는 늘 틈새 관심사로 존재했으며, 많은 기술 투자 원칙이 우주 투자에도 똑같이 적용된다. 우주 스타트업의 초기 투자자들은 수익을 바라는 한편 우주 분야가 궁극적으로 성공하기를 바라는 마음에서 투자했다. 비유하자면 이들은 올챙이 크기의 산업이 성장하고 번창해서 개구리 단계로 나아가도록 돕기 위해 노력했다.

우주 산업은 아직 그들만의 리그에 머물고 있다. 이 부문은 거대하고 복잡하며 시장 위험과 규제, 기술 위험이 가득하다. 투자자는 일반적으로 이런 위험 중 하나만이 있기를 원한다. 하지만 우주에는 이 세 가지 위험이 모두 도사리고 있다. 또한 보통 벤처 중심 투자자들이 7년 이내에 투자비 회수를 바라는 점을 고려할 때, 과거 투자자들이 상대적으로 전통적인 위성 통신 부문 이외의 우주 투자를 기피하는 것은 당연하다. 기업 공개IPO나 인수 합병M&A 같은 대규모 출구 활동도 현재로서는 드물다.

우주에 대한 투자가 다른 분야보다 관리하기 어렵지는 않더라도 두려울 수 있다. 그래서 우주 분야는 투자 부족으로 엄청난 어려움을 겪고 있다. 이에 대해 제프 그리선은 "이것은 우주 산업을 훨씬 뛰어넘는 문제입니다. 경제에 엄청난 성장 동력이 되는 가치 있는 프로젝트지만, 3년에서 5년 정도의 기한이 없는 프로젝트에 어떻게 투자하겠습니까?"라고 지적했다. 다행히 새로운 비즈니스 모델들이 생겨나면서 점점 너 벤처가 늘어나고 있나. 이에 따라 15년이라는 더 긴 기간의 새로운 펀드들이 나타나고 있고, 우주 프로젝트의 비전이 실현될 수 있을 것으로 전망한다.

벤처 캐피탈 회사인 벤록Venrock의 운영 파트너인 스티브 골드버그 역시 "벤처 업계에서는 위험을 정량화하려고 노력합니다. 시장 위험과 기술 위험이 있는데, 우리가 감수하는 것은 대부분 시장 위험입니다"라고 알려 주었다. 우주 중심 기술의 무한한 가치가 널리 증명되면서 이를 이해하는 투자자가 늘고 있다. 과감한 개척 투자자들은 우주를 미래의 기술 개발자와 기업가, 문화 등에 영향을 미칠 놀라운 잠재력을 가진 성장 시장으로 보고 있다.

세라핌캐피탈은 상업 우주 개발 기회에 주목하는 투자 회사이다. CEO인 마크 보겟은 우연한 계기로 우주에 관심을 두게 되었다고 말했다. 보겟은 2000년대 조부터 갑자기 여기저기서 파트너늘이 우수 산업에 관한 이야기를 하기 시작했으며, 주로 우주 산업이 급격한 혼란기를 겪고 있으며 벤처 업계로부터 소외되어 있다는 내용의 대화를 했다고 설명했다.

"그때부터 제가 읽거나, 보거나, 논의했던 흥미로운 회사들이 거의 모두 우주 산업과 연결되어 있다는 것을 깨달았습니다. 정말 놀라웠어요. 제가 보는 곳마다 다 있는 것 같았어요. (…) 그래서 저는 시장과 거래, 거래의 흐름, 출구, 시장 참여자 등을 분석했습니다. 그러자 이 시장에 어떤 기회가 있는지 이해할 수 있었습니다. 파고들수록 나와 동료들은 호기심과 흥분을 느꼈습니다."

보겟은 처음에는 우주 산업이 투자해도 괜찮은 시장인지 진지하게 받아들이기 어려웠지만, 이 분야를 다른 관점에서 보면서 달리 생각하게 되었다고 회상했다.

"저는 저와 제 팀이 진행했던 모든 기술 투자를 돌아보고 평가해 우주 분야와 그 기술들이 역사적으로 관련이 있는지 여부를 판단했습니다. 그리고 인공 지능, 신소재 기술, 로봇 공학, 빅 데이터, 센서 기술, 그래픽 이미지 인식 기술, 통신 기술, 모바일 분야 등 우리가 과거에 투자했던 많은 분야가 우주 산업이 제시하는 기회와 직접적인 관련이 있다는 것을 알게 되었습니다."

결정적으로 우주 투자를 결심한 것은 보겟이 자신만의 그래픽을 만들어 우주 산업과 관련된 다양한 기술 분야의 기회를 저울질해 봤을 때였다고 했다. 2006년 보겟은 우주 생태계 성장을 목적으로 최초의 벤처 펀드인 세라핌캐피탈에 합류했다.

다음은 보겟이 2019년에 정리한 우주 산업과 관련한 다양한 기술 분야와 기업의 목록이다.

제작 분야

우주 하드웨어

클라이드 스페이(Clyde Space), 곰스페이스(GomSpace), 페이즈포(PhaseFour), 요크 스페이스 시스템(York Space System), 인듀로샛(ENDUROSAT), 스라스트미(ThrustMe), 테란 오비털(Terran Orbital), NSL콤(NSLComm), 알바 오비털(alba orbital), 옥스퍼드 스페이스 시스템(Oxford Space Systems), 아스트라니스(ASTRANIS), 블루 캐니언 테크놀로지스(Blue Canyon Technologies), 엑소트레일(Exotrail), 오픈 코스모스(Open Cosmos), CCIO시스템스(CCIO Systems), 로프트 오비털(Loft Orbital), 테서랙트(Tesseract), 세슘(CESIUM), 아이시스(ISIS), 우르사 메이저테크(URSA Major Tech)

재료 & 에너지

다이내믹 솔라 시스템(Dynamic Solar Systems), 옥스퍼드 나노시스템(Oxford nanoSystems), 메타머티리얼 테크놀로지스(Metamaterial Technologies), 지시엘(GCL), 카비스(CARBICE), 보라고 테크놀로지스(VORAGO Technologies), 카본3D(Carbon3D)

전자 & 로봇 공학

에빈스 테크놀로지스(eVince Technologies), 어랠리스(Arralis), 에코다인(ECHODYNEI), 네티라(neteera), 아카시 시스템(Akash Systems), 트랜스로보틱스(TransRobotics), 앨티어스 스페이스 머신(Altius Space Machines), 에어로테나(Aerotenna)

소프트웨어 & 엔지니어링

울트라SOC(ultraSOC), 쿠보스(KUBOS), 브라이트 어센션(bright ascension), 클라우드NC(CloudNC), 3D파트파인더(3DPartFinder), 밸리스페이스(VALISPAC), 엠테크 액셀 마이크로 테크놀로지스(MTECH Excel Micro Technologies)

발사 분야

발사체

스페이스X(SPACEX), 버진 오빗(Virgin Orbit), 버진 갤럭틱(Virgin Galactic), 로켓 랩(Rocket Lab), 파이어플라이 에어로스페이스(Firefly Aerospace), 인터스텔라 테크놀로지스(Interstellar Technologies), 렐러티비티(Relativity), 랜드스페이스(Landspace), 벡터(Vector), 아이스페이스(iSpace), 제로 투 인피니티(Zero 2 Infinity), 원 스페이스(One Space), 오벡스(ORBEX), 스카이로라(SKYRORA), 블루 오리진(Blue Origin), 제너레이션 오빗(Generation Orbit), 리액션 엔진(REACTION ENGINES), 스트라토론치 시스템스(STRATOLAUNCH Systems), 스핀 론치(SPIN LAUNCH)

발사 서비스

나노랙스(Nanoracks), 스페이스플라이트(Spaceflight), ECM 론치 서비스(ECM Launch Services), D-오비트 (D-Orbit)

운송

조비 에이비에이션(JOBY Aviation), 에어로모빌(AeroMobil), 릴리엄(LILIUM), 집라인(zipline), 스카이패스 테크놀로지스(SkyPath Technologies), 내틸러스(NATILUS), 매터넷(MATTERNET), 볼랜스-i(VOLANS-i), 플라잉 웨일즈(Flying Whales)

데이터 분야

위성 지구 관측

호크아이360(HawkEye360), 애스트로 디지털(Astro Digital), 클레오스(KLEOS), 노스스타(NorthStar), 아이스아이(ICEYE), 어스나우(EARTH NOW), 액셀스페이스(AXELSPACE), 플래닛아이큐(PLANETiQ), 플래닛(Planet), 지오옵틱스(GeoOptics), 스파이어(Spire), 하이퍼샛(HYPERSAT), 어스i(EARTH i), 새털로직(SATELLOGIC), 카펠라 스페이스(Capella Space), GHG샛(GHGSat), 오비털 마이크로 시스템스(Orbital Micro Systems)

위성 통신

메테라 글로벌(Methera Global), 에스에이에스(SAS), 원웹(OneWeb), 레오샛(LEOSAT), 에이에스티(AST), 캐시픽(KACIFIC), 아르킷(ArQit)

위성 사물 인터넷망

샛포엠투엠(SAT4M2M), 헬리오스와이어(HeliosWire), 애스트로캐스트(ASTRO-CAST), 라쿠나(Lacuna), 스웜(SWARM), 플리트(FLEET), 미리오타(MYRIOTA), 하이버(hiber), 케플러(KEPLER)

드론 & 무인 항공기

에어로보틱스(Airobotics), 사이버호크스(CyberHawks), 센샛(SenSat), 나이팅게일 시큐리티(Nightingale Security), 케스프리(kespry), 월드뷰(World View), 인더스트리얼 스카이웍스(Industrial Skyworks), 오픈 스트라토스피어(Open Stratosphere), 그린사이트 애그로노믹스(GreenSight Agronomics), 스카이 X(SkyX), 스카이 퓨처스(Sky Futures), 사이(SCEYE)

다운 링크 분야

중계 시스템

X 어낼리틱 스페이스(X analytical space), 오데이시(AUDACY), 제네시스(Xenesis), 트랜스설레셜(Transcelestial)

통신 장비

인포스텔라(Infostella), 브릿지샛(BridgeSat Inc.), 애틀라스 스페이스 오퍼레이션(ATLAS Space Operations), 리프스페이스(LEAFSPACE), 미나릭(Mynaric), RBC 시그널(RBC Signals), 안수르(ANSUR), 애스트래피 익스포넨셜 커뮤니케이션(ASTRAPI Exponential Communication), 쿼드샛(QuadSAT)

지상 단말기

인포스텔라(Infostella), 브릿지샛(BridgeSat Inc.), 애틀라스 스페이스 오퍼레이션(ATLAS Space Operations), 리프스페이스(LEAFSPACE), 미나릭(Mynaric), RBC 시그널RBC Signals), 안수르(ANSUR), 애스트래피 익스포넨셜 커뮤니케이션(ASTRAPI Exponential Communication), 쿼드샛(QuadSAT)

보안
케츠(KETS), 크립타 랩스(Crypta Labs), 인피니퀀트(InfiniQuant)

데이터 분석 및 활용 분야

위성
오비털 인사이트(Orbital Insight), 데카르트 랩스(Descartes Labs), 어스 옵저빙 시스템(Earth Observing System), 레자텍(Rezatec), 스카이워치(SKYWATCH), 플래닛 워처스(Planet Watchers), 타라니스(TARANIS), 테라보틱(Terrabotics), 스페이스노(SPACEKNOW), 어스큐브(EARTHCUBE), 클라우디오(CLOUDEO), 우르사(Ursa), 지에스아이(GSI), 올소스어낼리시스(AllSourceAnalysis), 지오스페셜 인사이트(GEOSPATIAL INSIGHT), 엔뷰(ENVIEW), 케이프 애널리틱스(CAPE ANALYTICS), 버드아이(bird.i), 크라우드AI(CrowdAI), 템포퀘스트(TempoQuest)

드론 & 무인 항공기
트래비언(TerrAvion), 애그리보틱스(Agribotix), 랩터 맵스(Raptor Maps), 헤마브(HEMAV), 폴라드론(Poladrone), 프레시션호크(PrecisionHawk), 배터뷰(Betterview), 행거(HANGAR), 가마야(GAMAYA), 흐밍버드 테크놀로지스(Hummingbird Technologies), 인텔린에어(IntelinAir)

데이터 저장 & 처리
스페이스벨트(SpaceBelt), 커넥트X(ConnectX), 그래프코어(GRAPHCORE), 칼레아오(KALEAO)

인사이트 & 모니터링
세레스 이미징(ceres imaging), 아리아 인사이트(Aria Insights), 기산 허브(Kisan

Hub), 인디고(Indigo), 팜로그스(FarmLogs), 사타비아(SATAVIA), 오지어스
(OZIUS)

위치 측정 및 추적

시티맵퍼(Citymapper), 바이오트랙(biotrack), 왓스리워즈(WHAT3WORDS),
스트리트비즈(Streetbees), 포컬 포인트(Focal Point), 엔토피(entopy), 지오
스폭(Geospock), 지오 플렉스(geo flex), 유나캐스트(UNACAST), 시큐랙시스
(SECURAXIS), 테라리틱스(TERALYTICS), 알터릭스(alteryx)

지도 제작

팻맵(FATMAP), 이글뷰(EAGLEVIEW), 하이브맵퍼(HiveMapper), 스케이프
(SCAPE), 엣지비스(EDGYBEES), 스포츠스케일(sportsscale), 맵박스(mapbox),
슬램코어(SLAMCORE), 맵필러리(Mapillary)

데이터 플랫폼

앨티튜드 에인절(ALTITUDE ANGEL), 드론디플로이(DroneDeploy), 윈드워
드(WINDWARD, 포르템 테크놀로지스(FORTEM Technologies), 케이로스
(KAYRROS), 플록(FLOCK), 드론 베이스(Drone Base), 에어맵(Airmap), 브이하이
브(vHive), 대시보드(DASHBOARD), 유니플라이(UNIFLY), 시타델 디펜스(Citadel
Defense), 보르텍사(Vortexa), 레오 랩스(LEO Labs)

우주 탐사 및 연구 분야

우주 탐사

팀 인더스(TEAM INDUS), 스페이스브이알(SPACEVR), 메이드인스페이스(MADE
IN SPACE), 마나 일렉트릭스(MAANA Electrics), 엑시엄 스페이스(Axiom Space),
문 익스프레스(Moon Express), 아이스페이스(ispace), 비글로 에어로스페이스
(Bigelow Aerospace), PT 사이언티스트(PT Scientists)

우주 인프라

테더스 언리미티드(Tethers Unlimited), 오빗팹(OrbitFab), 애스트로보틱
(Astrobotic), 애스트로스케일(Astroscale), 아토모스 뉴클리어 & 스페이스
(ATOMOS Nuclear and Space), 인피니트오빗(InfiniteOrbits), 이펙티브 스페이
스 솔루션(Effective Space Solutions), 모멘터스(Momentus)

우주 연구

스페이스 탱고(Space Tango), 스페이스파마(SpacePharma), 셈비타 팩토리(CE-
MVITA Factory)

지금까지의 투자는 언젠가 투자자가 투입한 원본보다 더 큰 재무
적 이익을 얻게 되리라는 기대로 시간과 노력, 자본 등 자원을 기여
하는 것이었다. 하지만 이 세상 밖의 혁신과 기회에 투자하려면 체
력과 인내가 더 필요하다. 이를 감수한 투자자들이 이미 2,500억 달
러 규모의 산업을 형성했다. 또한 다달이 다른 분야에서 탄생한 기
술들이 우주 스타트업이 더 쉽고, 더 빠르고, 덜 비싸게 창조하는 방
법을 개발할 수 있도록 도와 주고 있다.

새로운 정책과 아이디어, 시간과 비용이라는 에너지에 힘입어 더
많은 민간 노력이 열매를 맺으면서 새로운 묘목 아이디어들이 산업
의 토양에서 꾸준히 등장하고 있다. 펀드 매니저들은 꽃을 피우는
분야의 물을 시험하기 위해 예측한 위험을 기꺼이 감수하려고 한다.
현재 기술 투자 펀드와 몇몇 엔젤 투자자, 일명 슈퍼 엔젤 투자자라
고도 하는 매우 부유한 개인들, 그리고 몇몇 정부가 길을 닦고 있다.

2

누가, 어떻게, 얼마나
우주 산업에 투자하고 있을까?

"우주는 이제 억만장자의 놀이터가 아니다. 기술 발전으로 인해 보통 사람들도 우주에 투자하거나 우주 사업을 할 수 있다. 따라서 수조 달러 경제가 될 산업의 일원이 되고자 하는 사람들은 지금 당장 시작해야 한다. 우주는 인터넷 2.0이고, 지금 일어나고 있기 때문이다."

리사 리치(벤처 캐피탈 투자자)

3,850억 달러 시장을 주도하는
기존 벤처 캐피탈

◆

뉴 스페이스에 대한 투자는 지난 10년 동안 상당히 늘어났다.

2015년 민간 우주 부문은 약 18억 달러의 투자를 받았다. 이는 지난 15년 동안 받은 총 투자액의 두 배 이상에 해당한다. 미국 상공회의소는 2005년 민간 우주 부문 세계 매출은 총 1,750억 달러에 달하며 이후 연평균 7% 성장해서 2017년 기준 매출은 거의 3,850억 달러로 보고됐다고 밝혔다.

미국의 투자 은행인 골드만삭스Goldman Sachs 는 2017년 뉴 스페이스, 특히 우주 자원 채굴과 활용 분야에 대해 호의적으로 평가하는 98쪽짜리 보고서를 발표했다. 우리는 이를 여러 차원의 신호로 해석할 수 있다. 첫째, 기업 공개 시장이 약세라는 점을 고려할 때, 골드만삭스는 새로운 시장, 즉 우주로 확장을 모색하고 있다. 둘째, 골드만삭스의 투자 활동이 더 활발해질 것으로 본다. 마지막으로, 골드만삭스가 신규 진입자에 대한 통찰력을 얻어 잠재적으로 후기 단계 스타트업 그룹에 투자할 것으로 예상된다.

우주 경제에서 가장 활발한 엔젤 투자자이자 벤처 캐피탈인 스페이스 에인절스는 2017년을 '상업 발사의 해'로 부르며 "발사 부문이 전체 투자 자본의 72% 이상을 받아 정부와 견줄 만한 상업 발사 능력을 갖추고 있다"라고 지적했다. 뉴 스페이스에 대한 총 민간 투자는 2017년 총 47억 달러였다. 같은 해 S&P 500지수는 12.5% 증가에 그쳤지만, 우주 산업과 관련이 있는 공개 기업을 추적하는 켄쇼 우주 지수Kensho Space Index 는 27% 증가했다.

2018년에는 발사 부문을 비롯한 많은 하위 부문에 자본이 계속 유입되면서 30억 달러가 넘게 증가했다. 스페이스 에인절스는 증가 원인을 대부분 로켓 랩, 버진 오비트Virgin Orbit 등이 주도하는 소형 발사체의 증가로 돌리고, 2018년을 '소형 발사체의 해'로 명명했다. 스페이스 에인절스 CEO 채드 앤더슨은 "소형 발사체의 진입을 발사체 분야 내 전문화로 보며, 상업 발사 시장이 성숙하고 있다는 징후로 보고 있습니다"라고 언급했다.

모건 스탠리 분석가들은 2019년이 '우주의 해'가 될 것으로 예측했다. 그 근거로는 스페이스X, 블루 오리진, 보잉, 소형 발사 업체들, 그리고 미국이 제안한 우주군에 더 많은 정부의 관심이 쏠리는 상황을 들었다. 스페이스 에인절스는 구체적인 산업 동향에 기초해서 2019년을 '상업 우주여행의 해'로 예상했다. 2019년 1/4분기 동안 우주 회사에 17억 달러가 투자되었기 때문이다. 이는 직전 분기인 2018년 4/4분기 투자 금액의 거의 두 배이다.

이제 전통적인 벤처 캐피탈이 뉴 스페이스 투자를 주도하고 있다. 세라핌캐피탈 CEO 마크 보겟은 2018년 "아직 우주에 투자하지 않은 일류 벤처 캐피탈 회사를 알기가 정말 어렵습니다"라고 확인해 주었다. 더 나아가 보겟은 이런 증가 추세가 "18개월 전 모습과 매우 다릅니다"라고 전했다.

채드 앤더슨도 이 주장을 뒷받침했다. 앤더슨은 "우주에 대한 벤처 캐피탈 투자는 이제 보편적으로 받아들여지는 주제입니다"라면서 100대 벤처 캐피탈 기업 중 41개 기업이 적어도 한 개의 우주 스타트업에 투자했다고 덧붙였다. 앤더슨은 "이 모든 것을 고려할 때 2019년에도 우주에 대한 상당한 투자가 계속될 것으로 예상합니다"

라고 결론을 내렸다. 그리고 예측한 대로 실제 2019년 우주 산업에 총 57억 달러의 투자가 이루어졌다.

벤처 캐피탈의 연이은 투자에 나사 제트추진연구소 혁신파운드리Innovation Foundry 의 앤서니 프리먼은 "우리는 많은 벤처 캐피탈이 들어와 판도를 뒤흔들고 우리가 수십 년 동안 견지해 온 가정에 의문을 제기하는 것을 보게 되어 기쁩니다"라며 소감을 밝혔다.

후기 단계 기업들에 투자하는 캐피탈도 우주 분야에 투자하고 있다. 미스릴 캐피탈 매니지먼트Mithril Capital Management 는 주로 '오래 전에 변화 시기가 지난 산업'의 후기 단계 기업들에 성장 자본을 지원하지만, 2016년 시리즈 B 펀딩에서 스페이스플라이트에 1,800만 달러를 지원했다. 2017년 1월 두 번째 펀딩에서는 7억 4,000만 달러 자금 지원을 완료했다.

후기 단계 스타트업에 자금을 지원하는 소프트 뱅크Soft Bnak 의 비전 펀드Vision Fund 역시 2019년 1,000억 달러를 투자했다. 소프트 뱅크는 원웹에 2016년 12월 10억 달러를, 2019년에는 12억 5,000만 달러를 투자했다. 원웹의 CEO 에이드리언 스테클은 회사 성명에서 2019년 자금이 이 마이크로 위성 스타트업의 목표 달성에 도움이 될 것이라고 확인했다. 원웹은 기존 비용의 10분의 1 비용으로 하루에 1개 이상의 위성을 생산하는 능력을 바탕으로 향후 2년 이내에 650개의 위성을 배치하기 위해 생산량 확대를 목표하고 있다. 소프트 뱅크는 원웹의 야심찬 목표를 보고 투자했다.

소프트 뱅크는 원웹이 '정보 산업에 영업력을 집중하고, 이 시대에 필수적인 선도 기술과 우수한 비즈니스 모델로 정보 혁명을 앞당긴다'라는 전략으로 목표를 달성하고 있다고 밝혔다. 추가적인 투자자에는 버진 그룹Virgin Group, 코카콜라, 에어버스Airbus, 바티 엔터프라이즈Bharti Enterprises, 인텔샛Intelsat, 에코스타Echostar 등이 있다.

다만 2017~2019년 우주 분야에는 주목할 만한 M&A 활동이 없었다. 이는 2013년 몬산토Monsanto가 클라이밋 코퍼레이션Climate Corporation을 인수하고, 구글이 2014년 스카이박스 이미징을 인수했을 때와 다르다. 2017년 노스롭 그루만의 오비털 ATK 92억 달러 인수, 2018년 플래닛의 바운드리스 스페이셜Boundless Spatial 인수, 2019년 어스캐스트UrtheCast의 지오시스GeoSys 인수 등 우주 분야와 그 주변의 소규모 기업 인수 합병 활동이 있었을 뿐이다. 우주 산업이 발전하고 투자가 계속 증가함에 따라 상당한 기업 인수 합병 활동을 기대해도 될 것이다.

가장 각광받는 투자 분야가 된
우주 관광 산업
✦

2019년 3월 스위스 투자 은행 UBS는 4,000억 달러 규모의 세계 우주 산업 시장이 2030년에 두 배로 성장하고, 우주 관광은 30억 달러 규모의 시장을 형성할 것으로 예상하는 보고서를 냈다. 모건스탠리는 '마지막 영역에 대한 투자 시사점Investment Implications of the Final Frontier'이라는 보고서에서 우주 분야가 2040년 1조 1,000억 달러 규모의 산업으로 성장할 것이라고 발표했고, 골드만삭스도 이에 동의했다. 유나이티드 론치 얼라이언스와 뱅크 오브 아메리카 메릴린치 Bank of America Merrill Lynch 는 2045년 2조 7,000억 달러의 우주 경제를 상상한다.

이외에도 많은 CEO와 투자자가 우주 경제를 긍정적으로 전망한다. 예를 들면 2019년 제러드 캐슬, 마일스 월턴, 마이클 시츠는 우주 여행 산업 전망에 대해 한 방송에서 "우주 관광은 아직 초기 단계지만, 기술이 증명되고 기술과 경쟁으로 비용이 떨어지면서 우주 관광이 더 주류를 이루게 될 것으로 봅니다. (…) 우주 관광은 우주 업계가 서비스하는 지구의 장거리 여행 발전을 위한 디딤돌이 될 수 있습니다"라고 말했다.

버진 갤럭틱은 2019년 10월 28일 기업 공개를 하고 상장한 최초의 우주 관광 기업이 되었다. 28억 달러로 평가된 이 회사는 주식 시세 표시기에 'SPCE'라는 기호로 거래되며 첫날 주당 11.75달러에 장을 마감했다. 이 주식 공모는 이 회사의 지분 49%를 보유하고 있는 소셜 캐피탈 헤도소피아 Social Capital Hedosophia 와의 합병에 따른 것이다. 버진 갤럭틱 CEO 리처드 브랜슨은 CNBC와의 인터뷰에서 "버진 갤럭틱의 개발이 진보한 시점에 새로운 장을 시작함으로써 우리는 더 많은 투자자에게 우주를 열어 줄 수 있고, 이를 통해 수천 명의 새로운 우주 비행사에게 우주를 열어 줄 수 있습니다"라고 말했다.

현재까지 상업적인 우주여행, 혹은 우주 관광은 대부분 러시아 소유스 로켓을 이용했고, 아주 드물게 이루어졌다. 하지만 이제 우주 관광 분야가 시장 잠재력이 있다는 데는 이견이 거의 없다. 보도에 따르면 버진 갤럭틱만 해도 준궤도 우주여행 좌석을 600석 이상 팔았다. 투자 은행 코웬은 준궤도 여행의 잠재 수요층을 240만 명으로 추산했다.

VSS 유니티 VSS Unity 로 불리는 버진 갤럭틱의 스페이스십투 우주선은 2019년 2월 3명의 승무원을 태우고 준궤도 시험 비행에 성공했나. 이 회사 수석 우주 비행사 강사인 베스 모지스는 상업 고객의 관점에서 고객 경험을 조사하기 위해 비행에 올랐다. 이 우주선의 조종사인 데이브 맥케이에 따르면 이 회사는 이제 상업적인 경험을 완벽하게 하는 궤도에 올랐으며, 다음 비행에서는 우주 여행객들이 탑승할 수 있다고 한다.

하지만 아직 이 비행이 언제 시작될지, 얼마나 자주 이루어질지는 아직 지켜봐야 한다. 버진 갤럭틱이 상업 비행 시작 날짜를 여러 번 연기했기 때문이다. 이 회사는 2019년 10월 2020년으로 계획된 첫 번째 비행에서 이탈리아 공군의 연구원들을 우주로 데리고 갔다 돌아올 것이라고 발표했고, 2020년에 16회 비행을 하고 2023년에는 연간 270회 비행하는 것을 목표로 하고 있다고 말했다. 하지만 코로나19 등의 사정으로 모두 지연되었다. 분명한 것은 우주를 방문하는 사람이 많아지면 새로운 도전과 요구가 나타날 것이라는 점이나.

더 중요한 것은 투자 업계와 우주 산업의 많은 사람이 버진 갤럭틱 기업 공개를 앞으로 일어날 일의 강력한 지표로 보고 있다는 것이다. 피터 플래처 스파이어 글로벌 CEO는 2019년 9월 최근 자금 조

달 라운드를 거친 이 위성 회사가 수익성의 문턱을 넘어섰으며, 2년 이내에 기업 공개를 기대한다고 밝혔다.

화이트사이즈 버진 갤럭틱 CEO는 "최고 경영자로서 나는 우리의 지구적 시야를 넓히는 것은 내 마음이 시키는 일이라고 생각합니다. 그것이 영화든, 텔레비전 프로그램이든, 경연 대회이든, 아니면 사람들이 직접 우주로 가거나 가상으로 다른 사람들과 함께 갈 수 있는 다른 아이디어이든 모두 흥미롭습니다. 더 많은 사람에게 우리 행성의 경이로움을 경험할 기회를 주기 때문입니다"라고 말하며 앞으로의 포부를 드러냈다.

외국인도 안전하게 투자할 수 있는 새로운 투자 상품 : 증권형 토큰

◆

새로운 투자 상품은 분야 전반의 성장을 위한 더 폭넓은 방안을 제시한다. 벤처 캐피탈 회사인 스페이스펀드는 자신들의 토큰token 화한 자금 조달 모델이 업계의 미래를 이끌 수 있다고 믿는다.

스페이스 펀드의 경영 파트너인 미건 크로퍼드는 기술 산업 사례를 들어 우주 투자의 문제를 설명했다. 기술 스타트업이 기업 공개까지 14년이 걸리는 데 반해 우주 스타트업은 그 기간이 훨씬 더 길다. 그 결과 대부분 자금은 현실적으로 재무적 위험과 긴 투자 회수 기간을 모두 감당할 수 있는 정부나 억만장자로부터 나온다. 크로퍼드는 "우리 펀드는 어떻게 하면 이런 문제를 해결할 수 있는지 고

민했습니다. 즉 업계에 자금이 유입되어 이런 역학 관계가 성공적으로 운영되도록 바꾸는 방법을 알아내고자 했습니다. 여러 기술이 얽힌, 적용 법률과 관할이 다른 여러 영역을 조사한 결과, 증권형 토큰security token이 문제 해결에 가장 좋은 방법이라는 결론을 내렸습니다"라고 말했다.

토큰 자체는 단순히 종이 주식 증서와 마찬가지인 디지털 주식을 나타내는 것이다. 크로퍼드는 이에 대해 "하지만 더 안전합니다. 토큰이 변경할 수 없는 블록체인 원장 위에 존재하므로 절대 잃어버리거나 파괴되거나 도난 당할 염려가 없기 때문입니다"라고 설명했다.

또한 크로퍼드는 주식을 토큰으로 만든 주된 이유는 초기 유동성 때문이라고 말하며 새로운 투자 상품의 장점을 강조했다.

"우리 회사의 경우 유일한 차이점은 지분 보유 방식을 기존의 주식 증서 전체 대신 토큰으로 하는 데 있습니다. 분명히 토큰으로 만든 버전은 유동성 옵션을 제공합니다. 또한 토큰은 모두 상호 운용성이 매우 뛰어난 오픈 소스 블록체인 기술에 기반을 두고 있기 때문에 유지비도 아주 저렴합니다."

초기 유동성 외에도 토큰화는 이전에는 할 수 없었던 외국인 투자의 문을 열어 준다. 이는 2018년에 통과된 미국금융산업규제당국FINRA의 새로운 규정 덕분이다. 이 규정은 미국에 기반을 둔 벤처캐피탈이 미국의 지식 재산권과 기술을 제공하지 않는다는 조건으로 외국계 펀드를 받아들일 수 있도록 허용한다. 블록체인 시스템에서는 이런 거래가 가능하다.

크로퍼드는 "저는 항상 미국의 우주 기회에 투자하기를 원하는 합법적인 해외 투자자가 있을 것으로 생각했습니다. 하지만 지금까지는 어려움이 무척 많았습니다"라면서, 앞으로 새로운 투자 시장의 문이 열릴 것을 암시했다. 국제 시장에서도 토큰화가 빠르게 진행되고 있어 미국 우주 기업들은 이제 더 많은 투자 옵션을 활용할 수 있게 되었다.

이 비즈니스 모델은 스페이스펀드가 우주 산업의 미래에 큰 희망을 품게 한다. 크로퍼드는 스페이스펀드의 데이터베이스를 가리키며 말했다.

"스페이스펀드는 근본적으로, 뉴 스페이스가 신뢰할 수 있는 투자 기회임을 증명하는 데이터를 제공하고자 합니다."

미국 기술 웹 사이트 긱와이어GeekWire와의 인터뷰에서 스페이스체인 CEO 지정은 우주 기반 블록체인 시스템이 어떻게 거래와 정보에 새로운 차원의 보안을 제공하는지 밝혔다.

"우리는 매우 안전하게 암호화된 메시지, 우주 기반 분산 데이터센터 같은 애플리케이션을 구상하고 있습니다. 그리고 물론 우리는 시골 지역이나 바다, 기타 지상 네트워크를 이용할 수 없는 장소에서 블록체인 거래를 촉진할 수 있을 겁니다."

스페이스펀드는 자금 조달 모델 외에도 기업의 진화, 부문별 동향, 투자 활동 등 산업 변화를 추적하는 포괄적인 데이터베이스를 개발하고 있다. 스페이스펀드는 이 분야를 견인하는 궁극적인 목표에 도움이 되리라는 믿음을 바탕으로 이 데이터베이스를 대중에게 무료로 제공할 예정이다. 이런 계량적 분석을 통해 투자자와 기업 모두 뉴 스페이스의 잠재력을 믿고 참여할 수 있을 정도로 이해할 수 있기를 바란다. 크로퍼드는 말한다.

"이것이 새롭고, 생소하고, 아직 문제가 많다는 사실을 인정한다. 하지만 우리는 이 방향에 큰 기대를 걸고 있습니다. 이미 기차가 역을 출발하는 모습을 보고 있기 때문입니다. 우리는 필요한 많은 법률적 배경을 검토하고 있습니다. 첫 번째 거래 플랫폼이 열리는 것을 보고 있고, 법적 제도를 명확하게 파악하고 있다. 우리는 이 토큰이 우리 투자자들에게 단기 유동성을 창출할 것으로 강하게 확신합니다. 누구라도 예컨대 10년 만기 펀드에 투자할 수 있고, 펀드 투하 자본 회수에 걸리는 10년, 14년 혹은 18년을 기다릴 필요가 없습니다. 물론 조기에 해지하면 100% 가치를 얻지 못하는 것은 분명합니다. 하지만 투자자들에게 언제든지 가치 평가를 하고 빠져나갈 기회를 제공한다는 것은 우주 분야가 이제 일반적인 공인된 투자자들에게 합법적이고 합리적인 투자 기회임을 의미한다."

3
투자자들에게 꼭 필요한 우주적 사고

"우주 개척은 정말 벅찬 일입니다. 산업 혁명 혹은 농업 혁명만큼이나 중요합니다. 우리 태양계의 거의 무한대에 가까운 에너지와 물질 자원이 새로운 기술과 결합하면 인류 문명의 모든 것을 바꿀 것입니다. 이는 우리가 살고, 일하고, 노는 방식에 지대한 영향을 미칠 것입니다. 이는 한 세대, 혹은 한 세기의 과제가 아닙니다. 하지만 우리 세대가 내리는 올바른 선택과 그렇지 못한 선택의 영향은 어느 쪽이든 수천 년 동안 지속될 것입니다."

밥 워브(우주 비영리 단체 스페이스 프런티어 재단 설립자)

이윤을 넘어 인류 문명에 기여할
사회적 소명 의식을 가져야 한다

◆

나는 달 탐사 계획에 늘 지대한 관심이 있었다. 내가 하는 모든 일에 직간접적으로 변화를 주고 싶기 때문이다. 2017년 나는 로스엔젤레스의 비영리 단체인 아치 미션 재단Arch Mission Foundation 설립 팀에 합류했다. 공동 설립사인 노바 스피백의 설명대로 이 재단의 비전은 우리의 소중한 지식과 생물학적 유산을 절대 잃어버리지 않도록 태양계 곳곳에 계속해서 충분한 대체 지구를 마련하는 것이다.

왜 그래야 할까? 역사적으로 대부분 문명은 몰락했다. 심지어 가장 번성했던 고대 마야, 로마, 바이킹, 마케도니아 문명도 마찬가지였다. 아치 미션 재단을 알게 된 후 나는 개인적인 기록물이나 직업적인 기록물을 개발하고 보호하는 데 관심을 두게 되었다.

지구 문명과 그 너머를 지키는 일에서 아치 미션 재단의 사회적 역할이 우리 세계를 더 많이 이해하고 공감하는 가교라고 본다. 우리 문화와 지식, 생물학적 시스템 등은 취약하며, 앞으로 어떤 정보가 중요해질지 예측할 수 없다. 따라서 아치 미션 재단은 어떤 데이터도 다른 데이터보다 더 가치 있는 것으로 규정하지 않는다. 데이터 보관하는 데는 여전히 많은 제약이 있지만, 모든 인류를 위한 안전한 보관 서비스를 제공하는 중립자의 역할을 다한다.

그렇다면 어디에 보관할 것인가? 첫 번째는 태양 도서관이었다. 2017년 12월 아치 미션 재단에서 일론 머스크 측에 소설가 아이작 아시모프의《파운데이션》시리즈 3부작이 담긴 디스크를 제공했다. 이 디스크는 2018년 2월 발사된 팰컨 헤비 로켓의 테슬라 로드스터 글로브 박스 속에서 앞으로 3,000만 년 동안 태양 궤도를 공전할 것이다. 일론 머스크는 아치 미션 재단의 태양 도서관에 대해 다음과 같이 말했다.

"개체로서 우리는 모두 은하계 시간 척도로 보면 눈 깜짝할 사이에 죽습니다. 그러나 문명은 오랫동안 존속합니다. 다른 행성에 처음 가는 사람들은 지구에 머무르는 사람들보다 훨씬 더 많은 죽음과 고난에 직면하게 될 것입니다. 하지만 시간이 흐르면 우주여행은 안전해지고 누구에게나 개방될 것입니다."

인터넷 생방송에서 부활절 달걀로 묘사된 이 도서관은 전 세계의 호기심을 자극했다. 이 발사 이후 우리는 몇 가지 우주 프로젝트를 진행시켰다.

2019년 2월 1일 아치 미션 재단과 싱가포르의 스페이스 체인은 데이터 기록을 우주로 발사하기 위해 궤도 도서관(지구 저궤도 도서관이라고도 함)을 지구 궤도로 올려 보냈다고 발표했다. 궤도 도서관에는 암호화된《위키피디아》사본이 담겨 있다. 벤처 투자자이자 업가인 노바 스피백은 보도 자료를 통해 이 이 도서관이 "지구 궤도를 도는 백업 데이터 고리의 시작이자 첫 번째 외계 기록 보관소이며, 인류 지식과 문화를 보존할 더 많은 아치 미션 도서관을 구축하는 첫 번째 단계"라고 설명했다.

우주 도서관은 아치 미션 재단의 목표에 극히 중요한 이정표를 세

왔다. "태양계 주위를 도는 대규모 기록을 통해 아치 미션 재단 도서관들은 수백만 년에서 수십억 년 미래까지 절대 사라지지 않을 것이다." 노바 스피백은 이렇게 썼다.

특히 2019년 달 도서관은 문자 그대로든 비유적으로든 우리 팀이자 나의 문샷 Moonshot 이었다. 우리는 '모든 주제와 문화, 국가, 언어, 장르, 시대를 망라한 3,000만 페이지 분량의 인류 역사와 문명의 기록'인 달 도서관 설치를 스페이스일과 계약해 진행했다.

2018년 12월 나는 밤 비행기로 LA에서 뉴욕주 로체스터에 있는 파트너의 연구실로 날아가 그곳에서 달 도서관 작업을 마무리했다. 작업을 마친 나는 연이어 밤새워 이스라엘로 날아가 스페이스일의 베레시트 달 착륙선에 실을 화물을 직접 전달했다. 스페이스일은 베레시트를 플로리다로 옮겼고, 그곳에서 스페이스X는 팰컨 9 로켓에 베레시트를 실었다.

팰컨 9 로켓은 2019년 2월 22일 순조롭게 발사되어 2019년 4월 4일 달 궤도에 도착했다. 달에 가는 동안 베레시트는 지구를 배경으로 한 몇 장의 셀카를 포함한 환상적인 사진을 찍었다. 다시 한 번 인류는 놀라운 달 로켓 발사 장면에 주목했다.

2019년 4월 11일 베레시트는 달에 경착륙해서 착륙선이 파괴되었다. 분석 결과 달 도서관은 살아남았을 수 있시만, 구체적인 위치를 알 수는 없다. 하지만 도서관이 산산이 조각나더라도 부서진 도자기 파편과 비슷해 읽고 추출할 수 있는 아날로그 데이터와 압축된 디지털 데이터가 남아 있을 것이다. 이제 달 도서관은 언젠가 발견될 보물이 되었다.

참고로 아치 미션 재단의 달 도서관에 수록된 내용은 25겹의 니켈 박막(아치 미션 재단에서는 이것이 수십억 년 동안 우주의 방사선, 극한 온도 등 혹독한 환경에도 견딜 수 있다고 주장한다), 광학 현미경 기술로 볼 수 있는 6만 페이지의 미세한 아날로그 이미지, 《위키백과》전체 사본, 2만 5,000권 이상의 책, 5,000개 이상의 언어를 이해하기 위한 데이터이다.

2019년 5월 블루 오리진은 2018~2019년 콘래드 챌린지Conrad Challenge에 학생들이 제출한 자료 기록 보관소인 '문워커 캡슐Moonwalker Capsule'을 발사했다. 아치 미션 재단이 콘래드 재단과 손잡은 것은 아폴로 달 착륙 50주년을 기념하고, 과거 콘래드 챌린지 혁신가들과 더불어 '오늘날 젊은이들의 혁신 정신을 강조한다'라는 이유에서였다. 다가오는 아치 미션 재단의 도서관 임무에는 궤도 도서관 위성 군과 달 도서관 탑재물들이 포함되어 있으며, 향후 10년 동안 화성 도서관과 라그랑주 도서관 설치를 목표로 하고 있다.

종종 주차장으로 묘사되는 우주의 라그랑주 포인트는 우주 정거장, 소행성 탐사 우주선, 천문학 등을 위한 최적의 장소이다. 이 점들은 태양과 지구 사이에 중력 평형 상태로 존재하며, 이로 인해 천체는 거의 완전히 정지해 있을 수 있다. 이는 우주선이 라그랑주 포인트에서 위치를 유지하는 데 최소한의 연료만 필요로 한다는 것을 의미한다. 심지어 우주선이 지구로부터 멀리 이동하지 않기 때문에 데이터 통신 속도도 여전히 빠르다. 라그랑주 포인트의 물리적 조건도 독특하다. 즉, 태양으로부터 보호받는 우주선은 태양의 빛과 열 간섭을 받지 않으며, 따라서 열을 식힐 필요도 없다. 아치 미션 재단은 향후 일련의 도서관을 장기적으로 안전하게 보호되어 발견될 수 있게 라그랑주 포인트인 L4와 L5에 설치할 계획이다.

들인 시간과 투자 이익이 사는 동안 제때 발생하지 않을 수도 있는데 이런 일을 하는 이유가 의아할 수도 있다. 하지만 개인적으로는 수십억 년을 지속할 업적을 행하는 사람들과 협력하는 일이 매우 흥미롭다. 보편적으로 우리는 인류 문화와 지식이 늘 취약하다는 사실을 알기 때문이다.

같은 아이디어도 새로운 각도에서 질문하며 혁신적 해결책과 도전 과제를 깨달아야 한다
◆

미래학자 에이미 웨브는 말한다.

"미래학자들은 다양한 분야를 전문으로 하는 사람들입니다. 우리의 초점은 다음에 일어날 일을 예견하는 것이 아니라, 오늘날 우리가 사실로 알고 있는 것을 토대로, 그리고 증거와 데이터를 사용한 광범위한 모델링을 통해 미래에 가능한 시나리오를 예측하고 대응책을 마련하는 데 있습니다."

혁신과 발견은 종종 우연히 일어난다. 크고 복잡한 프로젝트 중에 다른 것을 발명하는 경우가 있다. 이 과정에서 예상치 못한 곳으로 연결되고 아이디어가 떠오르기도 한다. 갑자기 과거 문제의 해결책이 명백해지거나, 도전 과제를 생각하는 새로운 방법이 있음을 깨닫게 된다.

혁신은 대개 내부에서 일어나지만, 파괴적인 혁신은 외부에서 온다. 보잉의 최고 전략 설계자인 돈 브란카토는 "나는 내가 하는 어떤 프로젝트에서도 특별한 활동 혹은 특별한 역량이 폭발하기를 기대한다. (…) 인류가 뭔가를 힘들고, 복잡하고, 너무 멀다고 생각할 때마다 부수적으로 우연히 나타나는 제품과 서비스, 기능들이 있습니다. 예컨대 인류는 다른 무언가를 찾다가 페니실린을 발견했습니다. 이런 일은 아마도 일어날 수 있는 가장 우연한 일일 것입니다."

아이디어를 탐구하면 목표에 도달하거나, 새로운 것을 창조하거나, 전혀 관련 없어 보이는 점들을 연결할 수 있는 영감을 얻는 등 다양한 방법으로 성과를 낼 수 있다. 우리는 아이디어에 기꺼이 모험을 걸 준비가 되어 있어야 한다. 무한한 가능성이 있는 영역에 마음을 열고, 어떻게 해야 할지 정확히 모르더라도 어떤 것이 존재할 수 있는지 상상해야 한다. 그것이 출발점이다.

미지의 세계로 나가지 전, 저명한 혁신가들과 그들의 성공 비결을 생각해 보자. 우주 분야의 거대한 기업인 보잉은 우주 산업의 지속적으로 발전해 우주 비행의 선두 주자가 되었다. 피터 호프만 보잉 지식 재산 경영 담당 부사장은 〈워싱턴 포스트〉와 인터뷰에서 혁신 문화 조성이 보잉의 성공에 데 크게 이바지했다고 말했다. 보잉은 직원들에게 매년 혁신적인 아이디어와 발명에 대한 보상을 주며, 최고 인재들이 앞으로 나아갈 수 있도록 돕는 기술 그룹 프로그램을 운영한다.

이 회사에는 회사와 회사 목표에 이익을 주는 최고의 기술을 정확히 찾아내고 개발하기 위한 보잉 리서치 앤드 테크놀로지Boeing Research and Technology라고 불리는 전사 조직이 있다. 호프만 부사장은 "이제야 주류가 됐지만, 3D 프린팅 혹은 적층 제조 기술을 항공기 생산에 활용하는 연구는 수십 년 전부터 해 왔습니다"라고 설명했다.

보잉은 또한 주변 기술과 혁신에도 투자한다. 호프만은 "최첨단 기술을 유지에는 돈이 아주 많이 듭니다. 보잉에서는 우리가 직면한 문제를 해결하려고 노력하는 회사나 연구자들과 사업 협력 관계를 맺고 비용을 줄이려 노력하고 있습니다. 우리는 이 연구에 공동으로 투자하고 결과를 공유하므로 양측 모두에 더 경제적입니다"라고 이유를 설명했다.

혁신에는 우주 분야 내외의 협력이 매우 중요하다. 우주에 존재하는 복잡한 도전 과제들을 해결하는 데는 종종 다양한 분야의 전문 지식이 필요하기 때문이다. 예를 들어 우리는 지금 우리로부터 1,500광년 이내에 지구와 같은 세계가 있다는 사실을 알고, 민간 투자를 받은 기업들이 성간 여행을 현실화하는 방법을 찾고 있다.

로켓 개발 엔진 개발 기업인 포지트론 다이내믹스Positron Dynamics는 인간이 한 달 이내에 화성으로 여행하거나, 지구 2.0으로 묘사되는 케플러-452b Kepler-452b 행성으로 약 12년간 계속 여행할 수 있는 새로운 종류의 추진체를 개발하고 있다. 하지만 포지트론 다이내믹스가 제안한 추진체가 있다고 해도 다른 분야에서 수많은 발전이 이루어져야 한다. 우주선과 통신하는 것은 빛의 속도, 물리학, 지구에서 다양한 우주선까지 거리 때문에 지구의 항공기와 통신하는 것과는 다르기 때문이다.

따라서 첨단 기술과 함께 과학적 통찰력이 필요하다. 포지트론 다이내믹스의 경우 더 나은 성능의 우주선 개발이나 남극이나 바다 밑바닥과 같은 곳의 외딴 기지에 전력을 공급하는 새로운 방법을 해결책으로 제시한다.

모든 도전에는 많은 해결책이 있다. 하나의 아이디어, 프로젝트, 또는 문제가 수많은 발견을 초래할 가능성이 있고, 이런 발견 중 어떤 것이라도 우리가 알고 있는 세상을 바꿀 수 있다. 우주 투자자이자 벤처 투자가인 윌 포티어스는 혁신적인 사고방식이 위성 산업 내부에 엄청난 변화를 가져왔다고 했다.

"사람들은 우주 기지 역량을 구축하는 방법을 근본적으로 다시 생각하고 있습니다. 그중 일부는 네트워크의 본질적인 노드들에 기능을 분산하는 방법을 고안했고, 또다른 일부는 전통적인 위성 산업에서 더 위험하다고 여기는 다른 기술들을 도입하는 방법을 제안했습니다."

이런 사고방식의 변화 이전에 위성 부문은 수십 년 동안 변화에 저항하지 않고 새로운 것을 시도하지 않는 정체기를 겪었다. 포티어스가 지적했다.

"여러 위성에서 진행되고 있는 몇몇 구조물에서 25년 전 상업 시장에 소개되었던 기술들을 이 위성들에서 볼 수 있을 겁니다. 위성 업계가 이런 기술을 우주선에 적용하고 익숙해지는 데 이렇게 오랜 시간이 걸렸습니다."

궁극적으로 진정한 진보는 새로운 진입자들이 산업 전통을 뛰어넘어 기술을 활용하는 다른 방법을 구상하는 능력에서 비롯되었다.

우리는 이 전략을 발사 분야 내부 과제 해결에도 사용할 수 있다. 포티어스의 설명대로 우리가 발사를 다르게 바라볼 때, 발사가 이렇게 드물고 하기 힘든 경험이 아니라면 어떻게 될지 질문할 때 해결책이 나올 것이다. 훨씬 더 쉽게, 더 자주 발사할 수 있다면 우주선의 복원뿐만 아니라 새로운 설계까지 다시 생각해 볼 수 있다.

혁신 과정에서 간과해서는 안 될 핵심 구성 요소는 무엇보다도 마음가짐이다. 질문을 하라. 새로운 각도에서 도전을 바라보라. 개척자 중 일부는 계획을 완전히 실현하지 못할 수도 있다. 하지만 이는 아이디어나 기술 때문만은 아니다. 그릇된 경영, 자금 부족, 창업자의 파산, 번아웃 등이 원인이 될 수도 있다. 오늘날 많은 관심이 미미하게 개선된 소비자 기술의 신규 버전에 집중되고 있다. 제한을 두지 않고 과제를 바라보거나, 기존의 장애물을 다시 생각하는 능력이 가장 영향력 있는 솔루션으로 이어질 수 있다.

실패를 두려워하지 않고
피드백하며 계속 도전해야 한다
◆

뉴 스페이스의 가장 큰 장애물은 실패에 대한 두려움이다. 실제로 스타트업을 죽일 수 있는 문제가 거의 무한하게 존재하며 스타트업 대부분이 실패하는 현실을 부인할 수 없다. 전문가마다 실패율을 달리 추정하지만, 어쨌든 실패 가능성이 존재한다는 것은 매우 위협적이다. 투자자든, 기업인이든, 정책 입안자든 비즈니스가 복잡하다는 것을 인식할 필요는 있다. 하지만 실패는 진보에 중요한 요소이다. 우리는 실패에서 배우고 영감을 얻는다. 또한 실패는 종종 성공의 거름이 되기도 한다.

스페이스일의 베레시트 경착륙과 재도전

스페이스일은 실패를 발판 삼아 성장한 좋은 예이다. 2019년 스페이스일의 달 탐사 임무는 실패했다. 베레시트 경착륙 일주일 후 스페이스일의 설립자 모리스 칸은 트위터에 올린 동영상을 통해 전 세계에서 받은 모든 멋진 지지와 격려, 흥분이 담긴 메시지를 고려해, 우리는 내일 가장 먼저 만나 베레시트 2.0 작업을 시작할 프로젝트 팀을 구성할 것이라고 발표했다. 6주 후 스페이스일은 트위터에 "베레시트의 달 여행은 이미 성공적이고 기록을 다시 세우는 여행으로 받아들여졌다. 우리는 베레시트 2.0의 또 다른 중요한 목표를 찾을 것이다. 자세한 내용은 다음과 같다"라고 올렸다.

첫 번째 실패를 거울 삼은 스페이스일은 두 번째 시도에서 성공 확률을 올릴 것이다. 칸은 또한 베레시트의 경착륙이 그를 단념하게 한 것이 아니라 오히려 격려했다고 전했다.

"실패하더라도 다시 일어나서 도전한다. 이는 젊은 세대에게 보내는 메시지의 일부입니다."

가치와 잠재력이 있을 수 있는 '실패'에는 여러 측면이 있다. 핵심은 과학적 방법으로 이런 노력을 평가하는 데 있다. 즉 무엇이 효과가 없었는지, 왜 그랬는지, 무엇이 잘못됐는지 파악하고, 무엇을 놓쳤는지 찾아야 한다. 무엇을 개선할 수 있고 바꿔야 하는지 파악해야 한다. 효과적인 측면을 정확히 파악하고 이런 교훈을 바탕으로 다음 작업을 진행해야 한다.

마스튼 스페이스의 상업 달 페이로드 서비스 참여

2004년 데이비드 마스튼이 설립한 마스튼 스페이스 시스템Masten Space Systems 은 실패를 딛고 일어선 오랜 역사가 있다. 첫 시험 비행 실패 때문에 자금이 바닥나고, 마지막 순간에 투자자에게 구원을 받고, 모하비 사막으로 이사하기까지 이 회사의 첫 5년은 도전과 좌절의 연속이었다. 하지만 마스튼과 15명의 동료들은 우주 산업의 진입 장벽을 낮추는 데 도움이 될 효과적인 로켓을 개발하겠다는 결심을 굽히지 않고 앞으로 나아갔다.

2009년 마스튼 스페이스 시스템은 나사 센테니얼 챌린지Centennial Challenges 프로그램에서 지원하는 노스롭 그루만의 달 착륙선 챌린지Lunar Lander Challenge 레벨 1에서 2등을 차지했다. 평지에서 달 로켓 발사와 달 착륙을 비슷하게 구현해 내야 하는 이 대회에서 마스튼 스페이스 시스템은 좀비 로켓의 착륙 성공으로 15만 달러의 상금을 받았다. 레벨 2의 과제는 같은 아이디어를 바탕으로 하되, 이번에는 달의 분화구 지형과 비슷한 거친 표면에 착륙하는 것이었다. 마스튼은 조이 로켓을 날리기로 했는데 레벨 2 첫 번째 비행에서 착륙 후 로켓의 산소 탱크가 화염에 휩싸이는 등 여러 차질이 생겼다. 하지만 마스튼은 다음 날 비행을 다시 할 수 있는 기회를 얻었다. 그러자 다른 참가 팀원들이 이 로켓의 문제를 해결하고 수리하는 마스튼을 돕기 위해 모였다. 이들은 지정된 발사 시한 몇 분 전에 극적으로 수리를 완료했고, 비행은 성공적이었다. 이 우승으로 마스튼은 100만 달러의 상금과 함께 명성을 떨쳤다.

2018년 나사는 화물, 궁극적으로는 인간을 달에 보내는 데 초점을 맞춘 상업 달 페이로드 서비스 프로그램에 참여할 9개 회사 중 하나로 마스튼 스페이스 시스템을 선정했다. 또한 나사는 2019년에 아르테미스 프로그램의 일환으로 유인 달 착륙선 시작품을 개발하기 위해 다시 한 번 이 회사와 계약했다. 그때 마스튼 스페이스 시스템은 플로리다의 추진체 개발 회사인 P3 테크놀로지스P3 Technologies 와 제휴해 아르테미스 프로그램에 사용할 전기 펌프를 개발했다. 마스튼과 P3에서는 e-펌프라고 부르는 전기 펌프가 터빈 구동 펌프에 비해 여러 가지 이점을 제공한다고 설명한다. P3 테크놀로지스의 필립 펠프리 사장은 마스튼의 보도 자료에서 "e 펌프는 터빈과 관련된 압력 강하가 없고 빠른 엔진 시동과 스로틀throttle 전환이 가능해 우주에서 착륙선 추진 시스템에 유리하다"라고 전했다.

마스튼 스페이스 시스템의 CEO 숀 마호니는 인터뷰에서 회사의 비전과 핵심 역량을 설명했다. 마호니는 머스튼 스페이스 시스템을 포함한 많은 우주 스타트업이 세계가 자신들이 하는 일을 이해하기를 기다리면서 가치를 창조하고, 살아남아 존재감을 유지하는 방법을 찾고 있다고 설명했다. 마호니는 "잘못된 것과 시기상조인 것의 차이는 사실상 구별하기 어렵습니다"라고 말하면서도, 산업 발전을 도울 방법이 있다고 믿는다. 즉 더 많은 사람이 우주를 어떻게 활용하고 사용할지, 또는 우주가 자신과 비즈니스에 어떤 영향을 미칠지 생각하게 되면 점점 더 많은 기회가 생기리라는 것이다.

마호니는 "지금 우주에서 무엇을 얻을 수 있는지를 고려하는 회사들은 큰 이익을 얻을 수 있습니다"라고 말하며 확신을 보였다. 이는 또한 현재 공직에 있는 사람들과 스타트업, 정부가 모두 우주의 중요성에 대해 더 많은 목소리를 내야 한다는 것을 의미한다. 그러기 위해서는 우주 산업 외부의 사람들에게 가치를 증명해 보여야 한다.

마스튼의 또 다른 역량은 현실성, 즉 현실적이어야 한다는 것이다. 마호니는 "비전과 실제로 할 수 있는 일에 대한 이해의 균형을 맞춰야 합니다"라고 말했다. 기적에 기대지 말고 계획을 세워야 한다는 의미다. 이를테면 달 탐사는 험난할 것이다. 하지만 마스튼의 사람들은 앞으로 험난한 지역을 뚫고 나갈 수 있도록 회사를 투지 있고, 회복력 강하게 만들 것으로 믿는다.

엑소스 에어로스페이스의 재사용 로켓 개발

실패는 우리가 새로운 실수를 저지를 뿐만 아니라 지속적으로 혁신을 이룰 수 있게 도와 준다. 실패 없이 큰일을 이룰 가능성은 작다. 모든 혁신이 제때 일어나는 것은 아니며, 오히려 진보적인 아이디어와 기술이 살아남는 데 필요한 지지와 재정적 지원을 받지 못할 때가 많다. 하지만 실패했다고 운이 다한 것도 아니고, 특정 하위 부문이 투자 가치가 없는 것도 아니다. 실패를 계기로 인간의 재능은과 아이디어가 다른 프로젝트와 기회로 옮겨 갈 수도 있다.

이드 소프트웨어id Software 의 공동 설립자로서, 그리고 둠doom 같은 비디오 게임 개발자로 알려진 존 카맥은 몇 년 동안 재사용 가능한 준궤도용 우주선 개발 스타트업 아르마딜로 에어로스페이스Armadillo Aerospace를 이끌었다. 자원봉사자들이 팀을 운영하고 카맥은 장비와 기자재 비용을 댔다. 하지만 2013년 8월 카맥은 "나는 기본적으로 아르마딜로에 '말도 안 되는 돈'을 썼습니다"라며 이 계획을 미뤘다.

2년 후인 2015년 봄 존 퀸과 데이비드 미첼이 유인 준궤도 우주선을 개발하려는 이 회사를 엑소스 에어로스페이스라는 새로운 이름으로 다시 열었다. 퀸은 "엑소스 팀이 존 카맥의 기풍을 살려 절차를 만들고 공식화하고 있습니다"라고 설명했다. 이 팀은 사지SARGE라는 이름의 유도 기능을 탑재한 준궤도 능동 로켓Suborbital Active Rocket with Guidance 을 만들었다. 재사용이 가능한 이 로켓은 발사하고 나서 약 20분 후에 탑재한 페이로드를 직접 발사 장소로 다시 가져올 수 있어 우주에서 실험하기 불가능했던 페이로드 서비스를 제공할 수 있다. 사지는 연구에서부터 제조 능력 등에 이르기까지 새로운 우주 내 발견 촉진을 목표로 한다.

빌 에어로스페이스의 민관 파트너십

빌 에어로스페이스는 실패와 교훈, 자산을 후대에 물려준 자산이다. 1997년 기업인이자 은행 소유주인 앤드루 빌이 통신 위성을 발사하는 민간 로켓 발사체를 만들기 위해 빌 에어로스페이스를 설립했다. 하지만 불행하게도 당시 나사는 빌 에어로스페이스 같은 상업적 파트너를 상대할 준비가 되어 있지 않았다. 나사는 오히려 이들을 경쟁 위협으로 여겼다. 빌은 상당한 자원을 투자했고 회사는 감탄할 만한 발전을 이뤘지만, 2000년 10월 국가 보조를 받는 나사 우주 프로그램과 경쟁에서 민간 기업이 마주하는 어려움을 토로하며 회사 문을 닫았다.

빌의 노력은 옳았다. 다만 불행하게도 시기를 잘못 만났을 뿐이다. 빌의 실패가 우주 산업 진화의 싹을 틔우는 밑거름이 되었다. 스페이스 X는 빌 에어로스페이스의 일부 자산을 인수했고, 이는 스페이스X의 초기 성공에 크게 도움이 됐다. 예를 들면 스페이스X는 빌 에어로스페이스의 선례에서 나사를 첫 고객으로 영입했다.

우주 분야에서 대부분 실패는 시장이나 타이밍, 리더십과 경영, 기술, 자금 지원 부족 중 적어도 한 가지에서 비롯된다. 때에 따라 실패한 노력이 되살아나거나 향후 노력의 발판이 될 수 있다.

모토로라의 이리듐 계획

1980년대 후반 모토로라 엔지니어들이 이리듐Iridium 계획을 고안했다. 이들은 위성 전화를 통해 전 세계에 통신 서비스를 제공할 77

개의 위성군 계획을 개발하는 데 1990년대 전반을 보냈다. 전 세계 오지에 위성군으로 휴대폰 신호를 수신하는 새로운 형태의 휴대폰을 제공한다는 계획의 이리듐은 엄청난 성공을 거둘 것으로 보였다.

하지만 얼마 지나지 않아 이리듐은 기술은 뛰어나지만, 실행 가능한 대상 인구를 맞추지 못해 실패한 사업 계획 사례로 널리 알려지게 되었다. 기술과 제품을 개발하는 데 걸린 11년 동안 시장에 등장해 널리 보급된 디지털 휴대 전화가 이리듐의 초기 목표 시장을 빼앗아 가버렸기 때문이다. 위성군은 성공적으로 발사되었지만, 수익은 부채를 충당하기에 부족했다. 이리듐은 채무 보증에 필요한 고객 60만 명 중 5만 5,000명밖에 확보하지 못했고, 유망한 회사였던 모토로라는 그 당시 역사상 가장 큰 부도를 내게 되었다.

이리듐의 실패는 고객 수요 검증이 매우 불충분했던 점, 단계별 개발 대신 주요 기업들이 채택하는 이른바 대마불사 전략을 채택한 점, 더 짧은 기간과 더 적은 예산으로 달성할 수 있었던 시제품에 대한 관심이 없었던 점 등 여러 요인에 기인한다.

하지만 이리듐 실패의 가장 중요한 요인은 이리듐 개발이 오래 걸리는 동안 다른 경쟁 기업들이 휴대폰 시장의 빈틈을 발 빠르게 공략해 고객 수요를 채운 데 있다. 이리듐은 시장 진입에 너무 오랜 시간이 걸려서 대실패 했다. 비즈니스 상황은 오래 제자리에 머무르지 않는다. 투자자들이 출시 기간이 짧은 벤처를 선호하는 데는 그만한 이유가 있다. 산업 전문가 제프 그리슨의 말대로 '속도가 생명'이다.

이리듐 이야기는 오늘날 우주 산업의 투자자들과 기술 관리자들에게 귀중한 학습 경험이 되었다. 이리듐 개발 당시 세계는 나사 스타일의 엄청난달 로켓 발사 장면을 보는 데 익숙했다. 하지만 이제 우주 프로젝트는 다양한 형태와 크기로 존재할 수 있다. 예컨대 원웹과 같이 큰 프로젝트를 시도하는 회사는 더 안전한 접근 방식을 채택하고 고객 의견을 조기에 수용해서 제품-시장 적합성을 점진적으로 전개해 나갈 것이다.

심시어 모토로라도 이리듐 프로섹트로부터 많은 것을 배웠나. 이 프로젝트로 민간 투자자들이 파산하자, 모토로라는 기존에 경쟁력 있던 사업을 잘하기 위해 구조 조정을 했고, 예컨대 군사, 에너지 탐사, 저널리즘 등 위성 전화를 매우 필요로 하는 초기 대상 고객에 주로 초점을 맞췄다.

라디오섹의 우주 프로젝트 참여와 파산

물론 실패 가능성이 위험 감수와 창의성을 저해하는 요인으로 작용해서는 안 된다. 다른 산업의 예를 들어 보자. 가정용과 오락용 전자 제품 소매 유통기업이었던 미국 기업 라디오섹RadioShack은 이제 예전 모습을 찾아볼 수 없다. 오랫동안 무선과 통신 장비 판매의 선두 주자였던 라디오섹은 1999년에 정점을 찍은 후 오랫동안 하락세가 이어졌다. 기업과 소매 차원의 경영 분제, 시장 농향과 고객 요구를 따라가지 못한 점, 베스트 바이BBY나 아마존 같은 큰 경쟁자의 출현 등이 모두 이 기업을 종말로 이끌었다. 라디오섹은 2015년에 첫 번째 파산 신청을 하고, 2017년에 다시 파산 신청을 했다.

'지나고 나면 알게 된다'라는 속담처럼, 라디오섁이 몰락을 피할 수 있었을지는 말하기 어렵다. 하지만 라디오섁이 놓친 기회를 되짚어볼 만하다. 2001년 라디오섁과 러시아 우주 프로그램은 나노랙스 CEO 제프리 맨버를 통해 우주 관련 프로젝트를 함께했다. 하지만 불행하게도 몇 가지 실수가 발생했고, 나사가 미국 우주 비행사들의 참여를 막아서 이 프로젝트는 결국 실패했다.

라디오섁이 평소 하던 사업으로 돌아갔을 때, 해당 산업에는 상업 우주의 새로운 하위 분야들이 생겨나고 있었다. 라디오섁이 우주 활동에서 눈을 떼지 않고 큐브샛 기술 같은 제한된 방법으로라도 이런 시장에 진입했더라면 성공하는 사업 기회를 발견했을지도 모른다. 그랬으면 이 회사는 '새틀라이트섁SatelliteShack'으로 진화했을 것이다. 이리듐 사례에서 봤듯이 시장에 틈이 생기면 정부든, 대기업이든, 열정적인 스타트업이든 누군가가 기회를 이용하는 방법을 찾는 것은 시간문제다. 라디오섁을 '새틀라이트섁'으로 만들 수 있었던 위성 산업은 이제 클라이드 스페이스Clyde Space, AWS 그라운드 스테이션AWS Ground Station, 곰스페이스Gom Space, 플래닛, 애스트로보틱Astrobotic, 스페이스일, 서리 새틀라이트 테크놀로지Surrey Satellite Technology 등 전 세계 뉴 스페이스 기업들이 주도하는 독자적인 산업이 되었다.

엑스코 에어로스페이스의 창업가 증후군

이전에 누가 혁신을 시도했는지 이해하고 성공 잠재력을 확인한다면 눈부신 성과를 낼 수 있다. 실제로 투자자, 기업가, 스타트업, 기존 기업, 학생 등이 이들이 남긴 틈과 실패로부터 이익을 얻는다. 뉴 스페이스의 또 다른 실패 사례인 엑스코 에어로스페이스를 살펴보자.

엑스코 에어로스페이스는 로켓 엔진과 준궤도 비행 전문 스타트업으로 18년 동안 존속했다. 내가 2008년 데저트 스카이 홀딩스Desert Sky Holdings를 통해 엑스코 에어로스페이스에 대한 투자를 공동 주도했을 때, 이 회사는 파산을 막기 위해 여러 계약을 체결하고자 노력하고 있었다. 자금이 고갈되고 중요했던 유나이티드 론치 얼라이언스 벌컨 엔진 개발 계약도 놓치면서 선택의 여지가 거의 없었기 때문이다. 나는 CEO 권한 대행인 마이클 블룸을 비롯한 이사회 임원들과 함께 가능한 해결책을 찾기 위해 백방으로 노력했다. 당시 사모 펀드 그룹은 매출이 있는 회사를 원했지만, 엑스코 에어로스페이스는 계약이 없었다. 다른 항공 우주 회사들은 엑스코 에어로스페이스 인수를 거절했다. 이사회 멤버들이 급여 지급을 돕고 있었다. 결국 최종적인 민간 투자를 받지 못하자 엑스코 에어로스페이스는 2017년 11월 미국 파산법에 따른 청산 절차를 신청했다.

엑스코 에어로스페이스는 환상적인 기술을 개발했지만, 경영난을 극복하지 못했다. 텍사스주 미들랜드와 플로리다의 경제 개발 단체들로부터 다양한 형태의 자금 지원을 받기도 했지만, 결국 소용없는 것으로 판명되었다. 설상가상으로 엑스코 에어로스페이스는 전체 개발을 지원할 충분한 자금이 없어서 주요 프로젝트인 링스Lynx 로켓 개발을 보류해야만 했다. 경영진은 사내외에서 일어나고 있는 많은 문제로부터 고립을 자초했다.

엑스코 에어로스페이스 직원이자 이해관계자였던 헨리 밴더빌트는 회사가 실패한 원인에 관한 자기 생각을 이렇게 말했다.

"회사의 기술이 문제가 아니었습니다. 실은 정반대였습니다. (…) 말도 안 될 정도로 높은 운영률과 저렴한 운영 비용으로 우주에 로켓을 날리는 데 대한 회사의 전문성은 매우 현실적이었으며, 설계에 철두철미하게 녹아 있었습니다."

밴더빌트는 잘못된 경영, 특히 창업자 증후군을 주요 문제로 들었다. 창업자 증후군은 기술 기업이나 비영리 기업 세계에서 자주 언급되는 것으로 기업의 창업자가 조직 구조의 변화(특히, 자신의 권한이나 자신이 지정한 주요 권한을 포기해야 할 경우)에 저항하는 현상이다. 창업자의 리더십이 회사와 다른 직원들을 숨 막히게 하고 피해를 주는 결과가 나오기도 한다.

엑스코 에어로스페이스 설립자의 한 사람인 제프 그리슨은 인터뷰에서 실패에 대한 자신의 생각을 공유했다. 그리슨은 두 가지를 지적했다. 첫째, 링스 로켓은 회사가 생각했던 것보다 개발에 더 오랜 시간이 걸렸다. 그리슨은 돌이켜 생각해 보면 방향을 돌려서 더 쉬운 일을 해야 했다면서, "우리는 상품 개발 단계가 덜 진행되었을 때 투자자들에게 계획을 바꿀 것이라고 알리고 진행했어야 했습니다"라고 말했다.

두 번째 요인으로 그리슨은 "우리 주요 고객이 2008년에 계약 기간을 단축했을 때, 우리는 살아남기 위해 휘청거리며 의제가 상충하는 투자자들을 끌어들였습니다. 그때 그러지 말고 그냥 사업을 그만뒀어야 했습니다"라고 설명했다. 심지어 그는 이런 일이 일어나지 않았다면 엑스코 에어로스페이스는 오늘날까지 살아남았을 것이라는 추측을 덧붙였다. 종합해 보면 배워야 할 큰 교훈은 오히려 간단하다. 만약 일이 너무 어렵다면, 더 작고 쉬운 단계를 밟는 방법을 찾아야 한다는 것이다.

다양한 장애물이 있었지만 엑스코 에어로스페이스는 존속하는 동안 기업으로서, 우주 산업에 큰 영향을 미쳤다. 마이크 블룸은 투자자와 주주들에게 이메일로 회사가 독자 생존 가능한 투자를 확보하지 못하고 문을 닫았다는 소식을 전했다. 동시에 "기업가적 노력의 출현으로 최근 몇 년 동안 비용이 상당히 절감되었습니다. (…) 이런 추세는 계속될 것이며, 이로 인해 인간이 저렴하게 우주를 여행하는 시대가 올 겁니다. 저는 이를 확신합니다. (…) 엑스코 에어로스페이스는 수년에 걸쳐 약 5,000만 달러로 추정되는 비용으로 이 모든 기술을 완성했습니다. 이는 매우 스마트하고 헌신적인 수많은 사람의 기술적 비전과 기량, 노력이 일군 기적이라고 해도 과언이 아닙니다"라고 적으며 위험을 감수하는 스타트업의 긍정적인 영향도 조명했다.

플래니터리 리소시스의 투자자 중심 경영

블록체인 기술 기업 컨센시스가 2018년 10월 인수한 플래니터리 리소시스도 실패의 장기적인 혜택을 보여 주는 또 다른 사례다. 시애틀에 본사를 둔 이 회사는 2009년에 설립되었다. 하지만 2012년 우주 자원을 채굴할 계획을 발표하기 전까지 처음 3년 동안 눈에 띄는 활동이 없었다. 2016년 플래니터리 리소시스는 룩셈부르크로부터 우주 자원 채굴 탐사와 역량 개발을 위한 상당한 자금을 받았다. 룩셈부르크 정부는 1,370만 달러를 투자했고, 공공 투자 은행인 SNCI는 1,450만 달러의 추가 보조금을 제공했다. 2018년 플래니터리 리소시스는 궤도를 도는 소행성 탐사 기술 시험을 완료했다. 하지만 자금난을 겪으면서 많은 직원을 해고하고 이 회사는 동력을 잃기 시작했다.

이 회사는 처음에 고객과 시장을 철저하게 개발하지 않고 투자자, 조언자의 유대 관계를 촉진하는 데 너무 많이 투자했다. 2018년 컨센시스가 플래니터리 리소시스의 자산을 인수했을 때 이 회사에는 변호사와 CEO 외에 남은 것이 없었다. 이 회사와 가까운 소식통들은 인수 전 이 회사가 4,900만 달러에 가까운 자본을 잠식했다고 주장했다. 룩셈부르크의 또 다른 우주 채굴 투자 회사였던 딥 스페이스 인더스트리가 2019년 브래드퍼드 스페이스Bradford Space에 인수되어 현재는 주로 추진에 주력하고 있다는 점도 언급할 필요가 있다.

플래니터리 리소시스, 딥 스페이스 인더스트리 등의 사례에서 알수 있는 것은 무엇일까? 과감한 비전을 가진 뉴 스페이스 스타트업이 장기적으로 추구해야 하는 전략적 가치는 스스로의 목표 달성이 아닌, 인류가 이런 목표를 향해 나아갈 수 있도록 돕는 데 있다는 것이다. 이런 관점에서 볼 때 두 회사는 매우 성공적이었다. 이들은 민간 부문 심우주 탐사에 관한 세계적인 논의를 촉진하고, 로드맵에 따라 혁신적인 기술을 개발했으며, 실행 가능한 법적 체제 구축을 위해 룩셈부르크와 협력하는 등 중요한 역할을 했다.

두 기업이 주주들의 가치를 극대화하기 위해 다른 길을 택했지만, 이들의 대담한 비전과 투자자들의 헌신, 그리고 이 회사 팀들의 노고가 있었기에 이제 심우주 자원 활용을 현실화하는 데 훨씬 가까워졌다. 이들은 인류의 우주 탐사와 지구 밖 영구 정착이라는 향한 긴 여정에서 다른 우주 기업가들이 그 역할을 이해하고 다음 단계로 나아갈 수 있게 하는 길을 열어 주었다.

실패를 더 잘 받아들이고 실패하는 사람들을 더 잘 지원하는 문화가 정착된다면 우리의 집단적 감성 지능은 한 단계 성장할 것이다. 이 감성 지능이 독창성, 창의성과 결합하면 더 성공적인 기회와 노력, 리더를 위한 발판이 된다. 실패한 사람들에게 불이익을 주기보다 오히려 그들을 지원하는 더 나은 방법을 채택하는 문화가 만들어진다면 더 많은 이익을 얻을 것이다.

우리는 새로운 시대, 즉 가능성의 시대에 살고 있다. 우주 분야의 모호성이 날이 갈수록 뚜렷해지면서 이전에는 불가능했던 아이디어들이 점점 더 구체화되고 있다. 지금 이 시대에는 또한 진보를 믿고 더 큰 위험을 감수해야 한다고 생각하는 세대도 있다. 실험하고, 빠르게 실패한 다음, 여기서 얻은 교훈으로 계속 앞으로 나아가는 것은 어떨까? 이것이 과학적 방법의 핵심이다. '혁신적 계획에 주는 브레이크스루상' 재단 이사장 피터 워든은 말한다.

"해고당하는 것을 두려워하지 마십시오. 저는 여러 번 해고당했습니다. 상황을 바꾸려고 할 때 마키아벨리가 말한 대로 가장 힘든 일은 낙담하지 않는 것입니다. 계속 앞으로 나아가야 합니다. 사실 우리가 올바른 방향으로 가고 있는지 알 수 있는 한 가지 방법은 누가 우리를 반대하는지 보는 것입니다."

중요한 결정을 내리기 위해
전문 지식과 학문을 겸비한 기업가 정신을 갖춰야 한다

◆

우리는 21세기의 첫 사반세기에 있다. 모바일 애플리케이션에 접속하고, 통신 플랫폼을 통해 전 세계 거의 모든 사람과 대화할 수 있고, 하루 만에 지구상 거의 모든 곳에 갈 수 있다. 우리는 화성에 로봇을 보내고, 몇몇 사람은 국제 우주 정거장에 살면서 일하고, 태양계 밖으로 우주선을 보낸다. 하지만 과거의 사건들만을 인류 문명 진보의 척도로 삼아서는 안 된다. 인간 지성의 진보 역시 고려해야 한다.

1964년 소련의 천문학자 니콜라이 카르다쇼프는 논문에서 '특정 문명이 커뮤니케이션에 사용할 수 있는 에너지의 양을 기준으로 하는 기술적 진보 수준'으로 문명을 측정하는, 이른바 카르다쇼프 척도를 제안했다.

카르다쇼프 척도의 세 가지 범주

유형 1(행성)
문명은 거주 행성이 모항성에서 받은 전체 에너지(우리의 경우 지구가 태양으로부터 받는 모든 에너지)를 이용할 수 있다.

유형 2(항성)
문명은 모항성의 전체 에너지(우리의 경우 태양의 모든 에너지)를 이용할 수 있다. 구를 만들어서 항성을 둥글게 감싸서 항성이 발산하는 에너지를 행성으로 가져와 이용한다는 다이슨 구 이론이 이 모델의 예이다.

유형 3(은하계)
문명은 모은하계 내 전체 에너지(우리 은하계 내의 모든 에너지)를 이용할 수 있다.

현재 우리 인류 문명은 유형 1(행성) 수준에도 도달하지 못했다. 카르다쇼프의 계산에 따르면 우리가 태양으로부터 받는 총 에너지가 현재 우리가 사용하는 에너지보다 규모 5만큼 더 크다고 한다. 카르다쇼프 척도는 가상의 모델이지만, 우리의 진화 수준이 어느 정도인지, 그리고 우리가 잠재적으로 얼마나 더 멀리 진화할 수 있는지 살펴볼 기회를 제공한다.

오늘날 우리의 노력과 혁신은 우리 집단 발전의 토대가 될 것이며, 우주여행 사회로의 발전은 이 거대하고 장기적인 노력과 계획의 한 요소이다. 모든 발전이 하룻밤에 이루어지지는 않겠지만, 그렇다고 우리 시대에 조금도 이룰 수 없다는 뜻은 아니다. 우리는 중요하고 실질적인 과제를 해결할 수 있는 문턱에 도달했다.

우주는 이런 이론을 현실화할 수 있는데, 이는 우주가 가진 잠재력의 극히 일부에 불과하다. 우주는 수십억 인구를 가난에서 벗어나게 할 수 있는 유일한 분야이다. 우주는 우리가 지구를 보존하는 것에 도움을 줄 수 있다. 우주는 우리 삶을 개선하는 혁신과 애플리케이션을 창조할 수 있다. 우리는 유형 1 문명이나 그 이상도 될 가능성이 있다. 이 모든 업적을 위해 예리한 지성으로 창의적인 해결책을 고안하고 노력을 이끌 수 있는 열정적인 기업가가 필요하다. 우리는 지구와 태양계에 거주하는 한 종일 뿐이라는 개인적이면서 세계적인 사고방식을 갖추어야 한다.

우주는 인류의 개인적인, 그리고 집단적인 상상력의 발판이다. 우주는 인류의 가장 놀라운 면들을 고무하고, 자극하고, 확대한다. 지금은 우주 스타트업에 지구 기업가 정신에서 가장 우수하고 유용한 아이디어와 전문 지식, 학문을 적용할 때다. 미래는 오늘 우리가 무엇을 결정하느냐에 달려 있다. 염원을 모아 함께 달리자.

4
우주 스타트업 CEO가 말하는
기업가 정신

"우리의 첫 번째 과제는 현재 우리가 지구상에서 직면하고 있는 긴급한 문제들을 해결하기 위해 우주의 풍부한 자원을 사용하는 것이다. 즉, 이미 물질적으로 편안함을 누리고 있는 사람들에게 가혹한 조처를 취하거나 전쟁에 의존하지 하지 않고, 우주 자원을 활용해 가난에 시달리는 일부 세계의 생활 수준을 적절한 수준으로 끌어올리는 것이다. 그리고 성숙한 문명의 생존에 필요한 기본적인 에너지를 제공하는 것이다."

제라드 K. 오닐,《The High Frontier》중

인공 지능 데이터 분석으로 기후 위기를 해결할 것입니다
: 벤 램, 하이퍼자이언트 설립자

✦

벤 램은 인공 지능을 활용해서 지구와 우주에서 역량을 향상하는 스타트업인 하이퍼자이언트Hypergiant 의 설립자이다. 지능적이고 변혁적인 비즈니스를 구축하는 연쇄 기술 창업가인 램은 인공 지능 기반 대화 플랫폼 컨버서블Conversable 과 세계적인 모바일 크리에이티브 테크놀로지 강자인 케이오틱 문Chaotic Moon 등 여러 스타트업을 설립하고 최고 경영자의 직책을 맡았다. 케이오틱 문에서 일하는 동안 램은 사물 인터넷, 가상 현실, 커넥티드 카, 모바일, 태블릿, 웨어러블 기기와 같은 떠오르는 기술 세계에서 〈포춘〉 선정 500대 기업 가운데 가장 획기적인 디지털 제품과 경험을 창조하는 데 앞장섰다. 현재 램은 엔젤 투자, 기업 인큐베이터, 스타트업 커뮤니티에서 소프트웨어와 떠오르는 기술 분야에 투자하며 활발하게 활동하고 있다. 액셀러레이터와 기업 프로그램을 통해 혁신적인 비즈니스를 구축하는 데 자신의 전문 지식과 지침을 제공하는 등 동료 기업가 멘토링에도 열정적이다.

하이퍼자이언트의 임무는 무엇이고 또 어떻게 시작했습니까?

우리의 임무는 떠오르는 인공 지능 기반 기술을 개발하고 우리 주위 세계를 개선하고 우주에서 인류의 위치를 앞당기는 상업 제품과 솔루션을 개발하는 겁니다.

하이퍼자이언트는 인공 지능 기반 우주 인프라를 개발하고 있습니다. 이는 우리가 단지 우주에 가는 데 필요한 하드웨어나 우주에 있는 인공위성 개선만을 보는 것이 아니라는 뜻입니다. 그보다 우리는 지구에서 우주로, 다른 행성으로, 그리고 다시 지구로 데이터를 전송하는 전체 생태계를 보고 있습니다. 이는 우리가 자체 인공위성을 가지고, 우리 제품과 서비스를 위한 데이터를 수집하고 분석한다는 뜻입니다. 또한 데이터 전송에 필수적이고 인공 지능에 기반을 두어야 하는 행성 간 인터넷 같은 중요한 인프라 프로젝트도 생각한다는 뜻입니다. 할 일이 아주 많습니다.

제가 하이퍼자이언트를 시작한 이유는 우주, 국방, 그리고 중요한 인프라에 걸쳐 인공 지능의 무궁무진한 가능성을 봤기 때문입니다. 저는 지금이 인공 지능을 사용해서 우리가 정말 인간다워지는 데 필요한 인프라 저변에 깔린 엄청난 문제들을 해결할 때라는 것을 깨달았습니다. 우리는 인공 지능을 하드웨어에 적용해서 문제를 해결함으로써 내일과 오늘의 세계를 구축하고 있습니다. 이 일은 재미있습니다. 이는 기술의 문제라기보다는 상상력의 문제입니다. 그리고 이것이 인공 지능이 지닌 가능성입니다. 여기에는 오직 인간의 상상력 한계만 있습니다. 운 좋게도 저와 우리 팀은 엄청난 상상력을 지니고 있습니다.

우주 분야에서 인공 지능의 역할은 무엇인가요?

인공 지능은 인류가 우주에서 살면서 진정으로 우주를 탐험할 수 있게 해 줄 기술입니다. 그 밖에도 핵심적인 기술들이 많지만, 인공 지능 기술은 지구 밖에서 생활할 수 있게 해 주는 컴퓨팅의 큰 이점 입니다.

우주는 차세대 응용 프로그래밍 인터페이스API 입니다. 우주에서 우리는 이전에는 할 수 없었던 방식으로 지구 데이터를 수집할 수 있습니다. 예를 들어 1970년대에 했던 우주 임무 자료 중에 아직 충분히 검토하지 못한 것이 있습니다. 여기서 인공 지능이 개입합니다. 우리는 인공 지능으로 우주 데이터를 검토하고 해석할 필요가 있습니다. 인공 지능이 검토·해석한 지식에 기초해서 우리가 어떤 조처를 할 수 있기 때문입니다. 이런 데이터는 국방, 기후 위기, 해양 건강, 중요한 인프라 등 대규모 글로벌 과제를 해결하는 데 도움이 됩니다. 지구 시스템에 대한 이런 이해는 우리가 지구 이외의 시스템을 이해하는 시스템과 정확한 수학적 계산 도구를 개발하는 데 도움이 됩니다. 이는 또한 우리가 새로운 시스템과 새로운 행성을 탐험할 때 매우 요긴할 겁니다.

마지막으로, 우주에서 정보를 수집해서 지구에서 해석하는 우리의 능력은 인류가 우주 분야를 더 잘 이해하고 개선하는 데 도움이 될 겁니다. 인공 지능은 빅 데이터를 처리하기 위한 도구입니다. 우주만큼 훌륭한 데이터가 많은 곳은 없습니다. 우리의 도구가 더 좋을수록 우주에서 더 크고 대담한 임무를 수행할 수 있습니다. 예컨대 은하계 밖을 여행하거나 다른 행성에 정착지를 만드는 겁니다. 더 긴 임무에는 장거리 이동과 생명 유지 시스템을 가능하게 만드는 데 훨씬 더 발달한 인공 지능 시스템과 자동화가 필요할 겁니다.

비즈니스용 인공 지능에 관해 일반적으로 알려지지 않은 것은 무엇입니까?

기억해야 할 중요한 것은 이 모든 것이 새로운 게 아니라는 점입니다. 인공 지능 혁명이나 심지어 빅 데이터 혁명도 이번이 처음이 아니고, 우주에서 상업적인 기회를 적극적으로 검토한 것도 처음이 아닙니다. 사실, 우리는 이 모든 것을 오랫동안 이야기해 왔습니다.

이에 관한 연구는 1800년대 후반으로 거슬러 올라갑니다. 사실 컴퓨터 파워의 가격 하락, 컴퓨터 관련 분야의 분야별 발전 등 기존에는 없던 비즈니스용 인공 지능으로의 확장 성장이 가능한 시장 여건이 마련되어 있습니다. 모든 산업과 마찬가지로 우리는 엄청난 기회에 속도가 붙을 티핑 포인트(작은 변화들이 어느 정도 기간을 두고 쌓여, 이제 작은 변화가 하나만 더 일어나도 갑자기 큰 영향을 초래할 수 있는 상태가 된 단계)라고 할 수 있는 변곡점에 도달하고 있습니다.

여전히 어떤 사람들은 우리가 거품 속에 갇혀 있다고 염려합니다. 그럴 가능성도 다분히 있습니다. 하지만 2024년에는 3조 달러의 가치가 있을 것으로 전망되는 거품입니다. 그리고 우리가 거품 속에 갇혀 있기는 하지만, 그 이유는 인공 지능에 관한 부풀려진 선전이 아직 인공 지능 현실과 맞지 않기 때문이지, 인공 지능을 구현할 시장이 없기 때문이 아닙니다.

하지만 수학이 발달하고 사례 연구와 응용 분야가 향상되면 마침내 인공 지능이 부풀려진 선전과 일치하게 되는 날이 올 겁니다. 현실적으로 기술이 없는 회사 중 일부는 성공하지 못할 겁니다. 하지만 성공하는 기업들은 거품을 뚫고 도약해서 빠르게 성장할 겁니다.

이 분야에는 궤도 인공 지능과 정보가 필요합니다. 여기서 승자, 궁극적으로 전체 승자는 이런 궤도 데이터를 얻는 사람이 될 겁니다. 이 인공위성을 기반으로 하는 지구 관측 시장만 해도 2027년에 연간 69억 달러, 향후 10년간 누적 540억 달러를 기록할 것으로 예상됩니다.

오늘날 세계와 인류가 직면한 가장 큰 도전은 무엇이라고 생각하십니까?

기후 위기입니다. 저는 우주 탐험이 흥미롭기 때문에 우주에 가고 싶습니다. 저는 우리가 지구를 파괴해서 우리가 고향을 떠나야 하는 불행한 일이 없기를 바랍니다.

인공 지능이 지구의 일상 생활에 어떻게 도움이 될까요?

아주 다양합니다. 이산화탄소 문제를 멈추는 데 도움을 주는 것은 어떨까요? 아니면 대기권으로 떨어지는 우주 쓰레기로부터 우리를 보호하는 것은요? 이외에 알아차리지 못할 수도 있는 작은 것도 많습니다. 인공 지능은 수술에서 창고 재고 관리에 이르기까지, 모든 곳에서 로봇을 제어하는 데 사용될 수 있습니다. 혹은 인공 지능은 도시의 교통 패턴을 개선하는 데 사용될 수 있습니다. 혹은 도

시농업을 효율적이고 효과적으로 만드는 일을 돕습니다. 혹은 우리가 해안선의 모습을 더 좋게 바꿔 주는 해양 농업 농장oceanic agriculture farm 만드는 방법을 배울 수 있게 해 줍니다. 올해 우리는 행성 간 인터넷, 인공 지능을 사용해서 촉감을 전달하는 장치와 선바이저 상단에 여러 계층의 데이터를 표시하는 장치를 추가해 우주에서 우주 비행사의 조종 능력을 향상하는 헬멧, 그리고 1헥타르의 나무보다 160배 많은 탄소를 격리하는 생물 반응 장치를 개발하는 프로그램을 시작했습니다.

대중은 인공 지능을 두려워하지 않는 법을 배워야 합니다. 인공 지능이 본질적으로 나쁘거나 무서운 것이 아닙니다. 그럴 수도 있지만, 좋을 수도 있습니다. 알려지지 않은 기술에 대한 두려움으로 그 채택을 제한하는 것은 인류에게 손해입니다. 그보다는 대중으로서 우리가 산업의 어디를 어떻게 규제할지 정보를 가지고 결정을 내릴 수 있도록 인공 지능을 이해하는 데 초점을 맞춰야 합니다.

인공 지능 분야가 그 가능성에 도달하기 위해 무엇이 필요합니까?

우리는 우리 업계의 기술적, 수학적 향상을 지속적으로 도모해야 하지만, 생물학, 심리학, 신경 과학 등 우리에게 도움이 되는 다른 산업의 전문가들도 끌어들여야 하며, 창의성과 상상력을 동원해야 합니다. 현재 인공 지능은 패턴 인식을 기반으로 작동합니다. 범용 인공 지능AGI은 내재하는 어린아이 수준의 학습 능력을 바탕으로 작동할 겁니다. 어린아이들은 단순한 패턴 인식자가 아니라 진정으로 창의적인 혁신가입니다. 인공 지능이 미래에 더 큰 영향을 미칠 수 있도록 우리는 이런 본질적인 차원에서 사고를 전환해야 합니다.

지금이 투자자가 인공 지능이나 우주에 투자할 때라고 생각하는 이유는 무엇입니까?

골드러시가 시작되고 있습니다. 데이터는 이미 석유 가치를 앞질 렀습니다. 하드웨어, 즉 물리적으로 우주에 가는 것은 우주 산업에서 비용이 많이 드는 문제였습니다. 지금은 우주로 물체를 발사하는 일이 점점 더 쉬워지고 있어서 우주에서 무엇을 할지 생각해 볼 기회가 있습니다. 이는 소프트웨어와 새로운 제품, 사람, 여행을 뜻합니다. 우리가 지구에 가지고 있는 모든 것, 우주에 필요한 것을 의미하며, 이런 일을 하는 회사들이 이제 막 생겨나기 시작했습니다.

제가 떠오르는 기술에 투자하는 이유는 이미 꽤 많은 기술을 알고 있고, 이런 기술들이 흥미롭기 때문입니다. 산업의 최첨단에 서면 발전하는 새로운 산업과 초기 산업에 참여할 수 있습니다. 저는 지금 데이터 시각화 회사에 매료되고 있습니다. 데이터 시각화가 현재 가장 큰 쟁점이기 때문입니다. 데이터는 매우 많지만, 데이터를 볼 수 있는 고차원적인 방법이 거의 없습니다. 데이터를 볼 수 없기 때문에 사람들은 데이터를 어떻게 이해해야 할지 모릅니다.

이런 이유로 저는 최근 텍사스주 오스틴에 있는 데이터 시각화 회사인 몰큘러Molecula에 투자했습니다. 몰큘러의 소프트웨어는 다양한 출처에서 나온 데이터와 위치 데이터를 가상 현실화된 액세스 계층을 통해 즉시 사용할 수 있도록 처리함으로써 데이터 오류 위험을 줄이고 복잡한 분석을 할 수 있도록 지원합니다. 빠른 데이터 분석은 사람들이 더 시기적절하게 행동하도록 강력한 힘을 발휘합니다.

오늘날 우주와 혁신에서 나사의 역할은 무엇입니까?

저는 나사를 사랑하고, 나사 직원들과 많은 일을 할 수 있어서 행운이라고 생각합니다. 나사의 다양한 팀은 놀랍고 이들이 하는 일은 인류에게 영원히 이익을 안겨 줄 겁니다. 많은 사람이 오늘날 우리 삶에서 우리가 당연하게 여기는 많은 것이 나사 직원들의 수년에 걸친 놀라운 혁신에서 나온 사실을 깨닫지 못하고 있습니다. 나사는 모든 우주와 우주 혁신 작업에서 중요한 파트너입니다. 민간 분야에 초점을 맞춘 기관으로서 나사는 우리의 가장 큰 관심사를 염두에 두고 있으며 오늘날 세계의 과학과 탐사의 원동력이라고 생각합니다.

인터넷 개선, 그리고 인터넷과 인류의 관계 개선을 어떻게 계획하고 있습니까?

지구 인터넷에는 별로 관심이 없지만, 행성 간 인터넷은 우주 탐사와 우리 미래를 위해 매우 중요하다고 생각합니다. 우리는 모든 것을 인터넷에 의존하게 되었습니다. 그리고 우주에서도 안전하게 거주하려면 이런 인프라가 필요할 겁니다. 행성 간 인터넷은 우리가 의학적인 조언이나 역사에 관한 조언, 또는 빠른 번역 서비스를 받을 수 있게 해 줄 겁니다.

이 프로젝트는 현재 우리 비즈니스 모델의 중심은 아닙니다. 하이퍼자이언트는 이 프로젝트의 성공 여부에 따라 비즈니스로서 성공하거나 실패하는 것이 아닙니다. 우리가 이 일을 하는 이유는 이를 우리 핵심 임무의 중심으로 보기 때문입니다.

인류 존재의 진보와 안정은 우리가 문명의 3대 핵심 요소라고 부르는 우주, 방위, 그리고 중요한 인프라와 자원에 전적으로 달려 있습니다. 이런 요소들의 균형이 잡히고 선한 힘이 이를 이용할 때, 우리 삶의 기초가 되는 경제가 발전하면서 지구상의 우리 삶도 진보합니다. 우리는 이런 추구를 통해 인류가 오래 존속하고 우리 환경이 살기에 알맞게 보존할 수 있습니다. 행성 간 통신 네트워크보다 이런 원칙이 실제로 작동하는 더 좋은 예가 없습니다. 우리는 인류가 행성 간 종족이 되기를 원합니다. 그리고 행성 간 인터넷을 기본적인 인권이자 기본적인 욕구로 봅니다.

어떻게 인공 지능에 관심을 두게 되었습니까?

저는 예컨대 공상 과학, 모험, 〈인디아나 존스〉 등등 이런 대중문화 속에서 자랐습니다. 그리고 이런 이야기들이 제게 이 세계와 우리를 둘러싼 우주에 대한 깊고 끝없는 호기심을 불어넣었습니다.

이전 회사들을 매각하고 나서 저는 주변 세상을 개선하기 위해 또 무엇을 할 수 있을지 고민하기 시작했습니다. 그리고 그동안 제 마음을 사로잡았던 이야기들을 모두 떠올리기 시작했습니다. 1970~1980년대에 우리가 얘기했던 미래와 지금 우리가 이야기하는 미래 사이에 단절이 있다는 사실을 깨달았습니다. 저는 지금 회자되는 디스토피아적인 이야기가 아니라 희망적인 미래를 원했습니다.

저는 행성협회Planetary Society와 아치 미션 재단의 자문위원회에 참가했습니다. 저는 우주, 인공 지능, 방위 같은 주제에 관해 주요 전문가들과 이야기하기 시작했습니다. 그리고 저에게 인공 지능을 으로 세상을 변화시킬 회사를 이끌어 갈 독특한 역량이 있다는 사실을 깨달았습니다. 저는 신흥 기술을 깊이 이해하고 있습니다. 또한 무엇보다 기술의 작동 원리에 열정적인 호기심이 있고, 복잡한 문제들을 극복하고 제품과 솔루션을 시장에 출시하는 방법을 압니다.

언제부터 진지하게 우주에 관심을 가지게 되었습니까?

다른 회사를 매각한 후 저는 무엇이 제 마음을 사로잡는지 성찰하는 데 더 많은 시간을 할애할 수 있었습니다. 저는 1년을 생각하고 읽고 배우면서 우주의 경제적, 철학적 잠재력과 영감을 주는 우주의 무한한 가능성을 보기 시작했습니다. 우리는 처음으로 우리 생애에 우주에서 살 기회를 얻었습니다. 이는 인류 발달사에서 아주 독특한 일이고, 제가 이런 중요한 순간에 본격적으로 참여할 수 있다는 사실을 깨닫기 시작했습니다. 제 역할을 깨닫는 순간 저는 우주에 대해 매우 진지해졌고 제 회사 성장에 도움을 줄, 이 주제 관련 선도적인 사상가들을 고용하기 시작했습니다.

저는 우리가 우리 주변 세계를 더 잘 탐험함으로써 배울 수 있는 것이 많으며, 이렇게 얻은 지식에 과학을 접목해서 사물의 이치를 이해할 수 있는 것이 많다고 생각합니다. 저는 항상 우리가 바다에 대해 아는 것이 얼마나 적은지 놀라고, 바다를 이용해서 상당한 변화를 이룰 가능성에 매료됩니다. 인공 지능은 제가 하고 싶은 세계의 가장 큰 문제 해결에 사용하는 최고의 기술이었습니다.

어떤 방식으로 스타트업을 성공적으로 운영해 왔습니까?

저는 무엇보다도 브랜드를 믿습니다. 개성과 비전이 있는 회사를 만들어야 합니다. 사람들이 우리가 하고자 하는 것을 바로 이해하고 그것에 정서적으로 호응해야 합니다. 그래서 저는 거기에서 출발합니다. 그리고 지금까지 하던 일이 아니더라도 자신들이 하고 싶은 일을 하는 최고 중의 최고 인재들을 고용합니다. 그런 다음 우리는 시장에 훌륭한 제품과 솔루션을 제공합니다.

젊은 자신에게 해 줄 수 있다면 어떤 말을 하고 싶습니까?

다다익선입니다. 더 많은 아이디어, 더 많은 시간, 더 많은 돈과 기회를 얻는 것은 결코 나쁜 것이 아닙니다. 많은 것을 모두 추구하라고 얘기하고 싶습니다.

우주 경제 발전에 관한 비전은 무엇입니까?

우주는 새로운 개척지입니다. 따라서 새로운 개척지에 수반하는 모든 기회가 다 있습니다. 큰 벼락 경기와 불경기가 교체되겠지만, 인류에게는 위대한 업적이 될 겁니다. 현재 우주에는 다음 세 가지 기회가 있습니다.

첫째, 지구 저궤도 분야에서는 하드웨어 관점에서 빠르게 포화 상태가 되고 있습니다.

둘째, 데이터 분야에서는 a) 우주에서 데이터를 수집하고, b) 수집한 데이터를 지구로 보내고, c) 전송된 데이터를 분석하고, d) 분석된 데이터를 실시간 의사 결정에 유용하고 빠르게 사용하는 겁니다.

셋째, 소프트웨어 분야에서는 하드웨어 경쟁에서 사용되는 시스템과 서비스를 업데이트하는 겁니다.

궁극적으로 우주 개척의 기회는 비기술 기업들이 이익을 얻을 수 있도록 민주화하는 다양한 방식으로 성장할 겁니다. 여기에는 물(공급, 안전, 분배 등), 식량(공급, 안전, 저장, 준비 장비 등), 섬유 및 신체 보호 장구(의복, 신발 등), 소비자 건강 및 안전(장비, 영양 보충제, 수면 유도 및 보조제, 의약품, 위생, 질병과 사고 예방), 생활 공간(조리 및 수면 공간, 관련 가구와 장비, 침대, 책상 등) 연결 및 커뮤니케이션 영역이 포함됩니다.

신규 진입자들이 우주 산업에 어떻게 참여할 수 있을까요?

우주 산업은 빠르게 성장하고 있어서 최신 과학 기술 분야 전문가뿐만 아니라 일반인들이 참여할 방법이 많습니다. 우리는 정치 구조, 법, 투자, 농업 등을 생각할 사람이 필요합니다. 지역 모임에 참석하고, 가능한 한 많은 것을 읽고, 해당 분야에서 일하는 사람들과 대화하기를 권유합니다. 가장 좋은 방법은 여느 산업과 마찬가지로 호기심을 가지고 이미 참여한 사람들과 관계를 맺는 겁니다.

개인과 기업은 성공적인 미래를 위해 어떤 사고방식을 가져야 할까요?

우리는 단순히 우리의 미래를 바꿀 수 있다는 것을 믿어야 합니다. 대부분 사람은 자신들 앞에 있는 작은 문제들만을 생각합니다. 더 많은 사람이 해야 할 일은 우리가 함께 큰 세계적인 문제들을 해결하는 방법을 생각하는 겁니다. 사람들이 자신들이 세상에서 보고 싶은 변화가 일어날 수 있다고 믿지 않는 한 아무것도 변하지 않을 겁니다.

블록체인과 위성 간 연결로 우주 접근성을 높일 것입니다
: 제프 가직, 스페이스 체인 공동 설립자

◆

제프 가직은 전 세계 어디에서나 사용자가 자신만의 우주 애플리케이션을 만들 수 있는 커뮤니티 플랫폼을 개발한 최초의 오픈 소스 블록체인 기반 위성 네트워크인 스페이스 체인의 공동 설립자이자 최고 기술 책임자이다. 제프 가직은 소프트웨어 공학과 개발의 선구자로 알려져 있다. 그는 1990년대에 처음 CNN닷컴CNN.com 을 인터넷에 통합하고, 500개의 가장 강력한 슈퍼 컴퓨터, 모든 안드로이드 기기, 그리고 기타 무수한 컴퓨터 기기에서 사용하는 운영 체제인 리눅스 커널Linux kernel 같은 오픈 소스 프로젝트를 만드는 데 중요한 역할을 했다.

2010년 비트 코인을 발견한 후 가직은 3위 비트 코인 개발자로 수년간 가장 활발하게 활약한 세계적인 블록체인 리더가 되었고, 이후 소프트웨어 기술자에서 기업가로 변신했다. 그는 2015년 시카고에 본사를 둔 블록체인 기술 회사인 블로크Bloq 을 설립했다. 이 회사는 비즈니스 업계에 오픈 소스, 분산형 블록체인 인프라와 애플리케이션, 솔루션을 제공한다.

스페이스 체인의 사명은 무엇입니까?

스페이스 체인의 비전은 항상 우주에 대한 접근을 민주화하는 것이었습니다. 이는 개발자가 말 그대로 1~2달러 정도의 적은 비용을 들여 토큰 몇 개를 구입한 다음 이를 우주선 센서나 모터, 카메라를 작동하는 데 사용하거나, 우주선에 뭔가를 저장하고, 블록체인 네트워크에서 서명된 거래를 위한 암호화 데이터를 저장하는 데 사용할 수 있도록 응용 프로그래밍 인터페이스을 제공하는 충분한 위성을 확보하는 풀뿌리 접근법입니다. 이는 휴대폰에 모바일 앱을 깔고 지구에 있는 서버와 통신하고, 이 서버는(처음에는 지구 주위에, 그리고 나중에는 태양계의 다른 행성들 주위에 있는) 다양한 위성들과 통신하고, 이 위성들이 API(어딘가에 있는 컴퓨터가 어떤 작업을 수행하게 하는 프로그래머의 명령)와 통신하는 저렴한 방법이 있다는 뜻입니다. 이런 API는 현대 클라우드와 현대 영역의 공통어입니다. 즉, 이는 블록체인 기술이 제공하는 기능의 일부로, 개인용 컴퓨터에서 세심하게 제어된 샌드박스(보호된 영역 안에서 프로그램을 작동시키는 보안 소프트웨어) 환경에서 인공위성과 직접 대화할 수 있는 일종의 접점입니다. 우주 API는 가격이 저렴한 경제적인 모델로 대학생들이 여가에 저렴하게 위성을 실험할 수 있게 해 주는 겁니다.

스페이스 체인은 어떻게 목표를 달성할 계획입니까?

인터넷은 표준을 중심으로 구축되었습니다. 이것이 예컨대 시스코Cisco와 주니퍼Juniper 같은 두 대기업이 존재할 수 있는 배경입니다. 이들은 경쟁사이지만, 이들이 제조, 판매하는 하드웨어에서 동일한 프로토콜(통신 규약)을 사용합니다. 이런 프로토콜은 인터넷이 상호 연동할 수 있게 하며, 예컨대 맥Mac과 윈도우 PC나 안드로이드 전화가 서로 통신할 수 있게 해 줍니다.

스페이스 체인은 우주에서도 같은 일이 일어나기를 바랍니다. 우리는 사업화하는 데 평균 5년이 걸립니다. 스타트업으로서는 이 기간도 길지만, 동시에 수십억 달러가 드는 위성군을 우리 혼자 돈을 들여 설치할 수도 없습니다. 따라서 우리가 하는 일은 누구나 위성을 제조해서 공유 위성군에 연결할 수 있는 일련의 표준을 만드는 겁니다. 그리고 이 공유 위성군에서는 한 리더(예컨대 스페이스 체인)가 네트워크에서 일어나는 일을 결정하는 것이 아닙니다. 여러 명의 소유자가 네트워크에서 일어날 수 있는 것과 없는 것 또는 해당 네트워크에 어떤 기능이 있어야 하는지에 대한 공감대를 형성하는 것입니다. 바로 인터넷이 이렇게 만들어졌습니다.

블록체인 기술이 경제적으로 가치 있는 이유는 무엇입니까?

블록체인 기술에 대해 온종일 이야기할 수 있지만, 그 측면 중 하나는 돈의 보안을 제공하고, 새로운 '형태'의 돈을 제공하는 겁니다. 수천 년 만에 처음으로 돈에 부대조건들을 달 수 있습니다. 블록체인 기술로 각 비트 코인이나 이더리움Ethereum에 작은 컴퓨터 프로그램을 부착할 수 있으며, 이 프로그램은 그 돈을 쓰는 방법에 대한 임의적인 복잡한 규칙이 될 수 있습니다. 디지털 서명은 오늘날 대부분 사람이 사용하는 간단한 사례입니다. 더 복잡한 사례는 '스마트 계약'인데, 이는 일반적인 계약과 비슷하지만, 컴퓨터 언어로 구성되어 있습니다.

예를 들어 당신과 제가 자선 단체 이사회 멤버라고 가정합시다. 이때 스마트 계약은 자선단체 회계 담당자에 해당합니다. 당신과 제가 자선단체 자금 일부를 특정 자선 활동에 쓰기로 동의하면 회계 담당자가 그 자금을 블록체인 기술로 이체합니다. 합의하지 않으면 자금이 이체되지 않습니다. 이 모든 거래에서 주목할 점은 우리 둘 다 그냥 몰래 돈을 횡령하거나 규정되지 않은 방법으로 돈을 유용할 수 없다는 겁니다. 이는 마치 은행가가 항상 글씨를 정확하게 쓰고, 규칙을 철저히 지키도록 하는 것과 같습니다. 그리고 이는 우주에도 매우 흥미로운 가능성을 열어 줍니다. 이런 스마트 계약을 통해 자본(투자 자본 또는 자본 지출)을 다수가 나눠서 투자하는 우주 기반 비즈니스가 생길 수 있습니다. 그래서 예컨대 X프라이즈 같은 기업이 달에 최초의 아파트를 짓는 어떤 회사에라도 프로젝트의 특정 중요

단계를 나누어 줄 수 있습니다. 특정 승차 공유를 위한 자금을 나눠 주고, 로켓 발사를 분할해서 1,000명의 투자자에게 판매할 수 있습니다. 로켓 발사에서 이윤이 남으면 모든 증권 관련 법에 따라 합법적으로 1,000명의 투자자에게 투자 이익의 몫을 배당하게 됩니다.

이 모든 것은 백 엔드의 새로운 자본 조달 환경인 블록체인 기술과 스마트 계약을 통해 가능합니다. 이는 기본적으로 돈을 재창조하는 겁니다. 올해 우리는 우주 미션을 분할한 규제를 받는 주식형 블록체인 토큰인 증권형 토큰을 위한 움직임을 보게 될 겁니다. 앞으로 6개월 내지 12개월 사이에 몇 가지 우주 STO(증권형 토큰 공개)가 있을 것으로 예상합니다. 이는 예컨대 소행성 샘플을 채취해서 지구로 가져오는 임무 등 단일 우주 임무를 위한 일종의 미니 기업 공개와 비슷합니다.

스페이스 체인은 어떻게 세계를 하나로 연결합니까?

지구 근접 위성과 위성군 덕분에 경제성이 좋아져서 이제 처음으로 우주로 날려 보내는 하드웨어 비용이 정말 저렴해졌습니다. 위성 간 연결은 현재 연구에서 큰 기술적 요체입니다. 이는 지구 저궤도에서 서로 연결되어 교신하고 있는 수천 개의 위성입니다. 그리고 이 위성군은 다른 어떤 인터넷 제공자들보다 더 빠른 속도로, 더 많은 지상국과 통신하고 있습니다. 저는 이를 5G 서비스 시대에 여전히 1G나 2G 서비스도 받지 못하는 나머지 지구촌 인구 50억 명에 빗대어 '나머지 50억 the other five billion'이라고 부릅니다. 이들이 지구촌과 연결되는 경험은 현대 선진국 사람들과는 근본적으로 다릅니다.

스페이스 체인의 비전, 그리고 원웹과 스페이스X에서 추구하는 것은 많은 위성을 띄워놓고 계속 보충하는 모델입니다. 수천 개의 위성을 우주로 날려 보내면 발사 비용과 단위당 비용이 매우 낮아지므로 이 위성 중 소수가 완전히 고장 나도 견딜 수 있습니다. 그리고 본질적으로 위성군 자체는 최종 소비자에게 저렴한 비용으로 초고속 인터넷 서비스를 계속 제공합니다. 이는 저렴한 네트워킹을 제공해서 우리가 지구촌이 될 수 있도록 하고, 신흥 공업국과 개발 도상국 사람들이 선진국에서 우리가 가지고 있는 것과 같은 종류의 인터넷에 접속할 수 있게 하는 한 가지 방법입니다.

타사와의 협력이 스페이스 체인의 발전에 어떤 영향을 미칩니까?

지금 우주 비행 테스트에 드는 비용이 더 저렴해져서 실제로 우주에서 더 많은 반복 실험을 할 수 있고, 우주 스타트업 간에 많은 부품 공유가 이루어지고 있습니다. 예컨대 '귀사 부품을 우리 우주선에 실어 날려 보내 줄 테니 6개월 안에 우리 기판 시험을 도와주기 바란다'라는 형태의 동지애와 협력입니다. 이런 협력 덕분에 우리는 5년에 한 번이 아니라 1년에 여러 번 우주에 갈 수 있게 되었습니다.

뉴 스페이스가 전통 산업을 어떻게 바꿨습니까?

가장 주목할 것은 경제적인 변화입니다. 오래된 기업들이 빠져나가고 새로운 기업들이 들어오면서 비용이 바닥으로 떨어지고 있습니다. 그래서 지금이 우주여행, 우주 사업, 우주 과학 분야에 진출하기에 가장 좋은 시기입니다. 저는 특히 우주 애호가이자 활동가로서 우주 산업에 대해 지금보다 더 신난 적이 없습니다. 사실 경제성이 이 세상 모든 것을 좌우합니다. 너무 비싸면 시장이 일어나지 않을 것이고, 충분히 싸면 일어날 겁니다.

저희 제품은 분명히 필수품이 되고 있습니다. 전체적인 비용 접근 방식이 근본적으로 다릅니다. 공통으로 사용하는 기성 부품을 상당히 저렴하게 살 수 있으며, 이 시점에서 우주 공간에서 비행 테스트를 마친 하드웨어는 기본적으로 매몰 비용sunk cost입니다. 다시 말해 여기에 시간과 자금을 투자해 별도 개발해도 부가 가치가 없다는 얘기입니다. 스페이스 체인의 접근법을 예로 들면, 올해 초에 우리가 발사한 인공위성은 주문 제작한 기판 하나를 제외하고는 모두 기성품입니다. 따라서 매번 완전히 맞춤형으로 제작되는 것은 아닙니다. 90%는 기성품이고 10%는 아마도 비행 테스트를 거치지 않은, 그리고 위험 요소를 계량화하고 확인하는 데 도움이 되는 각사 미션 전용 하드웨어입니다. 이것도 경제성 이야기의 일부입니다.

물체를 궤도에 올리는 비용이 가장 큰 폭으로 떨어지고 있어서 큐브샛 제작이나 3D 프린팅은 이미 저렴합니다. 그리고 이것이 바로 스페이스 체인이 해 온 일입니다. 우주선 제작은 꽤 진화했고, 지금은 매우 간단합니다. 항상 발사가 진입 장벽이었는데, 지구 저궤도에 1kg을 보내는 비용이 이제 예컨대 10만 달러의 벤처 자본을 가진 소규모 스타트업이 감당할 수 있는 범위에 있어서 이들도 우주선을 궤도에 올릴 수 있습니다. 이전에는 수억, 어쩌면 수십억 달러를 가진 대규모 컨소시엄이어야 해서 오직 두 회사 정도만이 이 바다에서 헤엄칠 수 있었습니다. 지금은 신용 카드로 자금을 조달한 소규모 스타트업이 대기업과 경쟁할 수 있습니다. 이것이 게임 체인저입니다. 예컨대 플래닛은 첫 번째 공식적인 페이로드로 큰 성공을 거두었습니다. 따라서 자체 자금 조달 발사 활동이 빈번하게 될 것이고, 이런 일을 꼭 백만장자 집단만 할 필요는 없습니다. 신용 카드 한도가 2만 5,000달러인 친구들도 할 수 있습니다. 이들이 우주로 흥미로운 프로젝트를 보낼 사람들입니다.

잠재적 투자자들이 알아야 할 일은 무엇입니까?

저는 항상 '아는 것이 힘이다'라고 생각합니다. 이 경우 훨씬 더 많은 발품을 팔아야 할 겁니다. 요즘 우주 펀드는 아주 드물고 규모도 작기 때문입니다. 몇몇 우주 헤지 펀드가 운용되고 있지만, 지금은 우주 투자 인프라가 많지 않습니다. 스페이스 에인절스와 몇몇 민간 네트워크가 있지만, 그게 전부입니다. 특히 예컨대 엔터프라이즈 소프트웨어나 모바일 앱과 비교가 됩니다. 이 분야에는 이런 특정 산업에 매우 익숙하고, 모든 측면을 세세하게 분석하는 전담 팀을 갖춘 수백 개의 벤처 캐피탈 회사가 있습니다.

만약 당신이 CEO라면 진입하기 좋은 시기이고, 새로운 펀드를 만들고 다른 펀드보다 지식 우위를 점하고 싶다면 진입하기 좋은 시기라고 말씀드리고 싶습니다. 당신이 투자자라면 포트폴리오 기업 자체를 직접 조사함으로써 최대한의 이익을 얻을 수 있으리라 생각합니다. 온라인으로 들어오는 기관 자금의 진입 포인트가 많지만, 기회도 많다고 생각합니다. 더 많이 알수록 더 좋은 투자를 할 수 있으며, 현재 온라인상에서 놀라운 거래가 진행되고 있습니다.

우리가 오늘날의 우주 경제에 관해 알아야 할 것은 무엇일까요?

이는 비용이 얼마나 크게, 그리고 얼마나 빠르게 떨어지고 있는지에 관한 실로 엄청난 이야기입니다. 심지어 군에서도 이런 '저렴한 다수many-plus-cheap' 방식을 택하고 있습니다. 군에서는 아직도 인공위성에 수천만에서 수억 달러를 투자하고 있지만, 예전의 수십억 달러에서 줄었습니다. 그리고 이들은 우주의 위성군으로부터 특정 전장에 관한 실시간 전투 데이터를 받을 수 있습니다.

해당 국가명을 밝힐 수는 없지만, 이런 위성군이 지난 20년 동안 한 분쟁에 사용되었습니다. 특정 전장을 커버할 수 없었던 미군이 이 나라를 더 잘 정찰할 수 있는 가장 저렴하고 빠르고 효과적인 방법은 값싼 큐브샛을 무더기로 발사하는 것이었습니다. 빠르고, 작고, 민첩한 것이 중요합니다. 소프트웨어에 적용되는 주문에 따른 저스트 인 타임 방식 생산 원칙이 3D 프린팅과 기성 부품의 신속한 조립을 통해 하드웨어에도 점점 더 많이 적용되고 있습니다.

상황이 너무 급변하고 있어서 유일하게 확신할 수 있는 것은 큰 정부를 의미하는 오래된 신뢰할 수 있는 고객이 이제 그런 고객이 아니라는 사실뿐입니다.

그렇긴 하지만, 업계는 훨씬 더 창의적일 필요가 있습니다. 산업 조립식 기술을 무중력과 지구 저궤도와 융합하는 사업 계획을 탐구하는 사람들, 예술과 우주를 융합하는 사람들, 우리처럼 소프트웨어와 돈과 금융 기술과 우주를 융합하고 싶어 하는 사람들이 있습니다. 새로운 제품과 새로운 시장이 될 겁니다. 오래된 제품들은 너무 비싸고, 오래된 시장들은 고사하고 있습니다. 그만큼 환경이 변하고 있습니다. 하지만 좋은 소식은 5년에 한 번 있는 수십억 달러의 무작위 계약보다는 저렴한 가격의 대량 시장이 되리라는 겁니다.

이런 경제적, 산업적 변화가 지구상의 우리에게 어떤 영향을 미칠까요?

비용이 바닥으로 떨어지면서 전 세계 사람들은 새로운 방식으로 일할 힘을 얻게 될 겁니다. 이것이 항상 자극제였고, 화제였고, 가장 큰 관심사였습니다. 더 흥미로운 점은 우리가 인공위성의 작동 방식을 바꾸고 있다는 겁니다. 전통적으로 신호를 이리저리 보내는 중계기 역할만 했던 인공위성이 이제는 우주의 컴퓨터가 되어가고 있습니다. 인공위성이 인공 지능과 로봇 관련 기업에 기회의 문을 열고 있습니다. 매우 공상 과학다운 일입니다. 인공 지능과 드론이 우주에 등장하고 있습니다. 안타깝게도 우주에 민족주의와 국가주의의 조짐도 약간 보입니다. 미국은 우주군을 창설했습니다. 조만간 우리는 지구 저궤도에서 무기들을 보게 될 겁니다. 그리고 우리는 그것들을 다뤄야 할 겁니다.

하지만 일반적으로 아폴로, 우주 왕복선 프로그램 등 이전의 우주 프로그램들이 그렇게 많은 경제 활동과 혁신, 새로운 개발의 문을 열어 주었던 것처럼, 우리가 우주에서 하는 일은 우리가 현대 생활에서 하는 모든 일로 이어질 겁니다. 우주 프로그램이 없었다면 우리는 주머니에 휴대 전화와 이 작은 슈퍼 컴퓨터를 가지고 다니지 못했을 겁니다. 임박한 우주 탐사와 우주 기술의 결과를 반드시 알 수는 없지만, 우주는 우리가 더 건강하게 더 오래 사는 데 도움이 될 겁니다.

어떻게 우주에 관심을 두게 되었습니까?

저는 늘 컴퓨터광이자 공상 과학 소설 마니아였고, 어렸을 때부터 우주에 사는 것은 어떨지, 우주에 가려면 무엇이 필요한지 항상 우주를 생각해 왔습니다. 제게 우주는 절대로 디스토피아가 아니었습니다. 항상 멋진 일, 선진 기술, 선진 사고, 선진 정치 구조가 있는 유토피아였습니다. 대부분 공상 과학 소설이 지구를 떠나 더 안전한 고차원의 세계를 찾아 우주로 가는 인류를 묘사했습니다. 여덟 살 때 이런 우주에 대한 호기심이 컴퓨터 프로그래밍과 결합했습니다. 저는 항상 기술에 관심이 많았고 로켓의 물리학적 작동 원리, 아폴로 프로그램을 운영했던 컴퓨터 등을 알고 싶었습니다.

오늘날 개인이 뉴 스페이스에 참여할 수 있는 방법은 무엇입니까?

개인이 뉴 스페이스 분야에 참여할 여러 가지 방법이 있습니다.

첫 번째 단계는 오늘날 우주 산업을 추진하는 기업, 정부, 그리고 리더들에 관해 공부하는 겁니다. 뉴 스페이스 관련 소셜 미디어에 가입하세요. 뉴 스페이스 회사에 자원봉사자나 직원으로 참여하십시오. 회사를 설립하세요. 우주에 관한 글을 쓰세요. 지식과 디자인, 아이디어를 기고하세요. 지역 중학교, 고등학교 또는 대학교의 스템 교육 프로그램에 참여하거나 스템 교육 프로그램을 시작하십시오.

우주에 새로 인프라를 구축해야 하는 이유가 무엇입니까?

저는 우리 인류에게 대안이 필요하다고 생각합니다. 우리는 천성적으로 탐험가들이고, 우리 인류가 계속해서 진화해 나가는 가장 좋은 방법은 행성 간 정착입니다. 지금 우리가 태양계를 연결하려는 이유는 아마도 1800년대에 새로운 땅으로 철로를 부설한 것과 같은 이유일 겁니다. 우리는 이제 디지털 철로와 여러 행성을 연결하는 효율적인 통신선이 필요합니다. 현재 우리가 가진 것은 몇몇 크고 느린 정부 소유 사이트들입니다. 현재 우리 산업 인프라는 향후 5년 안에 수십 또는 수백 개가 탄생할 것으로 예상되는 작고 민첩한 상업 스타트업을 위해 구축된 것이 아닙니다.

•

우주를 향해
꿈꾸고, 만들고, 발사하라

전 세계 우주 분야 규모는 2020년 기준 연간 약 3,500억 달러 언저리를 맴돌았다. 내 관심사는 우주 산업이 전 세계 경제 성장의 더 중요한 원동력이 될 수 있도록 지원하는 것이다. 그렇다면 어떻게 해야 할까? 투자자와 정책 입안자, 비즈니스 리더들이 우주에서 파생된 애플리케이션의 출현을 기대하고, 더 많은 기업이 지속해서 우주 기술을 실험하도록 장려하는 방법은 무엇일까? 어떻게 하면 우주 분야가 번창하도록 환경을 개선할 수 있을까? 우주 산업으로 인류의 발전을 도모해 유형 1 문명이 될 수 있게 하는 원동력은 무엇일까?

모든 생태계의 성장에는 자양분이 필요하며, 새롭게 등장한 뉴 스페이스 생태계도 예외는 아니다. 민간과 공공 부문 모두 우주 분야가 제공할 수 있는 유, 무형 이익의 명확한 모델을 전달할 필요가 있다. 뉴 스페이스의 경제 성장은 새로운 시장이 번창하고 그 잠재력에 도달하는 능력에 달려 있다. 우주 산업의 발전은 필연적이지만, 기존 인프라가 발전을 촉진하거나 혹은 느리게 함에 따라 우주 산업이 장족의 발전을 하는 시기는 달라질 것이다. 스마트한 정책, 기술, 혁신의 채택, 우주 기업가 정신 증대, 적절한 시점 등이 모두 이 산업의 궤적에 영향을 미칠 것이다. 또한 우주 분야 내외에서 협업이 필요하다. 세상을 더 좋게 바꾸기 위해 나이, 위치, 직업과 상관없이 우리 모두 우주 옹호자가 되어야 한다.

우주 분야의 복잡한 생태계와 상호 의존적인 영역을 이해하는 데 수년이 걸렸다. 어쩌면 나 역시 아직 수박 겉핥기 정도로 아는지도 모른다. 나는 늘 지구상의 모든 사람에게 우주 분야에 번영과 부, 지속 가능성을 제공할 수 있는 독특한 능력이 있다는 것을 믿어 왔다. 오늘날 그 믿음은 더 강해졌다. 앞으로도 스마트 협업을 통해 우주 산업의 지속 가능한 성장을 촉진하고 이끌어 나가고자 한다. 우주 분야에는 어떤 형태이든 우리의 기여가 도움이 될 수 있다. 따라서 이 책의 나머지 부분에는 우주 산업에 관심이 있거나, 혹은 관심이 있지만 어디서 자료를 얻어야 할지 모르는 독자들을 위해 우주 분야 관련 자료를 얻을 수 있는 자료원 목록과 우주 산업 이해에 도움이 될 용어와 인물에 대한 설명을 담았다.

국제우주대학 우주 연구 프로그램에 참여하는 동안 나는 자주 '꿈꾸고, 만들고, 발사하라'라는 모토를 들었다. 지금은 흥분되는 시간이다. 우주만큼 미래에 대한 희망과 낙관론을 담아 내는 것은 없을 것이다. 그리고 우리는 마침내 우주가 우리를 위해 열리기 시작하는 특별한 시점에 서 있다. 이제 기다림은 끝났다.

부록 1

우주 경제 이해에
도움이 되는
우주 산업 용어와 전문가

용어

C 대역(C band)

주파수 범위 4~8GHz, 파장 범위 3.75~7.5cm인 전자기 스펙트럼 영역. C 대역은 위성 통신에 가장 많이 사용되며, 상업 위성 통신에 허용된 최초의 주파수 대역이다.

K 대역(K band)

주파수 범위 18~27GHz, 파장 범위 1.11~1.67cm인 무선 스펙트럼 영역. K 밴드는 세 개의 하위 밴드로 나뉜다. K 대역의 높은 주파수는 레이다와 실험 통신(나사의 케플러 우주선이 처음 사용함)에 사용된다. 가장 낮은 주파수는 일반적으로 위성 통신, 위성 텔레비전, 레이더(특히 경찰이 사용하는 속도 감지기)에 사용된다. K 대역의 작은 부분은 아마추어 무선과 아마추어 위성 운영자들이 사용할 수 있다.

L 대역(L band)

주파수 범위 1~2GHz, 파장 범위 15~30cm인 무선 스펙트럼 영역. L 대역은 파장이 초목, 구름, 기타 기상 조건을 관통할 수 있기 때문에 군의 원격 측정, 다양한 이동 통신 서비스, GPS, 기타 위성 항법 서비스 등 용도로 광범위하게 사용하며, 항공기 감시에도 사용한다. L 대역은 또한 '수소선'으로 알려진 것을 포함하고 있다. 주파수 1,420MHz, 파장이 21cm인 중성 수소에서 나오는 수소선은 우주에서 수소를 촬영할 수 있어서 천문학에 유용하다.

나사 혁신 고급 개념(NASA Innovative Advanced Concepts or NIAC)

나사가 항공 우주 분야의 획기적인 발전을 이끌 수 있다고 생각하는 혁신적인 항공 우주 프로젝트에 자금을 지원하는 프로그램. 나사의 혁신 고급 개념 프로그램은 매년 새로운 수혜자를 선정하며 상업 산업, 학계, 정부에 열려 있다.

S 대역(S band)

주파수 범위 2~4GHz, 파장 범위 7.5~15cm인 무선 스펙트럼 영역. S 대역은 항공 교통 관제에 사용하는 공항 수색 레이더, 기상 레이더, 그리고 예컨대 나사가 우주 왕복선, 국제 우주 정거장과 통신하는 데 사용하는 위성 등 특정 통신 위성에 특히 유용하다. 위성 라디오와 텔레비전, 와이파이, 그리고 블루투스, 차고 문 개폐기와 같은 무선 장치에도 사용된다.

X 대역(X band)

주파수 범위 8~12GHz, 파장 범위 2.5~3.75cm인 전자기 스펙트럼 영역. X 대역은 주로 레이더, 위성 통신, 무선 컴퓨터 네트워크에 사용된다. X 밴드는 기상 관측, 차량 속도 감지, 선박 및 항공 교통 관제, 국방 추적을 포괄하는 민간, 군사, 정부 용도로 사용된다. X 대역의 일부는 심우주 통신용으로 특별히 따로 남겨 두고 있는데, 나사 심우주 네트워크에서 주로 사용한다.

X프라이즈(XPRIZE)

1996년 X프라이즈 재단이 민간 우주 비행 발전을 위해 개발한 경연 대회. 2001년 드디어 열린 이 대회는 2주 이내에 카르만 선까지 두 번 비행에 성공하는 팀에 1,000만 달러의 상금을 내걸었다. 항공 우주 엔지니어 버트 루탄은 궁극적으로 스페이스십원을 설계하고 이 대회에서 우승함으로써 상업 우주 분야에 새로운 희망과 영감을 불어넣었다.

가시광선 스펙트럼(visible light spectrum)

사람이 눈으로 볼 수 있는 전자기 스펙트럼 영역. 일반적으로 380~740nm 파장 범위다. 특정 원격 탐사 장비는 가시광선 스펙트럼을 측정하지만, 다른 많은 기기는 사람이 눈으로 볼 수 없는 전자기 스펙트럼 영역을 측정할 수 있다.

고고도 유사 위성(high-altitude pseudo-satellites or HAPS)

상업 항공 교통보다는 위, 전통적인 위성보다는 아래의 성층권(해발 약 20km

고도)에 체공하는 무인 항공 플랫폼(열기구 풍선, 비행선, 비행기 등). 고고도 유사 위성은 아주 오래 정지 상태를 유지할 수 있는 능력으로 점점 더 가치가 높아 지고 있으며, 이는 무인 항공기와 우주에 있는 위성의 중간 위치를 차지한다. 고고도 유사 위성은 무인 항공기의 이동성과 유연성, 그리고 위성의 원격 탐 사와 관측 기능을 겸비하고 있다. 고고도 유사 위성을 종종 고고도 플랫폼 정 거장으로 부르기도 한다.

공역, 영공(airspace)
특정 국가가 통제하고 해당 국가의 법이 적용되는 영토 상공의 대기 영역.

과업 지시 계약(task order)
필요한 서비스 양을 아직 알 수 없을 때 사용하는 정부 서비스 계약의 유형. 과업 지시 계약은 필요한 서비스 개요를 제공하는 일반 계약과는 달리 이후 확정될 때 필요에 따라 구체적인 요구 사항을 제시하기 위해 발행되므로 정부 구매자가 상당한 유연성을 발휘할 수 있다. 나사는 새로운 필요나 목표가 발 생할 때 과업 지시 계약을 자주 사용한다. 예컨대 나사는 새로운 달 착륙선을 개발하기 위한 과업 지시를 내릴 수 있다. 나사와 이미 상업 달 페이로드 서비 스 계약을 체결한 회사는 과업 지시에 대한 입찰 제안서를 제출할 수 있다.

광학 원격 탐사(optical remote sensing)
가시광선, 근적외선, 단파장 적외선을 이미지화하는 원격 탐사 기능. 스펙트 럼 이미징, 다중 스펙트럼 이미징, 하이퍼 스펙트럼 이미징은 모두 광학 원격 탐사의 한 형태이다. 이런 형태의 원격 탐사는 농작물과 식물 생태를 탐사하 는 능력 때문에 농업에서 특히 중요하다. 광학 원격 탐사는 포착된 파장에서 반사되는 태양 방사에 의존하기 때문에 흐린 지역에서는 효과적이지 않다(반 면 레이더 센서는 전자기 스펙트럼에서 구름의 영향을 받지 않는 극초단파 부분을 포착 한다).

구소련 우주 계획(Soviet space program)

1930년대부터 1991년까지 구소련의 국가 우주 프로그램. 그 업적과 비밀스러움으로 알려진 구소련의 우주 프로그램은 우주 경쟁 기간 미국의 주요 경쟁 상대였고, 최초로 인공위성을 우주에 발사하고(스푸트니크 1호, 1957년), 최초로 인간을 우주에 보내고(유리 가가린, 1961년), 최초로 우주 정거장(살류트 1호, 1971년)을 만드는 등 많은 최초 경쟁에서 미국을 이겼다. 이 경쟁은 1969년 미국이 인간을 달에 보낸 후 차츰 잦아들었다. 두 우주 강대국은 1975년 미국의 아폴로 유인 캡슐과 소련의 소유스 유인 캡슐이 우주에서 도킹하는 협력 협정을 체결했다. 1991년 구소련이 해체된 후, 새로운 러시아 연방의 우주 프로그램으로 전환되었다.

국가 우주 투자 장려 계획(National Plan for the Promotion of Space Investment)

아랍에미리트가 2019년 초 발표한 우주 투자 계획. 외국인 투자와 국내 투자로 아랍에미리트의 우주 역량을 고도화하는 것을 목표한다.

국내 총생산(gross domestic product or GDP)

특정 기간(일반적으로 연간 또는 분기별) 한 국가의 완성품과 서비스의 총 재무 가치. 국내 총생산은 정부 부문과 공공 부문을 모두 반영하며, 모든 산업, 투자 활동, 대외 무역 수지를 포함한다. 국내 총생산은 특정 국가의 경제 건전성과 성장률에 관한 폭넓은 관점을 제공하며, 투자자, 정책 입안자, 기업 모두에 소중한 정보이다.

국제 무기 수출입 제한 규정(International Traffic in Arms Regulations or ITAR)

냉전 기간인 1976년 미국의 국방 기술(물리적 품목이나 기술 데이터)을 다른 국가나 외국인에게 이전하는 것을 제한하기 위해 만든 미국의 규제 체제. 국제 무기 수출입 제한 규정은 특히 무기 수출을 통제하기 위한 국가 안보 조처로 시행되었다. 국제 무기 수출입 제한 규정에 따라 규제되는 주요 물자에는 총기와 무기, 군용 차량, 탄약, 방어용 소프트웨어, 발사체 등이 포함된다. 1999년부터 인공위성은 국제 무기 수출입 제한 규정에 따라 제한되는 주요 물질이 되었고, 이로 인해 상업 위성 산업의 어려움이 커졌다. 게다가, 국제 무기 수출입 제한 규정은 미국에서 미국을 위해 과학 프로젝트를 수행하는 일류 국제 학생들의 활동을 제한하는 데 대한 조사에 직면했다.

국제 우주 정거장(International Space Station or ISS)

2001년 지구 저궤도로 발사된 이후 운행되고 있는 모듈식 우주 정거장. 미국 나사, 일본 우주항공연구개발기구, 유럽우주기구, 러시아연방우주국, 캐나다 우주국(CSA) 등 5개 우주 기관 간의 다국적 및 정부 간 협력 프로젝트인 국제 우주 정거장에는 최대 6개월 동안 임무를 수행할 수 있는 상근 승무원들이 있다. 국제 우주 정거장은 최대 7명의 승무원을 수용할 수 있지만, 승무원은 2명에서 6명 사이이다. 국제 우주 정거장은 지구에서는 불가능한 획기적인 발견을 위해 미소 중력 환경을 이용한 다양한 형태의 과학적 시험을 하는 연구실 역할을 주로 한다. 국제 우주 정거장에서 하는 일은 생물학, 기술, 의학, 제약, 천문학, 물리학 등의 발전으로 인류를 이롭게 하기 위한 것이다. 또한 우주에서 새로운 제조 기술을 관찰, 탐사, 교육 및 시험하는 데도 사용된다. 이 밖에도 국제 우주 정거장은 다양한 방식으로 상업 분야와 협력하고 있다. 국제 우주 정거장의 퇴역이 가까워지면서(2030년 마지막 운영이 종료될 예정) 상업용 우주 정거장으로 전환될 가능성도 있다. 2010년까지 1,500억 달러(물가 상승률 미조정) 이상의 비용이 들어간 국제 우주 정거장은 지금까지 만들어진 단일 품목 중 가장 비싼 품목으로 여겨진다.

궤도(orbit)

한 천체가 다른 천체 주위를 도는 규칙적인 순환 경로. 모든 궤도는 타원형이며 두 천체 사이의 중력으로 발생한다.

궤도 도서관 또는 저궤도 도서관(Orbital Library or LEO Library)

아치 미션 재단의 두 번째 10억 년 기록 저장소 계획. 2018년 스페이스 체인은 아치 미션 재단에서 수십억 년 동안 존속하도록 설계, 제작한 암호화된《위키백과》영어 버전을 담은 큐브샛을 지구 저궤도로 발사했다.

궤도 우주선(orbital spacecraft)

지구 궤도에서 작동하도록 설계된 우주선 또는 물체. 궤도 우주선은 일반적으로 지구 저궤도에 머무르지만, 인공위성은 지구 저궤도, 중궤도 또는 지구 동기 궤도에 머물 수 있다. 궤도 우주선은 통신, 지구 관측, 우주 탐사, 과학 연구, 인간과 화물의 운송에 매우 중요하다.

극지 위성 발사체(Polar Satellite Launch Vehicle or PSLV)

인도우주연구기구가 설계하고 운영하는 인도의 소모성 중형 리프트 발사체. 극지 위성 발사체의 개발은 1978년에 시작되었지만, 1993년이 되어서야 발사되었다. 최근 몇 년 동안 극지 위성 발사체는 인도 페이로드와 더불어 30개 이상의 국가에서 300개 이상의 위성을 발사하면서 다른 우주 기관들과 상업 회사들에 실용적이고 저렴한 승차 공유 옵션이 되었다. 극지 위성 발사체는 저렴한 발사 옵션으로 상업 회사들이 우주에 접근하는 중요하고 전례 없는 수단을 제공했다.

기술 이전 프로그램(Technology Transfer Program)

특허받은 나사 기술의 라이선싱을 허용하는 나사 프로그램. 기술 이전 프로그램은 1964년 만들어진 이래 의료에서 운송에 이르기까지 다양한 산업에 걸쳐 약 2,000개의 제품 또는 서비스를 창출했으며, 혁신을 촉진하고 폭넓은 사회적, 경제적 이익을 가져왔다.

기업 공개(initial public offering or IPO)

비공개 기업이 공개 기업이 되고 회사 주식을 공개적으로 거래할 수 있도록 처음으로 주식 시장에 상장하는 과정. 기업 공개는 주식 매입을 통해 신규 투자가 들어오는 기업에 중요한 행사로 이를 통해 설립자, 투자자 등 기업 공개 이전 주주들이 금융 유동성을 창출할 수 있다.

기업식 농업(agribusiness)

특히 첨단 기술과 현대 기술을 활용하는 농업과 농장 경영에 초점을 맞춘 상업적 산업.

기업 인수 합병(Merge&Acquisition or M&A)

금융 계약을 통한 회사나 회사 자산의 통합. 기업 인수 합병 방식에는 한 회사가 다른 회사를 매입하고 흡수 합병 하는 경우, 한 회사가 다른 회사의 과반수 지분을 매입해서 모회사가 되는 경우, 두 회사가 협력해서 하나의 새로운 법인을 만드는 경우, 한 회사가 일반적으로 파산 기간에 있는 다른 회사의 자산을 매입하는 경우, 또는 회사의 경영진이 회사의 자산과 운영에 대한 지배 지분을 매입해서 회사를 비공개 회사로 만드는 경우 등이 있다.

기하급수적 기술(exponential technologies)

기술 발전 패턴이 일반적인 선형 속도가 아닌 기하급수적인 속도로 증가하지만, 비용은 오히려 감소하는 것을 말한다. 좀 더 구체적으로 말하면 기하급수적 기술은 매년 기술력이 두 배씩 증가하거나 기술 비용이 절반으로 감소하는 것을 말한다. 기하급수적인 기술의 예로는 인공 지능, 생명 공학, 나노테크, 로봇 공학, 네트워크 및 컴퓨팅 시스템 등이 있다(예컨대 1980년 개인용 컴퓨터의 능력과 비용을 현재와 비교하거나 2년 전 휴대 전화의 비용과 컴퓨팅 능력을 현재와 비교해 보라).

깃발과 발자국(flags and footprints)

아폴로 계획이 끝날 때까지 냉전 라이벌인 미국과 소련이 우주 '최초'를 달성하려고 우주 경쟁을 펼치던 기간을 비유하는 표현. 두 정부 우주 프로그램의 목적은 기술력을 증명하고 시민들에게 안보와 국가 역량을 보여 주는 데 있었지만, 그 목적 자체는 대부분 상징적이었다. 이 시기는 미국 우주 비행사들이 달 위를 걷고 달에 성조기를 꽂으면서 절정에 달했다.

나노 기술(nanotechnology or nanotech)

나노미터(10억 분의 1미터) 규모로 제품이나 시스템을 설계하는 기술. 나노 기술은 분자 또는 원자 수준에서 물질을 보고 통제하는 다른 다양한 분야를 포괄한다.

노드 2 또는 하모니 모듈(Node 2 or Harmony)

각각 미국, 일본, 유럽우주기구의 실험실 모듈인 데스티니(Destiny) 노드, 키보 노드, 컬럼비아 노드를 연결하고, 전력과 전자 데이터를 제공하기 때문에 '유틸리티 허브'로 알려진 국제 우주 정거장 모듈. 하모니 모듈은 2007년에 국제 우주 정거장에 추가되었고, 국제 우주 정거장 미국 궤도 부분(United States Orbital Segment)의 일부이며, 나사가 관리한다.

뉴 스페이스 또는 새로운 우주(NewSpace or new space)

주로 민간 부문의 혁신과 노력을 통해 우주 접근성을 개선해서 더 저렴하게 더 자주 우주에 가는 방법 개발을 강조하는 운동과 철학. 기존 우주 프로그램과 비교해서 뉴 스페이스는 힘을 과시하거나 단순히 이익을 창출하는 도구라기보다는 지구에서의 삶을 개선하기 위한 수단으로서 우주의 많은 응용 분야와 기회에 초점을 맞추고 있다. 뉴 스페이스 운동은 1980년대 초부터 있었지만, 2000년대 초 기술 혁신과 강력한 민간 부문 계획이 우주의 진입 장벽을 낮추기 시작할 때까지는 널리 탄력을 받지 못했다. 이제 우주와 그 주변의 기업가적, 상업적 활동이 발사체와 인공위성 개발에서부터 스마트 데이터, 로봇 공학, 미소 중력의 혁신에 이르기까지 우주 분야 전체의 원동력이 되고 있다.

다중 스펙트럼 이미지(multispectral imaging)

전자기 스펙트럼 내의 특정 파장 대역을 측정할 수 있는 센서로 생성된 이미지. 일반 카메라는 3개의 파장 대역(빨강, 초록, 파랑)만 포착할 수 있지만, 다중 스펙트럼 이미지는 가시광선과 불가시광선 스펙트럼에서 3~15개 대역까지 포착할 수 있다. 불가시광선에는 자외선, 적외선, 엑스선이 포함된다. 일반적인 카메라보다 훨씬 더 많은 데이터를 포착할 수 있는 이런 능력 때문에 다중 스펙트럼 이미지는 군사용으로 처음 개발되어, 현재 사진 촬영 지역의 추적, 지도 제작, 일기 예보, 탄도 미사일이나 지뢰와 같은 무기 탐지 등에 흔히 사용된다.

달나라 사람(lunarians)

달 활동을 옹호하는 사람들 혹은 공상 과학 소설 속 달 거주민.

달 도서관(Lunar Library)

아치 미션 재단이 만들어 2019년 스페이스일의 베레시트 달 착륙선이 우주로 실어 나른 3,000만 페이지 분량의 기록이 담긴 인류 역사 기록 보관소. 베레시트호가 달에 경착륙했기 때문에 달 도서관은 산산이 조각났을 수도 있지만, 데이터는 읽고 추출할 수 있을 것이다. 달 도서관은 아치 미션 재단이 우주에 설치한 세 번째 도서관이다. 달 도서관의 데이터는 수십억 년 동안 존속할 것이다.

데이터 구매(data purchase)

기업이 정확한 데이터를 수집하는 데 시간과 비용, 기타 자원을 들이지 않고 타사 데이터 공급자로부터 필요에 맞는 데이터를 구매하는 행위. 데이터 제공자들은 기업이 비즈니스 목표에 따라 활용할 수 있도록 정확하고 실행 가능한 데이터를 판매한다.

데이터 제공자(data providers)

관련 데이터를 수집해서 최종 사용자에게 제공하는 주체. 예컨대 개인, 회사, 소프트웨어 등이 있다.

데이터 처리자 혹은 장치(data processors)

의미 있는 정보를 얻기 위해 특정 데이터를 수집, 정리, 요약, 분석, 분류 또는 기타 방법으로 조작하는 주체.

델타-v(Delta-v)

우주선이 예컨대 행성 착륙이나 발사 등 성공적으로 비행하는 데 필요한 에너지, 더 구체적으로는 속도의 변화를 말한다. 델타-v 예산은 완전한 우주 비행 임무에 필요한 총 에너지를 말하며, 얼마나 많은 추진체(추진 연료)가 필요한지 말해 주는 척도이다.

딥테크(deep tech)

최첨단 과학 및 공학 기술. 딥테크는 특히 제대로 된 연구와 개발에 시간이 들기 때문에 주류 기술보다 상당한 시간과 자금이 필요한 경우가 많다. 딥테크의 최종 목표는 소비자 판매보다는 기능적이고 발전된 생태계를 개발하는 것이다. 예컨대 블록체인, 로봇 공학, 인공 지능, 양자 컴퓨팅 등이 있다. 최근 몇 년 동안 딥테크 연구의 발전으로 투자가 증가했으며, 특히 딥테크가 복잡하고 어려운 우리 세계의 문제에 대한 해결책을 계속해서 제시함에 따라 업계에 더 폭넓게 영향을 미칠 신흥 분야로 생각되고 있다.

라그랑주 포인트(Lagrange point)

태양과 지구 사이의 중력 평형 상태에 존재하며, 이로 인해 천체가 거의 완전히 정지해 있을 수 있어서 종종 '우주 주차장'으로 묘사되는 우주의 특정 지점. 라그랑주 포인트에서는 우주선이 위치를 유지하는 데 최소한의 연료만 들며, 우주선이 지구로부터 너무 멀리 가지 않기 때문에 데이터 통신 속도도 여전히 높다. 라그랑주 포인트의 물리적 위치도 태양으로부터 보호받는 위치여서 우주선은 태양의 빛과 열 간섭을 받지 않으며, 열을 식힐 필요도 없다. 따라서 라그랑주 포인트는 우주 정거장, 소행성 탐사 우주선, 천문학 등을 위한 최적의 장소이다. 이런 이유로 제임스 웨브 우주 망원경은 L2로 알려진 라그랑주 포인트에 자리를 잡게 될 것이다.

라디오 차폐(radio occultation)
전파가 지구 대기를 통과할 때 굴절되는 현상. 굴절은 대기의 온도, 압력, 수증기 함량에 따라 달라진다. 이는 굴절을 이용해서 날씨를 예측하고, 시간이 지남에 따라 기후 변화를 관찰할 수 있음을 뜻한다.

라이선싱(licensing)
한 당사자가 다른 당사자에게 어떤 일을 하거나, 어떤 물건을 사용하거나 소유하는 권한을 부여하는 법적 허가. 라이선싱 대상은 지식 재산권이나 비행기 운항권 등 어떤 것이든 될 수 있지만, 현재의 우주 분야 규제에서는 여러 정부 기관이 번거롭고 중복되는 라이선스를 요구한다. 즉, 발사, 재진입, 지구 관측 및 원격 탐사, 위성 통신, 페이로드, 안전, 스펙트럼, 발사 운용, 유인 우주 비행 등에는 각각의 라이선스가 필요하다.

라틴 아메리카와 카리브 지역 우주 개발 계획(LATCOSMOS)
2017년 라틴 아메리카와 카리브해 지역의 우주 활동을 장려하기 위한 노력으로 시작된 교육 기반 4개년 우주 개발 계획.

러시아연방우주국(Roscosmos State Space Activities Corporation or Roscosmos)
소련 붕괴 이후 러시아가 소련 우주 프로그램을 승계하던 시점인 1992년 설립된 러시아의 국가 우주 기관. 러시아연방우주국은 다른 국제 우주 프로그램들, 특히 국제 우주 정거장의 파트너 국가들과 협력하고 있다.

레이더 위성(radar satellites)

일반적으로 지구 관측 레이더 시스템을 갖춘 인공위성. 우주 기반 레이더는 지구나 우주에서 일어나는 다양한 현상을 이미지화, 지도화, 추적, 측정하는 데 사용된다.

로봇 공학(robotics)

컴퓨터 과학과 공학을 결합해서 특정 목적을 위한 '지능적인' 기계를 만드는 기술. 로봇은 혹독한 우주 환경을 견디고 기존 궤도 우주선의 유지와 수리, 우주 내 건설, 표면 탐사(예컨대 화성 탐사선) 등의 작업을 수행할 수 있기 때문에 우주 산업에 가치가 있다. 로봇 공학은 우주에서 안전하고 효과적이며 효율적인 작업과 연구, 생활을 할 수 있게 하는 핵심 기술이다.

룩셈부르크우주국(Luxembourg Space Agency or LSA)

룩셈부르크의 공식 국가 우주국. 2018년 당시 부총리이자 경제부 장관인 에티엔 슈나이더가 설립했으며, 룩셈부르크의 상업 우주 개발 활동과 세계 우주 경제에서 룩셈부르크의 역할을 확대하기 위해 구성되었다. 룩셈부르크우주국은 상업 분야, 우주 자원, 우주에 대한 국내 교육, 효과적인 국제 우주 규정 제정, 우주 스타트업에 대한 자금 지원과에 중점을 두는 점에서 다른 국가 우주 기관들과 현저하게 다르다. 현재 룩셈부르크우주국은 룩셈부르크 경제부의 전 우주 담당 국장인 마크 세레스가 이끌고 있다. 발사 용역 계약(LSA)과 혼동하지 않도록 주의해야 한다.

리플리케이터, 복제기(replicator)

TV 공상 과학 시리즈 〈스타트렉〉에 나오는 음식과 물건을 주문에 따라 만들 수 있는 가상의 기계. 리플리케이터는 실제 음식 프린터 제작을 추구하는 다양한 기술적 진보에 영감을 주었다.

마이크로 위성 또는 마이크로샛(microsatellite or microsat)

질량 10~100kg의 작은 위성.

머신 러닝, 기계 학습(machine learning or ML)

컴퓨터 시스템이 패턴 인식을 기반으로 기능을 조정함으로써 개선된 행동을 학습하도록 프로그래밍이 된 인공 지능의 부분 집합 또는 애플리케이션. 시간이 지나면서 시스템이 패턴을 계속 분류함에 따라 알고리즘이 자동으로 개선된다. 예컨대 이메일 필터링, 이미지 인식, 감상한 음악을 기반으로 새 재생목록을 만드는 음악 소프트웨어 등이 있다.

메이커스페이스, 열린 제작실(makerspace)

일반적으로 공통 관심사(예컨대 우주, 컴퓨터, 로봇 공학 등)에 초점을 맞추고 구성원들이 자원, 아이디어, 재료, 기술을 공유하고 종종 함께 일하는 공유 협업 커뮤니티 작업 공간. 운동으로서 메이커스페이스는 체험을 통한 창의성, 교육, 공동체 구성원들과의 교류 등을 장려한다.

모노리스(monolith)

'한 덩어리의 돌'을 뜻하는 그리스어 모놀리소스(monolithos)에서 유래한 것으로, 예컨대 아서 C. 클라크의 원작 소설 《스페이스 오디세이》 시리즈와 이를 각색한 스탠리 큐브릭 감독의 공상 과학 영화 〈2001: 스페이스 오디세이〉에 나오는 미스터리한 모노리스와 같은 거대한 단일 구조물. '단일체인 (monolithic)'이라는 말은 사회학적으로나 문화적으로 거대하고 중앙집권적이며 동질적인 권력을 의미한다. 비즈니스에서도 '단일체인'이라는 말은 비슷하게, 단일 개념이나 활동을 중심으로 돌아가는 산업을 가리키는 것으로 이해할 수 있다. 따라서 우주 분야나 나사는 모두 모노리스로 여길 수 없다.

모듈(module)

일반적으로 전체 물리적 구조의 일부로 독립 또는 분리 가능한 단위.

무선 주파수(radio spectrum)

주로 통신에 사용되는 30Hz~300GHz의 전자기 스펙트럼 영역. 다양한 사용자가 전송하는 다른 전송 간의 간섭 방지의 필요성, 주파수가 한정되어 있다는 점 때문에 국제전기통신연합(ITU)이 개인 사업자가 구매하거나 라이선스 받을 수 있는 주파수 할당 방법을 정하고 있다.

무어의 법칙(Moore's Law)

인텔의 공동 창업자인 고든 E. 무어가 마이크로 칩의 트랜지스터 수는 매년 두 배씩 증가하지만, 가격은 절반으로 떨어지는 사실을 발견하고 이런 추세가 앞으로도 계속되리라고 예측한 데서 비롯되었다. 이는 자연법칙이나 물리법칙이라기보다는 황금률이라고 할 수 있다. 무어의 법칙은 기하급수적인 기술 성장의 토대이며, 구체적으로 비용은 절반으로 감소하는데 컴퓨터 속도와 기능은 2년마다 두 배로 증가한다는 것이다.

무인 항공기(uncrewed aerial vehicle or UAV)

조종사 없이 지상 통제를 통해 비행하는 항공기. 종종 군사적 목적으로 사용되지만, 최근 몇 년간 농업, 과학 및 환경 분야에 사용되고 있다. 드론과 고고도 유사 위성은 무인 항공기의 두 가지 예이다.

무중력 또는 제로 중력(Zero gravity or zero-g)

물체 주위의 중력이 중화될 때 일어나는 무중력 상태를 나타내는 말. 하지만 아인슈타인의 일반 상대성 이론이나 우주 블랙홀의 존재로 증명된 것처럼 진정한 무중력 상태는 존재하지 않으며, 미소 중력이 존재한다.

미국 공군(Air Force or USAF)

1947년에 설립된 항공전 담당 미군. 미 국방부 내의 세 개의 군사 조직 중 하나인 공군부에 소속되어 있다. 상업 우주 회사의 핵심 계약자다.

미국 국방부(Department of Defense or DoD)

미국 연방 정부 내의 국가 안보와 군을 담당하는 행정 부서. 미국 육군부(DA), 해군부(DoN), 공군부(AF)와 국방정보국(DIA), 국가안보국(NSA), 국가정찰국(NRO), 방위고등연구계획국 등 다양한 국방 기관을 감독한다.

미국 연방항공청(Federal Aviation Administration or FAA)

미국 운수부 산하 정부 기관. 1958년에 창설되었으며 미국의 모든 민간 항공, 미국 주변 공해 위의 영공, 항공 교통 관제, 상업 우주 운송(특히 우주선의 발사 및 재진입)을 감독한다. 미국 연방항공청의 4개 사업 분야는 공항(ARP), 항공 교통 기구(ATO), 항공 안전(AVS), 상업 우주 운송(AST)이다.

미국 우주 감시 네트워크(US Space Surveillance Network)

미국 뉴멕시코주립대에 본부를 둔 기관으로 우주 쓰레기를 추적해 우주선이나 국제 우주 정거장과의 충돌 가능성을 예측한다.

미국우주군(US Space Force or USSF)

2019년 창설된 미군의 여섯 번째 군 조직. 미국우주군은 군사 방어 능력으로 운용할 목적으로 만들었다.

미국국가정찰국(National Reconnaissance Office or NRO)

미국 5대 정보 기관의 하나. 독립된 미국 정보업계(US Intelligence Community)의 일부이며, 연방 정부 정찰 위성의 설계부터 발사까지를 담당하고 다양한 미국 정부 기관에 위성 정보를 제공하는 미국 국방부 산하 기관이다. 민간인이 국가정찰국 직원의 대다수를 차지한다.

미국통신위성법(Communications Satellite Act of 1962)

1962년 8월 31일 논란이 많은 신흥 위성 분야 규제 조처의 일환으로 존 F. 케네디 대통령이 서명한 법률.

미르호(Mir)

1986년부터 2001년까지 지구 저궤도에서 운영된 우주 정거장. 1986년까지는 소련이, 그 후로는 러시아가 궤도에서 벗어날 때까지 운영했다. 미르호는 미소 중력 연구 실험실과 우주 기술을 시험하는 데 사용되었다. 미르호에는 1986년부터 1999년까지 최대 6개월까지 지속하는 미션에 3~6명의 우주 비행사가 상주했으며, 냉전이 끝난 후 다른 나라의 방문도 가능했다. 1999년 러시아가 더는 우주 정거장에 자금을 댈 수 없게 되자 상업용 우주 회사 미르코프가 미르호를 임차해 2000년부터 2001년까지 상업용 플랫폼으로 사용했다. 미르코프는 미국 기업인 데니스 티토의 미르호 방문을 주선해서 그를 최초의 '우주 관광객'으로 만들었다. 미르호를 영구적인 상업용 우주 정거장으로 만들려는 움직임이 있었지만, 러시아가 국제 우주 정거장에 참여해야 한다는 나사의 압력으로 미르 우주 정거장은 2001년 궤도를 이탈하게 되었다.

미소 중력(microgravity)

우주 환경에서 경험하는 것과 같은 거의 무중력에 가까운, 즉 중력이 극히 미미한 상태. 미소 중력은 물체와 사람들을 무중력 상태로 만드는데, 이는 지구에서 매우 무거운 물체들을 우주 환경에서는 쉽게 움직일 수 있음을 뜻한다. 우주의 미소 중력 환경은 연구와 실험에 사용되며, 과학자들이 분자 구조의 실제 행동을 더 정확하게 이해할 수 있기 때문에 의학, 생물학, 생명 공학, 물리학에 특히 가치가 있다. 미소 중력 실험은 국제 우주 정거장이 존속하는 동안 의학, 기술, 과학에서 놀라운 발전을 가져왔다.

미소 중력 환경의 첨단 진단 초음파 실험(Advanced Diagnostic Ultrasound in Microgravity or ADUM))

국제 우주 정거장에서 이루어지는 실험. 내상과 질병을 진단할 수 있고 약간의 훈련만으로도 작동할 수 있는 초음파 기술 개발로 이어져 의료 시설 이용이 제한적인 지역에서 진가를 발휘했다.

발사 용역 계약(Launch Services Agreement or LSA)

구매자(미국 공군)와 발사 기관(스페이스X) 간의 특정 발사 서비스 제공 계약. 정부 발사 용역 계약은 뉴 스페이스의 다양한 상업 기업들에 새로운 발사 역량 개발에 필요한 상당한 자금을 지원하는 데 중요한 역할을 해 왔다. 룩셈부르크우주국(LSA)과 혼동하지 않도록 주의해야 한다.

방어 감시(defense surveillance)

인공위성과 기타 고고도 열기구 풍선과 같은 항공기 또는 원격 탐사, 레이더, 하이퍼 스펙트럼 이미징, 지구 관측과 같은 기술을 거의 실시간으로 전략적 추적에 사용하는 것. 이런 위성 정찰은 핵무기, 탄도 미사일 발사, 국경 안보, 적의 통신을 탐지하는 데 도움이 된다. 방어 감시는 국내외 육상과 해상, 공중, 우주에 걸쳐 잠재적 위협에 대한 통찰력을 얻는 데 사용된다.

방위고등연구계획국(Defense Advanced Research Projects Agency or DARPA)

미국 국방부 산하 기관. 1958년 아이젠하워 대통령이 소련의 스푸트니크 1호 위성 발사에 대응해서 창설했다. 목적은 군사용 기술을 개발하는 것으로, 학계, 정부, 상업 파트너들과 협력으로 첨단 과학 기술을 연구 개발하고 있다.

방향 전환, 피벗(pivot)

기업(종종 스타트업)이 시장의 요구, 산업의 변화, 고객 피드백 또는 새로운 기회에 대응해서 비즈니스 전략이나 제품을 크게 변경하는 것.

백악관과학기술정책실(White House Office of Science and Technology Policy or OSTP)

1976년에 설립된 미국 대통령실 소속 정부 기관. 백악관과학기술정책실은 과학 기술이 경제, 국가 안보, 보건 및 환경에 미치는 국내외적 영향을 대통령실에 자문하는 역할을 담당한다.

버스, 본체(bus)

컴퓨터 및 소프트웨어, 페이로드, 센서, 트랜스폰더(transponder)와 기타 하드웨어를 수용하는 위성의 주요 인프라. 버스는 또한 추진과 조종을 통해 운전이 가능하도록 만드는 위성의 전력을 발전하는 곳이기도 하다.

범지구 위성 항법 시스템(Global Positioning System or GPS)

인공위성을 사용해서 글로벌 내비게이션, 위치 및 타이밍 정보를 제공하는 미국 정부 소유 내비게이션 시스템. 민간과 국방 목적으로 다 같이 사용되는 이중 용도 기술이며, GPS 수신기가 있으면 누구나 자유롭게 이용할 수 있다. 하지만 미국 정부가 선택적으로 접근을 거부하거나 성능을 떨어뜨릴 수 있다.

베레시트(Beresheet)

이스라엘 비영리 우주 회사 스페이스일과 이스라엘 국영 방산 업체인 이스라엘항공우주산업(IAI)이 사상 최저가인 1억 달러에 공동 개발한 달 착륙선. 베레시트는 2019년 2월 22일 스페이스X 팰컨 9 로켓으로 발사되어 2019년 4월 4일 달에 경착륙했다. 달 착륙선의 탑재체에는 아치 미션 재단이 만든 인류사 기록 보관소인 달 도서관이 포함되어 있는데, 경착륙 과정에서 산산조각이 났더라도 판독이 가능할 것으로 보인다.

벤처 캐피탈(venture capital)

성장했거나 성장 잠재력을 갖췄다고 판단되는 스타트업에 투자하는 사모 펀드의 한 유형.

보이저호(Voyager)

멈추거나 재급유하지 않고 세계 일주를 한 최초의 항공기. 공식적으로 루탄 모델 76 보이저로 알려진 이 비행기는 항공 우주 공학자인 버트 루탄이 설계했고, 버트의 동생 딕 루탄이 지나 예거와 함께 조종했다. 1986년 12월 14일에 시작해 23일까지 9일간 비행했디.

부스터(booster)

보조 추진용 로켓. 발사 초기 단계에 추가적인 추진력과 동력을 제공해서 발사체가 지구 저궤도에 도달하도록 돕는 로켓 또는 엔진. 부스터는 일반적으로 연료가 다 소모되면 발사체에서 분리되어 지구로 떨어진다. 그리고 종종 다른 발사에 다시 사용될 수 있다.

블록체인(blockchain)

특히 분권화되고 분산되어 있어 매우 안전한 암호 화폐의 디지털 원장. 블록체인은 일반적으로 공개되므로 사용자가 기록이나 거래를 변경할 수 없어서 사용자가 정보를 쉽게 확인할 수 있는 투명한 시스템이 구축된다. 블록체인의 디지털 구조는 특정 요건이 충족됐을 때만 결제 처리하는 교환 약정인 '스마트 계약'을 이용해 사용자가 결제를 안전하게 할 수 있도록 추가적인 보안 이점을 제공한다.

비즈니스 인큐베이터(business incubators)

초기 스타트업을 위한 협업 프로그램. 최소 요건 제품과 실용적인 비즈니스로 발전할 수 있는 새로운 아이디어를 개발하는 데 주로 초점을 맞춘다. 이들은 일정이 유연하고 제약이 느슨한 경향이 있어 스타트업이나 개인에게 실험하고 성장할 수 있는 충분한 여유를 준다. 이곳은 묘목 아이디어가 싹트는 데 이상적인 조건을 갖춘 곳이다. 여기서 비즈니스 인큐베이터는 기업의 성장 촉진을 돕는다. 비즈니스 인큐베이터는 별도의 조직이나 정부 그룹, 투자 그룹 또는 기업이 운영할 수 있다.

빅 데이터(Big Data)

다량, 고속, 높은 다양성 또는 높은 진실성 중 적어도 한 가지 특성으로 분류되는 (구조화되거나 구조화되지 않은) 대량의 데이터 집합. 빅 데이터를 분석해서 기업이 더 나은 정보를 알고 의사 결정을 내리는 데 도움이 되는 귀중한 통찰력을 추출한다. 빅 데이터는 거의 1,400억 달러 규모의 글로벌 시장이며, 정확하고 수익성이 큰 비즈니스 분석에 대한 수요가 증가함에 따라 매년 10%씩 지속 성장하고 있다.

상업용 궤도 운송 서비스(Commercial Orbital Transportation Services or COTS)

민간 기업들과 계약해서 국제 우주 정거장에 화물과 보급품을 수송하기 위한 우주선을 개발하고 제작하도록 하는 이전 나사 프로그램. 2006년부터 2013년까지 시행되었다. 상업용 궤도 운송 서비스 설립 당시, 나사는 국제 우주 정거장 보급 임무에 비용이 너무 많이 들어 자금 지원을 계속할 수 없었다. 나사가 선택할 수 있는 옵션으로는 다른 나라 우주선을 이용하거나 상업 분야를 참여시키는 방안이었다. 스페이스X와 오비털 ATK는 궁극적으로 상업용 궤도 운송 서비스의 사양에 따라 자체 우주선과 로켓을 설계, 제작, 발사해서 이전 비용의 일부로 나사에 화물 재보급 옵션을 제공함으로써 이 계획은 성공적으로 마무리되었다.

상업 달 페이로드 서비스(Commercial Lunar Payload Services or CLPS)

달 운송, 로봇 착륙선, 현장 자원 활용 등을 민간 우주 회사와 계약하고, 더 일반적으로는 아르테미스 프로그램을 뒷받침하기 위해 2018년에 설립된 나사 프로그램. 상업 달 페이로드 서비스는 그동안 여러 상업 기업과 10년 기간의 일반 계약을 체결했고, 이들 중 3개 업체와는 달 착륙선 개발 과업 지시 계약을 체결했다. 다른 프로그램 목표는 달 탐사 비용 절감, 과학 조사를 위한 달 표면 샘플 추출, 남극 자원 정찰, 민간 우주 분야의 혁신과 성장 지원 등이다.

상업 승무원 및 화물 사무국 프로그램(Commercial Crew & Cargo Program Office or C3PO)

미국 상업 우주 운송 산업을 확장하는 데 초점을 맞춘 나사 프로그램. 2005년 공식적으로 설립된 상업 승무원 및 화물 운송 사무국은 민간 부문과 정부가 모두 이용할 수 있는 안전하고 신뢰할 수 있고 비용 효율적인 상업 우주 운송 서비스를 구축하기 위해 파트너십 협약, 계약 등 다양한 방법으로 상업 우주 회사에 투자하고 있다. 승무원 및 화물 운송 사무국은 상업용 궤도 운송 서비스 프로그램, 상업 재보급 서비스, 상업용 유인 우주선 개발 프로그램을 관리한다.

상업우주운송사무국(Office of Commercial Space Transportation or AST)

모든 상업 우주 활동(정부의, 정부를 위한 우주 활동을 제외한 모든 우주 활동)을 감독하는 미국 정부 기관. 현재 미국 연방항공청에 소속되어 있으며 흔히 FAA/AST로 불린다. 원래 이 부서는 1984년부터 1995년까지 미국 운수부 산하의 상업우주운송국으로 알려졌으며, 이 기간에 상업 우주 분야에 대한 규제 완화를 강조했다. 뉴 스페이스가 떠오르면서 상업우주운송사무국은 폭증하는 발사 횟수와 발사 면허 요청 등 상업 우주 분야의 전반적인 변화 상황에 적절히 대처하기 위해 고군분투했다.

상업용 유인 우주선 개발 프로그램(Commercial Crew Development or CCDev)

새로운 유인 우주선을 만드는 것을 목표로 민간 기업들과 다양한 기술과 우주선 개발을 계약하는 나사 프로그램. 이 프로그램의 이점에는 나사를 위한 비용이 저렴하고 신뢰할 수 있는 우주선과 발사, 러시아 로켓을 이용하는 대신 국내 발사로의 전환, 민간 부문 성장 지원 등이 포함된다. 상업용 유인 우주선 개발 프로그램은 상업 승무원 및 화물 프로그램 사무국의 한 프로그램으로 현재 5번째 개발 단계에 있다.

상업 재보급 서비스(Commercial Resupply Services or CRS)

국제 우주 정거장의 보급을 위한 나사의 상업 우주 분야와의 협력 프로젝트. 상업 재보급 서비스와 계약한 두 회사는 상업용 궤도 운송 서비스 프로그램을 통해 우주선을 개발한 스페이스X와 오비털 ATK로, 2008년부터 상업 재보급 서비스 계약에 따라 국제 우주 정거장에 화물을 성공적으로 공급하고 있다.

섀클턴 분화구(Shackleton crater)

얼음과 광물 화합물이 풍부해서 달 탐사와 채굴에 바람직할 것으로 보이는 달의 남극 지역. 섀클턴 분화구는 독특하게 태양 빛이 일정하게 도달하는 위치에 있어서 태양광 패널로 전력을 생산하고 로봇을 제대로 작동시키기에 이상적이다.

서비스 모듈 또는 즈베즈다(service module or Zvezda)

국제 우주 정거장 승무원들이 우주에서 생존할 수 있도록 하는 생명 유지 시스템으로 구성된 국제 우주 정거장 모듈. 즈베즈다는 러시아연방우주국이 구축, 운영하는 국제 우주 정거장의 러시아 궤도 부분에 속하며, 국제 우주 정거장에 추가된 세 번째 모듈로 2000년에 도킹했다. 즈베즈다의 배치 설계는 미르 우주 정거장의 핵심 모듈을 기반으로 한다.

성층권(stratosphere)

지구 대기권의 두 번째 주요 층으로 오존층이 있는 곳. 성층권은 온도와 공기 밀도가 낮고 일반적으로 기상 변화가 없어서 대부분 상업용 항공기의 순항 고도가 성층권에 존재한다. 고고도 유사 위성이 비슷한 이유로 성층권에 있으며, 기상 관측, 통신, 영상, 추적 등을 위해 빠르게 이동할 수 있다.

소모성 우주 발사체(expendable launch vehicle or ELV)

일회용 우주선 발사체. 발사 후 여러 단계의 로켓이 우주선에서 분리되어 우주에 버려지거나 지구에서 파괴된다. 현재까지 대부분 로켓 발사는 재사용 가능한 발사 시스템보다 설계가 간단하기 때문에 소모성 우주 발사체를 사용해 왔다. 하지만 소모성 우주 발사체는 재사용 가능한 발사체보다 발사 비용이 상당히 비싸고, 더 많은 물질을 사용하고 낭비한다.

소행성 채굴(asteroid mining)

소행성, 혜성 또는 다른 지구 근접 물체로부터 금속, 광물, 물 등 자원을 추출하는 일.

소형 위성 또는 스몰샛(small satellite or smallsat)

보통 500kg 이하로 질량과 크기가 작은 위성. 소형 위성의 하위 분류로는 가장 작은 위성부터 가장 큰 위성 순으로 미니 위성, 마이크로 위성, 나노 위성, 피코 위성이 있다. 소형 위성은 기존 인공위성보다 제작비가 훨씬 저렴하고 그룹으로 묶어 대형 위성과 비슷한 성능을 내는 위성군을 만들 수 있다. 세계 최초의 인공위성 스푸트니크 1호도 소형 위성이었지만, 최근 소형 위성 시장은 특히 소형 위성에 추가할 수 있는 센서 등 새로운 기술력을 갖추면서 급성장하고 있다. 소형 위성 혁신은 플래닛, 스파이어 글로벌과 같은 많은 뉴 스페이스 스타트업을 업계 선두 주자로 만들었다.

솔라 세일, 태양광 돛(solar sails)

우주선 추진에 사용되는 큰 반사판. 태양에서 온 광양자가 반사판에 튕겨 나오면서 운동량을 전달해서 반대 방향으로 약간 밀어준다.

수직 발사 착륙(vertical takeoff, vertical landing or VTVL)

발사체에 사용되는 이착륙 형태의 한 가지. 헬리콥터와 같은 수직 이착륙(VTOL) 항공기와 달리 수직 발사 착륙 발사체는 착륙 시 역 추진력을 사용한다. 수직 착륙(VL)에 필요한 기술은 더 복잡하고, 착륙 과정 자체는 대부분 우주선이 사용하는 수평 착륙에 더 가깝다. 수직 발사 착륙은 2000년대 초 상업 우주 회사들이 수직 발사 착륙 기술과 로켓을 개발하기 시작했을 때 인기를 얻었다. 수직 발사 착륙은 스페이스X의 팰컨 9 로켓에서 성공적으로 이루어졌다.

수직적 시장(verticals)

상품이나 서비스가 특정 산업이나 틈새에 맞는 시장. 광범위한 시장과 고객의 요구를 충족하는 수평적 시장과 대비된다. 수직적 시장은 종종 잠재력이 큰 회사들이 있고 투자자들을 끌어들일 가능성이 큰 새로운 분야이다. 뉴 스페이스는 일반적으로 다른 많은 산업과 겹치고 폭넓은 고객을 대상으로 하며, 산업의 수직 계열로는 우주선, 발사체, 소행성 채굴 등이 포함된다.

스마트 계약(smart contracts)

분권화된 블록체인 네트워크에서 지원되는 자동 체결 계약. 블록체인 네트워크는 법률 시스템이나 금융 당국과 같은 외부 강제 없이 양 당사자 간에 계약이 이루어지게 하며, 기존 계약보다 보안이 강화된 계약 조건을 강제해 미리 정해진 대로만 자금이 분산되도록 한다.

스마트 데이터(Smart Data)

알고리즘을 사용해서 스스로 체계화하고, 실행할 수 있는 정보를 제공하기 위해 '노이즈'를 걸러내고 가치 있는 통찰력이 담긴 데이터를 제시해서 미래 분석을 최적화하는 데이터.

스타링크(Starlink)

지구 저궤도에 배치된 수천 개의 소형 위성을 통해 전 세계 소외 지역에 인터넷 접속 서비스를 제공할 계획인 스페이스X의 위성군. 스페이스X는 1만 2,000개의 스타링크 위성에 대한 승인을 받았고, 추가로 3만 개의 위성에 대한 면허를 신청했다. 천문학계에서는 스타링크 위성군의 규모와 위치가 빛 공해를 일으키고 과학적 관측을 방해할 것이라고 주장하며 이 계획을 비판해 왔다. 추가적인 우려로 스타링크가 일으키고 전파할 장기적인 우주 파편에 관심이 쏠리고 있다.

스템과 스팀(STEM and STEAM)

스템은 과학, 기술, 공학, 그리고 수학 교육에 초점을 맞춘 교육 과정이다. 스템 연구는 과학적 개념에 초점을 맞추고 있지만, 최근 들어 전통적인 스템 주제에 창작 과정에서 사용되는 문제 해결 기술을 통합하기 위한 노력으로 예술

(인문학, 언어, 시각 예술, 미디어, 음악 및 기타 예술 형태를 포함)이 추가되었다. 스팀 연구는 종종 학제 간 접근 방식으로 학생들에게 비판적 사고와 복잡한 문제 해결 능력을 가르친다. 스팀 연구는 다양한 분야에 적용될 수 있고, 미래 혁신으로 이어질 수 있으며, 경제를 가장 잘 지탱하고 성장시킬 수 있다.

스페이스십원(SpaceShipOne)

전설적인 조종사이자 항공기 설계자인 버트 루탄이 2006년 X프라이즈 대회를 위해 만들고 폴 앨런이 재정적으로 후원한 우주선. 스페이스십원은 X프라이즈를 수상했고 상업적인 노력이 실제로 실현될 수 있다는 신호탄이 되었다. X프라이즈 대회에서 요구하는 두 번의 비행 사이에 리처드 브랜슨은 스페이스십원의 기술 라이선스를 구매해서 버진 갤럭틱을 설립한다고 발표했다.

스페이스십투(SpaceShipTwo)

버진 갤럭틱의 첫 번째 우주선으로 버트 루탄이 리처드 브랜슨과 함께 개발했으며 루탄의 스페이스십원 우주선에 기반을 두고 있다. 스페이스십투는 특별히 우주 관광을 위해 만들어졌다.

스페이스일(SpaceIL)

구글 루나 X프라이즈에 참여하기 위해 창설한 이스라엘의 비영리 우주 단체. 루나 X프라이즈 이후 스페이스일은 2019년 달에 경착륙한 베레시트 우주선으로 달 착륙을 시도한 최초의 민간 기업이 되었다. 달을 향한 열망과 더불어 스페이스일은 더 많은 이스라엘인을 우주 산업과 스템 산업으로 끌어들이는 데 전념하고 있다.

스푸트니크 1호(Sputnik 1)

역사상 최초로 궤도에 올려진 인공위성. 구소련은 1957년 10월 4일 스푸트니크 1호를 발사해서 냉전 시대 우주 경쟁에 박차를 가하고, 서방 국가들이 구소련의 기술적 역량에 공포를 느끼는 이른바 '스푸트니크 위기'를 촉발했다.

스핀오프(Spinoff)

1976년 창간 이후 매년 발간되고 있는 나사의 무료 간행물. 나사의 기술 이전 프로그램을 통해 나사 기술을 활용하거나 나사 기술에서 비롯된 제품과 서비스를 소개한다. 지금까지 농업, 의학, 치안, 컴퓨터 기술을 포함한 산업 전반에 걸쳐 2,000개 이상의 파생 상품이 있다.

승차 공유(rideshare)

로켓의 남는 공간을 이용해서 제3자의 페이로드를 운반하는 일. 다양한 회사가 남는 화물 공간을 기업들이 저렴한 비용으로 더 빠르게 자신들의 페이로드를 우주로 보내는 대안으로 제공하는 승차 공유 중개자 역할을 한다. 승차 공유 업체에는 나노랙스, 로켓 랩, 스페이스플라이트 인더스트리 등이 있다.

시리즈 A, B, C 펀딩(Series A, B, C funding)

민간 투자의 초기 라운드. 시리즈 A 펀딩은 시드 펀딩 후 비즈니스 성과 지표(고객 기반, 일관된 수익 등)가 확립되고 성공 가능성 있는 투자로 여겨질 때 일어난다. 전형적인 시리즈 A 펀딩 라운드에서는 200만~1,500만 달러의 자금이 모이는데, 이 자금은 사업 최적화에 쓰인다. 시리즈 B는 평균 3,000만 달러에서 6,000만 달러이며, 이는 비즈니스를 완전히 발전시키고 기업을 성장시키는 데 사용된다. 시리즈 C 라운드는 비즈니스가 상당한 성공을 거두고, 예컨대 신시장 진출, 신제품 창출, 다른 회사 인수 등 확장 준비가 되었을 때 일어난다. 전형적인 시리즈 C 라운드에서는 수억 달러의 투자가 일어나며 일반적으로 기업을 상장하게 된다.

식(蝕), 엄폐(occultation)

한 천체 앞을 다른 천체가 지나가면서 해당 천체를 가리는 현상. 예컨대 달의 엄폐가 일어나면 달이 별 앞을 지나가면서 일시적으로 별을 가린다.

신콤 3호(Syncom 3)

1964년 8월 19일 발사된 나사 정지형 통신 위성(Syncom) 프로그램의 세 번째 위성이자 첫 지구 정지 궤도 통신 위성이다.

아르테미스(Artemis)

2019년에 발표된 나사가 주도하고 미국 정부가 재정 지원하는 달 프로그램. 아르테미스는 미래의 달 미션을 위한 새로운 우주선, 로봇 착륙선, 페이로드 전달 등 다양한 신기술을 개발하기 위해 상업 회사들과 협력한다. 아르테미스는 다양한 계획에 200억~300억 달러의 자금을 배정할 계획이다. 나사는 2024년까지 미국 우주 비행사를 달에 착륙시키고, 달에 지속 가능한 기지를 구축하고, 인류 달 정착과 달 경제를 위한 발판을 마련한다는 프로그램 목표를 진행하면서 민간 기업, 국제 파트너(ESA, JAXA)와 협력하고 있다. 나사의 상업 달 페이로드 서비스도 아르테미스 프로그램을 뒷받침한다.

아치 미션 재단(Arch Mission Foundation)

지구와 지구 밖 우주에 인류 문명의 기록 보관소를 만드는 일을 하는 비영리 단체. 현재까지 아치 미션 재단은 다음과 같은 우주 환경을 활용하는 세 가지 임무를 성공적으로 완수했다.
- 태양 도서관(2018년 스페이스X가 발사): 5D 광학 스토리지로 인코딩된 소설가 아이작 아시모프의 《파운데이션》 3부작이 담겨 있다. 3천만 년 동안 태양 궤도를 돈다.
- 지구 저궤도 도서관(2018년 스페이스 체인이 발사): 현재 지구 저궤도를 도는 큐브샛에 《위키백과》 영어 사본이 담겨 있다.
- 달 도서관 (2019년 스페이스일이 발사): 수억 년 동안 생존할 수 있도록 설계된 나노 기술 장치에 3,000만 페이지 분량의 인류 역사 기록이 담긴 보관소이다. 2019년 4월 달에 경착륙한 베레시트 달 착륙선에 실려 있다.

아틀란티스호(Atlantis)

우주 왕복선 프로그램의 마지막 임무를 완수한 나사 우주 왕복선. 1985년부터 2011년까지 운영되었다. 아틀란티스호는 금성과 목성에 탐사선을 설치했고, 국제 우주 정거장 조립에 이용되었다.

아폴로 11호(Apollo 11)

나사 아폴로 계획의 다섯 번째 유인 우주 비행 임무. 이 임무로 역사상 최초로 인간이 달에 착륙했으며(1969년 7월 20일), 인간이 최초로 달 표면을 걸었다 (1969년 7월 21일, 우주 비행사 닐 암스트롱, 버즈 올드린). 이 성공적인 아폴로 11호 미션은 존 F. 케네디 미국 대통령이 10년 이내에 "인간을 달에 착륙시키고 지구로 안전하게 돌아오게 하겠다"라고 한 약속을 실천에 옮기면서 우주 경쟁을 완성했고, 우주 비행 역사상 가장 위대하고 가장 유명한 업적으로 남아 있다.

아폴로 계획(Apollo program or Project Apollo)

미국과 소련 간의 우주 경쟁이 한창이던 1961년부터 1972년까지 시행된 나사의 세 번째 유인 우주 비행 프로그램. 아폴로 계획은 유인 우주선을 지구 저궤도 너머로 보내고(아폴로 8호), 천체 궤도를 돌고(아폴로 8호, 1968년), 인간을 달에 착륙시키는(아폴로 11호, 1969년) 등 주요 우주 비행 이정표를 세웠다. 아폴로 계획의 성과는 과학에서 문화까지 다양하며, 과학자들이 연구할 달 암석 표본 채취, 다양한 기술 분야의 발전과 그 후 반세기 동안 2,000종에 가까운 스핀오프 기술, 대중문화에 대한 주요 영향, 나사의 시설과 프로그램에 대한 자금 지원 증가 등의 성과를 낳았다.

압력 단체(advocacy groups)

관심 주제에 초점을 맞추고 궁극적으로 정치, 비즈니스 또는 사회 시스템에 영향을 미치는 목표를 가지고 공익과 인식 개선을 위해 일하는 비공식(비정부) 단체.

액셀러레이터(accelerators)

유망한 스타트업(일반적으로 제품을 보유한 소규모 팀)을 위한 멘토링과 비즈니스 개발 프로그램을 제공하는 기업 혹은 개인. 액셀러레이터는 일반적으로 주식 지분을 대가로 스타트업에 보통 3개월 정도 사업을 확장하고 프로세스 말미에 투자를 유치하기 위한 시드 펀딩 라운드를 제공한다. 액셀러레이터의 역할은 잠재적인 투자자들과 함께하는 사업 설명회나 데모 데이로 끝난다.

에너지 활용(energy harnessing)

에너지원을 사용 가능한 형태로 변환하기 위해 제어, 관리하는 것. 예컨대 바람의 운동 에너지를 이용해서 풍력 터빈 날개가 회전자를 중심으로 회전하게 하는 풍력 발전기로 만들어 운동 에너지를 전기로 변환한다. 이용할 수 있는 다른 형태의 에너지로는 태양, 조류, 지열, 핵, 그리고 화석 연료(석탄, 석유 등)를 통한 에너지 등이 있다.

에듀테인먼트(edutainment)

교육적 이점이 있거나 과학에 초점을 맞춘 채널과 프로그램(과학 소설 등)과 같이 교육적 측면이 있는 엔터테인먼트.

사물 통신, 엠투엠(machine to machine or M2M)

두 기계가 상호 작용할 수 있게 하는 내장형 하드웨어를 사용한 장치 간의 직접 통신. 예컨대 은행으로부터 인가를 받아 자금을 출납하는 현금 자동 입출금기(ATM), 또는 올바른 코드가 입력되지 않을 경우 보안 회사에 알리는 홈 알람 시스템 등이 있다.

연방통신위원회(Federal Communications Commission or FCC)

1948년 〈통신법〉에 따라 설립된 미국의 독립 정부 기관. 미국 연방통신위원회 산하에는 7국과 11부속실, 5명의 위원이 있으며, 라디오, 텔레비전, 유선, 케이블, 위성을 통한 모든 국내 통신을 규제하는 역할을 담당한다. 이 역할 안에서 연방통신위원회는 모든 상용 주파수를 규제하고 전용 주파수를 사용하는 개인 또는 기업에 면허를 요구하므로 기술에 통신 기능이 있는 상용 우주 기업은 연방통신위원회 면허를 취득해야 한다.

오픈 소스(open source)

자유롭게 사용할 수 있도록 허가된 제품. 오픈 소스에 관한 아이디어는 소프트웨어 개발의 개선 수단으로서 열린 협업을 확대하려는 움직임으로 소프트웨어 영역에서 시작되었다.

우주 기상(space weather)

자기권과 같은 지구 대기권 밖 영역을 포함하는 태양계 내의 태양풍과 자기 폭풍 등 다양한 조건. 우주 기상은 우주선의 전자 장치와 궤도, 우주선과 지상 시스템 사이의 신호, 우주에서의 인간의 안전, 그리고 심지어 상업 항공에서의 인간의 안전에도 부정적인 영향을 미칠 수 있다. 이는 주로 우주 기상과 이에 뒤따르는 현상으로 인해 방사선과 높은 에너지를 띤 대전 입자가 증가하는 결과이다.

우주 내 제조(in-space manufacturing)

지구 대기권 밖에서 물질을 생산하는 일. 오늘날 우주 내 제조는 대부분 국제 우주 정거장에서 도구 등 필요한 물건을 적층 제조하는 데 한정되어 있지만, 나사는 장기적인 임무를 위해 지속 가능한 우주 내 제조 능력을 갖추기 위해 노력하고 있다. 우주 내 제조는 우주선, 제어 시스템, 그리고 심지어 우주 주거를 유지, 재활용, 수리, 제작하는 데 도움이 될 것이다. 적절한 로봇 공학의 도움으로 우주 내 제조와 조립은 지구에서 만들고 완성된 구조물을 우주로 옮기는 것보다 더 나은 대안이 될 수 있다. 특히 미소 중력 환경에서 건설하는 것이 지구에서 하기보다 훨씬 더 쉽기 때문이다.

우주 발사체 또는 운반 로켓(launch vehicle or carrier rocket)

지구에서 우주로 페이로드를 운반하는 능력을 갖춘 로켓. 페이로드는 인간 승무원, 위성, 과학 재료, 화물, 로봇 시스템 등 기본적으로 운반할 수 있는 모든 것이 될 수 있다. 나사는 탑재 중량을 기준으로 발사체를 소형 리프트, 중형 리프트, 대형 리프트, 초대형 리프트로 분류한다.

우주 쓰레기 또는 궤도 쓰레기(space debris or orbital debris)

지구에서 제어하지 못하고 궤도에 남아 있는 우주선 등 인공 파편들. 우주 쓰레기는 운용 중인 우주선에 충돌해서 시스템이 손상되거나 파괴될 수 있기 때문에 위험이 된다. 궤도가 높을수록 우주 쓰레기는 더 오래 남는다. 지구 저궤도의 잔해는 몇 년 안에 지구 대기권으로 떨어지지만, 지구 정지궤도의 잔해는 수백만 년 동안 존속할 것이다. 현재 큰 우주 잔해(10cm 이상)는 2만 3,000개, 1~10cm 잔해는 50만 개, 그리고 1cm 미만의 작은 파편은 1억 개 이상이 있다. 우주 쓰레기가 서로 충돌하면서 더 작은 조각들로 부서진다. 우주 쓰레기는 특히 위성군의 증가로 심각한 위협으로 떠오르고 있다.

우주 쓰레기 문제 완화(space debris mitigation)

우주 쓰레기 생성을 제한하고 방지하는 기술. 여기에는 조작 기술, 작은 파편의 충격을 견딜 수 있는 위성 설계, 수명이 다한 위성을 지구 정지 궤도 300km 위에 있는 이른바 '묘지 궤도(graveyard orbit)'에 보내는 방안, 위성을 해체할 때 궤도에서 폭발하는 것을 막기 위해 에너지 비축량을 줄이는 방안 등이 포함된다. 나사, 유럽우주기구와 전 세계 9개의 다른 우주 기관이 모여 국제우주쓰레기조정위원회(IADC)를 구성해서 향후 우주 쓰레기를 줄이기 위한 국제 표준 제정에 나섰다.

우주 왕복선 계획(Space Shuttle program)

아폴로 계획에 이은 나사의 유인 우주 비행 프로그램. 1972년 닉슨 대통령이 시작한 우주 왕복선 프로그램은 최초로 재사용 가능한 로켓이었고, 원래는 다양한 국익을 위해 1년에 50번 비행할 계획이었다. 2011년까지 계속된 이 프로그램은 진행 속도가 느리고 비용이 많이 들었다는 점, 고작 135회 비행에 그쳤다는 점, 과학 및 탐사 성과가 미미하다는 점 등의 비판에 직면했다. 우주 왕복선 프로그램은 아폴로 계획에서 크게 후퇴했고, 1986년 챌린저 우주 왕복선 폭발과 2003년 컬럼비아호 참사는 나사에 더 큰 걸림돌이 되었다.

우주 자원 계획(Space Resources Initiative)

우주 자원 채굴에 초점을 맞춘 상업 기업들에 자금을 지원하기 위해 2016년 출범한 룩셈부르크우주국의 계획. 룩셈부르크우주국은 처음에 딥 스페이스 인더스트리와 플래니터리 리소시스라는 두 자원 채굴 회사에 투자했지만, 둘 다 나중에 다른 회사에 인수되었다. 하지만 룩셈부르크우주국은 벤처 기업의 고위험성 때문에 단념하지 않고 민간 기업에 자금 지원을 계속해 50개 이상 기업이 룩셈부르크에 사무소를 개설하는 결과를 가져왔다.

우주 자원 채굴(space resource mining)

소행성과 같은 지구 근접 천체로 분류되는 천체에서 귀중한 성분을 추출하는 일. 우주에는 철, 백금, 물, 희토류 원소 등 자원들이 있을 것으로 기대되는 지구 근접 천체가 10만 개 정도 있다.

우주 탐사(space exploration)

망원경이나 카메라를 이용한 원격 탐사, 로봇 탐사선이나 우주 비행사를 통한 물리적 탐사 등 다양한 기술과 과학을 활용해서 지구 밖을 탐사하는 일. 천문학 관측은 초기 인류 문명으로 거슬러 올라가지만, 물리적 우주 탐사는 1950년대 후반의 우주 경쟁 기간에 시작되었다.

우주과학진흥센터(Center for the Science in Space or CASIS)

나사가 자금을 대지만, 나사 자산은 아닌 국제 우주 정거장 미국국립실험실(US National Laboratory)을 관리하는 비영리 단체이다. 우주과학진흥센터는 과학, 의학 및 기술 연구 기회를 개발하고, 선별된 민간 기업에 시드 자금을 지원하고 우주에 접근할 수 있게 한다.

우주선(spacecraft)

우주 공간으로 발사되어 우주 환경에서 작동하도록 특별히 설계된 운송 수단 또는 기계. 인공위성, 우주 정거장, 스페이스 셔틀, 우주 캡슐, 탐사선, 우주 탐사용 로켓 등은 모두 우주선의 한 형태이다. 우주선은 종종 유인 우주선과 무인 우주선으로 분류하기도 한다.

우주선 기지, 우주 공항(spaceports)

'코스모드롬(cosmodrome)'으로도 알려진 우주선 발사와 착륙 장소. 케네디우주센터는 우주 공항의 한 예이다.

우주여행(space tourism)

유흥 목적의 인간 우주여행. 우주여행 비용이 극도로 비싸서 그동안 우주 관광을 체험한 사람은 극소수에 불과했지만, 버진 갤럭틱을 비롯한 상업 기업들은 본격적인 우주 관광 산업 구축에 주력해 왔다.

우주와 주요 재난에 관한 국제 헌장(International Charter: Space and Major Disasters)

주요 재난 발생 시 구호 단체에 위성 데이터와 서비스를 무료로 제공하는 데 초점을 맞춘 국제 활동. 이 활동은 유럽우주기구와 프랑스 정부 우주국인 프랑스국립우주연구센터(CNES)가 시작했고 2001년에 공식적인 활동으로 자리 잡았다. 이 헌장은 구속력이 없으며, 현재 미국 해양대기청과 러시아, 일본, 독일, 인도, 중국, 한국의 정부 우주 기관 등 17개 서명국이 있다. 2019년 기준으로 지진과 쓰나미, 2014년 에볼라 발생에 이르는 전 세계 재난을 돕기 위해 거의 600개에 달하는 활동을 하고 있다.

원격 탐사(remote sensing)

위성이나 항공기를 사용해서 멀리서 지표면의 목표 지역에 관한 정보를 수집하는 일. 원격 탐사는 전체 전자기 스펙트럼의 일부를 포착하는 이미징 역량에 의존한다. 원격 탐사 데이터는 다른 응용 분야 중에서도 날씨 및 환경 모니터링, 농업, 추적 및 지도 작성에 유용하다.

위성(satellite)

궤도 위에 있는 천체. 자연적인 것(달, 행성 등)과 인공적인 것(스푸트니크 1호, 허블 우주 망원경 등)을 포함한다. 인공위성은 통신, 지구 위치 측정 및 항법, 지구 관측과 같은 특정한 목적을 위해 의도적으로 특정 궤도(예컨대 지구 저궤도, 지구 동기 궤도 등)에 배치한 위성이다.

위성군(constellation)

일반적으로 전통적인 위성보다 훨씬 작지만, 하나의 응집력 있는 시스템으로 작동해서 훨씬 크고 훨씬 비싼 위성의 힘과 성능에 필적하는 인공위성 무리. 한 가지 주목할 만한 위성군의 특징은 비용을 많이 들이지 않고 개별 위성을 교체할 수 있다는 것으로, 같은 기능을 하는 전통적인 단일 위성보다 더 지속 가능한 대안이 될 수 있다.

위성 요격 체계, 공격 위성(anti-satellite or ASAT)

군사적 또는 전략적 이유로 목표 위성에 손상을 가하거나 무력화하거나 파괴하기 위해 설계된 무기. 전 세계에서 미국, 러시아, 중국, 인도만 자신들의 능력을 증명하기 위해 자국 위성을 요격해서 떨어뜨리는 ASAT 시험을 시행했다. ASAT 무기는 현재까지 다른 나라에 대항하거나 전쟁에 사용되지 않았다.

위투 2호(Yutu-2)

중국국가항천국이 개발한 로봇 달 탐사선. 2019년 1월 3일 달 탐사선 창어 4호를 통해 달 뒷면에 설치되었다. 위투 2호는 주로 달의 지리와 지질을 탐사해 왔으며 여전히 작동 중이다.

윈포커스(WINFOCUS)

세계 초음파 중심 쌍방향 네트워크(World Interactive Network Focused on Critical Ultrasound)의 두문자어로 세계의 열악한 지역에 의료 서비스를 제공하기 위해 초음파 진단기를 현장 진료 장치로 사용하는 데 전념하는 과학 네트워크이다. 윈포커스는 국제 우주 정거장 우주 비행사들을 위해 개발된 사례를 채택해서 2만 명이 넘는 의사와 의료인이 원격 안내를 통해 빠르고 복잡한 절차를 수행할 수 있도록 훈련했다.

유럽우주기구(European Space Agency or ESA)

유럽 22개 회원국을 위한 정부 간, 다국적 우주 기구. 1975년에 설립된 유럽우주기구는 우주에서 평화로운 유럽의 존재 유지, 유럽 국가 간의 협력, 과학 기술 연구 추구 등에 초점을 맞추고 있으며, 이 모든 것이 유럽 시민들의 삶의 질, 경제, 안전, 지식 향상을 목표로 하고 있다. 최근 몇 년 동안 유럽우주기구는 유럽의 뉴 스페이스 스타트업을 지원하기 위한 프로그램과 계획을 만들어 왔다. 유럽우주기구는 국제 우주 정거장에 참여하는 다섯 개 우주 기관 중 하나이며, 과학 연구를 위한 실험실인 콜럼버스, 국제 우주 정거장의 유틸리티 허브인 하모니, 관측 모듈인 큐폴라, 영구 다목적 모듈인 레오나르도, 지원 시스템 모듈인 트랜퀼리티 등 다섯 개의 모듈을 비롯한 다양한 기술 시스템을 지원하고 있다. 유럽우주기구는 또한 국제 우주 정거장의 교육 자료를 학생들이 온라인으로 이용할 수 있도록 개방했다. 회원국은 오스트리아, 벨기에, 체코, 덴마크, 에스토니아, 핀란드, 프랑스, 독일, 그리스, 헝가리, 아일랜드, 룩셈부르크, 네덜란드, 노르웨이, 폴란드, 포르투갈, 루마니아, 스페인, 스웨덴, 스위스, 영국이다. 캐나다와 슬로베니아는 준회원국이다. 각 회원국의 참여 정도는 각기 다르며, 대부분 회원국은 고유한 국가 우주 프로그램을 가지고 있다. 유럽우주기구는 또한 유럽연합과 협력하고, 유럽 연합과 회원국들로부터 자금을 받고 있다.

유엔 우주공간평화이용위원회(United Nations Committee on the Peaceful Uses of Outer Space or COPUOUS)

유엔 우주공간평화이용위원회는 어떤 나라도 우주 환경을 무기화하거나 군사화하거나 오용하지 않도록 국제적인 우주 환경 정책과 협정을 제정하는 것을 목표로 하는 유엔 산하 위원회. 1958년에 설립되었으며, 유엔 우주공간평화이용위원회는 우주 조약(Outer Space Treaty, 1967년 발효), 구조 계약(Rescue Agreement, 1968년 발효), 책임 협약(Liability Convention, 1972년 발효), 우주 발사 물체 등록에 관한 협약(Registration Convention, 1976년 발효), 달 조약(Moon Treaty, 1984년 발효) 등 UN이 만든 5개의 우주 관련 조약을 감독하는 역할을 맡고 있다.

응용 프로그래밍 인터페이스(application programming interface or API)

사용자가 다른 시스템의 기능에 접속해서 사용할 수 있는 컴퓨팅 도구 세트.

이중 용도(dual use)

민간과 군사 목적 양쪽으로 설계되거나 사용될 수 있는 장비 또는 기술.

인공 지능(artificial intelligence or AI)

'스마트한' 기계를 통해 인간의 '지능'을 모방하려는 컴퓨터 과학 기술. 오늘날 존재하는 대부분 인공 지능은 기술이 특정한 기능을 수행하도록 프로그래밍되고 알고리즘을 사용해서 해당 기능을 최적화하는 머신 러닝을 기반으로 한다. 우리가 흔히 공상 과학 영화에서 보는 범용 인공 지능, 진정한 인공 지능, 하드 인공 지능 등으로도 알려진 온전히 지각력이 있고 스스로 생각하고 느끼고 행동할 수 있는 인공 지능은 오늘날 실제로 우리가 가진 인공 지능이 아니다. 소프트 인공 지능이라고도 불리는 우리의 인공 지능은 극도로 제한적이고 프로그램된 기능만 수행할 수 있다. 하지만 소프트 인공 지능은 그 능력으로 많은 산업에 혁명을 일으켰고 연구가 계속되면서 계속 발전할 것이다.

인도우주연구기구(Indian Space Research Organization or ISRO)

1969년 창설된 인도 정부의 우주국. 인도우주연구기구는 특히 전 세계 위성들의 저가 발사 옵션 역할을 하는 극지 위성 발사체로 최근 수십 년 동안 관심을 끌었다.

인텔샛(Intelsat)

세계 최초로 상업용 위성을 발사하는 책임을 지고 1964년 설립된 위성 통신 서비스 제공 업체. 미국에 본부를 두고 주로 미국에서 운영되는 국제전기통신위성기구(ITSO 또는 INTELSAT)로 불리는 정부간 컨소시엄으로 설립되었던 인텔샛은 가장 큰 상업 위성 통신 서비스 제공 업체 중 하나이자 최초로 세계화된 광대역 서비스 네트워크였다. 국제 통신 위성 산업이 상업 부문에 개방된 지 얼마 되지 않은 2001년 인텔샛은 민영화되었다.

인포테인먼트, 정보 오락 프로그램(infotainment)

'소프트 뉴스(soft news)'의 한 형태 또는 일반적으로 엔터테인먼트 미디어에 정보가 포함된 정보와 오락의 조합.

인프라, 사회 기반 시설(infrastructure)

시스템이나 비즈니스 또는 산업을 운영하는 데 기반이 되는 물리적, 조직적 기본 구조.

일본우주항공연구개발기구(Japan Aerospace Exploration Agency or JAXA)

일본의 국가 우주 기관. 2003년 우주및우주과학연구소(ISAS), 일본국립항공우주연구소(NAL), 일본국립우주개발기구(NASDA) 등 3개의 우주 중심 단체의 합병으로 설립되었으며, 연구, 기술 개발, 위성 발사, 기타 소행성 및 달 탐사 등 우주 임무를 담당하게 되었다.

장정 로켓(Long March)

중국국가항천국이 운영하는 주요 로켓 계열. 장정 로켓은 소모성 발사 시스템이며 2020년까지 300회 이상 발사되었다. 1970년 발사된 이 로켓 계열의 첫 모델인 장정 1호는 중국 최초의 위성이며, 이 위성 발사로 중국은 세계에서 다섯 번째로 위성 발사에 성공한 국가가 됐다.

재사용 가능성(reusability)

우주선, 발사 시스템 또는 발사 시스템의 특정 구성 요소를 두 번 이상 사용할 수 있는 것. 재사용 가능한 시스템의 개발은 복잡하고 비용이 많이 들기 때문에 우주 분야에서 재사용 가능성은 드물다. 하지만 발사 비용을 절감하고 자원을 보존할 수 있어서 증가하는 추세다. 대조적으로 대부분 발사 시스템은 소모성이었다. 이는 단 한 번만 날 수 있고, 궤도를 벗어나서 연소하거나 잔해가 버려질 수 있음을 뜻한다.

재사용 발사체(reusable launch vehicle or RLV)

두 번 이상 사용할 수 있는 우주선. 재사용 발사체는 발사, 궤도 도달, 궤도 이탈, 그리고 지구 대기로 재진입, 관제 받는 착륙이라는 과정을 거쳐 회수할 수 있다. 성공적인 재사용 발사체에는 나사 우주 왕복선, 스페이스X의 드래건 우주선, 보잉의 CST-100 스타라이너 유인 캡슐 우주선 등이 있다.

적층 제조 또는 3D 프린팅(additive manufacturing or 3D printing)

컴퓨터 이용 설계(CAD) 모델(디지털 파일)을 사용해서 인쇄 재료를 층층이 추가해서 3차원 물체를 생성하는 기술.

전자기 펄스(electromagnetic pulse or EMP)

순간적으로 전압과 전류가 급증하는 현상을 일으키는 전자기 에너지의 폭발. 전자기 펄스는 펄스의 규모와 위치에 따라 전자 장치나 시스템에 손상을 주거나 파괴할 수 있으며, 따라서 그 영향이 우리가 의존하는 전자 시스템을 무력화할 수 있기 때문에 매우 위험하다. 전자기 펄스는 번개나 태양 표면의 폭발로 인해 자연적으로 생성될 수도 있고, 핵폭발이나 전자기 펄스를 생성하도록 설계된 다른 무기를 통해 인공적으로 생성될 수도 있다.

정밀 농업(precision agriculture)

인공위성, 센서, 사물 인터넷, 빅 데이터와 같은 기술을 사용해서 농작물 관리의 효율성을 향상하는 영농 전략. 정밀 농업은 토양의 수분, 온도, 생육 형태 등을 관찰하고, 언제 얼마만큼 물을 주고, 병해충 관리를 어떻게 해야 하는지, 언제 어디에 씨앗을 심어야 하는지, 언제 수확해야 하는지 등 농작물이 번성하는 데 필요한 정확한 정보에 따라 결정을 내린다. 정밀 농업은 자원을 절약하는 동시에 농작물을 건강하게 개선하고 농작물 생장을 극대화하기 위해 우리가 가진 기술 발전을 활용한다.

정부 목적권(government purpose rights)

정부가 당사자인 활동(예컨대 상업 기업과의 정부 계약, 국제 협력 협정, 국제 판매 또는 이전)을 포함해서 정부 내의 데이터 또는 컴퓨터 소프트웨어에 대해 예컨대 자료의 사용, 수정, 공개 및 배포 등 모든 조처를 아무런 제한 없이 할 수 있는 미국 정부의 법적 능력. 정부 목적권으로 정부는 앞서 언급한 자료를 어떤 정부 목적으로든 사용할 수 있지만, 이런 자료를 상업적 목적으로는 사용할 수 없다. 상업 기업의 경우 이런 목적권은 정부 계약, 보조금 또는 기타 기금에 따라 개발된 기술이나 소프트웨어와 관련된 지식 재산권으로 확장된다.

조망 효과(Overview Effect)

1987년 프랭크 화이트가 우주에서 지구를 바라보는 인간이 경험하는 현상을 묘사하기 위해 만든 용어. 우주에서는 관찰자가 보편적인 유대감과 공감과 같은 감정에 압도된다. 이런 인식의 변화는 많은 우주 비행사가 오염되기 쉬운 우리 지구를 보호하고 보존하기 위해 한데 뭉치는 인류애가 가장 중요하다고 느끼게 한다.

준궤도 우주 비행(suborbital spaceflight)

카르만 선(Kármán line) 아래 지구 대기권에서 일어나는 비행. 준궤도 우주 비행 물체나 우주선은 여전히 지구 중력의 영향을 받기 때문에 궤도에 머물기보다는 지구로 당겨진다. 많은 회사에서 발사 시험에 준궤도 우주 비행을 이용한다. 준궤도 우주는 대부분 개발되지 않은 성장 시장으로 여겨진다. 준궤도 우주 비행은 이미 과학 실험에 사용되고 있고, 우주 관광에 초점을 맞춘 신흥 상업 회사들은 준궤도 우주 비행을 통해 우주여행 서비스를 제공할 것이다.

준궤도 우주선(suborbital vehicle)

준궤도 비행용으로 특별히 설계된 우주선. 대부분 우주선의 속도가 준궤도나 궤도 우주 도달을 결정하지만, 상업 회사들은 궤도 우주선 기능을 예상하지 않고, 때에 따라서는 재사용 가능한 저비용 우주선을 개발해 왔다. 준궤도 우주선은 실험, 과학, 우주 관광용으로 운영될 것이다.

지구 관측(Earth observation or EO)

원격 탐사 기술을 사용해서 지구에 관한 정보를 수집하는 일. 지구 관측 데이터는 일반적으로 물리적, 화학적 또는 생물학적 시스템에 초점을 맞추고, 날씨와 환경의 변화를 감지하는 데 도움이 된다. 장기 지구 관측 데이터는 시간이 지남에 따른 특정 영역의 변화를 설명하는 데 사용되며, 이를 통해 변화의 원인과 변화의 영향에 관한 통찰력을 얻을 수 있으며, 정보를 가지고 변화에 대응할 수 있다.

지구 근접 천체(near-Earth object or NEO)

태양 둘레를 공전하고 궤도가 지구 궤도와 가깝거나 교차하는 소행성과 혜성, 유성체들. 대부분의 지구 근접 천체는 소행성이며, 2020년 6월 1일 기준으로 2만 3,000개를 나사가 추적하고 있다. 지구 근접 천체는 지구에 충돌할 가능성을 최소화하기 위해 면밀히 추적, 감시한다. 이들은 또한 우주 자원 채굴의 주요 대상으로 본다.

지구 동기 궤도(geosynchronous orbit or GSO)

해발 3만 5,786km 고도에 있는 궤도. 지구 동기 궤도에서는 위성이 지구의 자전 주기와 정확히 일치해서 궤도를 돌기 때문에 특정 지역을 항상 감시한다. 따라서 시간이 지남에 따라 해당 지역의 변화를 탐지할 수 있는데, 이는 군사 통찰력, 농업, 위성 라디오, 통신에 유용하다. 지구 정지 궤도는 정지 동기 궤도의 일종이다.

지구 저궤도(low Earth orbit or LEO)

해발 180~2,000km 상공의 지리적 영역이다. 지구 저궤도는 인류의 대부분 우주 활동이 일어나는 곳이며, 현재 우주에서 가장 경제적으로 실현 가능한 지역으로 여겨진다. 지구 저궤도에는 많은 통신, 원격 탐사, 지구 이미징 위성이 있다. 현재까지 모든 우주 정거장을 수용하고 있으며, 국제 우주 정거장이 상주하는 곳이다. 아폴로 계획을 제외한 모든 유인 우주 비행이 지구 저궤도에서 이루어졌다.

지구 정지 궤도(geostationary orbit or GEO)

지구 동기 적도 궤도로도 알려진 지구 정지 궤도는 해발 3만 5,786km 위에 있으며 지구의 자전 주기와 일치하면서 적도와 고정되어 있다. 따라서 지구 정지 궤도에 있는 물체들은 하늘에 정지한 것처럼 보인다. 지구 정지 궤도 위성은 지구상의 사업자가 수신기를 조정할 필요 없이 폭넓은 지역을 일관되게 관측한다. 적도 상공에 자리 잡은 지구 정지 궤도 위성은 우주의 모든 위치에서 가장 넓은 영역, 즉 지구 표면의 약 42%를 커버한다. 따라서 지구 정지 궤도 위성은 통신과 기상 모니터링에 특히 적합하다.

지구 중궤도(medium Earth orbit or MEO)

해발 2,000~3만 5,786km 고도의 궤도. 지구 중궤도에는 GPS와 같은 위성 위치 확인 및 내비게이션 기능을 제공하는 위성 항법 시스템뿐만 아니라 통신 위성군도 있다. 지구 중궤도는 지구 저궤도와 지구 동기 궤도 사이에 있다.

지리 공간 빅 데이터(geospatial Big Data)

지리 공간 빅 데이터는 지리적 요소를 가진 정보이며 종종 지구 관측 위성과 원격 탐사 기술을 사용해서 엄선한다. 지리 공간 빅 데이터 또는 공간 빅 데이터(spatial Big Data)는 컴퓨팅 시스템 용량을 초과하는 데이터 집합을 말한다. 모든 데이터의 최소 80%는 본질적으로 특정 지역과 관련 있으며, 이런 데이터가 기하급수적으로 늘어나고 있다. 증가율 자체가 과제를 던지지만, 지리 공간 빅 데이터는 복잡한 글로벌 과제를 감지해서 적절한 해법을 개발할 수 있다는 점에서 독보적이다.

지속 가능한 비즈니스 모델(sustainable business model)

주요 서비스 또는 제품을 통하거나 이와 더불어 사회적 이익을 포함하는 비즈니스 구조와 가치. 지속 가능한 비즈니스 모델은 일반적으로 더 폭넓은 산업 문제를 해결하고 본질적으로 경제적인 것만이 아닌 진정한 성장을 이끄는 중요한 사회적 가치를 창출한다.

지식 재산권 라이선싱(intellectual property licensing or IP)

종종 일정 기간이나 특정용도 등 제한된 조건으로 지식 재산권을 이용할 수 있도록 허용하는 지식 재산권 소유자와 지식 재산권 사용자 간의 계약. 라이선싱을 통해 지식 재산권 소유자는 지식 재산권에 대한 권리를 계속 보유하며, 지식 재산권 사용자는 지식 재산권을 소유하기 위해 비용을 지불하거나 독자적인 지식 재산권을 개발하는 데 시간과 돈을 들이지 않고도 귀중한 정보에 접근할 수 있다. 대부분 지식 재산권 라이선싱은 대학이나 연구 기관, 상업 기업 또는 개인 발명가에게서 나온다.

진화한 소모성 우주 발사체 개발 프로그램(Evolved Expendable Launch Vehicle or EELV)

1994년 미국 국방부를 위한 비용 효율적인 발사체를 만들기 위한 노력의 일환으로 시작된 미국 정부의 프로그램. 이 프로그램으로 델타 IV와 아틀라스

V 발사체가 만들어졌다. 2019년 이 프로그램의 명칭은 국가 안보 우주 발사 (NSSP) 프로그램으로 변경되었다.

차세대 우주 탐사 기술 파트너십-2(Next Space Technologies for Experimentation Partnerships or NextSTEP-2)

나사가 우주에서 무수한 목표를 달성하는 데 도움이 되는 상업적 개발 기회에 초점을 맞춘 민간 부문과 공공 부문 간의 파트너십 모델. 차세대 우주 탐사 기술 파트너십은 상업 우주 기업들에 제안서를 요청하고, 나사는 12개 회사를 선정해서 과업 지시 계약을 체결했다. 차세대 우주 탐사 기술 파트너십-2의 첫 번째 단계는 우주 주거 프로토 타입 개발에 초점을 맞추었고 6개 상업 회사와 과업 지시 계약을 체결했다. 이 회사 중 하나인 엑시엄 스페이스는 2020년 1월에 국제 우주 정거장에 부착할 상업 모듈 개발 업체로 선정되었다.

창어(Chang'e)

중국국가항천국 달 탐사 프로그램의 달 궤도 선회 우주선. 지금까지 달 탐사 프로그램의 첫 두 단계(궤도 임무와 연착륙, 탐사)를 완료한 네 개의 창어 궤도 선회 우주선이 있다. 향후 창어 궤도 선회 우주선은 달 샘플을 지구로 가져오는 임무를 완료하고 최종적으로 달에 로봇 연구소를 건립할 계획이다. 창어 4호는 2019년 1월 달 뒷면에 착륙해서 달 탐사선을 설치했다.

창업자 증후군(founder's syndrome)

기술 기업이나 비영리 기업 세계에서 자주 언급되는 것으로 기업의 창업자가 조직 구조의 변화(특히, 자신의 권한이나 자신이 지정한 주요 권한을 포기해야 할 경우)에 저항하는 현상이다. 이 경우 창업자의 리더십이 회사와 다른 직원들을 숨 막히게 하고 피해를 줄 수 있다.

챌린저호(Challenger)

나사 우주 왕복선. 10번째 임무를 수행하는 도중에 구조적인 실패를 겪은 챌린저호는 폭발로 산산이 조각나서 7명 승무원이 전원 사망했다. 승무원 중 한 명은 우주에 간 최초의 교사가 될 뻔했다. 발사 73초 만에 일어난 챌린저호 참사는 미국에서 TV로 생중계되어 나사와 우주 비행의 안전에 대한 광범위한 언론 보도와 관심을 끌었다. 챌린저호 참사 결과로 나사는 이후 2년 반 동안 모든 우주 왕복선 임무를 중단했다.

초음속 비행기(supersonic flight)
음속보다 빠른 속도로 비행하는 비행기로 주로 군용으로 사용된다.

최소 요건 제품(minimum viable product or MVP)
얼리 어답터(대량 판매 시장에 앞서 새로운 제품이나 기술을 사용하는 초기 고객)를 만족시키고 투자를 유치하는 데 충분한 기능을 포함하는 초기 버전 제품. 최소 요건 제품은 완제품을 출시하기 전에 얼리 어답터들의 피드백을 모아 제품과 기능을 계속 개발하거나 수정하기 위한 방법이기도 하다. 시제품이라고도 한다.

출구 활동(exit activities)
사업에서 출구 활동 또는 출구 전략은 이익 목표에 도달했기 때문에(성공한 경우), 또는 손실을 제한하기 위해(실패한 경우) 회사에 투자한 자산이나 지분을 현금화하는 것을 말한다.

카르다쇼프 척도(Kardashev Scale)
1964년 소련의 천문학자 니콜라이 카르다쇼프는 문명의 기술적 진보와 에너지를 이용하는 능력에 기초해서 문명의 진보를 측정할 수 있는 이론적 척도를 만들었다. 유형 1(행성) 문명은 거주 행성이 모항성에서 받은 전체 에너지를 이용할 수 있다. 유형 2(항성) 문명은 특정 행성의 모항성에 해당하는 별의 전체 에너지를 이용할 수 있다. 구를 만들어서 어떤 항성을 둥글게 감싸서 항성이 발산하는 에너지를 행성으로 보내 이용한다는 다이슨 구 이론이 이 모델의

한 예이다. 유형 3(은하계) 문명은 모은하계 내 전체 에너지를 이용할 수 있다. 우리 인류가 이용하는 에너지는 지구가 태양으로부터 받는 전체 에너지 규모보다 5등급 낮은 수준이어서 인류 문명은 유형1 문명에도 못 미치는 유형 0 문명에 해당한다.

카르만 선(Kármán line)

국제항공연맹에서 정한 지구 대기권과 지구 저궤도를 가르는 경계선(우주가 시작되는 경계선)으로 해발 100km 고도를 기준으로 한다. 카르만 선은 지구 대기가 너무 엷어져서 항공 비행이 어렵게 되는 지점(실제로 이 지점은 해발 약 83.5km이다)을 처음으로 계산해 낸 헝가리계 미국인 천문학자 시어도어 폰 카르만의 이름을 따서 명명되었다. 카르만 선은 물리적인 용도와 함께 항공기와 우주선을 구분하는 법적, 규제 목적으로 사용된다. 2005년 나사와 미 공군은 우주 경계선의 정의를 해발 50마일(약 80km) 또는 카르만 선에서 12마일(약 20km) 아래로 변경했다.

캐글 경연 대회(Kaggle competition)

2010년 설립된 구글 자회사 캐글은 머신 러닝 경연 대회로 시작한 온라인 데이터 과학 커뮤니티로 현재 100만 명이 넘는 이용자를 보유하고 있다. 회원이면 누구든지 새로운 경연 대회를 시작(주최)할 수 있으며, 이 대회는 다른 커뮤니티 구성원이 참여할 수 있도록 게시된다. 뉴 스페이스 회사인 플래닛은 아마존 분지의 정확한 위성 데이터 레이블링(dataset labeling, 인공 지능을 만드는 데 필요한 학습 데이터를 입력하는 작업)을 위해 2017년에 캐글 경연 대회를 주최해서 이목을 끌었다.

케네디우주센터(John F. Kennedy Space Center or KSC)

나사의 10개 현지 센터의 하나이자 나사의 주요 유인 우주 비행 발사 장소. 플로리다 동부 해안의 메리트 섬에 자리 잡은 케네디우주센터 근처에는 케이프 커내버럴 미 공군 기지가 있다. 이 두 사이트는 다양한 분야에서 협력하고 있으며, 플로리다의 '스페이스 코스트(Space Coast)'로도 알려졌다. 케네디우주센터는 1962년 존 F. 케네디 대통령 재임 기간에 설립되었으며, 원래 이름은 나사발사운영센터(NASA Launch Operations Center)였다. 케네디 대통령이 암살된 지 일주일 만인 1963년 11월 29일 린든 B. 존슨 대통령이 현재의 이름을 부여했다. 케네디우주센터 발사에는 역사적인 아폴로 계획과 우주 왕복선 프로그램, 그리고 현재의 국제 우주 정거장 페이로드와 상업용 유인 우주선 프로그램 등이 포함된다.

케플러-452b(Kepler-452b)

2015년 케플러 우주 망원경으로 발견한 백조자리의 잠재적 행성. 케플러-452b는 우리 태양계로부터 1,400광년 떨어져 있지만, 모항성과의 거리가 태양과 지구의 거리와 흡사해 '생명체가 존재할 수 있는 영역'에 속하기 때문에 주목받고 있다. 그래서 지구 2.0이라는 별명이 붙었다.

콤샛(Communications Satellite Corporation or COMSAT)

미국 상업 위성 통신 회사. 1962년 존 F. 케네디 대통령이 서명한 〈통신위성법〉에 따라 설립된 주로 위성 기반의 세계적인 통신 회사이다. 연방에서 자금을 지원하며 상장되었다. 콤샛 설립은 민간 부문에서 주로 AT&T의 위성 통신 시장 독점을 막기 위한 것이었다.

퀀텀 컴퓨팅, 양자 컴퓨팅(quantum computing)

기존 컴퓨터는 2진법으로 작동하지만, 양자 컴퓨터는 3진법 시스템으로 작동하므로 기존 컴퓨터보다 훨씬 더 빠르게 복잡한 문제를 해결할 수 있다.

큐브샛, 큐브 위성(CubeSat)

일반적으로 피코 위성의 범주에 들어가는 소형 위성의 한 종류. 정육면체 모양이며 무게가 1.33kg 이하인 것이 특징이다. 큐브샛 설계는 1999년에 만들어졌으며, 2020년 초 기준으로 1,200개 이상의 큐브샛이 지구 궤도에 배치되어 있다. 큐브샛은 특히 제작비가 싸다. 일반적으로 개당 10만 달러 정도지만, 아주 기본적인 모델은 5만 달러 정도여서 대학과 학생들도 만들 수 있다. 큐브샛은 화물로 운송하고 국제 우주 정거장에서 전개하기에 적절한 소형이기 때문에 미소 중력 시험에 자주 사용된다.

크루 드래건(Crew Dragon)

사람을 안전하게 수송할 수 있는 스페이스X의 재사용 가능한 우주선으로 국제 우주 정거장을 오가는 나사 우주 비행사들의 우주 왕복선 역할을 할 것으로 기대되고 있다. 드래곤 2급 우주선 두 모델 중 하나인 크루 드래건은 국제 우주 정거장에 스스로 도킹할 수 있다.

키보(Kibō)

국제 우주 정거장 일본 실험 모듈(JEM)의 별명. 국제 우주 정거장에서 가장 큰 모듈이며, 일본우주항공연구개발기구가 국제 우주 정거장에 처음으로 기여한 것으로 2009년 조립이 완료되어 운영되고 있다. 키보는 의학, 생물학, 지구 관측, 천문학, 생명 공학 등 많은 과학 실험의 본거지이며, 우주에서 제조, 통신, 엔지니어링 시험이 가능하다. 상업적 기회와 교육적인 기회도 제공한다.

태양 전지 배열기(solar arrays)

단일체로서 에너지를 모으는 여러 개의 태양 전지판.

태양 폭발(solar flare)

태양의 흑점 근처 자기장 선들의 상호작용으로 인한 태양 표면의 갑작스러운 에너지 폭발.

테라 벨라(Terra Bella)

2009년에 설립되었으며 2014년 구글이 인수하기 전까지 스카이박스 이미징으로 알려진 상업 원격 탐사 회사. 뉴 스페이스 역사상 초기의 가장 중요한 가치 있는 인수 사례인 스카이 박스 매각은 상업 우주 산업에 대한 신뢰를 확립하는 데 기여한 투자자들의 출구 전략이 되었다. 2017년 원격 감지 및 지구 이미징 뉴 스페이스 기업인 플래닛이 구글로부터 테라 벨라를 매입했다.

테라포밍(terraforming)

지구 환경을 모방해서 인간이 거주할 수 있도록 하기 위해 다른 천체의 조건 (대기, 온도, 생태계 등)을 바꾸는 이론적 과정.

텔스타 1호(Telstar 1)

1962년 7월 10일 발사되어 미국과 유럽 간에 최초의 대서양 횡단 텔레비전 생방송을 전송한 나사의 통신 위성. 이 행성은 7개월 동안만 활동하다가 전송을 중단했지만, 오늘날까지 지구 저궤도에 남아 있다. 많은 사람이 중단 원인을 1962년 7월 미국이 실시한 스타피시 프라임(Starfish Prime) 핵 실험으로 발생한 전자기 펄스의 영향으로 믿고 있다.

통합 우주 계획(Integrated Space Plan or ISP)

1989년 우주 대기업 로크웰 인터내셔널이 우주 생태계를 시각적으로 표현해서 발표한 계획으로 우주 인프라의 다양한 요소들이 어떻게 조화를 이루는지 처음으로 보여 준다. 통합 우주 계획은 다음 세기 서방 세계의 우주 프로그램, 활동 및 개발 기회의 지도를 만들었다. 연대별로 필요한 개발을 구상하고 있으며, 미래 타임 라인 전반에 걸쳐 대단히 중요한 목표를 지정하고 있다.

투자, 혁신, 영감 수익률(Return on Investment, Innovation, and Inspiration or ROIII)

우주 분야에 대한 투자에서 얻은 이익을 측정하는 세 가지 척도. 비용 절감과 엄청난 재무적 수익, 기술 및 과학적 진보와 돌파구, 지구에서의 삶을 개선하도록 시민들에게 동기를 부여하는 일 등이다.

트라이코더(tricorder)

〈스타트렉〉의 공상 과학 세계에 나오는 탐지, 컴퓨팅, 기록이라는 세 가지 주요 기능을 갖춘 장치. 이 장치는 다양한 유형의 데이터를 수집하고 분석하는 데 사용된다(예컨대 외계 생명체를 스캔한 다음 세부 정보를 제공한다). 의료용 트라이코더는 이와 유사하게 환자를 스캔하고 의사에게 진단 정보를 알려 준다. 이 허구적인 장치는 실제 버전을 만드는 많은 시도에 영감을 주었다.

팰컨 9(Falcon 9)

스페이스X가 설계, 제작한 2단 중형 리프트 로켓. Falcon 9 제품군은 v1.0, v1.1 및 v1.2 풀 트러스트(Full Trust) 등 세 가지 버전으로 구성된다. 팰컨 9의 1단 부스터는 재사용이 가능하며 로켓에서 분리된 후 제어 착륙한다. 팰컨 9 설계는 2005년에 시작되었으며, 나사는 2006년에 스페이스X에 시드 머니를 제공하며 상업용 궤도 운송 서비스 계약을 체결하고, 2008년에 국제 우주 정거장 임무에 대한 상업 재보급 서비스 계약을 체결하면서 개발에 박차를 가했다. 나사의 계약은 스페이스X가 팰컨 9를 더 빨리 개발, 제작, 시험하는 데 도움을 주었지만, 이 로켓의 성공은 개발비를 전형적인 나사 개발비의 일부로 크게 줄여 나사에 큰 도움이 되었다. 2010년부터 시작한 팰컨 9는 첫 10년 동안 87회 발사되어 97.7%의 성공률을 보였다. 스페이스X는 앞으로 모든 팰컨 9 로켓을 재사용 가능한 스타십 모델로 교체할 계획이다.

팰컨 헤비(Falcon Heavy)

스페이스X가 설계, 제작한 2단 초대형 리프트 로켓. 팰컨 헤비는 팰컨 9 로켓의 파생 모델로 부스터를 재사용할 수 있도록 설계되었다. 팰컨 헤비는 현재 운용 중인 로켓 중 탑재 능력이 가장 큰 로켓이다. 2018년 첫 비행에서 일론 머스크의 테슬라 로드스터를 태양 궤도에 진입시켰다. 팰컨 헤비는 미 국방부, 미 공군, 나사, 상업 거래처들과 계약을 맺었다. 스페이스X는 팰컨 헤비급 로켓을 재사용 가능한 스타십 로켓으로 교체할 예정이다.

펀딩 갭, 부족 자금(funding gap)

기업이 현재 또는 향후 운영이나 개발을 지속하는 데 필요한 금액. 펀딩 갭은 기술, 제약, 우주 등 장기간의 연구 개발 기간과 값비싼 시제품 개발이 필요한 초기 단계 기업에서 자주 발생하며, 어느 순간 회사는 돈이 다 떨어져서 현금 투입 없이는 계속할 수 없다. 자금 부족은 외부 투자나 은행 대출과 같은 금융 수단으로 해소할 수 있다.

페이로드, 탑재 화물(payload)

발사체 또는 항공기의 운송 능력으로, 종종 우주 공간으로 운반할 수 있는 무게로 측정된다. 페이로드는 일반적으로 화물, 승무원, 위성 또는 과학 장비 등이다.

표면 탐사선(surface rover)

임무 목표에 따라 천체의 표면을 탐사하고 이미지, 지형의 샘플, 기타 데이터를 수집하도록 설계된 로봇 탐사선. 원격으로 제어하거나 자율 항행이 가능하다. 예컨대 화성 큐리오시티 탐사선은 원격으로 조종하기에는 너무 멀어서 인간이 조종하는 통신 시스템으로부터 일반적인 지시를 받은 후 대부분 자율적으로 항행했다. 표면 탐사선은 우주 탐사와 다른 행성들의 상태를 이해하는 데 매우 중요한 역할을 해 왔다.

피코 위성 또는 피코샛(picosatellite or picosat)

질량 0.1~1kg인 소형 인공위성의 일종.

하야부사호(Hayabusa)

2010년 역사상 처음으로 소행성 샘플을 지구로 가져온 일본우주항공연구개발기구의 우주선.

하이브리드 엔진(hybrid engines)

한 종류의 연료를 사용할 때의 불이익을 피하고, 특히 고체 연료 로켓 엔진의 고장 위험과 액체 연료 로켓 엔진의 기계적 복잡성을 줄이기 위해 액체 또는 가스 연료뿐만 아니라 고체 연료도 사용하는 로켓 엔진. 하이브리드 엔진은 액체 연료 엔진이나 고체 연료 엔진보다 훨씬 안전하며, 최근 적층 제조 기술이 향상되면서 하이브리드 연료에 이상적인 나선형 엔진 구조를 만들 수 있게 되었다. 하지만 하이브리드 엔진은 여전히 드물고, 고체 또는 액체 엔진보다 연구 개발이 부족하다.

하이퍼 로컬 기상 관측(hyperlocal weather monitoring)

위성, 기상 관측소, 지상에 가까운 전자 소스(예컨대 카메라, 비행기, 스마트폰) 등 다양한 센서를 사용해서 특정 위치의 기상 조건(기온, 풍속, 강수, 습도, 대기압 등)을 거의 실시간으로 제공하는 일. 따라서 하이퍼 로컬(동네와 같은 아주 좁은 지역) 기상 관측은 매일의 기상 점검에 편리할 뿐만 아니라 예컨대 항공 우주, 농업 등 기상 조건에 크게 의존하는 산업에 매우 정확하고 시기적절한 정보를 제공한다. 하이퍼 로컬 기상 서비스는 또한 더 정확한 예측을 위해 기존의 실시간 기상 데이터와 더불어 머신 러닝이나 사물 인터넷을 활용한다.

하이퍼 스펙트럼 이미징(hyperspectral imaging)

센서를 사용해서 매우 넓은 스펙트럼의 빛을 포착하고 분석하는 진보된 형태의 이미징 기술. 스펙트럼 이미징은 몇몇 파장 대역의 빛을 처리할 수 있지만, 하이퍼 스펙트럼 이미징은 분광학(물체가 내거나 흡수하거나 반사하는 색상에 기초한 물체 연구)을 사용해서 포착된 이미지의 각 픽셀에서 수십 또는 수백 개의 주파수대를 포착하고 처리할 수 있다. 따라서 하이퍼 스펙트럼 이미징은 분석하는 이미지에 대한 매우 상세한 데이터를 제공하고 한 위치에서 미세한 변화를 감지할 수 있어서 여러 산업, 특히 과학, 생물학, 감시, 천문학, 농업 등에 중요하다.

합성개구(合成開口) 레이더(synthetic-aperture radar or SAR)

위성 또는 항공기 등 이동 플랫폼에 장착함으로써 원격 탐사와 지구 이미징에 주로 사용되는 데이터 수집 유형. 합성개구 레이더는 신호를 처리해서 고해상도 2D 또는 3D 이미지 렌더링을 만들며, 구름 등 기상 조건이나 광량과 관계없이, 따라서 밤에도 지속해서 이미지화할 수 있기 때문에 특히 가치가 있다. 합성개구 레이더는 주로 짧은 시간에 넓은 영역을 감시하는 데 사용된다. 일반적인 용도에는 예컨대 기름 유출 범위 결정, 광물 매장량 위치 확인, 선박 위치 확인 등이 포함된다.

항공 우주 기업가(astropreneur)

우주 산업, 특히 뉴 스페이스에 참여하는 기업가.

해양대기청(National Oceanic and Atmospheric Administration or NOAA)

기후와 환경, 날씨, 해양을 관측하는 미국 상무부 산하 과학 기관. 미국 해양대기청은 1970년 미국 해안 및 측지 조사국(USC&GS), 기상국(Weather Bureau), 미국 수산위원회(US Commission of Fish and Fisheries) 등 기존 3개 기관이 합병해서 창설되었으며, 기상 예보, 기후와 날씨 변화 패턴 예측, 해양 및 해안의 보존 및 보호, 위험 기상 경고 등의 업무를 담당하고 있다. 미국 해양대기청은 임무 수행 역량 향상 노력의 일환으로 민간 부문 기업과 제휴하고, 기술 이전과 라이선스를 제공하며 중소 기업 혁신 연구 프로그램을 통해 자금을 지원하고 있다. 미국 해양대기청은 뉴 스페이스 회사인 스파이어 글로벌, 지오옵틱스 등과 성공적으로 제휴해서 GPS 전파 엄폐를 위한 개선된 저비용 데이터를 구매했으며, 기상 모델링과 예측 기능을 위해 상업 기업들과 지속해서 협력할 예정이다.

혁신의 확산(diffusion of innovations)

사회학자이자 언론정보학자인 에버렛 로저스가 1962년 발행된 동명의 저서에서 특정 문화에서 새로운 기술이나 아이디어가 퍼지는 양상을 설명하면서 제안한 이론. 로저스의 이론에 따르면 성공적인 혁신은 혁신 수용자에 따라 혁신가, 얼리어답터, 조기 다수자, 후기 다수자, 느림보의 다섯 단계로 확산한 다. 사회적 지위, 교육, 재무 유동성, 사회적 사고방식 같은 요소가 모두 개인 이 어떤 범주에 속하는지를 결정하는 데 한몫을 한다.

확장 가능한 주거(expandable habitats)

페이로드로 운반하기 쉽게 소형으로 운송한 후 목적지에 도달하면 확장하거 나 부풀릴 수 있는 구조물. 일단 완전한 구조로 확장된 주거는 인간이 생명을 유지할 수 있도록 내부 압력을 높여 지상의 압력 상태를 유지해야 한다. 현재 비글로우 에어로스페이스는 국제 우주 정거장에 확장 가능한 주거를 가지고 있다. 이 주거는 원래 2년간 시험하기로 하고 2016년에 설치되었지만, 나사가 비글로우 에어로스페이스와 적어도 2028년까지 국제 우주 정거장에 이 주거 를 유지하기로 계약을 연장할 정도로 성능이 기대치를 크게 초과했다. 이 주 거는 국제 우주 정거장에서 중요한 저장 공간으로 사용된다.

확정 계약(fixed-price contracts)

완료된 작업에 대한 지급금 또는 수수료를 미리 합의하고 해당 작업을 완료하 는 데 발생한 비용에 따라 변경되지 않는 계약의 유형. 일반적으로 확정 계약 은 지급될 금액을 정할 때 재료비, 인건비 등 모든 비용을 예상한다.

회원국(member states)

국제기구, 연방 또는 연맹의 구성원인 국가. 회원국은 기구가 정한 특혜(예컨 대 자금 지원, 투표권, 시설 및 자원에 대한 접근)와 의무(예컨대 재정 및 자원 기여, 참 여, 법률 및 조약 준수)를 공유한다. 예컨대 국제연합은 193개 회원국과 2개의 참관국이 있다. 참관국은 제한적으로 국제연합에 참여할 수 있다.

희토류 원소(rare Earth element or REE)

많은 현대 기술에 사용되는 지표면에서 발견되는 17개의 화학 원소. 네오디뮴과 프라세오디뮴은 풍력 터빈과 같은 에너지 동력인 자석에 필요한 희토류의 두 사례이다. 희토류는 비교적 풍부하지만, 농축된 상태로 발견되는 양이 거의 없고 채굴하기도 어렵다.

전문가

개러스 킨(Gareth Keane)

딥테크 소프트웨어 및 하드웨어 스타트업에 투자하는 프로머스 벤처스(Promus Ventures)의 파트너이다. 비즈니스와 전자 공학 양쪽 경력을 쌓은 킨 박사는 이전에 퀄컴벤처스(Qualcomm Ventures), 내셔널 세미컨덕터(National Semiconductor), 텍사스인스트루먼츠(Texas Instruments), PMC 시에라(PMC-Sierra), 기타 하드웨어와 소프트웨어 분야의 여러 기술 회사에서 근무했다.

규 황(Kyu Hwang)

데이터, 의사 결정 과학, 디지털 역량에 초점을 맞춘 경영 컨설팅 회사 디시전박스(DecisionBox)의 우주 산업 컨설턴트이다. 그는 이전에 소프트 뱅크, 에어버스, 빌.게이츠가 투자한 우주 스타트업 어스나우(EarthNow)의 부사장을 지냈다. 이전에 그는 미국 방위고등연구계획국에서 팰컨 프로그램(소형 극초음속 발사체 실험)에 참여했고, 미국 연방항공청 상업우주운송사무국에서 일했으며, 이후 오비털 사이언스, 샤퍼(Schafer), 패러건(Paragon), 아이데어(IDair), 스트라토론치(Stratolaunch) 등에서 일했다.

기예르모 쇤라인(Guillermo Söhnlein)

뉴 스페이스 발전에 큰 역할을 한 기업가이자 투자자이다. 그는 2003년 전 세계의 민간 우주 분야 활동을 장려하기 위해 국제우주기업가협회(IASE)를 설립했고, 2006년에는 초기 단계 우주 벤처 기업에 초점을 맞춘 엔젤 투자자 단체인 스페이스 에인절스 네트워크를 설립했다. 또한 수많은 성공적인 기술 회사와 해양 탐사 벤처 기업을 만들었다. 현재 심해와 극지방, 고고도, 우주 환경에서 잠수정 탐험을 조직하는 탐사 회사인 블루마블 익스프로레이션(Blue Marble Exploration)의 공동 설립자이자 CEO이다. 쇤라인은 또한 포르티보 홀딩스(Fortivo Holdings)의 설립자이자 경영진이기도 하며, 넥서스 벤처스(Nexxus Ventures)의 파트너, 시냅스MX(SynapseMX) 이사회 멤버, 웨이페이버 재단(WayPaver Foundation)의 이사장, 그리고 쿠보스(Kubos), 오빗팹, 스파이크 에어로스페이스의 고문을 맡고 있다.

노바 스피백(Nova Spivack)

다양한 스타트업과 벤처 투자 회사를 설립한 기업가이자 투자자이다. 그는 2015년 우주 데이터를 활용해서 인류 역사를 보존하려는 비영리 단체인 아치 미션 재단을 공동 설립했다. 현재까지 아치 미션 재단은 스페이스X, 스페이스 일, 스페이스 체인 같은 뉴 스페이스 회사들과 제휴해서 다양한 우주 도서관 을 개발해 왔다.

대니얼 카츠(Daniel Katz)

상업 및 민간 부문에 초점을 맞추고 농업에서 국방 및 첩보 분야에 이르는 시 장에 서비스를 제공하는 하이퍼 스펙트럼 모니터링 회사인 오비털 사이드킥 의 공동 설립자이자 CEO이다. 오비털 사이드킥은 현재 우주 정거장에서 탑재 물을 운영하고 있으며, 2021년까지 5개의 나노 위성군을 만들 계획이다. 카츠 는 예전에 스페이스 시스템스 로럴(Space Systems Loral)로 알려진 SSL에서 선 임 추진 엔지니어로, PGH 웡 엔지니어링(PGH Wong Engineering)에서 민간 조 사관과 기술 분석가로 일했다.

대니얼 파버(Daniel Faber)

항공 우주 및 광산 분야에서 스타트업을 성공적이고 수익성 있는 기업으로 성 장시킨 경력이 풍부한 노련한 기업가이며, 실리콘 밸리에 기반을 둔 궤도 내 연료 공급 스타트업인 오빗팹의 CEO이다. 그는 또 우주여행 문명 창조에 초 점을 맞춘 비영리 단체인 미국우주협회 자문위원회 위원이며, 개발하고 있는 우주 엔터테인먼트 회사인 스페이스 아레나(Space Arena)의 CEO이다. 파버는 그가 2005년에 설립한 인공위성과 소행성 채굴 등 다양한 우주 산업 하위 부 문에 초점을 맞춘 연구, 기술 개발 및 상업화 회사인 헬리오센트릭 테크놀로 지스(Heliocentric Technologies)의 사장 겸 최고 기술 책임자이기도 하다. 또한,

그는 딥 스페이스 인더스트리의 CEO로 5년 동안 일하면서 생존 가능한 기술 비즈니스를 구축하고 매출을 0에서 1,000만 달러로 끌어올렸다.

데니스 윙고(Dennis Wingo)

스카이코프의 설립자이자 CEO로 수십 년간 컴퓨터와 항공 우주 산업에 몸 담은 전문가이다. 스카이코프 이전에는 그린트레일 에너지 및 궤도 복구 회사(Greentrail Energy and Orbital Recovery Corporation)의 임원으로 일했다. 윙고는 달 개발 지지자이며, 여러 해 동안 달의 이점을 탐구하는 여러 논문을 발표해 왔다. 그의 저서 《Moonrush: Improving Life on Earth with the Moon's Resources》는 이 주제에 관한 책이다.

데이비드 A. 반하트(David A. Barnhart)

서던캘리포니아대학교 우주공학과 연구 교수이자 이 대학 우주공학연구소 공동 설립자이자 소장이며, 이 대학 정보과학연구소 우주 시스템 및 기술 부문 소장이다. 그는 이전에 미국 방위고등연구계획국의 선임 우주 프로젝트 매니저로 일했다.

데이비드 리빙스턴(David Livingstone)

현재 우주와 관련된 이슈에 초점을 맞춘 인터넷 라디오 방송인 〈더 스페이스 쇼〉의 설립자이자 진행자이다. 리빙스턴 박사는 또한 노스다코타대우주연구 대학원 겸임 교수이며, 미국과 국제 우주 회의의 단골 강사이다. 그는 우주 상거래에 관한 수많은 논문과 윤리 강령을 발표했다.

데이비드 코원(David Cowan)

유명한 투자가이자 기업가이다. 2001년 이후 〈포브스〉 마이더스 리스트에 14번 오른 후 '첨단 기술 벤처 캐피탈에서 최고의 거래 해결사'로 포브스 마이더스 리스트 명예의 전당에 올랐다. 현재 코원은 클라우드 인프라, 사이버 보안, 기술, 우주 기술 투자 분야의 세계적인 리더인 베세머 벤처 파트너스(Bessemer

Venture Partners)의 파트너이다. 그는 베세머 벤처 파트너스를 통해 로켓 랩과 스파이어 글로벌에 투자했으며, 현재 로켓 랩 이사회 멤버이기도 하다.

데죄 몰나르(Dezsö Molnár)

비행기와 자이로플레인(gyroplane) 조종사 면허를 가진 항공 기관사이자 정비사이다. 그는 미 공군 제트 수송기 조종사였고, 자동차 경주 선수 크레이그 브리틀러브의 '스피릿 오브 아메리카(Spirit of America)' 육상 스피드 레이싱 팀 일원으로 참여한 적이 있다. 그는 로켓 레이싱 리그(Rocket Racing League)의 로켓 비행기를 만들고 시험하는 팀원이었고, 오리지널 X프라이즈의 심사위원이었다. 몰나르는 트루액스 엔지니어링(Truax Engineering)에서 최초의 유인 우주 비행 전용 민간 로켓 추진 우주선인 X1 제작을 도왔다. 현재 캘리포니아주 로스엔젤레스에 있는 물을 주제로 하는 디자인 회사인 WET 디자인(WET Design)의 스태프 인벤터(staff inventor)이다.

돈 브란카토 (Don Brancato)

보잉의 수석 전략 설계자이며, 휴렛 패커드 엔터프라이즈(Hewlett Packard Enterprises)의 수석 기술자였다. 그는 미래를 대비한 시스템 인프라를 계획하고 구축하는 엔터프라이즈 설계자로 25년간 근무한 경험이 있으며, 첨단 항공 우주 및 보안 애플리케이션, 우주 및 항공 모델링과 시뮬레이션, 빅 데이터, 사물 인터넷 분야의 경험 등 방대한 기량을 지니고 있다. 브란카토는 또한 표준 저자이자 기조연설자로, 아치 미션 재단, 비오톱 프로젝트(bIoTope Project), 엑스플로리코(Xplorico)의 이사회 고문으로 활동하고 있다.

라팔 모드르제브스키(Rafał Modrzewski)

해양, 재난 관리, 보험, 금융, 보안 등 산업에 실행 가능한 레이더 위성 영상 정보와 서비스를 제공하는 뉴 스페이스 지구 관측 데이터 회사인 아이스아이의 공동 설립자이자 CEO이다. 아이스아이는 데이터를 자사의 합성개구 레이더 (비행기, 인공위성 등에 탑재해서 지표를 관찰하거나 사진을 찍는 고분해 능력 레이더)

소형 위성군에서 얻는다. 아이스아이는 또한 질량 100kg 미만인 합성개구 레이더 위성을 개발하고 발사한 세계 최초의 회사이기도 하다.

래리 니븐(Larry Niven)

세계에서 가장 유명한 공상 과학 소설 작가 중 한 사람이다. 그의 가장 잘 알려진 작품은 휴고 상, 로커스 상, 디트마 상, 네뷸러 상을 두루 수상한 《링월드》이다. 그의 작품 중 상당수는 다른 공상 과학 작가들, 특히 제리 퍼넬, 스티븐 반스와의 공동 작업으로 이루어졌다.

렉스 리데누어(Rex Ridenoure)

항공 우주 전자 및 우주 환경용 센서 시스템 설계 전문 회사인 이클립틱 엔터프라이즈 코퍼레이션(Ecliptic Enterprise Corporation)의 공동 설립자이자 CEO이다. 20년 이상의 우주 임무 엔지니어 및 시스템 설계 경력이 있는 리데누어의 이력에는 저비용 우주선 개발 임무가 포함되어 있다. 민간 우주 분야에서 근무하기 전에 나사의 제트추진연구소에서 임무 및 시스템 엔지니어로 11년을 일하면서 딥 스페이스 원(Deep Space One), 뉴 밀레니엄 프로그램(New Millennium Program), 보이저 넵튠 인카운터(Voyager Neptune Encounter) 등의 프로젝트를 수행했다. 딥 스페이스 원 프로젝트에 대한 공헌으로 그는 2002년 미국 항공우주학회 우주 시스템 상을 공동 수상했다.

롭 코니비어(Rob Coneybeer)

야망 있는 기업가에게 초점을 맞춘 초기 투자 회사인 샤스타 벤처스의 상무이사이다. 그는 우주, 로봇 공학, 증강 현실과 가상 현실, 커넥티드 홈(connected home) 등에 걸친 새로운 역량에 초점을 맞춘다.

리사 리치(Lisa Rich)

평생 기업가이자 많은 기업에 투자하는 벤처 캐피탈 투자자이다. 그녀는 합성 생물학, 로봇 공학, 드론, 우주 등 첨단 기술에 초점을 맞춘 초기 단계 벤처 캐피탈 회사인 헤미스피어 벤처스(Hemisphere Ventures)의 경영 파트너이다. 이 회사는 남편인 제프 리치와 함께 2014년에 설립했다. 헤미스피어 벤처스는 17개 민간 우주 분야 투자를 포함한 200개 이상의 회사에 투자해서 뉴 스페이스에서 두 번째로 활발한 벤처 캐피탈 투자자가 되었다. 참고로 스페이스 에인절스가 현재 뉴 스페이스에 22개 투자를 하고 있다. 또한, 리치와 그녀의 남편은 2017년에 민간 우주 탐사 회사 엑스플로어를 설립했고, 리치는 여기서 최고 운영 책임자로 일한다. 2000년에 그녀와 남편은 인터넷 최대 인용 웹 사이트인 브레이니쿼트(BrainyQuote)를 만들었다.

리처드 고드윈(Richard Godwin)

정부 및 민간 우주 연구와 관련된 지적 재산을 상업화해서 출시하는 데 초점을 맞춘 전략 개발 그룹인 스페이스 테크놀로지 홀딩스의 회장이다. 그는 또한 우주 비행을 위해 설계되거나 우주 비행에서 파생된 이중 용도 첨단 기술에 투자하는 벤처 캐피탈 투자사인 스타브리지 벤처 캐피탈(Starbridge Venture Capital)의 설립자이다.

릭 텀린슨(Rick Tumlinson)

텍사스주 오스틴에 본사를 둔 우주 벤처 캐피탈 회사인 스페이스펀드의 창립 파트너이다. 〈스페이스 뉴스〉에서 '우주 산업에서 가장 영향력 있는 한 사람'으로 선정한 텀린슨은 딥 스페이스 인더스트리(우주 자원 채굴에 초점을 맞춘 스타트업), 스페이스 프런티어 재단(우주 옹호 비영리 단체), 오비털 아웃피터스(Orbital Outfitters, 뉴 스페이스 제조 회사), 어스라이트 재단(Earthlight Foundation, 교육, 지지 활동 이벤트 등을 통해 우주 탐사와 우주 정착을 위한 활동을 확대하는 데 초점을 맞춘 비영리 단체) 등 다양한 우주 조직과 스타트업을 공동 설립했다. 우주를 옹호하는 전문 지식과 이력으로 텀린슨은 미 의회에서 우주 관련 문제를 6차례나 증언했다.

마이클 캐리(Michael Carey)

아틀라스 스페이스 오퍼레이션의 공동 설립자이자 최고 전략 책임자이다. 이 회사는 클라우드 기반 소프트웨어 플랫폼을 통해 우주에 저렴하게 접근하는 데 초점을 맞춘 미시간주에 있는 위성 통신 회사이다. 캐리는 또한 로스엔젤 레스에 있는 우주 기술 스타트업 액셀러레이터인 신디케이트 708의 고문직과 자신이 설립한 방위 및 리더십 자문 회사 사장직을 맡고 있다. 그는 34년간의 군 복무 경력과 인공위성 및 우주 작전에 관한 전문 지식을 보유한 미 공군 퇴역 장성이다.

마크 보겟(Mark Boggett)

런던에 본사를 둔 벤처 캐피탈이자 사모 펀드인 세라핌캐피탈의 CEO이자 경영 파트너이다. 세라핌캐피탈은 최초로 뉴 스페이스 분야를 지원한 벤처 펀드이다. 그는 2006년 세라핌이 설립된 해에 합류했다. 보겟은 1995년부터 투자 부문에서 일해 왔으며, 영국 스페이스 테크 에인절스(Space Tech Angels)의 이사이다.

마크 세레스(Marc Serres)

룩셈부르크우주국의 국장이다. 그는 또한 유럽우주기구의 룩셈부르크 대표 단을 이끌고 있으며, 유럽우주기구 이사회에서 룩셈부르크를 대표한다. 이전에 고등교육연구부에서 산업 정책 담당관으로 일하면서 룩셈부르크의 유럽 우주기구와의 관계를 관리한 바 있다. 정부 일을 하기 전에 그는 상업 위성 통신 산업 부문에서 일했다.

모니카 잰(Monica Jan)

버진 갤럭틱의 위성 사업부인 버진 오빗의 전략 및 고객 경험 부문 이사이다. 그녀는 딥테크와 우주 관련 스타트업에 초점을 맞춘 액셀러레이터인 신디케이트 708의 공동 설립자이자 전 경영 파트너이다. 노스롭 그루만에서 일하면 서 위성 전환 시스템 연구로 회장 혁신 상을 받았다. 펜실베이니아대 와튼 스쿨을 졸업했으며, 와튼 에인절 네트워크(Wharton Angel Network)의 부의장을 맡고 있다.

미건 크로퍼드(Meagan Crowford)

블록체인 기술을 사용해서 뉴 스페이스 기업에 자금을 지원하는 투자 그룹인 스페이스펀드의 경영 파트너이다. 그녀는 30세가 되기 전에 첫 번째 회사를 매각하고 딥 스페이스 인더스트리의 최고 운영 책임자와 램지 파이낸셜 그룹 (Ramsey Financial Group) 회장을 역임하는 등 성공적인 기업가 이력이 있다. 크로퍼드는 또한 농업 기술 회사인 에덴 그로스 시스템즈(Eden Growth Systems), 뉴 스페이스에 초점을 맞춘 마케팅 대행사인 델타-v(Delta-v), 우주 상업 금융 센터(CSCF)의 공동 설립자이자 이사이며 에스프리 데이터(Esprit Data)의 고문이다.

반 에스파보디(Van Espahbodi)

스타버스트 에어로스페이스 액셀러레이터의 공동 설립자이자 경영 파트너이다. 이 회사는 정부와 산업계, 학계, 기술 커뮤니티와 협력하는 스타트업을 위한 항공 우주 혁신 허브이다. 그는 정부와 기업, 국방, 상업 시장 등 다방면에 걸쳐 활약하며 우주 분야에서 16년 이상 일한 경험이 있다. 기업가적 미래학자로서 에스파보디는 미래 산업 동향과 제품 전략, 투자 거래 정책을 확인하고 형성하는 데 도움을 주었다.

밥 워브(Bob Werb)

1988년 릭 텀린슨과 제임스 A. M. 먼시와 함께 우주 애호 비영리 단체인 스페이스 프런티어 재단을 공동 설립했다. 그는 2014년에 은퇴하기 전까지 여러 해 동안 이 재단의 이사장을 지냈다. 워브는 운동과 철학으로서 '뉴 스페이스'라는 용어를 만든 사람으로 인정받고 있다.

브랜던 파웰(Brandon Farwell)

실리콘 밸리에 기반을 둔 초기 단계 벤처 캐피탈 회사인 X펀드의 파트너이다. X펀드는 최고의 벤처 캐피탈 기업을 전 세계 대학과 연결해서 가장 우수한 두 뇌와 아이디어를 지원하고 있다. X펀드에 합류하기 이전에 파웰은 드레이퍼 피셔 저비슨과 로텐버그 벤처스(Rotenberg Ventures)의 소프트웨어 전문 투자 자로 일했다. 그의 관심 분야는 신흥 기술, 특히 인공 지능, 로봇 공학, 우주, 자율 주행차, 가상 현실 및 증강 현실, 드론 등이다.

브루스 피트먼(Bruce pittman)

20년 이상의 상업 우주 산업 경력이 있으며 현재 미국우주협회 수석 부사장 이자 선임 운영 책임자이다. 그는 스페이스햅 우주 연구소(SpaceHab Space Research Laboratory) 스타트업 팀의 일원으로서 나사 상업용 궤도 운송 서비스 개념 프로젝트 시작과 개발에 참여했으며, 혁신적인 달 시연 데이터 프로그램 (Innovative Lunar Demonstrations Data Program)을 공동 개발하기도 했다. 그는 수많은 기술 논문을 저술했으며, 나사 우수 공공 서비스 메달을 수상하는 큰 영예를 안았다.

사이먼 피트 워든(Simon Pete Worden)

2015년 외계에 존재하는 지능을 가진 생명체 탐사를 목적으로 설립한 과학 기 반 단체인 '혁신적 계획에 주는 브레이크스루상 재단'의 이사장이다. 그는 민 간 우주 분야의 기회를 추구하기 위해 은퇴하기 전까지 9년 동안 나사 에임즈 연구센터 소장을 지냈다. 우주 문제 전문가인 워든은 150편이 넘는 과학 논문 을 공동 집필했고, 두 나사 우주 과학 조사 프로젝트를 이끄는 데 일조했다. 1994년 달 탐사 우주선 클레멘타인 임무에서 보여준 역할로 나사 우수 리더십 메달을 받았다. 그는 정부 프로젝트에서 소형 위성 개발과 구현의 선두 주자 로 활약했다. 또한 29년간 미 공군에 복무하면서 다양한 우주 관련 전략 계획 에서 중요한 역할을 했다.

샤힌 파르시치(Shahin Farshchi)

과학 기술 사업에 주력하는 벤처 캐피탈인 럭스캐피탈의 파트너다. 과학자이자 엔지니어인 파르시치는 이전에 무선 활력 징후 모니터를 만들고 제너럴 모터스의 하이브리드 차량을 개발했으며, 실리콘 밸리의 여러 스타트업을 위한 소프트웨어를 개발한 비스타 인티그레이티드 시스템스(Vista Integrated Systems)를 공동 설립했다.

세자르 시암마렐라(Cesar Sciammarella)

세계적으로 유명한 과학자이자 공학자로 다양한 실험 역학 분야에 크게 이바지했다. 아폴로 11호의 엔지니어로서 이 우주선의 3단 로켓 새턴 5호의 액체 연료 탱크 개발을 도왔다. 시암마렐라는 이 우주선이 우주 비행사를 싣고 달 궤도에 도달했다가 지구로 안전하게 돌아올 수 있도록 하는 미션에 중요한 요소였다. 미국실험역학협회(SEM)로부터 헤테니, 라잔, 프로히트, 테오카리스 상, 윌리엄 M. 머리 메달을 포함한 많은 상을 받았다. 그리고 2013년에는 실험역학협회 명예 회원증을 받았다. 시암마렐라 박사는 채시 시스템 레일로드(Chassie System Railroad), GE, GM, 굿이어(Goodyear), 하니웰(Honeywell Corporation), 랜드 코퍼레이션(Rand Corporation), 로크웰 인터내셔널, IBM, 삼성 등 기업의 컨설턴트로도 일했다. 또한 나사 랭글리연구센터, 미국 공군(라이트 패터슨 공군 기지), 미국 에너지부, 그리고 미국 내무부를 포함한 다양한 정부 기관에 자신의 전문 지식을 제공했다.

숀 마호니(Sean Mahoney)

재사용 가능성에 초점을 맞춘 항공 우주 연구 개발 및 비행 서비스 회사인 마스튼 스페이스 시스템의 CEO이다. 마호니는 2013년 CEO가 되기 전에 마스튼의 최고 운영 책임자를 역임했다.

숀 아로라(Shaun Arora)

로스엔젤레스에 본사를 둔 벤처 캐피탈 회사인 밀라 캐피탈의 상무 이사이다.

밀라 캐피탈은 이전의 액셀러레이터로서의 기원과 경험을 활용해서 항공 우주, 기후 기술, 자동화 등의 분야에서 잠재력이 큰 기술 개발 스타트업의 시드 이전 단계와 시드 단계 투자 전략을 수립한다.

스튜어트 배인(Stewart Bain)

1989년부터 전 세계적으로 항공 우주 기술과 사업 개발에 관여하고 있다. 그는 위성군을 활용해서 지구 자연환경을 감시하고 보호하는 지구 관측, 영상 및 추적 회사인 노스스타 어스 & 스페이스(NorthStar Earth & Space)의 공동 설립자이자 CEO이다. 노스스타 어스 & 스페이스는 캐나다 몬트리올에 본사를 두고 있으며, 정부와 상업 고객 모두에게 서비스를 제공한다.

스티브 골드버그(Steve Goldberg)

기술과 의료 기업에 주력하는 벤처 캐피탈이자 사모 펀드인 벤록의 운영 파트너이다. 골드버그는 전기 공학을 전공했으며, 벤록에서 커넥티비티(connectivity), M2M과 사물 인터넷, 로봇 공학, 임베디드 시스템 등에 대한 투자를 맡고 있다.

아르닌 엘리스(Arnin Ellis)

우주 분야의 오랜 경력이 있는 과학자이자 엔지니어, 탐험가이다. 8년 동안 나사의 제트추진연구소에서 미션 시스템 컨셉(Mission Systems Concepts)을 연구하면서 국제 우주 정거장 임무에서 화성 임무까지 여러 임무를 이끌었다. 엘리스 박사는 나중에 미국 LA 카운티에 기반을 둔 싱크 탱크인 탐사 연구소(Exploration Institute)를 설립했다. 이 연구소는 자사의 트레이드 마크인 '아이투아이(i2i, idea to implementation)'라는 아이디어 구현 방법을 사용해 주로 항공 우주, 신기술, 해양 산업 등 다양한 분야에 걸쳐 획기적인 전략을 개발했다.

아마레시 콜리파라(Amareshi Kollipara)

세계적인 위성 발사 업체인 어스투오빗의 공동 설립자이자 CEO이며, 로봇 인력을 개발하는 회사인 오프월드의 최고 수익 책임자로 있다. 기업가적 활동의 강한 신봉자인 콜리파라는 우주 탐험의 미래를 형성할 우주 애플리케이션을 개발하고 성장시키는 일을 하고 있다. 그는 경영 컨설팅, 재무 자문, 투자 전략, 그리고 다양한 우주 회의와 행사에 초청 연사로 참여하는 등 다양한 방법을 통해 자신의 목표를 추구한다. 또한, 그는 에미상 후보에 오른 가상 현실 프로듀서이다. 오큘러스(Oculus)를 통한 그의 '미션: 국제 우주 정거장' 프로젝트는 나사와 제휴해서 국제 우주 정거장의 정확한 시뮬레이션을 만들었다. 콜리파라는 비영리 우주 연구 기관인 SETI 연구소(SETI Institute)와 스페이스 프런티어 재단의 이사회에서 활동하고 있다.

앤드루 바턴(Andrew Barton)

극궤도에 초점을 맞춘 호주 뉴 스페이스 소형 위성 발사 업체인 서던 론치의 엔지니어링 책임자이며, 뉴 스페이스 액셀러레이터인 신디케이트 708의 벤처 파트너이기도 하다. 바턴은 구글 루나 X프라이즈의 의장 겸 기술 운영 책임자, 위성군과 사물 인터넷을 활용하는 통신 회사인 플리트 스페이스 테크놀로지스의 최고 기술 책임자 및 발사와 미국 운영 책임자 등을 역임했다.

앤서니 프리먼(Anthony Freeman)

캘리포니아공대에서 운영하며 우주 탐사 로봇과 지구과학 임무를 전문으로 하는 미국 연방정부 출연 연구 개발 센터인 나사 제트추진연구소의 혁신 파운드리와 함께 일하고 있다.

엘런 창(Ellen Chang)

초기 단계 딥테크 스타트업에 초점을 맞춘 액셀러레이터인 신디케이트 708의 공동 설립자이자 이사회 멤버이다. 창은 노스롭 그루만에서 시스템 엔지니어와 프로젝트 매니저로 12년간 일했다. 펜실베이니아대 와튼 스쿨을 졸업했고, 현재 와튼 에어로스페이스 커뮤니티의 공동 의장과 와튼 에인절 네트워크의 의장을 맡고 있다.

요나탄 위네트로브(Yonatan Winetraub)

원래 구글 루나 X프라이즈에 참여하기 위해 만든 이스라엘의 비영리 우주 단체인 스페이스일의 공동 설립자이다. 구글 루나 X프라이즈 이후 스페이스일은 베레시트 우주선이 2019년 달에 경착륙하는 과정을 거치면서 달 착륙을 시도한 최초의 민간 기업이 되었다. 달에 대한 열망과 더불어 스페이스일은 더 많은 이스라엘 사람을 우주 산업과 스템 산업으로 끌어들이는 데 전념하고 있다. 위네트로브는 전기 공학을 전공했고 국제우주대학 출신이다.

마이클 포터(Micheal potter)

전 세계 빈곤 퇴치라는 궁극적인 목표를 가지고 인공위성과 우주를 활용한 애플리케이션을 통해 세계의 소외된 지역에 인터넷 연결을 제공하는 데 초점을 맞춘 '국경 없는 괴짜들' 재단의 설립자이다. 그는 또한 기술 활동을 지원하고 개발하는 데 전념하는 회사인 패러다임 벤처스(Paradigm Ventures)의 설립자이자 이사이다. 또한, 포터는 자신의 오디세이문(Odyssey Moon) 팀을 통해 구글 루나 X프라이즈에 첫 번째로 출전했다.

요시 야민(Yossi Yamin)

우주의 미소 중력 환경에서 약품을 개발하는 데 초점을 맞춘 이스라엘에 기반을 둔 스페이스파마의 공동 설립자이자 CEO이다. 스페이스파마는 무중력궤도 위성과 국제 우주 정거장 미니 연구소에서 미소 중력 실험을 했다. 야민은 이스라엘위성국(Israel's Satellite Agency)과 이스라엘군에서 궤도의 이스라엘 우주선을 지휘하는 최고기술책임자로 근무했다.

윌 포티어스(Will Porteous)

뉴욕에 본사를 둔 벤처 캐피탈 회사인 RRE 벤처스(RRE Ventures)의 총괄 파트너이자 최고 운영 책임자이다. 포티어스는 18년 이상의 투자자 경력이 있으며 20개 이상의 회사 이사로 일했다. 그는 현재 스페이스플라이트 의장, 브리더(Breather), 버즈피드(BuzzFeed), 나닛(Nanit), 페이퍼리스 포스트(Paperless Post),

파일럿 파이버(Pilot Fiber), 스파이어 글로벌, 우르사(Ursa) 등의 이사로 일하고 있다.

이안 피히텐바움(Ian Fichtenbaum)

사모 펀드 AIAC의 우주 위성 전문가이자 수석 부사장이다. 미국 산업 인수 공사에서의 역할을 통해 그는 제조, 추진 시스템, 고도 및 궤도 제어 시스템, 심우주 임무, 우주 정거장 시설을 전문으로 하는 세계적인 우주 회사 브래드퍼드 스페이스 그룹(Bradford Space Group)의 이사를 맡고 있다. 그는 이전에 니어어스(Near Earth LLC) 부사장으로 재직하면서 우주와 위성 시장 내 인수 전략과 스타트업 투자를 주도했다. 피히텐바움은 국제우주대학 출신이다.

제임스 A. M. 먼시(James A. M. Muncy)

2000년 초에 설립한 독립 우주 정책 자문 회사인 폴리스페이스의 설립자이자 회장이다. 이 회사의 목표는 상업 우주 기업가들이 정치와 규제 등 비기술적 장벽을 극복하도록 지원하는 것이다. 그는 미군, 나사, 미국 해양대기청, 그리고 미 의회를 포함한 여러 정부 부처와 함께 일했다. 먼시는 우주 정책에 관한 글을 자주 쓰고 말하는 우주 분야의 오랜 지지자이자 활동가이다. 1988년 그는 릭 텀린슨, 밥 워브와 함께 비영리 우주 옹호 단체인 스페이스 프런티어 재단을 설립했다. 그는 6년 동안 이 재단 이사회 의장을 역임했으며, 미국우주협회 이사회 의장으로도 활동했다.

제임스 던스탠(James Dunstan)

통신, 첨단 기술, 우주, 컴퓨터 게임 산업의 고객들에게 법률 서비스를 제공하는 사설 로펌인 모비우스 리걸 그룹(Mobius Legal Group)의 설립자이다. 던스탠은 25년 이상 변호사를 하고 있다.

제프 가직(Jeff Garzik)

소프트웨어 공학과 개발의 선구자로 알려져 있다. 그는 1990년대에 처음

CNN닷컴을 인터넷에 통합하고, 500개의 가장 강력한 슈퍼 컴퓨터, 모든 안드로이드 기기, 그리고 기타 무수한 컴퓨터 기기에서 사용하는 운영 체제인 리눅스 커널과 같은 오픈 소스 프로젝트를 만드는 데 중요한 역할을 했다. 2010년 비트 코인을 발견한 후 가직은 3위 비트 코인 개발자로 수년간 가장 활발하게 활약한 세계적인 블록체인 리더가 되었고, 이후 소프트웨어 기술자에서 기업가로 변신했다. 그는 2015년 시카고에 본사를 둔 블록체인 기술 회사인 블로크을 설립했다. 이 회사는 비즈니스 업계에 오픈 소스, 분산형 블록체인 인프라와 애플리케이션, 솔루션을 제공한다. 그는 세계 어디에서나 사용자들이 자신만의 우주 애플리케이션을 만들 수 있도록 커뮤니티 플랫폼을 만든 최초의 오픈 소스 블록체인 기반 위성 네트워크인 스페이스 체인의 공동 설립자이자 최고 기술 책임자이기도 하다.

제프리 맨버(Jaffrey Manber)
우주의 상업적 사용 관련 제품과 서비스에 초점을 맞춘 회사인 나노랙스의 CEO이다. 그는 〈뉴욕 타임스〉와 〈맥그로힐〉 등에 미소 중력 사업 기회에 관한 글을 기고하는 작가로 우주 경력을 시작했다. 이후 레이건 행정부는 그에게 미국 상무부 우주상업국 개발을 도와달라고 요청했다. 맨버는 구소련의 우주 산업 민영화도 도왔으며, 나중에 상업 우주 회사 미르코프에 합류했다. 미르코프에서 그는 미르 우주 정거장 사업을 이끌었고, 세계 최초로 자비로 우주여행을 한 미국 기업인 데니스 티토의 미르 방문에 서명했다. 2009년 맨버는 세계에서 가장 성공적인 뉴 스페이스 회사 중 하나인 나노랙스를 공동 설립했다. 이 회사는 상업 서비스와 정부 서비스를 위해 우주 정거장을 활용하며, 900개 이상의 탑재물을 우주 정거장에 보냈다.

조지 T. 화이트사이즈(George T. Whitesides)
리처드 브랜슨 경이 설립한 상업 우주 회사인 버진 갤럭틱의 CEO이다. 버진 갤럭틱에서 화이트사이즈는 재사용 우주선과 우주 관광 상품을 통해 우주에 대한 접근성을 높이려고 한다. 버진 갤럭틱 이전에 화이트사이즈는 나사 수석 보좌관과 미 연방항공청 상업우주운송자문위원회 재사용 발사체 워킹 그룹 (Reusable Launch Vehicle Working Group) 의장을 지냈다. 그는 상업용우주비행 연맹의 부회장이며, 전 세계 여러 우주 재단의 이사로 활동하고 있다.

존 스펜서(John Spencer)

우주 관광 산업을 일으키고 확장하는 데 중점을 둔 단체인 우주관광협회의 설립자이자 회장이다. 그는 또한 미지의 우주 공간인 외우주 건축가로, 우주 구조물들과 시설들의 설계와 창조, 지상에 세워진 우주를 테마로 한 구조물들로 유명하다. 국제 우주 정거장 관련 혁신적인 건축 디자인 작품에 대해 나사는 스펜서에게 우주법 상과 인정 증서를 수여했다.

존 파페트(John Paffett)

30년 이상 경력의 우주 시스템 공학, 프로젝트 및 관리 전문가다. 그는 현재 우주, 통신, 전자 산업 분야에서 일하는 프로젝트 엔지니어링, 시스템 설계와 구현 회사인 KISPE의 상무 이사다. KIPSE 이전에는 거의 29년간 서리 새틀라이트 테크놀로지(Surrey Satellite Technology)에서 프로젝트 매니저에서 CEO에 이르기까지 다양한 역할을 수행했다. 그는 영국에 근거지를 두고 있으며, 스웨덴우주공사(Swedish Space Corporation) 이사회 멤버, 어플라이드 스페이스 솔루션(Applied Space Solutions)의 상무 이사, 오픈 소스 새틀라이트(Open Source Satellite)의 수석 설계자이자 전도사이다.

죄르크 크라이셀(Joerg Kreisel)

독일의 독립 우주 사업 및 금융 자문 회사인 JKIC의 CEO이다. JKIC는 우주 상업화, 민간 우주 산업과 투자 주체 간의 글로벌 파트너십 개발, 전 세계 우주 관련 사업 지원에 주력하고 있다.

카르틱 쿠마르(Karthik Kumar)

항공 우주 공학자이자 행성 과학자이다. 그는 2015년 전 세계 우주 분야 제품과 서비스를 모아놓은 우주 산업 시장인 샛서치를 공동 설립했다. 샛서치는 글로벌 공급망을 확장해서 우주 접근의 민주화를 이루는 것을 목표로 한다. 쿠마르는 또한 우주세대자문위원회(Space Generation Advisory Council)의 네덜란드 국가 연락 담당자와 오스트리아 우주 포럼(OeWF)의 아날로그 우주 비행사로도 활동하고 있다.

크리스 비디(Chris Biddy)

기계 공학을 전공했고, 뉴 스페이스 분야에서 10년 이상 일한 경력이 있다. 그는 현재 실리콘 밸리에 기반을 둔 스타트업인 애스트로 디지털의 공동 설립자이자 CEO이다. 애스트로 디지털은 이미지 처리 위성군을 통한 데이터 모니터링 서비스, 인허가와 규제에서 발사와 운영에 이르는 물류 지원 서비스를 고객에게 제공한다. 그는 이전에 항공 우주 제품 스타트업인 스텔라 엑스플로레이션의 엔지니어링 담당 부사장과 실리콘 밸리 위성 스타트업인 미국 커노퍼스 시스템스(Canopus Systems US)의 연구개발 담당 부사장을 지냈다.

크리스토퍼 스톳(Christopher Stott)

1998년 아버지와 함께 설립한 세계 최대 위성 주파수 사업자인 맨샛의 공동 설립자이자 CEO, 회장이다. 맨샛은 민간 우주 분야의 선구적인 성공 사례로 이 회사의 본사가 있는 맨섬을 상업 우주 활동의 중심지로 만들었다. 정부 정책과 규제 분야에 경험이 있는 우주 기업가인 스톳은 이전에 록히드 마틴 우주 사업부가 수주한 나사 프로젝트에서 국제 상업화와 영업 책임자를 지냈다. 그는 맥도넬 더글러스의 델타 발사체 프로그램과 보잉 스페이스 & 커뮤니케이션스에서 일했다. 스톳은 왕립천문학회와 국제우주법연구소의 연구원이며, 국제우주대학교 졸업생이자 교수이고, 국제우주무연구소의 설립자이기도 하다. 그는 우주와 스템 교육에 참여하고, 여러 이사회에서 활동하며, 여러 우주 관련 출판물에 이바지하면서 뉴스페이스 지원 활동을 계속하고 있다.

클리퍼드 W. 빅(Clifford W. Beek)

글로벌 사이버 보안 전문가로서 클라우드 콘스털레이션 코퍼레이션의 회장 겸 CEO이다. 이 회사는 특허받은 서비스인 스페이스벨트를 통해 우주 기반 클라우드 데이터 저장 서비스를 제공하는 데이터 보안 회사이다. 그는 싱가포르에 기반을 둔 정보 기술 서비스 회사인 스타 아시아 테크놀로지스(Star Asia Technologies)의 공동 설립자이며, 재생 에너지 회사인 CMC-아시아(CMC-Asia) 이사회 멤버이며, 수학과 교육에 초점을 맞춘 대화형 게임 소프트웨어 회사인 어드밴스드 트레이닝 & 러닝 테크놀로지(Advanced Training & Learning Technology)의 이사회 멤버이기도 하다.

탐 올슨(Tom Olson)

인터넷과 모바일 서비스를 제공하는 고고도 플랫폼을 개발하는 영국의 초기 투자 회사인 아빌토의 사업 개발 이사이다. 그는 이전에 기술 스타트업과 투자자를 연결하는 데 주력하는 엑서더스 컨설팅 그룹(Exodus Consulting Group)의 매니징 파트너로 일했다. 올슨은 통신, 항공 우주 및 출판 산업에서 비즈니스 시스템 엔지니어 및 분석가로 30년 이상의 경력이 있다. 그는 텍사스에 기반을 둔 비영리 단체이자 뉴 스페이스 사업 계획 공모전(NewSpace Business Plan Competition)의 모체인 우주 상업 및 금융 센터의 설립자이자 의장이다.

토머스 D. 태버니(Thomas D. Taverney)

콜로라도 페터슨 미국 공군 우주 사령부 부사령관이었다. 우주 작전과 우주 시스템 개발 분야에서 38년간 근무한 후 2006년 퇴역했다. 2001년부터 미국 방위, 항공, 정보 기술 및 생체의학 연구 회사인 레이도스의 우주 시스템 개발 수석 부사장으로 일하고 있다. 사이언스 애플리케이션 인터내셔널 코퍼레이션(SAIC)의 전신인 레이도스에서 상업 호스트 적외선 프로그램(CHIRP)을 이끌었다. 이 프로그램은 획기적인 능력을 인정받아 미국 항공 우주 전문지 〈에이비에이션 위크〉와 합동 전술 핵심 체계 관련 학술지 〈C4ISR 저널〉, 나사 등으로부터 상을 받았다. 2010년 우주 작전 명예의 전당, 2016년 공군 우주 사령부

명예의 전당에 오르는 등 많은 업적을 인정받았다. 2014년에 버나드 슈리버 장군 평생 공로 상을 수상했고, 2018년에 미국항공우주학회 우주 및 우주인 포럼에서 우주 프로그램 관리 우수 폰 브라운 상을 받았다.

트로이 맥칸(Troy McCann)

뉴 스페이스 조직과 개인의 국제 네트워크인 문샷 스페이스 컴퍼니의 설립자이다. 문샷 스페이스 컴퍼니는 컨설팅, 비즈니스 개발, 투자, 액셀러레이터 서비스를 제공한다.

페데리코 샴마렐라(Federico Sciammarella)

야금 및 재료 엔지니어이다. 고급 제조 분야를 대변하는 그는 현재 혁신적인 제조 솔루션에 초점을 맞춘 비영리 단체 엠엑스디의 사장 겸 최고 기술 책임자이다. 스템 학문의 강력한 후원자인 그는 또한 노던일리노이대에서 강의하고 있다. 동료 평가 학술지 기사를 많이 썼고 그의 연구 업적으로 다양한 전문적 영예를 얻었다.

프랭크 M. 잘츠게버(Frank M. Salzgeber)

유럽우주기구의 기술 이전 및 비즈니스 육성 사무국책임자로서 유럽 기업들의 기업가적 우주 활동을 지원하고 있다. 그는 또 여러 기관과 벤처 캐피탈 펀드, 스타트업을 위한 자문 위원회에서 활동하고 있다. 독일에서 IT 스타트업을 창업하고 애플에서 7년간 근무한 경력도 있다.

플라비아 타타 나르디니(Flavia Tata Nardini)

플리트 우주 기술(Fleet Space Technologies)의 공동 설립자이자 CEO로, 위성 영상 서비스를 사물 인터넷 및 산업 사물 인터넷과 결합해서 본거지인 사우스오스트레일리아주의 인터넷 연결과 산업 과제를 해결하는 뉴 스페이스 스타트업이다. 타타 나르디니는 이전에 유럽우주기구와 네덜란드응용과학연구소(TNO)에서 추진 기술자로 일했다.

호이트 데이비드슨(Hoyt Davidson)

위성과 상업 우주, 항공 우주 방위 분야의 투자 회사인 니어어스의 설립자이자 경영 파트너이다. MIT에서 물리학을 전공한 데이비드슨은 록히드 마틴에서 6년 동안 일하고 다시 MIT로 돌아와 MBA 과정을 마쳤다. 그는 투자 은행인 DLJ와 크레디트 스위스(Credit Suisse)에서 일하다가 최초의 상업 위성 분야 전문 금융 그룹인 스페이스 파이낸스 그룹(Space Finance Group)을 공동 설립했다. 그는 이전에 나사 자문 위원회에서 일했고, 현재는 나노랙스와 태평양 국제우주탐사시스템센터(PISCES)의 이사이다.

우주 산업 투자 전 꼭 알아야 할 우주 산업 자료

1. 창업이나 투자 전 해야 할 일

업계 커뮤니티를 알아보거나 만들기
- 성공한 멘토와 동료에게 지도해 줄 것을 요청한다.
- 우주 중심 계획을 지원하는 토착 인큐베이터를 알아본다.
- 자금 조달을 도와주거나 지원해 주는 후원 단체를 알아본다.
- 진전된 아이디어를 액셀러레이터에 가져가서 비전을 현실로 구현한다.
- 잠재적인 협력자들과 함께 혁신적인 환경에서 작업할 수 있는 메이커스페이스를 찾는다.
- 콘퍼런스와 행사에 참석해서 다른 항공 우주 기업가들과 교류한다.
- 대학 연구실에서 잠재적인 협업 기회를 찾는다.
- 우주 활동이 덜 성숙하거나 활성화된 지역에 있다면, 협력자들과 지지자들로 이루어진 자신만의 커뮤니티를 만든다.

기존 자원에서 아이디어 얻기
- 나사의 기술 이전 프로그램
- 오픈 소스 하드웨어와 소프트웨어
- 지식 재산권 이전 프로그램

혁신적인 사고방식 개발하기
- 과학적 방법을 사용해서 아이디어를 테스트한다.
- 실패를 거울 삼아 실행 가능한 해결책을 마련한다.
- 역량 향상을 위해 이미 존재하는 것들을 다시 살펴본다.

2. 우주 산업 정보를 얻을 수 있는 곳

다음 단체들은 디지털 뉴 스페이스 자원의 표본이며, 여기에 언급된 모든 단체와 자료의 직접 링크는 저자 로버트 제이콥슨의 웹 사이트 tools. spaceisopenforbusiness.com에서 확인할 수 있다.

항공 우주 & 방위 포럼(Aerospace & Defense Forum): 방대한 온라인 자료원과 회원들을 위한 월간 포럼, 회의를 제공하는 글로벌 커뮤니티. 자료원에는 뉴스와 통찰력, 분석, 우주 분야의 비즈니스와 파트너십 기회에 관한 정보를 제공한다.

유럽우주기구 산업 포털(ESA Industry Portal): 유럽우주기구의 교육 자료와 비즈니스 기회를 제공하는 사이트이다.

뉴 스페이스 허브(NewSpace Hub): 잘 알려지지 않은 신규 뉴 스페이스 스타트업, 단체, 제품, 이벤트 및 도구에 관한 전 세계 최신 정보를 알 수 있는 사이트. 기업가, 비즈니스 전문가, 투자자, 분석가를 대상으로 한다.

샛서치(satsearch): 우주 제품과 서비스 검색 엔진이다.

일본항공우주기업협회 디렉터리(Society of Japanese Aerospace Company Directory): 일본 우주 제품, 서비스, 단체 및 연락처 정보를 제공한다.

우주 산업 지도(Space Industry Map): 전 세계 뉴 스페이스 기업의 디지털 지도를 제공한다.

스페이스 인더스트리닷컴(Space-Industry.com): 파트너십, 연구, 부품, 서비스에 관심이 있는 우주여행 단체와 개인을 연결하는 데이터베이스이다.

스페이스 프런티어 재단의 뉴 스페이스 디렉터리(Space Frontier Foundation's NewSpace Directory): 뉴 스페이스 회사와 비즈니스 모델 목록을 제공한다.

3. 항공 우주 기업가 커뮤니티

우주 재단(The Space Foundation): 우주 상업 비즈니스 성장 워크숍(Space Commerce Business Growth Workshops), 우주 상업 웨비나와 강연 시리즈(Space Commerce webinar and speaker series) 개최 및 진행한다.

문샷 스페이스 컴퍼니(Moonshot Space Company): 기업가, 학생, 연구원, 투자자, 산업 전문가 등이 함께 우주 벤처에 참가하는 전 세계 비영리 지부. 교육 훈련 프로그램인 우주 엘리베이터 체계를 지원해 투자 기회 사업 개발 공급망 성장, 프로젝트 실행, 인재 채용 기회 부여. 문샷 커뮤니티의 최신 정보와 이벤트가 포함된 월간 뉴스레터를 발행한다.

메이크 커뮤니티(Make: Community): 메이커스페이스 지도, 디렉터리, 이벤트, 프로젝트, 구인 정보를 제공한다.

해커스페이시스.org(Hackerspaces.org): 전 세계 해커스페이스(컴퓨터, 기술, 과학, 디지털 예술 등의 공동 관심사에 대해 지식을 교류하는 비영리 커뮤니티) 지도, 디렉터리, 이메일 주소를 제공한다.

항공 우주 기업가 우주 스타트업 액셀러레이터(The Astropreneurs Space Startup Accelerator): 우주 스타트업 액셀러레이터, 멘토링과 교육 훈련, 우주 데이터베이스와 뉴스를 제공한다.

4. 우주 산업을 주도하는 여성 단체

로켓 우먼(Rocket Women): 더 많은 여성의 우주와 기술직 참여를 유도하는 온라인 플랫폼과 자료원이다.

스페이스 갈(The Space Gal): 더 많은 여성을 스템 직업 참여를 유도하는 데 초점을 맞춘 온라인 플랫폼과 자료원이다.

우주 재단의 전 세계 여성 모임(Space Foundation's Women's Global Gathering): 항공 우주 분야 여성들이 한자리에 모여 업계 고위 연사의 강연과 네트워킹 행사를 연다.

우먼 인 에어로스페이스(WIA): 우주 분야 여성을 위한 경력 개발 자료원이다. 프로그램, 콘퍼런스, 네트워킹 이벤트 등의 자료를 제공한다.

5. 우주 산업 콘퍼런스

어스라이트 재단-신세계 우주 정착 콘퍼런스(Earthlight Foundation-New Worlds Space Settlement Conference), 국제 우주 개발 회의(International Space Development Conference), 국제 상업 및 개인 우주 비행 심포지엄(International Symposium for Commercial and Personal Space Flight), MIT 뉴 스페이스 시대 콘퍼런스(MIT New Space Age Conference), 차세대 준궤도 연구자 콘퍼런스(Next-Generation Suborbital Researchers Conference), 유럽의 우주 혁신(Reinventing Space) 콘퍼런스, 위성 2020(Satellite 2020), 소형 위성 콘퍼런스(Small Satellite Conference), 스몰샛 심포지엄(SmallSat Symposium), 우주 심포지엄(Space Symposium), 일본의 스페이스타이드(Spacetide) 콘퍼런스, 스페이스컴(SpaceCom)

6. 우주 분야 간행물

애드 아스트라(Ad Astra): 미국우주협회가 발행하는 정기 간행물. 이 분야의 순수 상업적 측면에 관심이 적은 사람들을 위한 가교 구실을 한다.

더 루리오 레포트(The Lurio Report): MIT의 찰스 루리오 박사가 발행하는 전자 뉴스레터. 1차 연구 조사 자료에 초점을 맞춘 고도로 정교하고 탁월한 저널리즘을 담고 있다.

패러볼릭 아크(Parabolic Arc): 탁월한 저널리스트 더그 메시에의 전자 출판물이다.

스페이스플라이트 나우(Spaceflight Now): 항공 우주 분야 전문 온라인 뉴스 포털이다.

스페이스투데이.net(Spacetoday.net): 매일 인터넷의 우주 관련 뉴스를 취합, 요약해서 제공하는 온라인 포털이다.

더 스페이스 리뷰(The Space Review): 전 우주 분야에 관한 심도 있는 논문, 해설, 평론을 제공하는 온라인 플랫폼이다.

국제 우주 무역 연구소(The International Institute of Space Commerce): 우주 상업, 비즈니스, 경제 전문 온라인 싱크 탱크이다.

7. 미국 우주 산업 지원처와 프로그램

우주 산업 지원 프로그램
- 나사 혁신 고급 개념(NIAC)
- 나사 중소 기업 기술 이전(STTR)
- 나사 중소 기업 혁신 연구(SBIR)

- 상과 경연 대회: 소행성 그랜드 챌린지(Asteroid Grand Challenge), 100주년 챌린지 프로그램(Centennial Challenge Program), 협업 혁신 우수 센터(Center of Excellence for Collaborative Innovation), 챌린지.gov(Challenge.gov), 이노베이션 파빌리온(Innovation Pavilion), 나사@워크(나사@work), 오픈 이노베이션 & 프라이즈 컴피티션(Open Innovation & Prize Competitions), 토너먼트 랩(Tournament Lab)

우주 산업 프로그램 지원처
- 미국대통령혁신연구원(PIF)
- 백악관과학기술정책실(OSTP)

8. 액셀러레이터

신디케이트 708(Syndicate 708), 스타버스트 에어로스페이스(Starburst Aerospace), 문샷 스페이스 컴퍼니(Moonshot Space Company)

9. 우주 분야 엔젤 투자자 커뮤니티

에인절 리스트(Angel List): 특정 중점 분야 없는 가상 네트워크이자 스타트업, 엔젤 투자자, 구직자를 위한 커뮤니티로, 스타트업이 엔젤 투자자로부터 무료로 자금을 조달할 수 있다.

프로펠(x)(Propel(x)): 과학 기반 스타트업에 초점을 맞춘 가상 투자 그룹으로, 스타트업과 투자자를 연결하는 플랫폼이다.

스페이스 에인절스(Space Angels): 우주 분야에 초점을 맞춘 가상 네트워크

로, 우주 분야에 투자하고자 하는 투자자에게 우주 분야에 관한 포트폴리오를
제공한다.

10. 스템 교육 단체와 프로그램

베이스 11(Base 11): 미국 전역의 소외된 고등학교와 대학교 수준 학생들에게
스템 액셀러레이터를 지원하는 기업가적 개발 전문 비영리 단체이다.

우주 통합 모듈(Space Integration Module): 애리조나주 메사공립학교 6학년
학생들을 위한 스템 몰입 교육 및 우주 체험학습 프로그램이다.

스테이지스(Stages): 재능 있고 혁신적인 차세대 기술자, 예술가, 경제학자, 과
학자를 양성하는 데 초점을 맞춘 교육 센터이다.

우주의 교사들(Teachers in Space): 교사들을 우주로 보낸 다음 교실로 돌려보
내 학생들이 스템과 뉴 스페이스 분야에서 교육과 직업 기회를 추구하도록 영
감을 주는 비영리 교육 단체이다.

11. 지식 재산권 라이선싱

초기 항공 우주 기업가들들에게는 거대 글로벌 기업들에게 있는 자원이 없을
수 있다. 가능성 있는 항공 우주 창업 기회를 찾는 데 어려움을 겪고 있다면
지식 재산권 라이선싱 사무실을 찾아가 보는 것이 한 가지 쉬운 방법이다. 라
이선싱은 새로운 기회를 잡는 데 도움이 되는 현명한 방법이다.

지식 재산권의 유형: 저작권, 상표권, 특허권

지식 재산권 라이선싱 정보 제공처

- 대학, 공공 및 민간 연구소, 라이선싱 기업, 정부 연구소
- 인도우주연구소(ISRO): 상업 기업을 위한 기술 이전 정보 제공
- 나사: 기술 이전 프로그램(나사 특허 기술 라이선싱), 특허 포트폴리오(상업적 잠재력이 있는 나사 기술의 온라인 데이터베이스), 〈스핀오프〉(기술 이전 프로그램 에서 비롯되는 모든 이점을 추적, 소개하는 나사 간행물), 소프트웨어(온라인 카탈로 그를 통해 검색할 수 있는 무료 나사 소프트웨어) 정보 제공

지식 재산권 오픈 소스

라이선싱은 비싸고 여러 조건이 붙을 수 있는 단점이 있다. 사용권자는 세부 사항과 소유권 등에 신중해야 한다. 또 다른 옵션은 우주 중심의 오픈 소스 소 프트웨어와 하드웨어를 활용하는 것이다.

- 공동 우주여행 & 연구팀(CSTART) : 오픈 소스 우주 비행 하드웨어
- 마치30(Mach30): 오픈 소스 우주 비행 하드웨어
- 아마추어 무선 통신 위성 회사(AMSAT): 위성 소프트웨어와 실시간 위성 추 적 및 궤도 예측 애플리케이션
- 스페이스갬빗(SpaceGAMBIT): 오픈 소스 우주 비행 하드웨어

12. 우주 관련 정책 압력 단체

정기적으로 정책 입안자와 행정부에 어떤 문제에 관한 관심을 촉구하고 싶다 면 지지 단체 혹은 압력 단체 활동을 이용하거나 참여하기를 권한다. 이 단체 들은 주요 이슈들을 의회가 이해하기 쉽도록 요약하고 정리해서 건넨다. 스페 이스 프런티어 재단, 미국우주협회, 마치 스톰(March Storm), 상업용우주비행 연맹 등이 대표적이다.

부와 기회를 확장하는 8가지 우주 비즈니스

우주에 도착한 투자자들

인쇄일 2022년 6월 2일
발행일 2022년 6월 9일

지은이 로버트 제이콥슨
옮긴이 손용수
펴낸이 유경민 노종한
기획마케팅 1팀 우현권 **2팀** 정세림 금슬기 유현재
기획편집 1팀 이현정 임지연 류다경 **라이프팀** 박지혜 장보연
책임편집 류다경
디자인 남다희 홍진기
기획관리 차은영
펴낸곳 유노콘텐츠그룹 주식회사
법인등록번호 110111-8138128
주소 서울시 마포구 월드컵로20길 5, 4층
전화 02-323-7763 **팩스** 02-323-7764 **이메일** info@uknowbooks.com

ISBN 979-11-92300-15-3 (03320)